$\mathrm{A}^t\mathrm{V}$

Franz Fühmann wurde 1922 im böhmischen Rochlitz geboren. Nach dem Besuch des Jesuitenkollegs in Kalksburg bei Wien meldet er sich noch als Gymnasiast zur SA und wird nach dem Notabitur 1941 Soldat der deutschen Wehrmacht. In sowjetischer Kriegsgefangenschaft besucht er die Zentrale Antifaschule bei Moskau und kehrt 1949 in die eben gegründete DDR zurück, wo er sich als Funktionär der NDPD an der Umerziehungskampagne beteiligt. Für seine schriftstellerische Tätigkeit erhält er zahlreiche Ehrungen und Preise. Mit den kulturpolitischen Restriktionen der SED seit Mitte der sechziger Jahre wachsen Fühmanns Zweifel am realen Sozialismus. Er gehört 1976 zu den Erstunterzeichnern der Petition gegen die Ausbürgerung Wolf Biermanns und setzt sich für die Veröffentlichung ungeliebter Autoren, wie Wolfgang Hilbig u. a., ein.

1984 starb er in der Berliner Charité.

Hans Richter, geboren 1928 in Reichenberg (Liberec), bis 1991 Professor für Deutsche Literatur an der Friedrich Schiller-Universität Jena, arbeitet als Herausgeber, Kritiker und Publizist. Zahlreiche Publikationen u. a. über Gottfried Keller und Louis Fürnberg.

»Richter hat dem Leben Fühmanns sehr genau nachgespürt und nichts beschönigt oder weggelassen, was den unbequemen Dichter gefälliger machen würde. Die Wahrheit über das Leben eines Gleichaltrigen, eines Landsmannes und Moralisten suchend, gerät das Buch zur Auseinandersetzung mit der eigenen Lebenszeit, wird zum großen Essay über Hoffnungen und Illusionen in unserem Jahrhundert, über Mut und Befürchtungen, über Stetigkeit und Wandel von Motiven in der Literatur und im Leben, über Heimatsuche, Einsamkeit und Sehnsüchte, die zu einem leidenschaftlichen Leben gehören, sich jedoch selten erfüllen.«

Berliner Zeitung

Hans Richter

Franz Fühmann
Ein deutsches
Dichterleben

Biographie

Aufbau Taschenbuch Verlag

Erweiterte Neuausgabe
Mit 28 Abbildungen

ISBN 3-7466-1743-X

1. Auflage 2001
Aufbau Taschenbuch Verlag GmbH, Berlin 2001
© Aufbau-Verlag Berlin und Weimar 1992
Einbandgestaltung Preuße & Hülpüsch Grafik Design
unter Verwendung eines Fotos von Roger Melis
Satz LVD GmbH, Berlin
Druck Clausen & Bosse, Leck
Printed in Germany

www.aufbau-taschenbuch.de

Inhaltsverzeichnis

Zur aktualisierten Taschenbuchausgabe

Franz Fühmann zog bereits in den frühen fünfziger Jahren meine besondere Aufmerksamkeit auf sich, als ein Landsmann aus meiner engeren böhmischen Heimat sowie durch den Ton und die Themen seiner Texte, die verstreut gedruckten Gedichte, die ersten Lyrikbände, *Die Fahrt nach Stalingrad*, das Pamphlet *Die Literatur der Kesselrings* und die Kriegserzählungen. Mein lebhaftes Interesse an seinen Arbeiten und seiner Person verstärkte sich nachhaltig, als mich einige Stücke des Zyklus' *Das Judenauto* überraschend an Stätten meiner Kindheit zurückbrachten. Und es gipfelte 1973 in dem Wunsch, etwas über das faszinierende Buch *Zweiundzwanzig Tage oder Die Hälfte des Lebens* zu schreiben, das auf neue Weise, mit geradezu provozierender Offenheit verriet, wer dieser Autor war, welchen Weg er genommen hatte, welche Möglichkeiten in ihm steckten und wie erstaunlich weit sein Horizont reichte.

Erst viel später jedoch ergaben sich zwingende Anlässe, meine Neigung zu Fühmann in gezielte Arbeit umzusetzen, die dann allerdings bis heute andauern sollte. Neben Konferenzen in Tbilissi und Berlin war es vor allem die dringliche Bitte eines Berliner Verlages, für dessen populäre Reihe »Schriftsteller der Gegenwart« eine längst sehr vermißte, also überfällige Fühmann-Darstellung zu erarbeiten. Seit Mitte der achtziger Jahre verwandte ich nun alle Zeit, die mir mein Jenaer Lehramt samt den vielen daraus abgeleiteten Pflichten noch ließ, auf Vorarbeiten für eine möglichst fundierte Darstellung von Weg und Werk des inzwischen nach schwerem Leiden Verstorbenen.

Dabei wurde mir zwar manche kleine und große Hilfe zuteil; im Vorwort zur ersten Auflage meines Buches, das der Aufbau-Verlag 1992 herausgab, konnte ich dafür meinen Dank sagen. Doch bis zur Niederschrift, die zwischen Anfang Januar und Ende November 1990 erfolgte, blieb mir der Zugriff auf wichtige Materialien verwehrt: Fühmann hatte Teile seines Nachlasses separiert und im Testament ausdrücklich verfügt, daß die Briefe und Tagebücher erst zwanzig Jahre nach seinem Tode zugänglich gemacht werden dürften.

Zu sehen und zu wissen, daß einem wertvolle Quellen verschlossen blieben, war belastend und hinderlich. Daß es mir gelang, dagegen anzuschreiben, hatte vor allem zwei Voraussetzungen: Ich konnte sicher sein, dank der Hilfe des Franz-Fühmann-Archivs einen wirklich tiefen Einblick in das komplizierte Werden des Fühmannschen Werkes gewonnen zu haben. Und mich trieb das starke Gefühl einer moralischen Pflicht zu dem Versuch, durch eine erste umfassende Darstellung an den allzu wenig bekannten, allzu ungenügend erkannten Autor und sein Werk so dicht und ansprechend wie möglich heranzuführen.

Für diese Neuausgabe meines Buches wurde es einer gründlichen Revision unterzogen, mit vielen Korrekturen, Verbesserungen und wichtigen Ergänzungen versehen. Ich glaube und hoffe sehr, daß es sich in dieser Form noch lange als ein belangvoller Beitrag bewähren kann, das Nachleben eines wertvollen Menschen und wichtigen Dichters weithin zu begünstigen. Für die Betreuung dieser neuen Ausgabe sage ich meiner Lektorin Franziska Günther sehr herzlichen Dank.

Jena, im Mai 2001   *Hans Richter*

Dankworte des Verfassers

Franz Fühmann hat in seinem Testament verfügt, daß der gesamte archivierte Fundus seiner Briefe und Tagebücher für zwanzig Jahre nach seinem Tode gesperrt bleibt. Eine möglichst authentische Darstellung seiner Persönlichkeit und seines Weges und Wirkens zu geben, das erforderte deshalb, aber auch unabhängig davon, vielfältige und aufwendige Recherchen. Im Laufe jahrelanger Arbeit wurde mir dabei erfreulicherweise die Hilfe zahlreicher Personen und Einrichtungen zuteil, denen ich mich allen zu Dank verpflichtet fühle. Ihn möchte ich hier öffentlich abstatten. Zuallererst bedanke ich mich herzlich bei den Erben Franz Fühmanns für die freundliche Genehmigung, aus allen mir zugänglich gewordenen Briefen und Karten des Schriftstellers zitieren zu dürfen. Für hilfreiche Auskünfte, Abschriften, Kopien, Leihgaben, Einblicke in persönliches Eigentum und nützliche Vermittlungen habe ich ganz besonders zu danken:

Margarethe Hopf (Weimar), Irmgard Pöche (Märkisch Buchholz), Ingrid Prignitz (Rostock), Dr. Albrecht Börner (Jena), Dr. Rémy Charbon (Genf), Dr. Peter Gugisch (Berlin), Dr. Richard Hacke (Martinsried), Holger Helbig (Forchheim), Wulf Kirsten (Weimar), Roland Links (Leipzig), Prof. Dr. Hans Pichler (Mössingen), Dr. Klemens Renoldner (Wien), Prof. Dr. Erwin Rotermund (Mainz), Mag. Eberhard Sauermann (Innsbruck), Dr. Horst Simon (Rostock), Dr. Dennis Tate (Bath); der Akademie der Künste zu Berlin, insbesondere der Hüterin des Fühmann-Nachlasses, Barbara Heinze, den Archiven des Aufbau-Verlags

Berlin und Weimar, des Kinderbuchverlags Berlin und des Schriftstellerverbands der DDR sowie dem Burgtheater Wien, dem Henschelverlag Berlin (in der Person von Agnes Ehrig) und dem Hauptausschuß der ehemaligen National-Demokratischen Partei Deutschlands. Danken möchte ich auch Hannelore Prosche, die an der Endredaktion hilfreich teilnahm.

Jena, März 1991 und Juli 1992   *Hans Richter*

»... dem ist nicht mehr zu helfen«

> »Das Endziel meiner literarischen Bemühungen wäre die Darstellung Eines, von dem ich erfahren könnte, dieser sei ich. Ich werde sie wohl nie in dem Grade vollbringen, in dem ich ihr Vollbringen wünsche wie fürchte: Nicht der äußere Zensor, der innere ist das Hauptproblem.« (J 517)

Eines der wichtigsten Bücher Franz Fühmanns, das von Sarah Kirsch und Miklós Radnóti, von Literatur und Kritik, vom Mythischen in der Dichtung und dabei eben auch immer von ihm und seiner Welt handelt, ist die Essay-Sammlung *Erfahrungen und Widersprüche.* Ihr Titel gibt gleich vielsagende Signale. Gewiß, von Widersprüchen durchdrungen wird das Leben eines jeden, mehr oder minder; und seine Erfahrungen zu machen, gute wie böse, das bleibt wohl keinem erspart. Ihm aber, dem Franz Fühmann, fällt das nicht gewöhnliche Los zu, die Widersprüche seiner Zeit, tief in sie verstrickt, in ihrer ganzen Schärfe mit besonders hoher Empfindlichkeit zu erfahren und mit ihnen in wachsendem Maße bewußt umgehen zu müssen, leidend und handelnd, willig und widerstrebend, eindringlich und ausdrücklich.

Dem kleinen Franzl wird zuallererst anerzogen, fest an Gott und Teufel zu glauben; das Schema muß noch mächtig nachwirken, wenn auch der Inhalt des Glaubens längst verlorengegangen ist. Im Schoß der Familie kaum jemals wirklich geborgen, gerät der Halbwüchsige in den Bann Hitlers und des Wahns vom großdeutschen Wesen. Ohne einen einzigen Menschen mit der Waffe verletzt oder gar getötet zu haben, macht sich der Kriegsgefangene die Judenvernichtungsstätte Auschwitz zum quälenden Inbegriff mitverschuldeten Massenmords. Der Kursant einer sowjetischen Antifaschule lernt, moralisch erschüttert und marxistisch belehrt, in schroffer Wendung die entscheidende Gegenkraft Hitlers, die UdSSR, selbstkritisch zu verehren, dem weithin gerühmten Stalin zu vertrauen und überzeugt auf die Alternative des Sozialismus zu bauen. Hatte er vordem »schon ein Herr sein« wollen, »allerdings ein anständiger«[1], aber eben doch ein *Herr,* so will er sich nun selbstlos zum *Diener* machen und fast besitzlos leben, im Gegensatz zum verstorbenen Vater (der sich gern als kleiner Bourgeois verstand) und fast wie sein Namenspatron Franz von Assisi. In die gerade gegründete DDR entlassen, stellt er sich in den Dienst an einem von Grund auf zu wandelnden Deutschland und sucht darüber den schmerzlichen Verlust seiner böhmischen Heimat durch politische Einsicht in sudetendeutsche Schuld zu verdrängen. Mit noch jugendlicher Begeisterung hilft er beim Aufbau der Gesellschaft seiner Wahl, gleich als ein hoher hauptamtlicher Funktionär der National-Demokratischen Partei Deutschlands (NDPD), fast ein volles Jahrzehnt hindurch. In dieser Zeit meint er sogar, als Informant des Ministeriums für Staatssicherheit wirken zu sollen und dadurch Gutes bewirken zu können, läßt sich jedoch schon nach wenigen Jahren wieder entpflichten.

Vor allem aber, unentwegt und angestrengt, ist er schreibend am Werk, ein besessener Schriftsteller; je länger, desto mehr: ein literarischer Schwerarbeiter im wahrsten Sinne des Wortes. Denn Dichten, wie er das Schreiben bis zuletzt gern nennt, wird schon sehr früh zu seiner Existenzform: als Tagträumen beginnend, weitläufig wurzelnd in dunklen Wünschen und hellen Ängsten, im Drang nach Abenteuer, Ausbruch und Erfüllungen, im Bedürfnis nach einem eigenwilligen Weltverständnis und hilfreicher Selbstbestätigung, in der Freude an den Reizen gestalteter Sprache. Spiel und Arbeit, im normalen Leben unvereinbare Tätigkeiten, werden ihm eins; Lust und Last des Schreibens machen die Einheit eines Widerspruchs aus, der sein weiteres Dasein prägt und richtet und dabei mehr und mehr zum Kern eines ganzen Knäuels von hinzutretenden Widersprüchen wird. Weil er einsam ist, schreibt er, und er braucht, um anspruchsvoll schreiben zu können, immer nötiger die Einsamkeit, also kann er keinem wirklich gehören. Doch er bedarf auch des

Partners, des Dialogs, der erlebbaren Annahme des von ihm Geschaffenen. Den Menschen, und damit sich selbst, sucht er immer tiefer und immer rückhaltloser zu ergründen.

Liebt er den Menschen? Wieviel Eigenliebe, wieviel Selbsthaß mengen sich in seine literarische Selbstsuche? Zu lieben vermag er den Menschen am ehesten im Kind, aus dem noch alles werden kann, solange es in keine Rolle gezwängt ist. Er ist kein Heiliger, aber ein Moralist, der sich den eigenen Maßstäben stellt. Er verfügt über die Fähigkeit zur Treue und zur Toleranz, zur Achtung vor dem Nächsten, wie gering der auch immer scheinen mag, zum Respekt vor Charakter, Haltung, Talent, Leistung. Wo er Unrecht oder Ärgeres spürt, kann ihn Zorn zu erstaunlichen Ausbrüchen bringen. Aber alle redliche Arbeit, wird sie nur gekonnt oder mit angemessenem, überzeugendem Einsatz betrieben, weiß er aufrichtig zu bewundern.

Am liebsten freilich erfährt er den Zauber der Kunst. (Der Zauber der Liebe allein gilt ihm als vergleichbar, allerdings auch als ungleich flüchtiger.) Sein Vermögen, Werke anderer Künstler zu erleben, ist nicht im mindesten kleiner als das, eigene zu schaffen, sondern eher noch größer. Seinen Lesern versteht er geradezu verführerische Wege zu weiteren Dichtern zu bahnen, ohne sich selbst zu verleugnen. Und als Nachdichter leistet er nicht selten Überragendes.

Dem für historisch notwendig gehaltenen Experiment Sozialismus in der DDR zunächst und für lange Jahre verschworen, will er auch als Schriftsteller politisch wirken: orientieren, aufklären, warnen. Mühsam, aber unermüdlich lernt er unterwegs, mehr zu wollen, nämlich alle seine künstlerischen Potenzen zu entdecken und zu entfalten, an eigener Erfahrung möglichst viel Menschen- und Menschheitserfahrung erlebbar zu machen. Ganz an die Substanz des selbstgelebten Lebens gebunden, bleibt das von ihm Gestaltete dennoch nicht in dürftiger Enge stecken. Was er erzählt, ist wohl vorwiegend zwischen Griechenland und Ostseestrand angesiedelt, fast immer auf einem Boden, den er einmal betreten, in Landschaften, die er mit eigenen Augen gesehen hat. Sein geistiges Auge jedoch schaut darüber hinaus und in zeitliche Tiefen hinein, die manchmal kaum noch zu ermessen sind. Die Welt der Märchen, Sagen und Legenden, der Mythos, Dichtung vieler Länder und Zeiten, die psychologischen Studien der Freud und Jung, das sprachkritische und - philosophische Denken der Kraus und Wittgenstein, schwer zählbare ideelle Impulse vieler anderer gehen in seine Wahrnehmung des Wirklichen und in seine Visionen ein und weiten sie zu einem poetischen Kosmos, den eine immer stärker gestaltete Dialektik von innen und außen durchwaltet. So genau er auch zu sehen und zu beschreiben weiß, so wenig fesselt ihn doch das bloß Sichtbare; ihm geht es stets noch um das Dahinter und Darunter. Sein Stil mag manchem kenntlichen Muster folgen; die Ausbildung einer Manier bekämpft er mit Erfolg; sich selbst macht er es immer schwer und schwerer, einem Parodisten dadurch nicht leicht.

Ehrgeizig erobert er sich nahezu alle erdenklichen Gattungen der Literatur. Als Essayist schafft er Texte von zwingender Logik und Gedankenschärfe. Auf der anderen Seite aber verläßt er die Räume der Ratio, trainiert er den Umgang mit dem Material seiner Träume so ausdauernd, daß er aus deren Inhalten und Techniken die fiktive Traumerzählung zu entwickeln vermag, die allen Verstand in förderliche Verlegenheit bringt und als Prosagedicht an die Stelle des einst von ihm bevorzugten lyrischen Gedichts tritt. Auf den vielen Feldern dazwischen stellt sich Versuchtes und Gelungenes verschiedenster Art ein: geschlossene und offene, reine und gemischte Formen, Nacherzähltes, neu Erzähltes und Umgedeutetes, mythologischer Roman und fiktives Diarium, konkurrenzlos vielschichtiges Kinderbuch und satirisch genutzte SF-Parodie, Künstlergeschichte und Kasperlspiel, Libretti für Tanztheater und Rockoper, Arbeiten für den Hörfunk und Entwürfe für Film und Fernsehen.

Erfülltes Dasein eines vielfach erfolgreichen Dichters? Im Testament erklärt sich der vom Tod Bedrohte für gescheitert – nach seiner Denkart zu Recht: Die erhoffte neue Gesellschaft ist mißraten, und die persönliche literarische Leistung bleibt im Grunde immer zurück hinter dem, was ihm vorschwebte.[2] Solche Selbsteinschätzung zwingt zur Einsicht in das Tragische seiner Existenz. Nicht bloß das »*Kreuz des Gebrochenseins*« (EGA 445) ist es, an dem er schwer zu tragen hat; das versteht er als Schicksal seiner ganzen Generation. Zu seiner erdrückendsten, aber auch nicht einfach abzuwerfenden Last entwickelt sich der in ihm selbst liegende »*Konflikt zwischen Dichtung und Doktrin*« (VF 180), die Diskrepanz zwischen kommunistischer Vision und kruder Realität, der Zwiespalt zwischen den erklärten sozialistischen Zielen der Gesellschaft und ihren tatsächlichen Wegen. Wie läßt sich mit solchen Widersprüchen leben und arbeiten? Fühmanns Dasein und Wirken bestätigen die Wahrheit des Freudschen Worts: »Das Leben, wie es uns auferlegt ist, ist zu schwer für uns, es bringt uns zuviel Schmerzen, Enttäuschungen und unlösbare Aufgaben. Um es zu ertragen, können wir Linderungsmittel nicht entbehren.«[3] Ein banales Palliativ, vom Vater bereits verwendet, der Alkohol, wird dem Sohn aber erst recht zur Bedrohung. Nur mit ärztlicher Hilfe und als Meister der Selbstdisziplin entgeht Fühmann endlich dieser Gefahr. Lindernd wirkt auf die Dauer, paradoxerweise selbst als lastende Aufgabe, die angestrengte Arbeit am literarischen Lebenswerk, auch wenn es wegen seiner Wahrheitssuche in seiner Entfaltung und Verbreitung behindert wird.

Fühmann verfügt über außerordentliche moralische Kraft, fordert sich mit rücksichtsloser Härte, gibt sich gern robust und ist doch zuinnerst ungemein verletzlich. Sein Ehrgeiz verträgt sich ausgezeichnet mit Bescheidenheit, sein Stolz mit souveräner Selbstironie. Humor und Witz nähren sich aus der Spielfreude seines beweglichen Geistes, des Widerparts gegen das immerwährende Grundgefühl von Schmerz, Trauer und Resignation. In der unentwegten Arbeit an Sinngebung und Selbstfindung sind Würde und Wahrhaftigkeit die höchsten Leitwerte; ihre Sternbilder strahlen desto heller, je tiefer sich sein Himmel verdunkelt, je zwingender ihm das Leben als unlebbar erscheint.

Trost findet sich letztlich nur im Reich der Musen. Ein ebenso gründliches wie ausschweifendes Lesen, ein intensives Umgehen mit bildender Kunst, ein dankbares Sich-Öffnen für Film, Theater, Musik sind keine Fluchtbewegungen. Der (allerdings mitunter an Sucht grenzende) Gebrauch von lebensfreundlichen Zeugnissen menschlicher Möglichkeiten, das Sammeln von Büchern und Bildern verschaffen dem im Grunde Heimatlosen die Gunst eines geistig-sinnlichen Zuhauses. Doch ein idyllisches Heim schafft er sich damit nicht; als wesentliche Eigenschaft wahrer Kunst rühmt er die »*Gnadenlosigkeit des Geistes, die uns hilft, die des Lebens zu bestehen, und die darum tiefste Menschlichkeit ist*« (EGA 270). In der Rückschau sieht er sein Leben von scharfen Brüchen gezeichnet. Betroffen davon, bekennt ein Mann wie HAP Grieshaber voll Sympathie, er kenne keinen aus dieser Generation, der so gebrochen und so selbstkritisch produktiv sei: »Keinen, der nach solchen Frakturen: Jesuitenschule, Hitlerjugend, Nazisoldat, russische Kriegsgefangenschaft, Antifaschule, Stalinfunktionär, Bitterfelder Weg, sich von Mal zu Mal neu erhebt, ins Gericht geht mit sich selbst, mit der Kunst, mit der Lauterkeit, narbenbedeckt vom uralten Hader, was denn Gerechtigkeit sei.«[4] Wie aber eine solche Biographie in ein schlüssiges Werk umschlagen kann? Die bündigste Antwort auf diese Frage formuliert Fühmann selbst; in einer Werkstatt für geistig Behinderte findet er, zielstrebige Tätigkeit beobachtend, sogar an den zeitlebens Kranken bestätigt: »*In seiner Arbeit ist der Mensch heil.*«[5]

Neben diesem gilt für ihn auch das vielzitierte Wort Rilkes: »Er war ein Dichter und haßte das Ungefähre.«[6] Die Leistungen eines Künstlers hängen freilich nicht unmittelbar davon ab, was er liebt oder haßt, von seinen Tugenden und seiner moralischen Beschaffenheit. Freundlichkeit und Fleiß können schöpferische Phantasie so wenig ersetzen, wie etwa Gewissenhaftigkeit und Aufrichtigkeit schon zwingende Ausdruckskraft und gestalterische Eleganz zu sichern vermögen. Nur ein verbreiteter Kinderglaube bewahrt die hinreichend widerlegte Vorstellung, je schöner ein Kunstwerk geraten ist, desto edler und angenehmer müßte sein Erzeuger sein. Dennoch aber sagt Wieland Förster ungemein Wesentliches auch über das Werk Franz Fühmanns, wenn er aus der Erfahrung langjährigen vertrauten Umgangs mit ihm feststellt: »Er war ein Mann, der ungeteilt leben, glauben, hoffen und bewundern wollte.«[7] Es muß wohl an ebendiesem Wollen liegen und daran, daß sich ihm allenthalben große und kleine Widerstände entgegenstellten, wenn sich schließlich ein bitterer Satz aus Fühmanns Akademie-Rede über E. T. A. Hoffmann als ein genaues Gegenstück zu Wieland Försters Wort lesen läßt; er lautet: »*Wer Künstler geworden ist, dem ist nicht mehr zu helfen.*« (EGA 237)

Das letzte Jahr

»[...] im letzten Jahr, das uns gegeben sein wird, sollte ich eigentlich, wie sich's gehört, anständig arbeiten.«[8] Das antwortet Franz Fühmann auf die freundliche Einladung, als Gast der »Gesellschaft der Freunde des Brenner-Archivs« nach Innsbruck zu kommen. Der Empfänger des Fühmannschen Briefes fragt einigermaßen irritiert und unsicher zurück, wie denn das zu verstehen sei. Wer sich die Weltsituation der frühen achtziger Jahre mit ihrer hochgespannten Konfrontation von West und Ost, mit ihrer Eskalation der Hochrüstung vergegenwärtigt, wird es aber nicht schwer haben zu verstehen, daß gerade jener Fühmann, der sich mit erheblicher Mühe alles Wunschdenken abgewöhnt hatte, unmöglich den Abgrund übersehen konnte, an den die Menschheit geraten war. Ziemlich genau ein Jahr zuvor schon hatte er in seiner Rede bei der »Berliner Begegnung zur Friedensförderung« gesagt: »Es ist ein tragisches Paradox, daß die Menschheit imstande wäre, sich zu vernichten, bevor sie sich noch gebildet hat. [...]Das ungebrochene Tradieren einer Ausschließlichkeitshaltung, die den Weg zur Konstituierung der Menschheit letztlich im Untergang des Anderen sieht, statt die Zukunft als Synthese zweier Widerspruchspole, also als ein Neues zu fassen, bietet wenig Hoffnung auf jenes Rettende, das in dem Maße wüchse, in dem die Gefahr wächst.« Und er fügte die eindringliche Warnung hinzu: »Die Gefahr ist zu einer neuen Qualität – in die unmittelbare Nähe ihrer kritischen Größe – gewachsen.« (EGA 511)

Im Folgejahr, übrigens dem letzten Lebensjahr Leonid Breshnews, hatte sich die Gefahr erhöht. Franz Fühmann, als Schriftsteller voller großer und kleiner Pläne, gefiel sich gewiß nicht in billiger Schwarzseherei. Doch dank höchster Sensibilität erfüllte ihn gesteigerte Sorge; die immer weiter zunehmende Menschheitsbedrohung sah er mit Nüchternheit und ängstlicher Scharfsicht. Er wollte auf das Schlimmste gefaßt sein, um dann, wenn es nicht einträte, desto zuversichtlicher weiterwirken zu können.

1983 wurde, wie jeder weiß, nicht zum letzten Jahr der Deutschen, der Mitteleuropäer oder gar der Menschheit; für Fühmann jedoch wurde es zum letzten vollen Kalenderjahr, das ihm zu leben vergönnt war. Im Laufe des Jahres wurde sein Arbeitsvermögen durch Auswirkungen unheilbarer Krankheit, durch wiederholte schwere Operationen immer weiter gemindert. Als er am 8. Juli 1984 starb, verließ er eine ihn bitter enttäuschende Welt, in der sich für seinen Blick noch keine Wendung zum Besseren anbahnte. Was er in Bälde zu leisten beabsichtigt hatte, gelang ihm in wichtigen Stücken nicht mehr. Aber selbst im letzten Jahr, bei schwindenden Kräften, hat er genau das getan, was sich seiner Meinung nach gehörte; er hat »anständig« gearbeitet, und das heißt: unentwegt, einfallsreich, mit allen Mitteln, die ihm als reifem Künstler zur Verfügung standen, und mit (von Verzweiflung wohl nicht freiem) Wagemut zu Neuem.

Zu dem Zeitpunkt, da er den eingangs zitierten Brief schreibt, hat Franz Fühmann als das wichtigste Unternehmen das große Buch vor Augen, das er schon viele Jahre hindurch vorbereitet, wofür er bereits eine kaum noch überschaubare Fülle verschiedenartigsten Materials zusammengetragen und erarbeitet hat und von dem er inzwischen auch öffentlich zu sprechen gewohnt ist[9]: das »Bergwerk«, wie er es zunächst immer nennt. Nun beginnt er es zu schreiben, bis er sich im Juli 1983 plötzlich mit unförmig aufgetriebenem Leib von Märkisch Buchholz nach Berlin begeben und dort auf den Operationstisch legen muß. Die Diagnose: Ileus, also Darmverschluß. Tückischer Kern der Sache aber: Krebs, der in den Monaten darauf zu immer neuen Eingriffen mit denkbar lästigen Folgen zwingt. Eine Rückkehr an den spartanischen Arbeitsplatz in Märkisch Buchholz, wo sich das

Material angehäuft hatte, wird von Mal zu Mal unmöglicher. Doch selbst die Hoffnung, diese Arbeit in Berlin fortsetzen und womöglich zu Ende führen zu können, muß der Autor, schließlich für immer, aufgeben. Der bis Juli zustande gekommene Text, nunmehr *Im Berg. Bericht eines Scheiterns* betitelt, bleibt ein unbefriedigendes Fragment; »die gültigen 135 Seiten stellen etwa ein Siebtel des Gesamtplans dar« (Ohr 154), schreibt die langjährige Lektorin und Nachlaßherausgeberin Ingrid Prignitz. Erschütternd zu lesen, was der auf den Tod Kranke noch fünf Wochen vor seinem Ende einem befreundeten, mit dem Vorhaben vertrauten Bergmann in Sangerhausen mitteilt: »[...] das große Projekt ist tot. – Drei Kreuze; und das Leben muß weitergehen.«[10]

Welche hochfliegenden Pläne der Schriftsteller damit begräbt, läßt sich dem nachgelassenen Fragment ablesen, wenngleich das schon Geschriebene hinter den im Material verborgenen Möglichkeiten und vor allem hinter dem Angestrebten erheblich zurückbleibt. Man muß die verschiedentlich geäußerten vorgreifenden Auskünfte des Autors über das geplante Werk kennen, um hinreichend erahnen zu können, welcher gedankliche und künstlerische Reichtum das erträumte »Bergwerk«-Buch auszeichnen sollte. Ihm war wohl insgeheim der Rang (nicht die Form) eines Romans und die Stellung eines krönenden Hauptwerks zugedacht. An entsprechenden Investitionen von Zeit und Kraft und geistiger Anstrengung hat Franz Fühmann es jedenfalls nicht fehlen lassen. Zehn Jahre lang hatte er intensive Vorarbeit geleistet und sich nach tastenden Besuchen an verschiedenen Orten intensiv mit »seinem« Kupferbergwerk vertraut gemacht. Das Phänomen Bergwerk als aktuelle, historisch gewachsene Produktionsstätte mit ihren erdgeschichtlichen und technologischen Bedingungen wurde zum Gegenstand leidenschaftlichen Studiums. Wieder und wieder hat er ganze Wochen im Bergwerk verlebt, nicht als störender Zaungast mit der unerläßlichen Begleitung durch einen vom Betrieb Beauftragten, sondern vertraglich fest mit einer Häuerbrigade verbunden, mit der er ein- und ausfuhr, also jeweils eine ganze achtstündige Schicht vor dem Erz verbrachte. Auf diese Weise lernte er die Welt unter Tage, die Bergleute und ihre Arbeit gründlich kennen. Was nicht vor Ort sinnlich zu erfahren war, erschloß sich Fühmann durch weitläufige Literaturstudien. Den Preis mancher Mühsal und Mißlichkeit nicht scheuend, verschaffte er sich den Genuß des Abenteuers, das ihm der Berg bedeutete: die Begegnung mit einer aus unvorstellbaren zeitlichen Fernen überkommenen Materie, mit Jahrmillionen alten Substanzen und Fossilien; die Entdeckung noch nie von Menschen gesehener und berührter Natur, phantastischer unterirdischer Landschaften. Er erlebte ganz gegenständlich die Einheit verschiedenster Zeitalter in der Gestalt von Stollensystemen, die in Jahrhunderten gewachsen waren und vor seinen Augen weitergetrieben wurden. Mit tiefem Respekt, den er aller produktiven Tätigkeit entgegenbrachte, studierte er die Kunst bergmännischer Arbeit und war beizeiten darum bemüht, sich die Sprache der Bergleute zu eigen zu machen, um an ihrer Welt teilhaben und vor ihnen bestehen zu können.

Das Phänomen Bergwerk faszinierte Fühmann aber auch als Fundus symbolischen und metaphorischen Materials, als Symbol und Metapher schlechthin. Er begriff es als »*ein gutes Modell für jeden Prozeß des Eindringens in unbekannte Bezirke*« (IB 58). Von daher erklärt sich auch der Untertitel: »Bericht eines Scheiterns« reflektiert auf die nach Fühmanns Überzeugung immer gesetzten Grenzen für das Bemühen, ein *Anderes* ganz zu einem *Eigenen* zu machen. Das Bergwerk war ihm zwingende Gelegenheit erneuter Ortsbestimmung und Selbstverständigung: »*Was ist die Funktion von Literatur in dieser Gesellschaft?*«[11] Diese Frage war nicht neu, aber neue und bittere Erfahrungen drängten nach neuer Antwort. Franz Fühmann, der im November 1976 sofort den Appell an die DDR-Führung unterzeichnet hatte, die beschlossene Ausbürgerung Wolf Biermanns zu überdenken, war durch das Festhalten an seiner kritischen Position zunehmend in Mißkredit geraten. Sein höchst loyales

Bemühen um ein freimütiges öffentliches Gespräch über drängende Probleme des gesellschaftlichen und kulturellen Lebens hatte zu keinem Ergebnis geführt, ja: Er selbst wurde weitestgehend aus der Öffentlichkeit verdrängt. Lesungen konnten fast nur noch unter dem Dach kirchlicher Einrichtungen stattfinden. Aber nicht davon ist im »Bergwerk«-Fragment die Rede. Vermutlich vermied der Autor solche Einlassungen, um nicht das ganze Unternehmen in Frage zu stellen. Hatte er 1985 angekündigt, er werde die von ihm beobachtete und erlittene *»Kluft zwischen praktizierendem Geist und praktizierender Macht«*[12] darstellen, also der offiziellen Behauptung einer Einheit von Geist und Macht in der DDR direkt widersprechen, so blieb es im Fragment bei Andeutungen, die an Schärfe sogar hinter früheren Vorstößen Fühmanns zurückbleiben. (So hatte er schon 1976 in der stofflich mit dem »Bergwerk«-Komplex eng verbundenen *Spiegelgeschichte* mit unerhörter Offenheit die Anmaßung und Selbstherrlichkeit eines Parteisekretärs sowie das unwürdige Ritual einer routinemäßigen Feier für Veteranen der Unter-Tage-Arbeit kritisiert.) 1983 auch hatte er erklärt: *»Das Buch soll analog werden den ›22 Tagen‹, die auch essayistisch sind und erzählen, analog dem ›Sturz des Engels‹, in dem Essay und Erzählung übereinanderliegen.«*[13]

Zwischen dem Trakl-Essay (in der Lizenzausgabe unter dem Titel *Der Sturz des Engels)* und dem »Bergwerk« zeigte sich jedoch ein wesentlicher Unterschied. Während dort das Darstellen der eigenen »Erfahrung mit Georg Trakls Gedicht« (Untertitel) gerade die Entfaltung autobiographischen Stoffs forderte, konnte es sich hier nun keinesfalls darum handeln, lebensgeschichtliches Material in größerem Umfang einzublenden; vielmehr mußte es gemäß dem Interesse an dem großen Stoffkomplex Bergwerk mit seiner thematischen und motivischen Fülle darauf ankommen, eine ganze Welt zu exponieren, die wesentlich außerhalb des Autors und unabhängig von ihm existiert, so wichtig auch immer seine persönliche Erfahrung mit diesem ganzen Kosmos für das Buch werden mochte. Schon ein vergleichender Blick auf die Personnage der beiden Arbeiten bestätigt und verdeutlicht das.

Im Trakl-Essay gibt es die beiden Hauptgestalten Fühmann und Trakl und einige wenige wichtige Figuren, die je einem von ihnen zugeordnet sind (der Vater Fühmanns, der Dozent in der sowjetischen Antifaschule, die Schwester Georg Trakls). Andere Personen bleiben weit davon entfernt, ein Eigenleben zu erlangen, sie sind lediglich Zeugen oder Bestandteile der Trakl-Biographie und der Literaturgeschichte. Das Fragment *Im Berg* hingegen bezieht eine beträchtliche Reihe von Personen in die Darstellung ein, die selbst als Episodenfiguren doch eigenständig sind. Wegen des fragmentarischen Charakters des Textes bleiben manche jedoch recht schattenhaft; zumindest einigen Figuren ist deutlich anzumerken, daß sie an späteren Stellen weitergeführt werden sollten. Ein Personenverzeichnis müßte wenigstens diese nennen: den Obersteiger Busse, den Brigadier Siebenthaler samt seinen sechs Leuten, von denen immerhin drei mit Vornamen und Alter vorgestellt werden, den Arbeitsschutzinspektor Kuhn, den Kulturobmann, den Betriebsdirektor und den Gewerkschaftsvorsitzenden, den Grubenarzt Dr. Schmid und Dr. Bräuer, den Spezialisten für Krankheiten der Bergleute, die Journalistin Gietzsch, die Apothekerinnen Bäumchen und Koch, eine rothaarige Schlampe namens Kuypers, eine Reinemachefrau des Hotels »Zur Kaiserpfalz« und andere mehr, ganz abgesehen von den Persönlichkeiten, die durch das Erinnern von Lokal- und Bergbaugeschichte in den Horizont des Lesers gerückt werden.

Autobiographisches bleibt freilich nicht ausgeklammert, wird aber auf eine recht hohe Abstraktionsstufe gebracht und auch dadurch als Stoff reduziert. Seine Funktion erhält es im Kontext mit der Selbstverständigung des Schriftstellers, als deren begünstigten Ort Fühmann ja das Bergwerk auch für sich entdeckt hat. So kommt zum Beispiel eine frühe knabenhafte Sehnsucht zur Sprache: *»Wenn meine Mitschüler sich in die Prärie oder die Südsee sehnten oder zu Karl*

*May ins wilde Kurdistan, so ich mich in die grauen Fabriken,
die ich von meinem Zimmer aus sah; die Welt der Anderen,
die andere Welt. – Der Arbeiter war für mich immer das Andere gewesen, schon früh, soweit ich zurückdenken kann. Er
war das Andere zum Matrosenanzug, den man nicht schmut-
zig machen durfte, das Andere zum Klavierunterricht, und
ich beneidete noch als Gymnasiast die Kinder, die selbstherrlich im Rinnstein spielten.«* (IB 31) Der Autor schaut auf seine
Geschichte zurück, aber er erzählt nicht davon; der Rückblick soll klären helfen, warum es ihn als Schriftsteller später immer wieder getrieben habe, sich die Welt des Arbeiters zu erschließen, und er bereitet das Nachdenken darüber
vor, warum ihm alle Versuche, überzeugende Porträts von
Arbeitern zu geben, mißlungen seien.

Die Selbstverständigung über den Platz des Schriftstellers
in der Gesellschaft und über die Funktion der literarischen
Arbeit gerät zum guten Teil zur Selbstbehauptung; Fühmann ermutigt sich zum Widerstand gegen die einseitige In-
anspruchnahme durch die Mächtigen, gerade weil ihm durchaus daran gelegen ist, der *»sozialistischen Gesellschaft zu
dienen«* (IB 30). Diesen Dienst versteht er als das *Gebot* seines Lebens, das *»Schaffen von Literatur«* als *»dessen Sinn«*,
aber beider *»Eins-Sein«* zu wahren wurde immer mehr sein
Problem (ebd.).

Mit dem Fügen von Wörtern und Sätzen und Zeilen auf der
Seite 128 seines Arbeitsmanuskripts beschäftigt (es ist Juli
1983), zweifelt er immer wieder, *»ob all dies Mühn überhaupt einen Sinn hat vor den Nachrichten, die wie Alltags-
geplauder das Unsagbare als Unsägliches sagen, aus dem
Radio, das ich jetzt abschalten werde, und das ich abschalte,
und gleich wieder einschalte, da ich die Einsamkeit nicht mehr
ertrage«* (IB 125).

Solchen Überlegungen aus politischer Verzweiflung heraus gehen aber auch Gedanken voran, die *alles* Schreiben als
notwendiges Scheitern interpretieren: *»Ein Urerlebnis ist
für einen Schriftsteller ja ebenso Ort wie Drang seines Schreibens, genauer: der ewig quälende Drang, jenen Ort in der*

Sprache zurückzugewinnen, den das Leben ihm unwieder-
bringlich verlor.« (IB 104)

Schreiben also als Versuch, Leben erinnernd zurückzugewinnen und ihm dadurch Dauer zu geben, während alles
Geschriebene doch eben nicht das Leben sei, sondern lediglich Ersatz, Surrogat. Skepsis und Resignation eines Altern-
den, der unter dem Mißverhältnis zwischen dem Erstrebten
und dem Geleisteten leidet? Ernüchterung eines Autors, der
immerzu – und wenn er sich noch so sehr mit Vergangenheit auseinandersetzte – auf eine Zukunft hin geschrieben
hat, die nun nicht nur in der erwarteten Weise, sondern vielleicht überhaupt ausfällt? Späte und bittere Trauer dessen,
der eher geschrieben als gelebt hat? Tröstung über die Grenzen der eigenen künstlerischen Leistung? Mühsam subli-
miertes Bekenntnis zur unwiderruflichen Sterblichkeit (Fühmann dank seiner katholischen Herkunft lange fraglich)?
Bewußt auf ein Wort des Dichters Nietzsche[14] anspielend,
formuliert er: »*[...] was geschaffen wird, ist ein ästhetisches*
Gebilde, das, aufs Urerlebnis bezogen, stets als dessen Surro-
gat wirkt und also, und wäre es ästhetisch vollendet, immer
wieder die Unbefriedigung neu setzt, daß die Lust keine
Ewigkeit hat und die Kunst nicht das Leben ist.« (IB 106)
Und er fährt dann mit seinem Paradoxon fort, das den Untertitel des Fragments zusätzlich verstehen hilft: »*Unter die-*
sem Aspekt ist jedes Gelingen ein Scheitern [...]« (ebd.)

Die Fülle an Stofflichem, an Themen und Motiven, an Dar-
bietungsarten, die Anfang der siebziger Jahre in *Zweiund-*
zwanzig Tage oder Die Hälfte des Lebens nach dem additi-
ven Prinzip des Tagebuchs geboten wurde, soll nun mit dem
Verfahren des Trakl-Essays synthetisiert werden. Der Autor wendet viel Energie darauf, in sich gerundete Textstücke
bieten zu können. Sie sind – ebenso wie im Trakl-Buch –
fortlaufend mit arabischen Ziffern versehen. Nur ist hier
noch eine übergreifende Gliederung angelegt; den ersten
zwölf Stücken steht eine römische Eins voran, und das
letzte, zwölfte, Stück dieses ersten Teils ist eine selbständige
Erzählung. Teil II, mit dem 13. Stück beginnend, bricht dann

schon im 14. Stück unvermittelt ab, mitten im Satz. Obwohl Fühmann die einzelnen Stücke rundet, in den meisten Fällen mit einem Motto beginnt und immer auf pointierte Schlüsse hinarbeitet, bemüht er sich doch, nicht in seine frühere Praxis geschlossenen Erzählens zurückzufallen. Das darbietende Ich ist fast immer deutlich konturiert in den Text einbezogen und dabei auch dargestellt. Der Leser wird auf vielfältige Weise als Partner des Autors angefordert, wenn auch nicht durch direktes Anreden. Schon die vorangestellten Motti, meist in einem spürbar spannungsvollen Verhältnis zum jeweiligen Text stehend, aktivieren oder provozieren den Leser. Die Reihe der dabei zitierten Autoren reicht weit, von Platon über Goethe und Novalis bis zu Brecht und Walter Ulbricht, enthält aber auch recht ungeläufige Namen. Berichtende, beschreibende, erzählende und reflektierende Passagen folgen oder durchdringen einander. Haltung beziehungsweise Behandlung des darbietenden Ichs wechseln dementsprechend; streckenweise entwickelt es, wie die Zitate schon erkennen ließen, seine Überlegungen ganz direkt, dann wieder tritt es an die Seite der dargestellten Vorgänge oder mitten in sie hinein. Da wird Erzähltes wiedergegeben, dort werden aphoristische Notizen (wie sie im Ungarn-Tagebuch lose gereiht erscheinen) in einem kontinuierlichen Text miteinander verbunden.

Etwas Neues in Fühmanns Werk ist die – nicht zuletzt unter dem Eindruck von Vorbildern aus der deutschen Romantik – geplante Integration selbständiger Erzählungen und ihre enge Verknüpfung mit dem Ganzen, in das sie einbezogen werden. Das Fragment ist so weit gediehen, daß sich wenigstens ein Probefall beobachten läßt, dem auch noch besonderes Gewicht beizumessen ist. Das 11. Stück stellt dar, wie der Ich-Erzähler und der Sicherheitsingenieur auf einem gemeinsamen Gang unter Tage plötzlich an einen Punkt gelangen, an dem sie unvermutet und absichtslos Ohrenzeugen eines Gesprächs werden, das ihnen unsichtbare, weil von ihnen weit entfernte Personen führen. Der von Fühmann stilisierte Dialog erweist sich sehr schnell als streng vertraulich gedachte Beratung der drei maßgeblichsten Leute des Bergwerks. Obgleich nur Abkürzungen und Namen zu hören sind, wird völlig klar, daß hier wichtige Entscheidungen über Menschen getroffen werden und daß dabei der Parteisekretär das gewichtigste Wort hat. Die unfreiwilligen Lauscher, die sich auch schnellstens fortbegeben, sind also an ein »dionysisches Ohr« geraten. Damit ist die als 12. Stück und Abschluß von Teil I folgende Erzählung *Das Ohr des Dionysios* nicht nur motivisch und sachlich vorbereitet, sondern vorwegnehmend aktualisiert: Die heutigen Bergwerks-Herren und die Selbstherrscher im alten Syrakus sowie deren Folger werden bedeutungsvoll aufeinander bezogen. (Einen jener Tyrannen aus dem klassischen Altertum kennt man gemeinhin wenigstens aus Schillers Ballade *Die Bürgschaft;* sein Name wird dort allerdings nicht wie bei Fühmann in der originalen griechischen, sondern in verkürzter Form genannt: »Zu *Dionys,* dem Tyrannen, schlich/*Damon,* den Dolch im Gewande.«)[15]

Die im Juni 1983 zu Ende gebrachte, eigens für das »Bergwerk«-Buch geschriebene Erzählung *Das Ohr des Dionysios* führt den Leser zunächst in eine räumlich und zeitlich ferne Welt, ist aber durch das Titelmotiv mit seinen physikalischen und herrschaftsgeschichtlichen Aspekten unmittelbar an den vorangegangenen Text angebunden. Sie schlägt einen kühnen Bogen vom 5. Jahrhundert vor Beginn der Zeitrechnung bis in unsere Tage und korrespondiert auch durch dieses Zusammenziehen großer Zeiträume mit dem Ganzen des geplanten Buches. Indem der Autor zeigt, wie ein und dasselbe Phänomen von Epoche zu Epoche immer niedrigeren Zwecken dienstbar gemacht wird, arbeitet er naivem Fortschrittsglauben von einer gesetzmäßigen Höherentwicklung des Menschen im Gang der Geschichte kräftig entgegen. Die jüngeren Tyrannen werden als die schlimmeren entlarvt. Der Leser wird mit herausfordernder Zivilisations- und Kulturkritik konfrontiert, ohne daß Fühmann ihn nötigte, eine geschichtspessimistische Weltsicht oder Stimmung davonzutragen.

Es ist purer Zufall und dennoch bezeichnend, daß das Fragment *Im Berg* nicht im Berg endet, sondern am Anfang eines thematischen Komplexes, der auf ein akutes Problem in der DDR zurückverweist. Der Autor, Jahrzehnte hindurch nicht müde geworden, den in seinem Lande herrschenden Mangel an Öffentlichkeit entschieden zu kritisieren und ihre Herstellung einzuklagen, endet mit einer gerade durch ihre Sachlichkeit ironisch-satirisch wirkenden Beschreibung der »Grubenzeitung« als eines sich immer gleichen Beweises für die landesübliche Praxis, statt ehrlicher Reflexion der Wirklichkeit stereotype Produktionspropaganda und klischierte Beschönigungen anzubieten. Damit mündet das Fragment, so plötzlich es auch abbricht, genau in den Gedankenfluß, den Franz Fühmann trotz aller Wirkungslosigkeit seiner Bemühungen nicht zu unterbinden vermochte und der sich bei ihm auch sonst allenthalben in Nachgelassenem findet.

Bei aller Konzentration auf das Hauptgeschäft – das »Bergwerk«-Buch – vermag Fühmann nicht auf Abwechslung und Vielfalt der Betätigung zu verzichten. Bis Mitte Februar 1983 bringt er das Ballett *Kirke und Odysseus* zum Abschluß, da der Verlag es in bibliophiler Ausstattung herausbringen will. Freilich nun schon mit minderer Freude als seinerzeit, nachdem die Idee dazu im Gespräch mit Wieland Förster entstanden war und er es begonnen hatte. Ende 1982 waren bestimmte Hoffnungen des Librettisten, der mit diesem Unternehmen Neuland betreten hatte, leider zunichte geworden. Nach der Lektüre einer Arbeitsfassung hatte der Chefchoreograph der Komischen Oper Berlin, anfangs an dem Werk stark interessiert, das Ballett (sicher nicht leichtfertig) für untanzbar erklärt; ohne ausdrücklichen Auftrag mochte die vorgesehene Komponistin, Ruth Zechlin, aber auch nicht die Musik dafür schreiben. Die Aussicht darauf, als Autor endlich auch noch in die Welt des Theaters vorzustoßen, die Fühmann schon in früher Jugend ganz nahe war, hatte sich mithin erledigt. Den Librettisten mußte das um so mehr schmerzen, als er sicher sein konnte, dem bekannten Stoff aus der *Odyssee* eine ebenso originelle wie aktuelle Deutung gegeben zu haben.

Fühmann versteht die sprichwörtlich gewordene Zauberin als eine bedeutende Gottheit. Herrin des Inselreichs Aiaia, webt sie »*an einem leuchtenden, wallend sich ergießenden Tuch*« (KO 7); mit dieser Tätigkeit symbolisiert der Autor die »*Erhaltung und Regenerierung des Lebens*« (ebd.) auf der Insel. Die Nymphen sind Kirkes Helferinnen. Die lebensnotwendige schwerste Arbeit aber verrichten die geschlechtslosen Lemuren. Ein Teil der Gefährten des Odysseus wird in eben solche Lemuren verwandelt. Eine Verwandlung in Schweine, wie sie durch Homers Darstellung geläufig ist, kann Fühmann schon aus Sorge um den hohen Stil seines Balletts nicht gebrauchen; auch kann ihm nicht daran liegen, den starken erotischen Reiz der mächtigen Kirke dadurch zu denunzieren. Er baut die Begegnung Kirke – Odysseus als Gleichnis des elementaren widersprüchlichen Verhältnisses zwischen Mann und Frau aus. Odysseus wird von Athene, deren Schützling er schon bei Homer ist, durch Einpflanzen des Zauberkrauts Moly in seine Brust mit göttlicher Kraft ausgestattet, so daß er sich gegenüber Kirke behaupten kann. Der lange Kampf beider wird mit großer Härte geführt, bis die gleich Mächtigen, in gleichem Maße erschöpft, innehalten müssen, ihre Ebenbürtigkeit begreifend. Nun kann sich eine ausgeglichene erotische Beziehung entwickeln.

Eine semantische Ebene dieses Geschehens und seiner Weiterungen läßt sich als Sinnbild eines überzeitlichen, naturhaften Geschlechterkampfes, eines jederzeit möglichen Umschlagens von Besitzanspruch in Hingabe und von Liebe in Haß oder Haß in Liebe deuten, wenngleich solche Formeln vereinfachen. Fühmann beschränkt sich aber nicht auf dergleichen Bedeutungen; ihm liegt durchaus daran, den Vorgängen in gewissem Sinne historische Dimensionen zu geben, er erkennt ihnen eindeutige Positionen im menschheitsgeschichtlichen Raum zu: Kirke ist nach seiner Auffassung eine Matriarchatsgottheit, Athene hingegen eine ins

Patriarchat integrierte Göttin und deshalb Parteigängerin des Odysseus. Fühmann läßt es dann auch noch zum direkten Kampf zwischen den beiden Gegnerinnen kommen. In dessen Verlauf wendet er ein zusätzliches sinnfälliges Mittel an, um die entgegengesetzten Prinzipien zu symbolisieren: Kirke entblößt ihr *Geschlecht,* Athene, zur Antwort den Helm abnehmend, ihre *Stirn.*

Den Wunsch Kirkes, Odysseus für sich zu behalten, während alle anderen Griechen ihre Heimfahrt fortsetzen, weiß Athene zu vereiteln; der vereinbarte Entscheid durch das Los wird verfälscht, so daß Elpenor statt Odysseus auf der Insel zurückbleiben soll. Bei Homer stürzt jener bekanntlich nach dem Abschiedsgelage betrunken vom Dach in den Tod; der Elpenor Fühmanns hingegen tut dies vorsätzlich. Daß die Griechen diesen Toten nun auf Kirkes Thron setzen, deren Verlangen der Form nach erfüllend, muß sie als eine empörende Schändung und maßlose Verhöhnung empfinden. So zerreißt sie wütend das Goldene Gewebe und beschwört katastrophale Unwetter herauf; das Leben der Insel erlischt. Die letzten Sätze des Librettos lauten: »*Der Vorhang braucht nicht mehr zu fallen. Es ist tiefe Nacht.*« (KO 52)

Bei allem stoffbedingten und gattungsgerechten Stilisieren, das Franz Fühmann hier praktiziert, vermeidet er doch jegliche Reduktion der wesentlichen Figuren auf ein bloßes Prinzip; keine wird als schlechthin gut oder böse behandelt. Weder erscheint Kirke in einem verklärenden Lichte, noch wird Athene moralisierend herabgesetzt. Ausdrucksstark spürbar wie in kaum einem anderen seiner Werke wird des Autors entschiedene Sympathie für das Menschenrecht, für den Lebenswert und Lebensanspruch der Frau, für den humanen Sinn des Ewig-Weiblichen. Und nicht zu übersehen ist zugleich die unerbittliche Abweisung einer stumpfen, beschränkten und darum auch kriegerischen Männlichkeit. Das schärfste ästhetische Urteil will der Schriftsteller hier durch die Musik ausgesprochen wissen: »*Die Griechen marschieren zu ihrem Schiff; nun ist es ein Marsch, [...] unerbittlich, dröhnend, Würde und Liebe verhöhnend, und ich*

wünschte, daß das Barbarische der Bewegung dieser Män-
nermaschine in einem unerträglichen Rhythmus, verbunden
mit der Lästerung schriller Pfeifen, in der Musik zum Aus-
druck kommt.« (KO 50)

Ohne vordergründig auf die nahe Gefahr des in diesen
Jahren ständig beredeten atomaren Infernos anzuspielen, ist
Fühmanns Ballett neben Christa Wolfs *Kassandra* ein in der
Literatur der DDR konkurrenzlos kühner Versuch, mittels
großer poetischer Zeichen in die aktuelle Selbstverständigung der Menschheit über ihre brennenden existentiellen
Probleme einzugreifen. Allerdings: Was die Publikumsre-
sonanz betrifft, so verbietet sich jeder Vergleich zwischen
der rasch zum Bestseller gewordenen Wolfschen Erzählung
und der bis heute kaum wahrgenommenen Spielvorlage Fühmanns für ein überfordertes Tanztheater.

Neben der intensiven Beschäftigung am »Bergwerk«-Text
läßt sich in kleinen Schüben auch eine längst begonnene Arbeit weiterführen, die auf einem vertrauten Tätigkeitsfeld
liegt: die Übertragung des gedankenreichen fünfaktigen
Märchenspiels *Csongor und Tünde* von Mihály Vörösmarty.
Noch in der Charité kann Franz Fühmann diese umfangreichste seiner zahlreichen Nachdichtungen glänzend abschließen und erreicht damit – nach dem kompetenten Zeugnis des ungarischen Dichters Gábor Hajnal – den Gipfel
seiner nachdichterischen Leistungen.[16] Eine derartige Arbeit ließ sich wohl unter den schwierigen Bedingungen des
Krankenlagers am ehesten ohne Einbuße an Qualität bewältigen. Der intime Umgang mit dem schönen Versdrama
des ungarischen Romantikers dürfte Anteil daran haben, daß
Fühmann noch in seiner letzten Lebensphase dazu übergeht, sich selbst als Verfasser dramatischer Texte (mit teilweise metrischer Bindung der Sprache) zu versuchen. Er spielt
mit dem Gedanken, eine *Antigone* zu schreiben, und bereitet sich darauf vor, das Textbuch für eine Rock-Oper *Alkestis*
zu erarbeiten, das er seinem Schwiegersohn, dem Musiker
Reinhard Richter, zu schenken beabsichtigt.

Sosehr er als Schriftsteller die völlige Einsamkeit seines

ständigen Refugiums in Märkisch Buchholz benötigt, so
wenig mag Fühmann sich auf einen bloß schriftlichen Umgang mit der Welt beschränken. Die Arbeit am »Bergwerk«
erfährt also auch Unterbrechungen; sei es, daß man ihn aufsucht (Anfang 1983 holen sich Vertreter des Verlags Edition
Leipzig für eine bibliophile Ausgabe etliche seiner Traum-
Erzählungen), sei es, daß er auf Lesereisen fährt (im Frühjahr
1983 ins Schwäbische und Bayerische) oder die verbliebe-
nen Möglichkeiten öffentlichen Wirkens in der DDR wahrnimmt: Er kann am 11. März in einer Berliner Schule für
körperbehinderte Schüler aus seinem *Prometheus* lesen und
auf diese Weise das ihm in den letzten Jahren immer wichtiger gewordene schöpferische Zusammenspiel mit Behinderten weiterführen. Er leitet drei Tage später in Leipzig einen
Abend mit der österreichischen Schriftstellerin Barbara
Frischmuth, die im Rahmen des Messepodiums aus ihren
Texten liest und ihren Kollegen aus der DDR zu respektvol-
len Bekundungen hinreißt. (Ihr Erstling, *Die Klosterschule,*
hatte ihn längst für sie eingenommen und war – mit einem
Gespräch zwischen ihm, Dietrich Simon und Joachim
Schreck an Nachworts Statt – 1976 in der DDR erschienen.)
Er beteiligt sich an einer szenischen Lesung der Akademie der
Künste zum 10. Mai 1935, die am 28. April zum Gedenken
an die von den deutschen Faschisten veranstaltete Bücher-
verbrennung stattfindet und ihm eine verpflichtende Gelegenheit bietet, sein antifaschistisches Bekenntnis, an dem er
tief überzeugt festhält, eindringlich zu erneuern. Dabei scheut
er sich allerdings auch nicht, die Kritik des alten Nazi-Un-
geists so radikal und prinzipiell zu fassen, daß sie stellenweise spürbar zugleich zur Kritik an stalinistisch geprägter
Repression von anspruchsvoll herausfordernden Geistes-
leistungen innerhalb der DDR wird. (Und ein anderes Organ als die Zeitschrift der Akademie, »Sinn und Form«, hätte
diesen brisanten Text wohl auch nicht an die Öffentlichkeit
zu bringen vermocht.)

Fühmann nimmt – im Unterschied zu anderen Kollegen in
vergleichbarer Lage – am IX. Schriftstellerkongreß teil, der

vom 1. bis 3. 6. 1983 in Berlin stattfindet, und zwar mit einem aufwendig vorbereiteten Redemanuskript, um dort kultur-politisch wirksam zu werden: Er will öffentlich Publikati-onsmöglichkeiten für Wolfgang Hilbig einfordern und zieht seine Wortmeldung nur zurück, als er die Gewißheit erhält, daß der Reclam-Verlag eine Textauswahl dieses bis dahin in der DDR nicht gedruckten Dichters, eines ungewöhnlich begabten Arbeiters, herausbringen wird. (Sie erscheint noch 1983.) Er setzt sich in der nächsten Sitzung der Sektion Lite-ratur und Sprachpflege der Akademie der Künste am 22. Juni zum wiederholten Male vehement für die Rechte einer gan-zen Reihe beachtlicher literarischer Talente ein, denen nicht nur die Möglichkeit zu publizieren verweigert, sondern Le-ben und Arbeit in wachsendem Maße durch Drohungen, Vorladungen und Beschlagnahme von Manuskripten auf schlimme Weise beeinträchtigt wurde. Sein Vorschlag, an der Akademie eine Rechtsstelle zugunsten dieser Benach-teiligten zu schaffen, wird allerdings nicht aufgegriffen und bleibt undiskutiert – Zeichen der völligen Aussichtslosigkeit seiner Bemühungen.

Die Einlieferung Fühmanns in die Charité am 26. Juli ist der Anfang eines dreimonatigen Klinikaufenthalts. Der Pa-tient ist zu einem gründlichen Wechsel seiner Lebens- und Arbeitsgewohnheiten gezwungen und mithin auch zu einem Wechsel der Arbeitsgegenstände. Das wichtigste aber: Todes-nähe wird deutlich spürbar.

Wenn Fühmann nun auf dem Krankenlager, sobald er dazu überhaupt imstande ist, die Ausführung des vorbereiteten *Alkestis*-Librettos beginnt, dann bekommt die Arbeit unter diesen Umständen den Charakter psychischer Selbstbehand-lung, und zwar in höherem Grade als vordem. Denn die Ge-schichte vom thessalischen König Admetos, dem Apollon die Chance vermittelt hat, sich dem Tod zu verweigern, wenn er diesem statt seiner einen freiwillig zum Sterben be-reiten Stellvertreter bieten kann, und dessen Frau Alkestis aus treuer Liebe zu ihrem Gatten dann an seiner Stelle stirbt, fordert von ihrem Bearbeiter eine entsprechend tief betroffene Auseinandersetzung mit dem Tod. Das pure Thema bedeutet für Franz Fühmann gewiß nichts Neues; aber die neuen Erfahrungen erzwingen eine neuartige Auseinandersetzung und geben ihr einen neuen Inhalt sowie eine neue Funktion. Mitte August berichtet er, kürzlich sei er nachts mit einem Fuß *drüben* gewesen, ein Medizinstudent habe ihn *hier* gehalten.[17] Das hört sich recht nüchtern und gefaßt an – und wird doch wohl nichts anderes sein als ein möglichst unauffällig gemachtes Zeichen latenter Todesangst, die jetzt zu bewältigen ist. Die Bearbeitung der alten Alkestis-Mythe leistet dabei autotherapeutische Dienste. Schon Wochen vor der Entlassung aus der Charité – gegen Ende Oktober – kann sie für abgeschlossen erklärt werden.

Als Textbuch für eine Rock-Oper geplant, wird die fertige Arbeit schließlich *Alkestis. Stück mit Musik in einem ersten Akt, einem zweiten Akt, zwei dritten Akten und einem Vorspiel* bezeichnet. Das klingt einigermaßen lustig oder zumindest unfeierlich; der Ton scheint, wenn man die Rezeptionsgeschichte des Stoffes überblickt, dem Sujet nicht recht angemessen. Fühmanns Untertitel signalisiert jedoch von vornherein die bewußte Distanz zu einer bestimmten Tradition und leitet zu dem komödischen Prinzip hin, das der Autor für seine Version über weite Strecken mit grimmigem Humor anwendet. Er setzt sich gegen den drohenden Tod nicht nur dadurch zur Wehr, daß er das Thema in seiner ganzen Schwere annimmt und sich ihm mit großer Energie stellt, sondern auch durch die schöpferische Demonstration von Lebenskraft und Lebensfähigkeit, realisiert als ein souverän spöttisches Strafgericht über Machtstreben und Willkür, Militarismus und Demagogie, Karrierismus und Egoismus, Mißtrauen, Haß, Herzlosigkeit und – nicht zuletzt – über die Kommandierung der Kunst durch die Macht. Der Autor kämpft hier sozusagen mit Todesbeachtung (nicht mit Todesverachtung) gegen menschliche und gesellschaftliche Gebrechen politisch-moralischer Art, und er kämpft mit allen Mitteln. Das ergibt kein klassisch-harmonisches, stilistisch reines Opus, sondern ein brisantes Gemisch von Themen und Motiven, von Gedanken und Invektiven, von Erhabenem und Lächerlichem, von Tragischem und Komischem, von hoher Kunst und Klischee.

Die Titelgestalt des Stücks ist wirklich Hauptperson, obwohl ihre Rolle keinen großen Umfang hat und ihr Einfluß auf die Vorgänge gering bleibt. Sie überragt alle anderen durch menschliche Größe und Würde und ist durch ihre ergreifenden Äußerungen über Leben und Tod auch die weltanschaulich bedeutendste Figur. Im Zentrum der Handlung allerdings steht ihr Mann, der dem Autor doppelt wichtig sein muß: zum einen als Mensch zwischen Hoffnung auf Unsterblichkeit und Furcht vor dem Sterben, die ihn in gefährliche Versuchungen führt; zum anderen aber und vor allem als König, den die Macht schon in seiner Menschlichkeit schwer beschädigt, als selbstherrlicher Herrscher, der gewohnt ist, alle anderen als Mittel zu seinen Zwecken anzusehen. Admetos, der sich zunächst als *»der glücklichste König der Welt«* preist, weil er *»das mächtigste Reich«*, *»das treueste Volk«* und *»das schönste Weib«* (A 11) habe, wird durch das Nahen des Todes zur Suche nach einem Stellvertreter genötigt.

Seine Eltern, obzwar voller Klagen über ihr Alter und ihre Leiden, wollen doch nicht für ihn einspringen. Seine Generalität erklärt sich als für das Land unverzichtbar. Und unter den Soldaten kann sich kein Freiwilliger finden; der Großmarschall überzeugt den König davon so: *»Majestät, das Prinzip der Freiwilligkeit ist unvereinbar mit dem System von Befehl und Gehorsam. Wir geben den Befehl zu sterben, und der Soldat führt ihn aus. Ob er das will oder nicht, darf uns nicht interessieren. Wenn wir ihm freie Wahl einräumen, und sei es nur in einem einzigen Fall, ist die Basis des militärischen Geistes zerstört.«* (A 6) Der Kulturminister argumentiert mit seiner Unentbehrlichkeit für *»die Dauerfestspiele, die geplanten Kulturabkommen«* (A 29). Die hoffnungsvolle Wendung an sein treues Volk führt nicht nur zur Enttäuschung des Königs, sondern auch zu Unruhen im Volk, die mit blutiger Gewalt niedergeschlagen werden. Der Dramaturg Fühmann plant die Darstellung solchen Geschehens durch den Einsatz eines Filmstreifens. Durch die Schüsse und das Geschrei beunruhigt, meldet sich nun erst Alkestis (der 1. Akt neigt sich bereits dem Ende zu): *»Mein Hoher Herr, ich sorge mich um Euch./Was hat das alles zu bedeuten?«* (A 35) Damit bietet sich dem König die Gelegenheit zu entdecken, daß seine Frau bereit ist, ihr Leben für seines hinzugeben. Aber als ihr Tod naht, ahnt er plötzlich, was er damit verlöre, und will ihr Sterben verhindern.

Am Anfang des 2. Akts deshalb der radikale Umschwung: Admetos beklagt sich als unglücklich. Retardierende Vorgänge setzen ein. Der Sinneswandel wird durch ein Spottlied kommentiert, das aus dem Volk kommt und das die Königseltern mit drastischer Komik vortragen. Den entschiedensten Kontrast dazu bildet ein großes Lied der Alkestis, in dem sie die Sonne als Symbol des Lebens anspricht, frühes Liebesglück erinnert, ein hymnisches Lob des irdischen Daseins anstimmt. Die Vision des schwarzen Stroms mit der Totenbarke Charons macht sie derart schaudern, daß Admetos darum ringt, Alkestis zu retten. Schließlich bittet er die Parzen, sie gemeinsam sterben zu lassen. Der Tod – von Fühmann übrigens als Sensenmann gedacht – steht abermals in der Tür. In die Tragik dieser Szenen weiß der Autor immer wieder Komisches einzubeziehen; schon durch das alte Elternpaar, »Papachen« und »Mamachen«, die miteinander fest verbunden und dabei doch ständig uneins sind, gelingt das geradezu spielend. Aber der 2. Akt schließt nun vollends mit einer plötzlichen Wendung ins Groteske, indem der Stadtkommandant hereinplatzt, um das Publikum in die Entscheidung über das Weitere einzubeziehen.

Damit wird auf das Vorspiel zurückgegriffen, das eben dieser Stadtkommandant, gestützt auf etliche stumme Soldaten, mit seinem Publikum getrieben hat. Eingefleischter Militär, der sich auf plumpe Weise demokratisch zu geben versucht, hat er die Leute dazu aufgefordert, durch Abgabe je einer der beiden an der Kasse erhaltenen verschiedenfarbigen Scherben darüber abzustimmen, ob die Bitte, die König Admetos am Ende des 2. Akts an die Parzen richten werde, abzuschlagen oder zu gewähren ist. Das Publikum sollte also Schicksal spielen, ohne ahnen zu können, worüber es befindet. Die Fühmannsche Satire auf ein Kommandosystem mit dürftigem demokratischem Mäntelchen fungiert aber nicht nur als Einstimmung auf die politische Relevanz des Komödischen im Stück. Sie hat dramaturgische Bedeutung, weil das Ergebnis der Stimmenauszählung darüber entscheidet, welcher der beiden dritten Akte zur Aufführung gelangt. Sie unterscheiden sich voneinander insofern ganz wesentlich, als in der »Rotfassung« (der Name ergibt sich aus der Farbe der in der Abstimmung mehrheitlich benutzten Scherben) Admetos seiner Frau in den Tod folgt, während der machtgierige Stadtkommandant seine Legitimierung als Nachfolger des Königs erzwingt. Die Infamie des Machtkampfes macht Fühmann mit scharfem Witz auffällig. Er läßt ein zynisches Couplet zum Lob der Gewalt singen, und er läßt sozusagen klassische Fälle von Gewaltanwendung aus Geschichte und Mythologie als zwingende Belege für ihre Notwendigkeit und Zweckmäßigkeit zitieren. Die sterbende Alkestis besingt nun den Tod als die schwarze Sonne, die gnädig die Greuel des irdischen Lebens verberge. Fühmann leistet hier keine große Lyrik (wie er sie für andere Gesangsnummern seines Stücks bei der Sappho, bei Alkman und Simonides gefunden hat); aber er vermag seiner Hauptfigur immerhin einen Text in den Mund zu legen, der wichtige Motive aus Tradiertem und Gegenwärtigem glücklich verbindet, der über die Kritik des Kritikwürdigen eine moralische Ordnung der menschlichen Welt fordert und der dank seiner schlichten Worte selbst solche Hörer erreichen kann, die allzusehr den Konsum anspruchsloser Texte gewöhnt sind.

Das Mittelstück dieses Liedes mag hier zugleich als Probe jener Passagen des Stückes stehen, die (im Kontrast zu den parodistischen oder bewußt vulgär gestalteten Teilen) im hohen Stil gehalten sind:

Schwarze Sonne der Schattenwelt,
milde, gnädige Dunkelheit,
wohltätig bist du meinen Augen,
daß sie nicht mehr diese Antlitze schauen
mit den Mäulern, gelb von Lüge,
mit den Blicken, schwarz von Mordlust,
mit den Stirnen von Hyänen,
mit den Kiefern von Schakalen,
daß ich nicht mehr ihre Hände schaue,
bluttriefend oder sauber gewaschen,
die sie zu den Göttern heben,
ihren Segen zu erflehn für
neue Schändung und neuen Mord.
(A 73 f.)

Im weiteren Verlauf demonstriert die »Rotfassung« des 3. Akts, mit welcher Skrupellosigkeit der neue Herrscher sich der Macht versichert und den Tod der Alkestis dazu nutzt, die Bereitschaft zum Opfertod fürs Vaterland zu rühmen. Das Volk wird abschließend gehalten, alle drei Strophen der thessalischen Hymne zu singen (der parodistische Text folgt der Melodie des Liedes »O wie herrlich, o wie schön,/ Ist es, in die Schul' zu gehn«).

Zu einem etwa gleichen Abschluß führt auch, freilich auf anderen Voraussetzungen und Wegen, die »Schwarzfassung« des 3. Aktes. Ihren dramatischen Höhepunkt entwickelt Fühmann über den Einfall des Admetos, den Kulturminister zum Demonstrationsobjekt seiner absoluten Herrschergröße zu machen; der vermessenen Theorie – »*doch reine Willkür ist das Schicksalhafte,/das zu verhängen Könige/den Göttern gleichmacht*« (A 100) – folgt die frevlerische Praxis: Er sticht seinen Minister eigenhändig auf offener Bühne nieder, und der Sterbende darf dabei noch singen: »*Es lebe der König!*« (A 102) Dem Vorgang kann sich dann bald der oben zitierte Abschiedsgesang der Alkestis anfügen. Wie andere Textstücke stimmt er mit dem in der »Rotfassung« wörtlich überein. Die Möglichkeit, in den verschiedenen Aktfassungen unterschiedliche Personen unter verschiedenen Umständen gleiche Texte singen zu lassen, nutzt Fühmann übrigens auch als Mittel satirischer Kritik an der Wiederkehr immer gleicher Machtstrukturen und politischer Prozeduren. Der Schluß der »Schwarzfassung« bekommt allerdings noch eine abweichende Wendung als besondere provokante Pointe, die zudem mit dem Vorspiel harmoniert: Der neue Stadtkommandant fordert sogar das Publikum zum Mitsingen der Nationalhymne auf.

Franz Fühmann hat in sein »Stück mit Musik« geschickt eine korinthische Ballettgruppe mit Sängerin eingebaut und dieser Solistin gleich für ihren ersten Auftritt ein Wort zugeteilt, das ganz seiner auf Katharsis zielenden Kunstauffassung entspricht: »*Trauer wird am besten von Trauer getröstet.*« (A 43) Das gesamte *Alkestis*-Libretto ist in diesem Sinne zugleich Trauer und Trost seines Verfassers, nicht nur durch das tiefgründige Aufspüren von Gedanken und Gefühlen der ins Totenreich überwechselnden Frau, sondern auch durch die harte Abrechnung mit einer unwürdigen Welt. Die Bitterkeit und der grimmige Humor seines künstlerischen Umgangs mit ihr, aus tiefer, unaufhebbarer Enttäuschung genährt, ist ja nur eine andere Art Trauer, deren Trost darin liegt, daß sie kraft eigener Moralität des Autors entsteht, die als letztes, verborgenes, aber unverlorenes Zeugnis möglicher Humanität gelten darf.

An seine gewohnte Arbeitsweise als Prosaist kann Fühmann auch nach Abschluß von *Alkestis* überhaupt nicht denken. Die aus innerer Notwendigkeit gewachsene Arbeitstechnik erfordert unter anderem den Einsatz der Schreibmaschine, immer neue, modifizierende Abschriften des jeweiligen Zuwachses, das Schneiden und Kleben des zäh immer weitergeschriebenen und immer höher getriebenen Textes. Doch für dergleichen ist vorerst, zumal in der Charité, absolut keine Möglichkeit gegeben. Unter diesen Bedingungen keimt nun die Idee, sich an einer weiteren Spielvorlage zu versuchen, einen dramatischen Text anderer Art zu schreiben. Der Verlust der Hoffnung auf eine theatralische Realisation des Balletts *Kirke und Odysseus* und zugleich die Genugtuung, daß es in Buchform erscheinen würde, die Freude über den befriedigenden Abschluß von *Alkestis*, vielleicht auch der Ehrgeiz, sich weiterhin auf neuen Feldern zu erproben, dürften an dem Plan für ein erstes Hörspiel mitgewirkt haben. Von dem Kinderhörspiel *Perikles* (1979) abgesehen, hatte Fühmann erstaunlicherweise die in der DDR seit jeher und mit bedeutenden Ergebnissen gepflegte Gattung ungenutzt gelassen. Nicht nur deshalb schaut er sich nun bei einem Meister des Fachs um, bei Friedrich Dürrenmatt; es entspricht durchaus seiner Gewohnheit, große Vorbilder zu befragen, Muster zu suchen, lesend zu lernen. Noch ehe er gegen Ende Oktober die Charité verlassen kann, weiß er, was er will, und bereits am 12. November 1983 kann er seiner Lektorin eine abgeschlossene Fassung seines Hörspiels *Die Schatten* übermitteln. Die Inszenierung der späteren Funkfassung (Ursendung 31. Mai 1984) wird ihm zwar schon beim zweiten Hören mißfallen; doch die Gattung hat er nun für sich entdeckt und wird sie weiter nutzen. Die Fähigkeit, Dialoge zu schreiben, die ihm zunächst gar nicht so recht zuwachsen wollte, hat er sich inzwischen längst erworben. Das Bewußtsein dieses Vermögens muß ihn nun um so mehr ermutigen, als er – der Rekonvaleszent, der im Grunde fortdauernd Patient bleibt und im Dezember schon wieder ein schwerer Fall für die Chirurgen ist – an dialogischen Texten von geringem Umfang noch am ehesten und am aussichtsreichsten arbeiten kann.

Die bemerkenswert rasche Entstehung des Hörspiels erklärt sich aber vor allem daraus, daß der Autor sich dabei eines ihm seit früher Jugend bestens vertrauten und für die eigene Arbeit schon mehrfach durchdachten Stoffes bedient. Mit *Die Schat*ten schreibt er fast so etwas wie eine Fortsetzung von *Kirke und Odysseus;* dort Ausgespartes wird nun, freilich auf andere Art, nachgetragen. Das Ballett erforderte oder begünstigte einen sehr freien Umgang mit der Überlieferung. Der Hörspielautor schließt sich wieder enger an die Vorgaben des Homerischen Epos an. Drei der mythologischen Gestalten sind in beiden Arbeiten vertreten: Kirke, Odysseus, Eurylochos. Die ersteren treten jetzt aber weit in den Hintergrund; eigene Stimme erhalten sie erst ganz am Ende des Hörspiels. Eurylochos hingegen bekommt in der Funkfassung eine große Rolle; in einer Gruppe von fünf Griechen befindet er sich das ganze dreiteilige Stück hindurch im Gespräch mit drei Nymphen Kirkes. Das akustisch zu simulierende Geschehen ist nicht sehr viel länger zu denken, als die Vorführung des Spiels dauert.

Der zeitliche Ort der Handlung ist die letzte Nacht der Griechen auf der Kirke-Insel Aiaia, ein sehr prägnanter Zeitpunkt also: Odysseus hat mit seinen Leuten gerade die Fahrt nach Kimmerien, an den Eingang zum Totenreich, hinter sich gebracht, und der Abschied der Griechen von der Insel Aiaia steht nun unmittelbar bevor. Die Nymphen, selbst unsterblich, wollen von den ersten Sterblichen, die jemals in den Hades eintreten und als Lebende zurückkehren durften, möglichst genaue Auskünfte darüber haben, was denn dort zu sehen, zu erfahren war. (Die Nymphen vermögen sich nicht selber dem Hades zu nahen: Alles Tote bedeutet ihnen als Unsterblichen üble Befleckung, suggeriert uns Fühmann.) Es liegt wohl nicht bloß am Schweigegebot des »Alten«, wie die Krieger den Odysseus nennen, daß der Bericht nicht so recht in Gang kommen will. Auch für sie ist jenes Reich des Hades eine doch nicht geheure, schwer faßbare, allzu fremdartige Wirklichkeit. Die Betroffenen wissen sich vorerst selbst nicht recht zu äußern. Und den Nymphen gegenüber sind sie einigermaßen befangen, hilflos und sogar mißtrauisch. Auch nach einem Jahr Aufenthalt auf der Insel (den sie übrigens fast ständig in Gestalt von Schweinen oder Hunden verbringen mußten) sind ihnen diese weiblichen Geschöpfe noch immer nicht richtig kenntlich und begreiflich. Daß sie durch ihre massive Prägung als Krieger sehr bedenklich deformierte Menschen sind, stellt sich im Verlauf des Gesprächs erst allmählich, am Ende dafür desto schrecklicher und verhängnisvoller heraus. Die Befragung durch die Nymphen erbringt also zunächst nur einen stockenden und zähen Fluß kärglicher Andeutungen, eher unwillig oder widerwillig als mitteilsam.

Für Fühmann, der inzwischen selbst mit einem Fuß »drüben« war, bedeutet die Arbeit an den zurückhaltenden, tastenden und mühsamen Mitteilungen der Hadesbesucher nach *Alkestis* eine weiterführende Auseinandersetzung mit Sterblichkeit und Tod. Er läßt seine Griechen nach und nach sprechen: über das Verhältnis von Leib und Schatten; über den paradoxen Umstand, daß die Schatten doch Schatten von Toten, also Gestorbenen, sind, aber als Schatten im Hades existieren, also leben; darüber, wie die Hadesbewohner nach dem Blut gegiert haben, das Odysseus aus dem mitgebrachten Opfertier in die vorbereitete Grube laufen ließ; darüber, wie das genossene Blut seine Wege durch die körperlosen Schatten-Körper nimmt; darüber, von welcher Art die Stimmen der Schatten sind, wie die Schatten sich verhalten und miteinander umgehen. Der Autor greift bestimmte Details aus der Überlieferung auf und treibt damit sein ernstes Spiel, indem er sie weiterdenkt und Unmögliches vorstellbar macht. Das Abstraktum Tod wird auf sublime Weise vergegenständlicht, gestaltet und – im Schillerschen Sinne – durch die Form vertilgt. Für den Autor ist das fraglos eine wichtige Fortsetzung des in *Alkestis* Geleisteten. Er führt hier auch – in angemessener Beschränkung – den Einsatz lyrischer Einlagen weiter; den ersten Teil des Hörspiels beschließt eine Collage aus Versen der Sappho und Alkmans, den zweiten ein Stück von einem ergreifend tiefen Lied des Nilotenvolks der Dinka; Fühmann fand den wunderbaren Text in Karl Kerényis Aufsatz *Die religiöse Idee des Nichtseins*.

Aber die Handlung will weitergeführt werden. Indem das Erzählen der Griechen endlich lebhafter und freier wird, wozu der Wein das Seine beiträgt, ergibt sich eine Gelegenheit, mit einer Kriegserinnerung aufzuwarten, und das löst gleich eine wahre Kettenreaktion aus. Plötzlich sind die fünf Griechen nicht mehr am Eingang in den Hades, sondern vor Troja: Man brüstet sich mit Bluttaten, die man dort vollbracht hat; man ergötzt sich an den kräftigen Eingriffen der beteiligten Götter, man beschimpft den unbeteiligten Hermes als Feigling; man berichtet von den vielen Kameraden aus dem Trojanischen Krieg, die inzwischen alle im Totenreich anzutreffen sind. Die am Leben gebliebenen Haudegen aber interessieren sich für die Nymphen als Objekte ihrer Lust; Streit flammt auf. Immer deutlicher offenbart sich der Griechen Mangel an Menschlichkeit. Die Nymphen hätten in ihnen aber ganz gerne liebende Partner für längere Zeit, in der Hoffnung, sie wären – nach der vorübergehenden Verwandlung in ungefährliche, zahme Tiere – wirkliche Menschen. In wie geringem Grade diese Veteranen des zehnjährigen Krieges es aber sind, zeigt sich nicht zuletzt in ihrer wachsenden Neigung, von den – wie sie sagen – Weibern allgemein und von den anwesenden Nymphen höchst abfällig zu sprechen. Es offenbart sich auch darin, daß ihnen jene nur mit großer Mühe das verdrängte Wissen abringen können, wie bereit Achilles vor Troja schon war, aus dem mörderischen Krieg auszubrechen. Von seiner guten Entscheidung gegen den Krieg wurde er nur durch Winkelzüge der Griechen abgebracht, so daß dann ein Heldentod auf den anderen folgte. So wird die Alternative verdeutlicht, der sich die alten Kämpfer widersetzt haben und die sie bis zu dieser Stunde nicht akzeptieren wollen. Was als Aussage von Achills Schatten aus dem Hades mitgebracht wurde, bildet einen Kernsatz des Fühmannschen Hörspiels: das Geständnis, »*daß er lieber droben der letzte Taglöhner sein wolle als drunten der herrliche Held Achilles*« (Sch 40).

Selbst die magischen Kräfte der Nymphen von Aiaia vermögen nichts an dem zu ändern, was eine von ihnen (das Bild vom Blut aufgreifend, das die Schatten durchrieselt, ohne ihnen das Leben zurückzubringen) mit den bitteren Worten beschreibt: »*Das Leben rinnt durch euch hindurch, und ihr könnt nichts davon als Erfahrung halten.*« (Sch 56) Damit fällt eines der wichtigsten Grundworte des reifen Fühmann; nicht als geborene Unmenschen prangert er die Griechen an, sondern er beklagt ihre folgenschwere Unfähigkeit, Geschichte zu verarbeiten und neue Verhaltensmöglichkeiten daraus zu gewinnen. Am Ende kommt es ebenso wie in *Kirke und Odysseus* zur Katastrophe, nur wird sie auf andere Weise ausgelöst. Der Autor setzt eine kühne Metamorphose des Kain-und-Abel-Motivs ein. Als Eurylochos und Polites für den Rest der Abschiedsnacht nur eine Nymphe bleibt, losen sie um das Recht des Ersten – aber in barbarischer Weise mit den Schwertern, die dem einen den Tod bringen und dem anderen Wunden schlagen. Damit ist der Frieden der Insel zerstört. Wo bislang immer Sommer war, bricht nun plötzlich Herbst herein. Die Herrin von Aiaia sieht und verkündet das Ende, mit dem Fühmann sein Spiel zum krassen Warnbild rundet; mit tosender Stimme ruft Kirke die letzten Worte in den Raum: »*Das Laub fällt von den Bäumen./Den Schnee werden sie nicht mehr sehn!*« (Sch 68)

Mit seiner Klage über den Utopieverlust und der aufrüttelnden Katastrophenwarnung ist das Hörspiel in gewisser Weise mit Christa Wolfs Kassandra-Erzählung verwandt. Freilich muß man neben anderen Differenzen, die schon bei der Gattung anfangen, den gravierenden Unterschied im Umgang mit der Gestalt des Achilles bemerken. Die von Christa Wolf in ihrem Text leitmotivisch eingesetzte und dabei immer mächtiger aufgeladene Formel »Achill das Vieh«[18], wie gut sie auch zu legitimieren sein mag, macht aus dem traditionellen Kriegeridol eine geborene Bestie (und das Wirkungskonzept der Autorin ist offenbar auch weithin aufgegangen). Franz Fühmann, mit nicht minderem Zorn gegen den Krieg und dessen Träger erfüllt, verfährt da wohl nicht nur aus Treue zu seinem geliebten Homer grundsätzlich anders. Er macht die gefährliche Unbelehrbarkeit gewöhnlicher Krieger dadurch auffällig, daß er ihnen einen Menschen gegenüberstellt, der keine ferne Kontrastfigur, sondern ein von ihnen gefeierter und dabei eigentlich von ihnen getöteter Held ist. Fühmanns Achill ist einer ihrer Großen, der ihnen im Hades dank verarbeiteter Erfahrung eine tiefe Wahrheit entgegenzuhalten weiß: der glänzendste

Heldenruhm ist nichts gegen ein Leben voll ehrlicher, mühsamer Arbeit. Nicht wortreich, aber nachdrücklich kommt dieser Bestandteil des Fühmannschen Wertsystems also selbst hier zur Geltung.

Nach einer schweren Rückgratoperation im Dezember 1983 sind die Arbeitsmöglichkeiten Franz Fühmanns erneut und besonders stark reduziert. In dieser Lage wendet er sich einer Beschäftigung zu, die er unter günstigeren Umständen aller Wahrscheinlichkeit nach nicht eingeschoben hätte und die dennoch keine bloße Verlegenheitslösung darstellt: Er schreibt drei Spielvorlagen für das Handpuppentheater, von denen dann zwei auch bald zum Druck vorgesehen werden. Fühmann reagiert damit auf die Klage einer Kindergärtnerin über den (vermeintlichen) Mangel an derartiger Literatur. Und zugleich frönt er seiner charakteristischen Leidenschaft, für Kinder dazusein, ihnen Freude zu machen und sich an ihrer Freude freuen zu können.

Jahre zuvor hatte er auch schon eigens für den befreundeten Schüler und späteren Marionettenspieler Joachim Damm einen kleinen dramatischen Text gefertigt. Schreiben für Kinder ist für Fühmann, seit es die eigene kleine Tochter bereits in den fünfziger Jahren herausgefordert hat, ein unverzichtbarer Bestandteil seines Tätigseins. So betrachtet, sind die Puppenspiele vom Anfang des Jahres 1984 schließlich doch ebenso bezeichnende wie belangvolle Arbeiten. Mit scheinbar leichter Hand verfaßt und mit vielen Späßen ausstaffiert, sind sie auf vielfältige Weise mit dem komplexen Denk- und Schaffensprozeß Franz Fühmanns verbunden. Der Autor zügelt seine Phantasie auch nicht mit ängstlichen Rücksichten auf die szenische Realisierbarkeit seiner Einfälle durch die Puppenbühne. Er vertraut offenbar darauf, daß erfahrene Spieler ihrerseits die nötige Phantasie aufbringen, den Text in theatralisches Leben zu verwandeln. Er versetzt sich ganz in die Gesellschaft der Kinder, er nimmt sie als wirkliche Partner mit in seine Texte hinein und deutet ihre Rollen an. Franz Fühmann hat ja auch viel zuviel für Kinder geschrieben, vor Kindern gelesen, mit Kindern als seinesgleichen gesprochen und gespielt, als daß er die räumliche Trennung von ihnen in seinen Texten akzeptieren könnte; er verfährt gerade umgekehrt, er hebt sie schreibend auf.

Das Spiel von der glücklichen Flucht des Prinzen Schaukelpferd vom Spielzeugland mit der Prinzessin Dana von Gurkistan aus der Burg des bösen Zauberers Khalakuck bedient sich keiner bestimmten Vorlage, wohl aber allbekannter, vielfach genutzter Märchenmotive und -gestalten; der beredte Titel läßt schon viel davon wissen oder ahnen. Einen bösen Zauberer gab es bereits in seinem zweiten Kinderbuch, *Die Suche nach dem wunderbunten Vögelchen,* und vom Kampf mit dem Zauberer als weithin tradiertem Märchensujet sprach Fühmann dann kenntnisreich in dem Essay *Das mythische Element in der Literatur* (vgl. EGA 91 f.). Khalakuck gibt den negativen Helden ab, der durch den lebhaften Gang der Dinge abgeschlagen und schließlich gar (aber in erträglicher Form) vernichtet wird. Da beide Stücke den Kindern von Döbern zugedacht und deshalb mit mancherlei Anspielungen auf den Ort selbst, auf den Spreewald und seine Umgebung samt dem Gurkenanbau versehen werden, kann die Prinzessin auch eine lustige lokale Färbung bekommen; ihr vollständiger Name ist Dana Knackgrün von Gurkistan, und ihr Vater ist der Zar Gurkenbitter XIII., König von Gurkenland. So sichert sich Franz Fühmann zugleich das Recht auf Märchenelemente und die Annahmebereitschaft jener Kinder, die sich mit puren Märchen ohne Kontakt zu ihrer eigenen Lebenswirklichkeit nicht mehr einlassen würden.

Die vorgeführte Geschichte ist simpel und bunt zugleich. Der Zauberer, der Dana gefangenhält und sie für sich schuften läßt, eröffnet ihr, er wolle sie schlachten oder heiraten; sie habe die Wahl. Ihre Not ist entsprechend groß, doch da entdeckt sich ihr als ein mögliches Fluchtvehikel das Schaukelpferd, das bisher stumm in ihrer Kammer stand. Die Not lehrt es reden, und so kann es sich als verzauberter Prinz zu erkennen geben und auch auf seine eigene Erlösung zusteuern. Damit die Flucht aus der Burg des bösen Zauberers gelingen kann, bedarf es der Hilfe von seiten der Meise Tziptzap sowie weiteren »*Vögelgetiers*« (SK 8); und ohne Verwandlungen auf der Seite der Flüchtigen geht es natürlich nicht ab. Kaspar und seine Frau Grete haben mit der Flucht des jungen Paares eigentlich nichts zu tun, Fühmann braucht sie als die altbewährten und immer wieder wirksamen komischen Figuren, damit sie ihm einen zweiten Handlungsstrang organisieren und das Ganze anreichern helfen. Das altgediente, originell ausgestattete Paar agiert nämlich auf dem Marktplatz von Döbern – DDR-Alltag kann also mit Witz und kritischem Sinn besichtigt werden.

Und das gerät bei aller Komik schon sehr ernsthaft, etwa wenn da eine schlangestehende Dicke, von der naiven Grete als das »dicke Ende« der Schlange mißverstanden, diese vermeintliche üble Hetze zum Anlaß nehmen will, sich »bei der Partei« zu beschweren: »*Ich werde Ihnen mal was sagen, Sie unverschämte Verleumderin, Sie! Ich leite den Schlankheitsgymnastikaerobickursus des Demokratischen Frauenbundes von Döbern, der Bürgermeister persönlich hat mich beauftragt, der Kaderleiter hat's bestätigt, die Bezirksleitung hat mich eingesetzt, wie könnte ich da dick sein!*« (SK 15) Da wird auf spaßige Weise beinahe ein politisches System samt den Schäden beleuchtet, die es beim einzelnen anrichtet oder begünstigt. Versorgungsmängel werden drastisch ausgestellt, die polizeiliche Wachsamkeit wird problematisiert, kinderunfreundliches Verhalten kritisiert. Ohne großen Aufwand zeigt Fühmann auch treffend, wie sich in der Käuferinnenschlange aus der mitleidigen Äußerung einer Frau im Handumdrehen eine schreckliche Sensationsmeldung entwickelt. Ende gut – alles gut: Der zurückverwandelte Prinz gilt Dana als schick, und er liebt sie; der Polizist hat sich schnell die Heirat mit der Konsumverkäuferin genehmigen lassen, und auch Kaspar und Grete heiraten erneut, weil man das doch gar nicht oft genug tun könne.

Weit weniger harmonisch endet das zweite Stück, mit dem eine neue, letzte Phase Fühmannscher Märchenadaptionen einsetzt, *Das Spiel vom Kaspar, der Königin Tausendschön und der noch tausendmal schöneren Prinzessin Schneewittchen.* Der Lyriker Fühmann hatte seinerzeit, im festen Glauben, »*alle Märchen werden Wirklichkeit werden*« (NN 47), die Geschichte von Schneewittchen in einem Gedicht als eine Parabel auf die Geschichte der Deutschen gedeutet. Überzeugt verkündete er darin, der Befreiung vom Gift des Faschismus und der Auferstehung werde die Herrschaft der Wahrheit, die Zeit des Volkes und seines Glückes folgen. In der langen Zwischenzeit ergaben sich genügend Gründe, das Märchen neu zu lesen. Fühmann entdeckte, daß die Brüder Grimm den Text gewissermaßen entschärft hatten; nach der älteren Überlieferung ist es nicht die Stiefmutter, sondern die leibliche Mutter, die Schneewittchen nach dem Leben trachtet. Fühmann lernte im Leben selbst sehen, wie spannungsvoll sich nicht selten das Verhältnis der Eltern- und der Kindergeneration zueinander gestaltet.

»*Werden müssen, was man flieht – ist es unabwendbar?*« (EGA 361) Die Frage stellt Franz Fühmann im großen Essay *Fräulein Veronika Paulmann aus der Pirnaer Vorstadt oder Etwas über das Schauerliche bei E. T. A. Hoffmann.* Sie ist ein Zeichen dafür, mit welchem Ernst und welcher Betroffenheit der Autor darüber nachdenkt, wie zwingend es sich bei aller gewollten und ungewollten Differenz zwischen den Generationen ergibt, daß »*die Söhne den Vätern, und die Töchter [...] den Müttern gleich*« (ebd.) werden. Seine letzte Schneewittchen-Lesart ist davon geprägt.

Bis zur schlimmen Wendung am Ende nimmt sich das Stück allerdings recht lustig aus. Denn der Kaspar, schon im Titel gleich als erste Person genannt, bringt eine Menge Spaß in das alte Märchen. In fünf von neun Bildern tritt er auf. Den Jäger hindert er an der Tötung Schneewittchens und gibt ihr danach die fürs Weitere nötigen Ratschläge. Bald darauf aber kommt der Jäger, der gegenüber der Königin geständig war, um den Kaspar durch Täuschung an den Hof und in den Gewahrsam zu befördern. Tatsächlich landet er dort, aber nur für sehr kurze Zeit. Den straflustigen

Kerkermeister überwältigt er und setzt ihn an seiner Statt gefangen. Deshalb kann er bald hinter den sieben Bergen bei den sieben Zwergen auftauchen, wo er unabsichtlicher Helfer der Königin bei deren zweitem Anschlag auf Schneewittchen wird: Diese bemerkt nämlich, wie gut dem Kaspar die Äpfel bekommen, die er sich heimlich aus dem Korb der Mutter holt.

Man sieht, daß der alte komische Held des Puppentheaters auch für die psychologische Modernisierung des Märchens von Nutzen ist. Und im letzten Bild dient er dem Autor zur drastischen, aber dabei kindertümlichen Verurteilung Schneewittchens. Weil sie sich nun an Stelle der vor Neid geplatzten Mutter als neue Königin spreizt, nennt Kaspar sie, obwohl gleich der neue Kerkermeister zu Hilfe gerufen wird, höchst unerschrocken (und am Ende natürlich auch ungestraft) dreimal *»eine ganz dumme eingebildete Plauze!«* (SK 99) Das Schlimme der Schlußwendung ist damit allerdings nicht zureichend angedeutet; Fühmann wendet einige Mühe auf, um zu zeigen, wie schnell und gründlich Schneewittchen sich in die Rolle einpaßt, die ihre Mutter vorgespielt hat. Nach der Garderobe interessiert sie sofort die Schatzkammer, dann kommt die Lust an der Machtausübung auf, und schließlich verkündet sie dem Spiegel ganz genau den gleichen Wunsch wie einst ihre Mutter; sie will *»das schönste Kind haben, das die Welt je gesehen hat, natürlich ein Mädchen, eine richtige Prinzessin, und sein Leib soll so weiß wie Schnee sein, und die Backen so rot wie lebendiges Blut, und die Haare so schwarz wie Ebenholz, ja, das wünsche ich mir, ja, so wird es sein!«* (SK 102)

Zwar sichert der Autor den Kindern ihren Spaß bis zum Ende; das buchstäblich letzte Wort gehört dem Kaspar, der durch den schon geschlossenen Vorhang noch einmal herausschaut und *»Ende!«* (SK 102) ruft. Aber der erwachsene Leser oder Zuschauer (U. 1986 Hans-Otto-Theater Potsdam) ist doch angeregt, über Schneewittchens Wandel, ihre Wünsche und deren Weiterungen nachzudenken und zu spüren, daß Fühmann – weit über den Horizont des Märchens hinausgreifend – die bittere geschichtliche Erfahrung zur Sprache bringt, daß neue Macht nur allzu leicht nach dem Muster der alten gerät. Denn der Autor unternimmt schon einiges, um dem reiferen Rezipienten zu gesellschaftskritischem Denken zu verhelfen. Den traditionellen komischen Helden des Puppentheaters benutzt er ja nicht schlechthin zur Erzeugung von Heiterkeit, sondern auch zur Gewinnung zusätzlicher Effekte, die dem Genre gewiß nicht grundsätzlich fremd sind, hier aber der thematischen Vertiefung dienen. So wie Kaspar den Dingen Namen nach seinem Gutdünken verleiht (beispielsweise nennt er den Fliegenpilz, da er sich durch Pusteln auszeichnet, eine Pustelblume), so verhört er sich bei Gelegenheit mit dem Ergebnis, daß dadurch geläufige Worte und Werte einen verblüffenden Widersinn bekommen. Wenn sich etwa der Jäger auf den *Befehl* der Königin beruft, reagiert Kaspar naiv mit der Rückfrage: *»Was für einen Fehler?«* (SK 52). Solche Umwertung ist Bestandteil einer Polemik, die Fühmann im folgenden mit ähnlichen und anderen Mitteln ausbaut. In Gretes Ohren wird ein *hoher Orden* unversehens zum *hohen Morden* (vgl. SK 63). Schon diese Art Wortspiele dient dazu, die modellierte Ordnung in Frage zu stellen, die dann immer weiter vorgeführt und angefochten wird. Franz Fühmann findet also auch in diesem Rahmen genügend Möglichkeiten, auf Gewalt gegründete Herrschaft und alle, die sich ihrer bedienen und dadurch selbst Schaden nehmen, kräftig zu denunzieren. Die von einem General angeführte Wache des Königshauses wird vom Autor extra eingebaut und wiederholt grotesk in Marsch gesetzt, um sie und die darin gespiegelte Wirklichkeit weidlich verspotten zu können. Dagegen fehlt bei Fühmann so manches aus dem Märchen, was er für sein Angebot an den heutigen Adressaten nicht gebrauchen kann: der erste Tötungsversuch der Mutter (mit Hilfe eines Schnürriemens), der Glassarg der scheintoten Prinzessin, der Prinz und natürlich das glückliche Ende.

Beide Puppenspiele lassen erkennen, daß sie trotz ihrer zufälligen Entstehung und ihres Charakters als Gelegenheitsarbeiten legitime Kinder ihres geistigen Vaters und seinen anderen Geschöpfen wesensverwandt sind. Das Spiel von Königin Tausendschön und ihrer Tochter stellt das organische Bindeglied hin zu einer letzten Gruppe von Märchenspielen dar, die ausdrücklich für Erwachsene, nicht für Kinder bestimmt sind. Was aber ihre Verwendung und Wirkung angeht, so haben sich die Kasperlstücke und die Märchen-Hörspiele für Erwachsene doch zu einer Familie gefügt: Sowohl das Puppentheater wie der Rundfunk bedienten sich jeweils auch aus der anderen Textgruppe. Nach Aufführungen der *Schneewittchen*-Adaption in Potsdam, Bautzen, Zwickau, Halle, Berlin, Schwedt, Altenburg und Eisleben (1986/89) folgte eine Ausstrahlung durch den Berliner Rundfunk (1990), die *Flucht des Prinzen Schaukelpferd* fand sowohl am Potsdamer Theater wie im Radio DDR I statt, und das Hörspiel *Rumpelstilzchen,* von dem noch zu reden sein wird, nahm seinen Weg nicht nur durch alle Sender der DDR, sondern auch auf die Bühne des Puppentheaters der Stadt Zwickau.

Nach der abermaligen Entlassung aus der Charité kann Fühmann, allerdings auf das ständige Tragen eines stählernen Stützkorsetts angewiesen, wieder etwas freier arbeiten und zurückgestellten Plänen nachgehen, die ihm wichtig sind. Eine Weiterarbeit am »Bergwerk« versucht er nicht noch einmal. Auf eine Reihe kleinerer Erzählungen richtet er seine Aufmerksamkeit. Die griechische Mythologie, ihm lange vertraut, hat er sich im Zusammenhang mit den Nacherzählungen von *Odyssee* und *Ilias,* vor allem aber durch die Vorarbeiten für den großangelegten *Prometheus*-Roman derart umfassend und gründlich zu eigen gemacht, daß er in der Lage ist, aus diesem Fundus schöpfend, immer neue Geschichten zu bieten. Neu heißt hier vor allem auch, Altüberliefertes auf originelle, eigene Weise deutend. Ein zweites, ebenfalls vertrautes und keineswegs schmales Feld von Stoffen, Themen und Motiven, obschon durch andere Vermittlungen und anders gerichtet: die erzählbaren Inhalte des Buchs der Bücher, der Bibel also. Lange hegt Fühmann ja

sogar die Absicht, das Alte Testament für Kinder nachzuerzählen, um diesen Teil der Heiligen Schrift als literarisches
Erbe, unabhängig von allem konfessionellen Gebrauch, lebendig erhalten zu helfen. 1982 dann, im Zusammenhang
mit der intensiven Arbeit an dem Essay *Meine Bibel; Erfahrungen,* verfaßt für das Beiheft zum Neudruck der ersten
Lutherschen *Biblia*-Ausgabe (veranstaltet aus Anlaß des Lu-
ther-Jahres 1983), fordern ihn Gestalten und Geschichten
aus der Bibel mit neuer Gewalt zum Erzählen heraus. Das
dritte Feld schließlich, von dem Franz Fühmann als Autor
unweigerlich provoziert wird, ist die ihn unmittelbar um-
gebende Wirklichkeit; daß er ihr, allen gravierenden kulturpolitischen Behinderungen zum Trotz, nicht völlig ent-
sagen mag, bezeugt schon das Unternehmen *Im Berg.* Unter
diesen Bedingungen kann es nicht verwundern, zumal Fühmann sich längst durch einen Hang zum Zyklischen und
einen ausgeprägten Bauwillen auszeichnet, daß bis zum Frühjahr der detaillierte Plan eines Bandes entsteht, der durch
Themen und Motive miteinander verschränkte Geschichten
all dieser Stoffe enthalten soll.

Zur Aufnahme in die Sammlung sieht Fühmann drei be-
reits fertiggestellte Texte vor. Der älteste von ihnen, *Der
Mund des Propheten,* bald nach der »Berliner Begegnung zur
Friedensförderung« geschrieben, stellt einen poetischen Beitrag zum Kampf gegen das tödliche Wettrüsten dar. Gestalten und Motive aus den Büchern der Könige sowie dem Propheten Micha nutzend, bekennt sich der Autor mit seiner
Erzählung zur basisdemokratischen Friedensbewegung.
Ausdrücklich bejaht er darin die offiziell verpönte Losung
»Schwerter zu Pflugscharen!« *Amnon und Tamar,* eine weitere Erzählung mit biblischem Stoff, entstand bereits während
der Arbeit an dem Bibel-Essay im Sommer 1983 (s. S. 396 bis
401 dieses Buches). Die dritte aber, stofflich ins klassische
Altertum zurückgreifende, nimmt Fühmann nun aus dem
abgebrochenen Manuskript *Im Berg* heraus, in das sie zunächst eingebaut worden war; es ist die Geschichte *Das Ohr
des Dionysios,* von der schon die Rede war. Im Februar und

März 1984 vermag er zwei weitere Geschichten für den geplanten Band auszuführen, die beide aus dem mythischen Vorrat der alten Griechen gewonnen sind: *Baubo* und *Nephele*. Eine im späteren Frühjahr noch begonnene Erzählung mit Gegenwartsstoff aus dem Umfeld des »Bergwerk«-Projekts gedeiht zwar zu einem umfangreichen Fragment, doch das Geschriebene bleibt hinter dem Angestrebten so weit zurück, daß der Autor es als mißlungen beiseite legt. Im Rahmen einer Zusammenschau der Arbeiten aus Fühmanns letztem Schaffensjahr verdienen alle drei Texte Aufmerksamkeit.

Mit Baubo tritt in den Geschichten aus antikem Stoff erstmals eine weibliche Sterbliche als Zentralfigur auf, und schon anfangs deutet sich unaufdringlich die tiefe Sympathie des Erzählers für seine Heldin an. Im ersten Absatz verweist er darauf, daß Goethe der Baubo ein Denkmal gesetzt habe, und spielt damit auf ihre Rolle als Anführerin des Hexenflugs auf den Blocksberg an (vgl. *Faust,* Vers 3962–3967). Dann lenkt er das geistige Auge des Lesers sofort auf eine antike römische Plastik, durch deren knappe Beschreibung in denkbar unverfänglicher Weise zum Ausdruck gebracht wird, worauf es bei dieser Baubo offenbar ankommt: Auf einer trächtigen Sau sitzt sie mit derart gespreizten Beinen, »*daß sie offen zeigt, was Rock oder Sitz sonst verbirgt*« (Ohr 54).

Daß Baubo nichts anderes als Bauch heißt, verrät der Autor dem sprachlich nicht Vorgebildeten erst am Ende seines Textes, daß die Gestalt aber vor allem durch die Eigenschaft ausgezeichnet sein soll, Leben zu erhalten oder gar hervorzubringen, wird rasch kenntlich. Im armseligen Reich des Königs Keleos, dessen zarte Frau ihre ungeschlachten Kinder nicht zu nähren vermag, ist Baubo Amme. Und sie hat selbst drei Söhne geboren und aufgezogen, den Rinderhirten Triptolemos, den Schafhirten Eumolpos und den Schweinehirten Eubuleos. Aber weshalb sie verdient, unvergessen zu bleiben und gar gerühmt zu werden, das bildet den wesentlichen Inhalt der Erzählung. Deren Grundgestus ist freilich nicht Rühmung, sondern nur ein genaues Bezeugen dessen, was Baubo wahrnahm, empfand, dachte und tat, als alles

Leben zu ersterben drohte. Das Lob ihrer Leistung wird nicht als solches und gar pathetisch vorgetragen, sondern es wird durch die Korrektur entstellender Überlieferung gewonnen. Statt eines Mottos nennt Fühmann vorweg seine entscheidende Quelle: »*Fragmente der Orphiker, 52*« (Ohr 54); und das Gegenstück dazu findet sich am Ende der Geschichte, wo es nach einer ausdrücklichen Kritik am Verkennen und Vergessen von Baubos eigentlichem Wesen heißt: »*Nur die Musen wußten von ihrem Verdienst und sagten davon dem Sänger Orpheus, daß er bewahre, was Wahrheit war.*« (Ohr 72)

Die Reize und die Vielschichtigkeit der Erzählung lassen sie zu Franz Fühmanns besten Texten zählen. Dem Leser wird eine durchweg spannende Handlung geboten, ohne daß auf Retardierendes verzichtet würde. Eine stauende Wirkung haben auch die zahlreichen Gedankenstriche (ohne die Fühmann nach seinem begeisterten Studium E.T.A. Hoffmanns fast bei keiner Prosaarbeit mehr auskommt). Zur eigenartigen Rhythmik des Textes trägt der Wechsel zwischen vorwiegend kurzen Sätzen und gelegentlich ausschweifenden Perioden bei. Wiederholt werden Fragen eingebaut, die das Verhältnis zwischen Erzähler, Hauptfigur und Leser beleben und vertiefen. Das richtige Handeln der Hauptfigur wird nicht aus einem besonders entwickelten Intellekt erklärt, aber auch nicht aus bloßem Instinkt. Überzeugen kann sie vor allem, weil ihre Weiblichkeit und Menschlichkeit gerade dadurch so exemplarisch wirken, daß sie sowohl spontan als auch besonnen, mutig wie behutsam handelt, daß sie ahnt und fühlt, aber auch denkt und kombiniert.

Die Gelegenheit, bei der sie sich so großartig bewähren kann: Demeter hat ihr einziges Kind, ihre Tochter Kore, verloren. Nachdem sie entsetzt deren Todesschrei gehört und Kore verzweifelt, aber vergeblich gesucht hat, kommt sie in den bescheidenen Palast des Keleos und verfällt dort in Apathie. Die aber wirkt verhängnisvoll, zieht sie doch ein allmähliches Absterben allen Lebens nach sich. Für Fühmann ist diese Vorgabe des Stoffs eine willkommene Herausforderung, sein enges Verhältnis zur Natur ins Spiel zu bringen: Er kann und muß die Schönheiten der unbeinträchtigten organischen Welt bewußt und sinnlich erfahrbar machen, zeigen, wie sich auswirkt, wenn »*Demeter, die Kornmutter, die Große Göttin, deren Tau alles Blühen hervorbringt, alles Reifen und Knospen und jegliche Frucht*« (Ohr 54 f.), durch lähmende Trauer ihre Wirksamkeit einbüßt. Diese Aufgabe löst der Autor mittels Passagen voller unaufwendiger, kräftiger Bilder.

Fühmann gibt seiner Erzählung zudem eine entschieden sozialkritische Bedeutungsebene. Das Königspaar, seine Söhne, die zum Hofe gehörenden Vornehmen wissen nichts Besseres, als sich vor der trauernden Göttin demütig winselnd, die Haare raufend und die Brüste zerfleischend, auf ängstliches Bitten zu verlegen. Fühmann deutet dieses Verhalten nicht nur als unwürdig und sinnlos, sondern als schädlich; es trage bloß dazu bei, die Gottheit zu kränken und ihr Versteinen zu verstärken. Vor dieser Folie aber wird nun Baubo mit ihrem Handeln desto wirksamer in Szene gesetzt. Einen ersten glücklichen Griff tut sie schon, indem sie Demeter bei ihrem Eintritt in den Palast einen hölzernen Schemel als Sitz reicht, während die Königin dem hohen Gast ihren erzenen Thron vergeblich anbot. Die niedere Amme Baubo erweist sich in ihrer lebenskräftigen Art als der Göttin gleichsam verwandte Frau, sozusagen als deren sterbliche Entsprechung. (Aber eine solche Deutung läßt sich erst vom Ende her wagen.) Das weitere Handeln Baubos strukturiert die Erzählung. Sie verläßt die Halle, ohne recht weiterzuwissen. »*Es trieb sie, zu ihrem Jüngsten zu gehn.*« (Ohr 57) Der sonst immer fröhliche Schweinehirt Eubuleos befindet sich am Rande einer bis dahin nie gesehenen schwarzen Schlucht und zugleich am Rande des Wahnsinns. Er vermag nur Stichworte zu stammeln. Aus dem Abgrund sieht Baubo eine mannshohe Blume ragen, die blühend durchs Erdreich heraufgeschossen sein muß und die in der Urtiefe des Erdenschoßes wurzelt. Fühmann läßt die Amme aus dem Gesehenen und Gehörten das Geschehene rekonstruieren.

Während ihr Sohn heimlich Kore beim Spiel mit Nymphen und Okeaniden beobachtet haben mag, hat der finstere König der Unterwelt die Tochter Demeters entführt. Baubo, die vorerst als einzige (außer Hades und seinem Opfer) über dieses Wissen verfügt, begreift nun nicht ohne Furcht, »[...] es werde ein Tun von ihr verlangt, weit über ihre Kraft hinaus; und was geschah, wenn das mißlang, von dem sie vorerst nur fühlte, sie müsse es tun?« (Ohr 63)

Fühmann rückt seine Heldin damit in enge Nachbarschaft zu jenen Gestalten, an deren Verhalten Anna Seghers die mögliche Kraft der Schwachen zeigte. (Der Autor ist ja ein Verehrer seiner älteren Kollegin, wie er besonders in dem großen Essay *Das mythische Element in der Literatur* bekundet, wenn er dort am Ende ausdrücklich auf die Geschichte *Das Schilfrohr* aus dem Zyklus *Die Kraft der Schwachen* Bezug nimmt; vgl. EGA 140, auch 52.) Die Schwierigkeiten Baubos, in der gegebenen Lage den richtigen Weg zu finden, stellt Fühmann eingehend dar. Demeter mitzuteilen, wer ihre Tochter entführt hat, begreift die Amme rechtzeitig als eine Gefahr; denn wenn die Göttin daraufhin zum Kampf um ihr Kind ins Totenreich oder zu Zeus als dem obersten Gott eilte, würde sie nur auf andere Art davon abgehalten, endlich wieder ihre segensreiche Wirkung auf alle Natur auszuüben, während nun schon die Tiere, »*Rehe und Wölfe, Hirsche und Bären, voll Todesangst in dem kahlen Grau unter der unbarmherzigen Sonne*« (Ohr 65) zu heulen beginnen.

Unbewußt von der aus dem Erdenschoß herausragenden feuer- und finsterroten Blume inspiriert, jenem Phallus- und Todessymbol am Ort der Kore-Entführung, beginnt Baubo, in den Palast zurückgekehrt, ihr entscheidendes Tun, das Fühmann in bewußtem Gegensatz zu geläufigen Urteilen bewertet. Das ohnmächtige Verhalten der Leute vom Hofe nennt er »*das schlechthin Obszöne*« (ebd.), während er entschieden bejaht, was gemeinhin als Obszönität gilt: Baubo, indem sie die Göttin respektlos schmeichelnd und leise schmollend als Mütterchen anredet, entblößt ihren Bauch bis unter die Brüste und weist ihr vom Alter entstelltes Geschlecht vor. Fühmann scheut sich nicht, genau zu beschreiben, was die alte Amme da der Göttin vorzeigt, um deren lebensfeindliche Trauer zu besiegen. Die künstlerisch bewältigte Beschreibung eines dorrenden Schoßes schafft ein »*ungeheures Zeichen*« (Ohr 67), dessen es bedarf, damit die Gottheit wieder ihres eigenen Sinnes bewußt wird. Der vertrocknende Lebensquell einer Sterblichen wirkt als magisches Symbol, das bei der Göttin Mitleid und Trost erzeugt. Die Rede der Baubo läßt Fühmann in einem Satz gipfeln, der die immer noch am Boden Liegenden erschrecken macht, weil er geradezu unverschämt klingt; Fühmann geht hier auf eine niedere Stilebene, um den Anspruch der Amme als selbstbewußte und selbstverständliche Forderung des Menschen zu bestätigen. Sie sagt: »*Hör mal, das kannst du doch nicht mit dir machen!*« (ebd.)

Der Kampf auf Tod und Leben, und um nichts Geringeres handelt es sich doch, ist damit entschieden. Ein ausladender Satz macht anschaulich, wie sich die Göttin neu belebt und im Treffen der Blicke zwischen der Sterblichen und der Göttin ein Lächeln entsteht, »*in dem die Welt genesen konnte*« (Ohr 67) und das auf die Alte zurückwirkt; sie spürt, »*daß sie empfing und gebar*« (Ohr 68). Ein Wunder geschieht, das nicht als Wunder geschildert wird, obgleich Fühmann den Vorgang bewußt als Symbol faßt und die Anspielung auf die christliche Mythe von der Geburt des Heilands nicht scheut. Aus dem Schoß der Alten arbeitet sich ein munteres Knäblein heraus, der griechischen Mythe getreu mit dem Namen Iakchos versehen, zugleich aber »*das göttliche Kind, von jeder Mutter aufs neue geboren*« (ebd.), genannt. Das Kind, das (Freud sei Dank) gleich »*nach dem daumengliedgroßen Stempel*« (ebd.) im Schamberg der Alten greift, ihn streichelt und daran wie an einer Brust saugt, bringt Demeter zum erlösenden Lachen. Während die Göttin hinausstürmt und sich im Liebesakt mit Triptolemos vereinigt, bereitet man ein Fest vor, in dessen Mitte Demeter dann thront, bis Baubo ihr endlich den Räuber Kores verrät und sie dadurch auf den Olymp treibt. Freilich kann sie die Tochter nicht mehr völlig zurückgewinnen; nur zwei Drittel des Jahres darf Kore unter den Lebenden sein, sonst ist sie als Gattin Persephone an den Herrn des Schattenreichs gebunden.

Der letzte Teil der Geschichte führt die Polemik des Erzählers gegen die Herabsetzung Baubos weiter. Sie erhält keinen Dank. Was sie bewirkt, wird nicht als ihr Erfolg begriffen. Daß Demeter vom Fest verschwand, nachdem Baubo ihr etwas ins Ohr geflüstert hat, legt man gegen sie aus. Die Söhne gehen ihr verloren. Eubuleos ist seiner Schweineherde nachgefolgt, die beim Raub Kores mit in den Erdschlund gerissen worden war. Eumolpos sitzt als Sänger an der Tafel des Keleos, Triptolemos aber bleibt auf den Spuren Demeters in der Hoffnung, sie wiederzufinden. Den Mann der Amme übergeht Fühmann; er berichtet, sie hauste allein im Wald, bald als Hexe verschrien, bis sie beschlossen habe, auch eine zu sein. Am Ende kommt der Erzähler wieder darauf zurück, daß Goethe der jahrhundertelang Vergessenen ein Denkmal errichtet habe. »*Wer sich als Faust fühlt, fliege ihr nach.*« (Ohr 72)

Wer fühlt sich schon als Faust? Dennoch wird jeder spüren, wie Fühmann um Sympathie für seine Heldin wirbt. Sie ist eine seiner schönsten Frauengestalten, vital und dabei sensibel, verständig und instinktsicher, mutig und selbstbewußt, aber nicht zuletzt auf anderer, auf aller Wohl bedacht. Dankt der Autor seiner Figur, daß sie ihm eine besonders tiefsinnige, vielschichtige Erzählung ermöglicht? Oder braucht er den mit großen Themen und Motiven angereicherten Stoff, um eine so reiche runde Gestalt zu schaffen? Wie auch immer, *Baubo* ist eine Arbeit Fühmanns, die besonders eindrucksvoll zeigt, was ihn in seiner letzten Schaffensphase bewegt und was ihm nun künstlerisch möglich ist. Der Tod wird nicht verteufelt; er wird in seiner Willkür und Strenge wahrgenommen, nicht beschönigt und nicht verhäßlicht. Die Vision des Kore-Räubers Hades treibt das Bild von der schwarzen Sonne aus *Alkestis* weiter:

»[...] Rosse, der Lenker, in so strahlender Schwärze, daß es das Auge nicht ertrug« (Ohr 60). Das Leben wird verteidigt; von seinen Quellen her, im symbolischen Akt der Geburt. Die aus dem aufgerissenen Schoß der Erde herausragende Blume mit ihrem todkündenden Rot mag als Todessymbol genommen werden, wirkt aber doch hinüber in Baubos wiederbelebenden Entblößungsakt. Fühmann hat längst gelernt, als A und O von Leben und Kunst den Widerspruch als *Einheit* des sich Widersprechenden zu verstehen. Die epische Rühmung lebensrettenden Handelns setzt nicht die Trennung von Tod und Leben in zwei voneinander getrennte Welten voraus. Der Griff des Hades nach Kore bringt Gefahr; aber – wie Fühmann mit Hölderlin meint – wo Gefahr ist, wächst das Rettende auch: Der Tod proviziert das Ringen um die Erhaltung des Lebens. Unpathetisch feiert Fühmann das Weibliche, das Mütterliche als das Leben Schaffende und Leben Sichernde und immer wieder neu Gewinnende, und er rühmt die niedere Amme als Helferin der hohen Gottheit.

Die direkt nachfolgende Erzählung Fühmanns, *Nephele,* steht zur vorhergehenden in einem ergänzenden und spannungsreichen Verhältnis. Schon die Titelgestalt kontrastiert zur irdischen Amme und Hexe: Nephele (altgriech. Nebel, Wolke) wird von Zeus als Double seiner Frau Hera aus dem Stoff geschaffen, aus dem die Wolken sind. Aber auch ihr Anteil an der Handlung ist – daraus resultierend – geringer, zumal mehr Figuren daran wesentlich beteiligt sind. Man könnte ein wenig unseriös sagen: Die Erzählung beginnt als Geschichte einer Ehe, entwickelt sich zu einer Dreiecksgeschichte, dann zu einer Vierecks- und Fünfecksgeschichte, bis die Ehepartner vom Anfang endgültig voneinander getrennt sind. Gerade diese beiden Personen werden aber ebenso wie die beiden anderen im Titel nicht angekündigt. Verständlich, daß Fühmann nicht fünf Namen in den Titel zwängt; doch als Leseanweisung ist der Titel *Nephele* einigermaßen irreführend. Mag sein, daß der Autor die Erzählung wegen dieser seltsamen Gestalt und auf ihr Ende hin geschrieben hat, nämlich: daß es Geschöpfe gibt, »*vom Herr-scher zu einem Zweck geschaffen, und um dieses Zweckes wil-len mit Schätzen begabt, und weggetan, wenn dieser Zweck erreicht ist*« (Ohr 91).

Damit ist ein Aspekt von Belang angemerkt, den es bei Fühmann seit langem und des öfteren gibt, weil er sich eben immer weniger damit abfinden kann, daß der Mensch den Menschen zum Mittel seiner Zwecke machen und ihn sogar gegen sich selbst wenden kann. In *Nephele* geht es jedoch – auch – um ganz anderes, nicht zuletzt um die Versuchung des Menschen, sich zu überheben. Als Patient der Charité hat Fühmann im Sommer regelmäßig morgens eine Mozart-Sinfonie gehört und Goethe-Gedichte gelesen, nach seinem Zeugnis mit großem Genuß und starken Eindrücken. Da-bei könnten sich im Kopf des Lesers die Zeilen festgehakt haben: »Denn mit Göttern/Soll sich nicht messen/Irgendein Mensch.«[19] Wird in Baubo gerade eine der Gottheit gegen-über aufmüpfige und dadurch hilfreiche Sterbliche bejaht, so ist in dieser Erzählung mit Ixion ein Mann dargestellt, der sich durch Maßlosigkeit und Selbstüberhebung eine schwere Strafe verdient. Dem Erzähler geht es dabei aber nicht um vordergründiges Moralisieren, sondern eher um ein recht modernes Psychologisieren; ihn beschäftigt bei allem, was Menschen und Götter hier treiben, das, was sie dazu treibt. Eros und Sexus kommen im Verlauf dieser Geschichte von Ixion und Dia, von Zeus, Hera und Nephele auf vielfache Weise und in erheblichem Ausmaß ins Spiel. Eben das macht *Nephele* zu einer Fortsetzung und Ergänzung von *Baubo*.

Ixion, König der Lapithen, verliebt sich in Dia (»die vom Himmel«), eine schon vergebene Schönheit, die er durch das Versprechen ergattert, dem Schwiegervater einen schweren Schatz zu überreichen und den abgeschlagenen Bewerber zu entschädigen. Das Eheglück wird Normalität und ver-liert an Glanz, das Versprechen hat seinen Zweck erfüllt und wird gebrochen. Mehr noch: Der scheinheilig zur Übergabe des Schatzes Geladene fällt in eine vorbereitete Grube und verbrennt. Des Vaters Schreien macht Dias Haar grau. Den

Übeltäter suchen die Erinnyen heim. Obwohl Ixions Tat unerhört ist, erhört Zeus selbstherrlich sein Flehen, lädt ihn sogar an seinen Tisch auf den Olymp. Dort verliebt Ixion sich sogleich in keine Geringere als in Hera, die Eigentliche »vom Himmel«; ihn beeindruckt nicht so sehr die Schönheit, sondern die göttliche Sphäre, die Gloriole der Zeus-Gattin. Den Lapithenkönig verlangt es nun, sie zu besitzen, und zwar auch noch auf dem Lager ihres Mannes, »an des Höchsten ureigenstem Ort, und also [...] Zeus selbst zu sein« (Ohr 79). Zeus aber, rasch im Bilde, formt aus Wolkenstoff ein völlig verwechselbares Ebenbild seiner Gattin, was diese kränkt und zugleich, da sie den Zweck kennt, ihre bislang unwandelbare Treue plötzlich doch als Unfreiheit empfinden läßt. Heras gemischte Gefühle bringt Fühmann treffend zum Ausdruck: Nephele bedeutet »ein Nichts gegen Hera und doch mehr als sie war« (Ohr 81). Die Spannung wächst, als Hera begreift, daß die ihr scheinbar Gleiche nun auch den gleichen Mann begehrt. Den freilich amüsiert dieser verdeckte Frauenkampf, und er greift nach beiden zugleich. Hera zieht sich auf den Berg Ida zurück, und so sitzt nun ihre Kopie an der Göttertafel. Wer über dem schlüssigen Gang der Dinge vergessen sollte, daß der Autor kein Augenzeuge auf dem alten Olymp war, muß nur die sparsamen kommentierenden Reflexionen beachten, die der Erzähler einschaltet und die ihn als Menschenkenner wie als Zeitgenossen ausweisen, etwa wenn er schreibt: »Warum Zeus dies alles so tat? – Einfach, weil es ihn danach verlangte. – Er spielte sein noch nicht gekanntes Spiel, das auf neue Art seine Machtoffenbarte; und daß Hera gekränkt war, ergötzte ihn.« (Ohr 84)

Wie es Ixion zu Hera zieht, öffnet sie sich dem, weil sie hinter ihm Zeus weiß. Während es zum Beischlaf Ixions mit Nephele kommt, bewirkt Hera bei Dia, daß diese sich verjüngt, verschönt und schwanger wird. Der heimkehrende Gatte hält Zeus für den Beischläfer seiner Frau, so daß er an »Kumpanei« des obersten Gottes mit ihm glaubt und sich nicht mehr der lauten Prahlerei enthalten kann: Er habe mit

Hera geschlafen. Den Schaden hat Nephele, die nun von Hera und Zeus Tätlichkeiten erleidet, unter denen sie die Frucht Ixions gebiert, das Monstrum Kentauros, »*einen Knaben, dem aus den Hüften das Hinterhalb eines Hengstes wuchs: ein Kopf, ein gedoppelter Rücken, zwei Arme, vier Beine; die Hoden des Mannes und die Hoden des Pferds*« (Ohr 89).

Und während Dia ihren Sohn Peirithoos zur Welt bringt, trifft Ixion nun eine Strafe, von der ihn niemand entsühnen kann: Zeus läßt ihn an ein glühendes Rad schmieden und den am olympischen Tisch durch den Genuß von Nektar und Ambrosia unsterblich Gewordenen auf ewige Zeiten durch den Himmel kreisen. Auf diesen langen Weg gibt Zeus ihm den zynischen Herrscherspruch mit: »*Du sollst deinem Wohltäter dankbar sein!*« (Ohr 90) Nephele aber, von Zeus in die Ecke gesetzt, hört nicht auf zu weinen und vergeblich zu hoffen, daß er sie doch noch neben sich auf den Thron setzt. »*Sie harrt und hofft auf ihre Stunde, und so endet ihre Geschichte halt nie.*« (Ohr 91)

Diese letzten vollendeten Erzählungen verdanken viel von ihrer Prägnanz den Mythen, deren der Autor sich bedient; und er nutzt solches Material ja mit Vorliebe eben wegen der darin geronnenen »*Menschheits- und Menschenerfahrung*« (EGA 220), verallgemeinert in Figuren und Vorgängen, die dennoch sinnlich-gegenständlich faßbar, anschaulich sind. Die Kunst besteht dann weniger darin, vor dem geistigen Auge des Lesers etwas aufzubauen, was ihm einleuchtend erscheint, als vielmehr darin, etwas ihm bereits Sichtbares neu zu durchleuchten. Statt dichterische Kraft zu einem guten Teil schon für die Mühe der Darstellung aufzuwenden, kann sie sich, wenn längst Vorgestelltes erinnert wird, auf die Arbeit an dessen Deutung und Bedeutung konzentrieren. In *Baubo* wird keine Beschreibung von Eleusis benötigt, und der alte Bauch der Amme ist ein wirksames Zeichen, weil er nicht der ganz persönliche eines bestimmten Individuums ist, sondern ein idealtypisches Bild. Wie Nephele aussieht, wissen wir scheinbar, wenn wir nur lesen, daß sie das vollkommene Abbild der Hera ist; und wer Ixion ist, erfahren wir ganz genau, obwohl uns kein Porträt vermittelt wird. Die Vorgänge sagen uns ohne Aufwand, wer da agiert, und in den seltsamsten Vorfällen offenbart sich uns letztlich Geläufiges, begrifflich übrigens schwer Faßliches; was ist mit dem Wort allgemeinmenschlich schon gesagt, zumal es so viel allgemein Unmenschliches gibt?

Wenn Fühmann *Die Glöckchen,* den letzten Versuch einer Erzählung, als unbefriedigend aburteilt, mag das mehrere Gründe haben. Als ein ganz wichtiger dürfte der Umstand gelten, daß er sich darin an einem Gegenwartsstoff versucht, der einerseits eng mit dem ungemein motivreichen und gedankenbefrachteten Unternehmen *Im Berg* verflochten ist und andererseits eine aufwendige Vorführung aktueller lokaler Alltagswirklichkeit erfordert, wobei der Autor aber entschieden auf eine tiefere Bedeutung hinarbeitet. Er will nicht berichten, sondern entdecken; er will nicht beschreiben, sondern eindringen. Dieses Anliegen bildet ja überhaupt das zentrale Motiv für den Fühmann des »Bergwerk«-Projekts. Doch nach den beiden mythologischen Geschichten ist die Arbeit an einer adäquaten Gegenwartserzählung zweifellos ein sehr schwieriges Unterfangen, das ganz andere Mittel und Wege erfordert. Schwierig muß es nicht zuletzt deshalb sein, weil – wie aus nachgelassenen Notizen ersichtlich – damit ein Gegenstück zu *Nephele* geschaffen werden sollte. Doch hat man zunächst einige Mühe, die Verwandtschaft zwischen den stofflich so verschiedenen Arbeiten aufzuspüren.

Der Ich-Erzähler, ohne den das Ganze überhaupt nicht denkbar wäre, macht den Leser zuallererst mit dem Ort des Geschehens sowie mit seiner Person vertraut. Dabei führt er gleich das Titelmotiv ein, das dann – vorerst über ein Drittel des Fragments – in zumeist dichter Folge leitmotivisch eingesetzt wird. Dem Leser suggeriert es einen geheimnisvollen Zusammenhang zwischen unten und oben, zwischen der Welt über und der Welt unter Tage, und dabei erzeugt es Neugier, Erwartung, Spannung. Sehr schnell werden dem

Glöckchen-Motiv weitere zugeordnet, die seine Funktion verstärken: Vineta, Kupferkönigin, Hochzeit. Aus der Vermutung des Erzählers, der Goldschmied könne ihm Aufschluß über die Glöckchen, über das »*zauberhafte Klingen*«, das feine, immer nur für Augenblicke hörbare »*Feengetön*« (Ohr 92) bieten, ergibt sich eine lange Episode im Laden des Händlers, zusammengefügt aus Gespräch und Reflexion, aus Verhalten und Beobachtung junger Frauen, die sich von Goldbroschen mit blutrotem Stein angezogen fühlen (in der Beschreibung werden sie unversehens zu sublimen Sexualsymbolen, die Fühmann später in die Konfliktentfaltung einbezieht). Nach den Frauen betritt ein Mann den Laden, offenbar ein erwarteter Kunde; der Ich-Erzähler, der den Mann als Macho-Typ und »*erstarrte Gewalt*« (Ohr 97) kennzeichnet, hört im Hinausgehen noch von Mustern und Maßen sprechen. Jener Kunde aber, so erfährt der Leser schon zuvor, leitet bald jene Brigade, mit der der Ich-Erzähler ins Bergwerk einfährt. (Übrigens liegt die Identität von Autor und Erzähler auf der Hand angesichts vieler Übereinstimmungen und Berührungen mit Motiven des Fragments *Im Berg* und mit Aussagen Fühmanns über dieses Projekt.) Der Erzähler, »*dem Kupferreich verfallen*« (Ohr 98), wird auf dem Weg durch eine Bergarbeitersiedlung fast zum Voyeur: Er sieht ein Ehepaar bei letzten Vorbereitungen für Gäste, nach deren Eintritt rasch die Fensterläden geschlossen werden; und der Beobachter risse sie am liebsten wieder auf. Die seltsam verheißungsvolle Einleitung, ohne romantische Muster nicht vorstellbar, ist damit endlich abgeschlossen. Konstituiert hat sie sich als neugierig tastender Eintritt des Ich-Erzählers in eine ihm fremde Welt, als Geflecht seiner Beobachtungen und Gedanken. Der gestalterische Unterschied zu den vorangegangenen Geschichten ist größer kaum denkbar.

Mit einem Zeitsprung setzt die eigentliche Erzählung an. Ihr Ziel ist allem Anschein nach, die idyllisch-heile Privatsphäre des Brigadiers Martin G. als unheile Welt aufzubrechen. Da der Erzähler inzwischen oft mit ihm unter Tage war, kennt er dessen meisterhafte Arbeit vor Ort. Dort beobachtet, gewinnt diese kraftvolle und selbstbewußte Bergmannsgestalt mythische Züge; sie erinnert an Atlas, an Herakles. Im Kreise seiner Familie erlebt er den Häuer nun als Herrn im Puppenheim und – nach des Erzählers Urteilen – Schlimmeres. Es ist fast eine Satire auf journalistische Schönfärbereien des DDR-Alltags. Die Hausfrau, die ihren Mann schon auf der Treppe empfängt, ist schön zurechtgemacht. Die Wohnung im siebenten Stock eines Hochhauses befindet sich in tadellosem Zustand, wiewohl der Besuch nicht angemeldet ist. Die Kinder sind die Bravheit in Person. Der Junge weiß die Verhaltensregeln für Schüler in Gedichtform aufzusagen. Das Mädchen vermag ein Blockflötenstück vorzutragen. Beide sprechen freundlich über ihre Lehrer, der Vater lobt die Schule. Die bereits erledigten Schularbeiten werden widerspruchslos zum zweiten Male angefertigt, weil der Vater nicht ganz damit zufrieden ist. Die Ehefrau bleibt namenlos; sie wurde dem Gast als »*mein schmuckes Frauchen*« (Ohr 104) vorgestellt. Diese Formel gehört zu den Mitteln, die Führmann anwendet, um das Verhältnis von Mann und Frau einer Kritik auszusetzen, die darin gipfelt, daß er es ausdrücklich als »*Verhältnis von Herrschaft und Fügung*« (Ohr 108) verurteilt. Der Respekt gegenüber dem Mann, der unter Tage lachend lebensgefährliche Arbeit meistert, wird überlagert von dem Ärgernis, daß seine Ehe ein *Besitzverhältnis* ist (vgl. Ohr 108). Die Frau bleibt zu Hause, weil der selbstherrliche Mann meint, daß sie es nicht nötig hätte, zu arbeiten. Den Erzähler beschäftigt die Frage, was eine solche Frau eigentlich mit ihrer Zeit anfängt. Und der Leser fragt sich: Ist der Brigadier die Entsprechung zu Zeus, seine Frau die zu Nephele? Führmanns Text ist gerade so weit gediehen, daß sich ein jähes Aufbrechen von Spannungen abzeichnet. Der Erzähler hat an ein prekäres Geheimnis gerührt (es liegt im Bereich des Erotisch-Sexuellen). Er bekommt die Kräfte des Hausherrn am eigenen Leibe zu spüren. Der Keuschheitsgürtel mit Glöckchen soll wohl das letzte Dingsymbol männlicher Herrschaft und zugleich die bitterböse Erklärung für das feine Feengeläut sein, das den Erzähler seit dem Eintritt in die »*Hauptstadt des Kupferreiches*« (Ohr 92) beschäftigt.

Am Mißlingen dieser Erzählung mag schon die Krankheit ihren Anteil haben. Alleinige oder auch nur bestimmende Ursache ist sie gewiß nicht. Während Fühmann die Fähigkeit entwickelt hat, aus den alten Mythen dank seiner Lebenserfahrung, seiner blühenden Deutungsphantasie und kultivierten Anverwandlungsgabe Geschichten von großer Allgemeingültigkeit zu gewinnen, gelingt ihm ein Gleiches nicht, wenn er sich eines Stoffs bedient, der noch keine Prägnanz und eigene Modellhaftigkeit mitbringt, zumal wenn er noch Eigenschaften besitzt, die den souveränen Umgang damit erschweren. Das scheint hier aber der Fall zu sein: Was Fühmann kritisch angehen will, ist ihm so nahe, so heikel und ärgerlich, daß er es nicht frei gestalten kann; der Prosaist hat es da schwerer als der Librettist oder der Hörspielautor, weil er einen durchgängigen Ton braucht und nicht gut mit einer Stilmischung arbeiten kann. Es spielen aber noch andere Aspekte eine Rolle. *Die Glöckchen* ist eine Erzählung, mit der Fühmann wie noch in keinem anderen Falle dem letzten Meister seiner Wahl nachzueifern trachtet; bewußt oder unbewußt legt er seine Erzählung als eine ausgeprägt Hoffmannsche an, wie sie ihm auf Anhieb kaum gelingen kann. Dies um so weniger, als er ohnehin nicht ein Mann des genialen Wurfs ist, sondern seine Ziele grundsätzlich nur über mehrere, mitunter zahlreiche Anläufe, langwierige Korrekturen, angestrengte Neufassungen hinweg zu erreichen vermag. Das wertet ihn nicht ab. Was er geleistet hat, wird durch eine solche Erkenntnis nur noch schätzenswerter.

Zeitlich verschränkt mit dieser Prosa, entsteht von April bis Juni eine letzte Gruppe Arbeiten für den Hörfunk. (Dazwischen liegt der letzte Versuch einer größeren Lesereise nach Westdeutschland, die den Schwerkranken stark belastet und ihm nicht die erhoffte Resonanz bringt.[20]) Fühmann benutzt drei recht verschiedenartige Märchen aus der

Sammlung der Brüder Grimm: *Von dem Machandelboom,
Das blaue Licht* und *Rumpelstilzchen,* geht aber mit jedem
der drei Texte anders um. Dennoch finden sich auch wichtige Gemeinsamkeiten. Vor allem rückt er in jedem Falle
seine Vorlage dicht an den zeitgenössischen Rezipienten
heran, und das ist bei diesem Material auffälliger als bei den
Geschichten aus antikem Stoff. Dabei wirkt schon der Umstand mit, daß der objektiv erzählte Märchentext mit kar-
gem Anteil von direkter Rede in eine Gattung umgeschlagen
wird, die gerade umgekehrt proportioniert ist: Im Hörspiel
mag es kleine Passagen mit Erzählcharakter geben, doch dominiert die Figurensprache, geschrieben für die akustische
Kommunikation. Schon deshalb wird die Umsetzung ins
Hörspiel (wenn es sich nicht um eines für Kinder handelt,
die ganz in die ferne Phantasiewelt hineingezogen werden
sollen) eine Modernisierung der Vorlage begünstigen. Aktualisierung erreicht Fühmann jedoch nicht mit durchge-
hender Annäherung des Wortschatzes und des Redestils an
die Gegenwartssprache, sondern eher durch auffällige Einsprengsel und gezielt eingesetzte Anachronismen. Vor allem aber verfährt er seinem erklärten poetologischen Konzept entsprechend: Er erschließt das Vorgefundene für die
Erfahrungen des Zeitgenossen. Das geschieht durch Um-
deutung oder Neubewertung von Motiven und Personen,
durch das Einbringen solcher Erweiterungen, Übertreibungen oder Beifügungen, die beim Hörer aktuelle politisch-historische und sozialkritische Bezugsfelder ins Spiel kommen
lassen. Eine bezeichnende Gemeinsamkeit der drei Adaptionen: Keines der drei Märchen behält sein ursprüngliches
Ende. Glauben an geschichtliche Wunder und gesellschaftliche Harmonie hat Fühmann längst hinter sich gelassen,
seine Wendung vom Märchen zum Mythos schloß ja gerade
auch den Abschied vom Happy-End und die Annahme von
Härte, Tragik, Fortbestehen oder Neuerstehen des Widerspruchs ein. Das Puppenspiel von Prinzessin Dana und Prinz
Schaukelpferd durfte mit einer Dreifachhochzeit schließen,
weil es ja eben nichts anderes sollte, als Kindern eine lustig

ausgestattete glückliche Flucht vorzuführen. Doch schon das Puppenspiel von Schneewittchen nahm das Prinzip der bitteren Korrektur vorweg, das nun bei den drei Adaptionen für Erwachsene strikt oder gar kraß durchgesetzt wird. Am Ende steht jedesmal der Triumph des Bösen, der Macht, oder Tod und Untergang.

Das durchweg düsterste, wenngleich mit sehr differenzierten Mitteln gestaltete Spiel entwickelt Fühmann aus dem Märchen *Von dem Machandelboom*. Hier bekommt der Hörer von Anfang bis zu Ende nichts zu lachen; selbst ein Lachen, das einem im Halse steckenbleiben soll, ist darin nirgendwo angelegt. Die vorherrschende Düsternis enthält freilich schon das plattdeutsche Original, nur daß es einen erlösenden Schluß hat, den Fühmann als unwahr zurückweist. Der dramaturgische Grundeinfall ermöglicht aber andererseits, das Märchen in erheblichem Umfang stückweise wörtlich zu zitieren oder dialogisch zu reproduzieren. Fühmann läßt einen zeitgenössischen Forscher mit einem fachfremden, nüchternen Begleiter auf Usedom nach den Spuren des Märchens vom Wacholderbaum suchen. Sie erörtern den althergebrachten Text und bringen damit den wunderbaren Baum und jenen Vogel ins Spiel, der den von seiner Stiefmutter getöteten, dem Vater zerstückt und gekocht zum Mahl vorgesetzten Broder (Bruder) verkörpert. (Er ist der Halbbruder Marleenichens, die ihrer Mutter das schlimme Schuldgefühl zu verdanken hat, ihn getötet zu haben.)

Im Märchen wird der Vogel, der sich durch seinen schönen Gesang in den Besitz einer goldenen Kette, eines Paars roter Schuhe und eines gewaltigen Mühlsteins bringt, zur richtenden Instanz (Vater und Schwester erhalten Kette und Schuhe, die mörderische Stiefmutter aber wird vom Mühlstein zermalmt), und schließlich kann er sich in den Bruder zurückverwandeln. In Fühmanns Hörspiel wird der Vogel als eine dauernde Metamorphose (eine Art anderen Ichs) des für alle Zeit Toten gedeutet. Er kann also auf der Gegenwartsebene in das Gespräch der beiden Männer über das Märchen eintreten und sich auch in den Konflikt eines Urlauberehepaares mit Kind einschalten, dessen betroffene Zeugen alle drei werden. Die Frau, zu Hause als Schichtarbeiterin in ihrer Mutterrolle behindert, obendrein aber auch noch pädagogisch denkbar unqualifiziert (wie allzu viele), will sich gegenüber ihrem rabiaten halbwüchsigen Sohn Maik mit Gewalt durchsetzen, doch ohne Erfolg, zumal auch der Mann, hilflos oder angepaßt, nichts unternimmt. Aus der »Heule« des Jungen, um deren Gebrauch oder Mißbrauch gestritten wird, dröhnt überlaut ein immer gleicher Song, den der Hörspielautor wieder und wieder mit hämmerndem Rhythmus zitiert haben will: »*Ich lieb dich nicht, du liebst mich nicht, da da da.*«[21] Der Ungehorsam des Kindes treibt die Mutter zu unbeherrschten, wüsten Drohungen (»*Ich schlag dir tot!*«[22]), zu wiederholten Ohrfeigen und schließlich in äußerste Erregung, so daß sie brutal tätlich wird, aber dabei »*im Orgasmus der Macht und des Strafens*«[23] stirbt.

Das Hörspiel suggeriert den Gehirnschlag als Eingriff des Vogels, der natürlich die Partei des Jungen ergreift und das entsprechende Strafgericht vollzieht. Fühmann verstärkt die Härte seines Schlusses noch dadurch, daß der Junge nach einigem Wimmern und Schluchzen, das sich auf die Mißhandlungen der Mutter und nicht auf deren Tod bezieht (den er vielleicht noch gar nicht erfaßt hat), sich endgültig im Besitz der »Heule« fühlt, die aufs neue dröhnend mitteilt, daß man einander nicht liebe. Zusätzlich und funkgerecht wird die Dramatik der abschließenden Vorgänge noch gesteigert durch »*das Heranjaulen und Knallen von Düsenjägern*«[24], das nicht nur akustische Eskalation bedingt, sondern ein bereits vorher eingeführtes, erweiterndes Element von Gewaltkritik abschließend herauskehrt.

Das Motiv des Todes und Tötens aus dem Originalmärchen wird von Fühmann also mit zwei seiner speziellen Themen verbunden: mit dem Thema Macht und Gewalt sowie mit dem Thema Erziehung und Wechselverhalten der Generationen. Auf beide Komplexe war er schon beizeiten durch sein bohrendes Fragen nach den Bedingungen der eigenen Biographie gestoßen, und als wacher, sensibler Zeuge seiner Epoche und kritischer Beobachter der DDR-Wirklichkeit vermochte er sie immer weniger als erledigt anzusehen. Väterlicher Freund vieler Kinder, mußte er gerade die gefährlichen Mängel im privaten und öffentlichen Umgang mit ihnen besorgt wahrnehmen. Die hochpoetische Vorlage des Märchens ermöglicht ihm, einer Alltagsepisode die Qualität einer eindringlichen Warnung zu geben, aber eben nur unter der Bedingung, daß der alles glücklich lösende Märchenschluß als Wunschdenken zurückgewiesen wird.

Im Märchen *Das blaue Licht* wird die Geschichte eines armen Soldaten erzählt, den sein König mittellos entläßt und der mit viel Glück trotz einiger Gefahr in die Lage kommt, sich gründlich zu rächen. Bei einer Hexe, die er danach beseitigen läßt, ist er zu viel Gold und in den Besitz eines blauen Lichts gekommen. Als dessen Inhaber kann er beliebig über ein zauberkräftiges Männchen verfügen, durch das er sich, inzwischen im besten Gasthof logierend, Nacht für Nacht die Königstochter als Dienstmagd heranholen läßt. Zwar kommt ihm der König hinter seine Schliche und setzt ihn gefangen, um ihn hinzurichten. Da der Soldat sich durch einen Kameraden das im Gasthaus vergessene Zauberlicht besorgen lassen kann, vermag er aber über alle Leute des Königs so mächtig zu siegen, daß dieser froh ist, dem Soldaten sein Reich und seine Tochter schenken zu können. Ein solches Märchen muß Fühmann zu kräftigen Korrekturen provozieren. Undenkbar schon, daß er mit einem alten Krieger sympathisieren und noch an Soldatenkameradschaft glauben mag. (Bereits das Prosadebüt *Kameraden* zeigt Kumpanei und Egoismus, wo Kameradschaft behauptet worden war.) Er setzt den Soldaten gegenüber der Hexe von vornherein ins Unrecht, war jener doch während des Krieges an deren Vergewaltigung durch eine Rotte von Söldnern beteiligt. Daß er ihn mit Sexualphantasien und einer ausgeprägten Libido ausstattet, bedeutet noch keine Abwertung, aber Fühmann betont die rüde Art des Soldaten, sich darüber zu äußern. Seine lasziv ausgestatteten nächtlichen Begegnungen mit der Königstochter läßt er allerdings nie in einen

Geschlechtsakt umschlagen, um ihm schließlich Impotenz wegen dominierenden Untertanenbewußtseins anhängen zu können. Den schon Verurteilten fragt der König, warum er denn seine Tochter unberührt gelassen habe, und erfährt, der Befragte habe in der Prinzessin »*durch all ihren Liebreiz dreierlei Heiliges verkörpert*«[25] gesehen: sein Regiment, sein Vaterland und sein Königshaus; wie hätte er das schänden können!

Auf der anderen Seite wird die Gestalt der Hexe umgewertet. Freund der Kirke und der Baubo, sicher auch sympathisierender Leser von Irmtraud Morgners Hexenroman *Amanda,* kann Fühmann unmöglich die böse Alte übernehmen. Wenn sie den Soldaten, genau wie im Märchen, zur Bergung des in den Brunnen gefallenen Lichts benutzen und ihn damit überlisten will, so kann das hier nicht als besondere Übeltat erscheinen. Goldene Schätze besitzt sie bei Fühmann nicht. Vor der Verbrennung bewahrt er sie, schon weil er sie später als Beraterin am Hofe verwenden kann. Als der Soldat alle Macht besitzt, stellt sie sich blitzschnell darauf ein und bietet ihm die Aussicht auf ein Reich der Lust, wobei sie die erotischen Künste der Prinzessin nach Kräften herabsetzt. Der Soldat aber beginnt mit der Sicherung seiner Macht gleich bei ihr und läßt sie erschießen, wie bald darauf auch den König. Damit wird deutlich: Der Hörspielautor macht aus der Geschichte einer Rache eine Geschichte von Machtkämpfen. Die Änderung von Verhaltensweisen wird in Abhängigkeit vom Wechsel der Machtkonstellationen gezeigt. Kriegskameraden werden unter bestimmten Bedingungen gegeneinander einsetzbar. Gefahren und Qualen der einen werden zum Kitzel und Gaudium der anderen. Eine Hexenverbrennung oder eine Hinrichtung gerät zum Spektakel und Volksfest mit Umsatzsteigerungen der Händler, die es an werbenden Rufen auch nicht fehlen lassen. Funktion und Kommandosprache des Militärs erfahren eine satirische Verurteilung, wie sie schon zuvor, besonders in *Alkestis* und dem *Schneewittchen*-Spiel, unerbittlich betrieben wurde. Eine neue Zutat, die sich an ein Motiv aus *Nephele* anschließt, bekommt viel Raum und Gewicht: Als der Soldat zum Tode verurteilt ist, läßt Führmann eine Hofdame einem Jungen über Hinrichtungsarten und insbesondere über das vorgesehene Rädern wortreich genaueste Auskünfte erteilen. Der Junge, der den gefangenen Verurteilten hämisch angespuckt hat, wird dann aber selbst gerädert, als der Soldat plötzlich wieder zum Machthaber geworden ist. Er darf es bei Führmann natürlich nicht bleiben, sondern wird von der Prinzessin überlistet, die befiehlt, daß man ihn an diesem Montag Spießruten laufen läßt, am Dienstag aufs Rad flicht, am Mittwoch an den Galgen hängt und am Sonntag verbrennt. Abschließend läßt sie sich vom Volke huldigen, dankt und empfiehlt sich mit dem Satz: *»Na, dann wollen wir mal regieren!«*[26] Es bleiben noch weitere Motive zu nennen, die Führmann dem Märchen einverleibt hat: Stolz auf Kriegsverletzungen, Hausdurchsuchungen im SA- und SS-Stil, Marienkult als ideologische Verbrämung von Hexenverbrennung, Aufbäumen der böswillig verteufelten Frau. Mithin ist gerade dieses nachgelassene Hörspiel einer der wichtigsten Beiträge, mit denen Führmann sich grimmig und zornig an der Zerstörung unerträglich vereinfachter und verklärter Bilder vom Menschen und seiner Welt beteiligt.

Weniger massiv und grell stellt sich die dritte Adaption dar; harmloser aber ist sie keineswegs. *Rumpelstilzchen* hatte schon den Lyriker Führmann seinerzeit zu einem seiner stärksten Gedichte inspiriert. Damals war es ihm allerdings nicht um die Titelgestalt gegangen, sondern nur um den Müller, der vor dem König seiner Tochter eine wunderbare Fähigkeit andichtet, »um sich ein Ansehen zu geben«.[27] *Der Müller aus dem Märchen,* so der Titel des Gedichts, ließ sich als Prototyp des deutschen Untertanen deuten:

> ein deutscher Müller, bieder und brav,
> den der Keulenschlag der Königsgunst traf.
>
> (RM 135)

Doch jetzt zieht ihn gerade die Titelgestalt an. Im Märchen ist sie für die Müllerstochter nichts als der Nothelfer, der freilich seinen Lohn fordert, sich aber am Ende, erkannt und benannt, selbst zerreißt. Führmann versteht ihn, man denke an seine Bindung an die Welt unter Tage, nun als einen Alten aus dem Berge, früher »*König des Volks zwischen Silber und Schlaf*«[28], jetzt einer der vergreisenden Unterirdischen, die auf Menschenkinder angewiesen sind, weil die Schöße ihrer eigenen Frauen verdorren. Aus Ferne und Tiefe eines verbrochenen Silberbergwerks tönt seine Stimme, die auch später immer wieder aufklingt:

> Heute back ich
> morgen brau ich
> nach den schönsten Kindern schau ich,
> o wie gut, daß niemand weiß – [29]

Seinen Namen verheimlicht der Sprecher strengstens; denn sobald der genannt wird, verliert sein Träger an Lebenskraft. Damit hat Führmann eine Exposition erfunden, die das Folgende neuartig motivieren hilft: die Fähigkeit, Stroh zu Gold zu spinnen; das Interesse am Kind der Königin; das Namensgeheimnis; das Drohen oder zumindest die Möglichkeit des Endes. So wird das Märchen moderner und trägt nun auch leicht den ironischen Ausbau zur kritischen Revue einer kritikwürdigen Gesellschaft. Diesen Ausbau betreibt der Autor mit Umsicht und Eleganz. Aus dem armen Müller macht er einen durchaus wohlhabenden, und er gibt ihm eine Frau bei, so daß sich charakteristische Dispute inspirieren lassen und die Mutter ihrer Tochter für den Auftritt im Schloß Empfehlungen hinsichtlich der Höhe geben kann, bis zu der sie ihren Rock heben soll. Eingefügt wird auch ein beschränkter Großknecht, der immerhin eine peinliche Situation durch Hochrufe auf Seine Majestät zu retten weiß. Den größeren Aufwand an Personnage braucht Führmann selbstverständlich für die Darstellung der Obrigkeit. Das Märchen kennt nur den König, doch das Hörspiel bietet sehr viel mehr. Ein Sekretarius, dienstbarer Geist niederen Ranges, ermöglicht eine Persiflage der Bürokratie. Für niederste Zwecke, zum Beispiel eine Leibesvisitation, braucht er einen Hartschier. Besonderes Gewicht erhält der Innenminister, der mit süffisanter Souveränität die Interessen seiner Majestät durchzusetzen versteht. Seine Rolle ist ein Kabinettstückchen (in der Rundfunkinszenierung von Eberhard Esche brillant ausgeführt).

An die Seite des Ministers stellt Fühmann eine Figur, die erstaunlich verschiedenartige Funktionen wahrzunehmen vermag und in seinen bisherigen Texten kaum einen Vorläufer hat. Es handelt sich um den Kgl. Geheimen Psychologierath Prof. Dr. sc. med., Dr. sc. phil., Dr. h. c. (mult.); von dem so im Personenverzeichnis Vorgestellten könnte man mutmaßen, er solle zum Objekt von Wissenschaftssatire gemacht werden. Das ist jedoch nicht der Fall. Zwar erhält seine Gestalt auch einen komisch verfremdenden Zug. Aber die Art und Weise, wie der adlige Innenminister mit dem bürgerlichen Intellektuellen umgeht, läßt dessen Sonderstellung erkennen. Er ist geduldet, weil man ihn braucht, etwa wenn es das Problem zu diskutieren gibt, ob ein Mensch Stroh zu Gold spinnen kann. Ihm werden gewisse Freiheiten eingeräumt, aber auch sehr bestimmte Grenzen gezogen. Als er nach Freud vom »Unbewußten« spricht und sich höfliche Kritik daran erlaubt, daß der Innenminister befindet, die Untertanen hätten vielmehr ein Untertanenbewußtsein zu haben, werden ihm seine Grenzen gewiesen: »*Wenn Majestät in seiner fast unverständlichen Gnade schon erlaubt, daß Sie hier am Hof rumanalysieren, so könnse noch lang nich aufsässig werden, wenn Ihr Innenminister eine Sprachregelung trifft.*«[30] Als der Geheimrath gar dazu ansetzt, die Todesstrafe in Frage zu stellen (sie ist zu dieser Zeit in der DDR noch nicht abgeschafft), heißt es schlicht: »*Schnauze!*«[31] Die Sympathie Fühmanns für den Psychologen und seitens der Macht behinderten Wissenschaftler siegt über die Versuchung, den Gelehrten als vorrangig komische Figur zu behandeln.

Aber zurück zur Titelgestalt, deren Stimme immer wieder aus der Tiefe tönt. Die Müllerstochter, von der man Leistung sehen will, nicht Beine, ist auf den Alten angewiesen.

Seine Hilfe bleibt der Obrigkeit verborgen. Die Vermutung, das Mädchen habe das Gold unterm Rock hereingeschmuggelt, hat eine brutale Körperkontrolle zur Folge. Keine Frage, daß Fühmann mit seiner Schilderung auf Praktiken anspielt, wie sie ihm als Bestandteil von Untersuchungen der Staatssicherheit durch Betroffene berichtet wurden. Der Autor hat seine Hörer zuvor schon nicht zuletzt durch das Stichwort »observieren«[32] hellhörig gemacht, das der Innenminister gebraucht, als von der seltsamen Stimme aus dem alten Silberbergwerk die Rede ist. Dem Nothelfer klagt das Mädchen nach der Leibesvisitation ihr Leid mit Worten, wie sie von denen zu hören oder zu lesen waren, die den Unterdrückungsapparat des Staates DDR am eigenen Leibe verspürt hatten: »*[...] das ist kein Leben mehr! Was die mit uns alles machen dürfen!*«[33]

Die weitere Handlung entspricht grundsätzlich der Vorlage, nur daß der Hörspielautor die Figuren gemäß seiner Anlage und ausgiebiger agieren läßt. Dabei erzählt Rumpelstilzchen mehr über sich und die Welt, aus der er kommt, und begründet das Namensgeheimnis. Als er das Kind der längst zur Königin avancierten Müllerstochter holen will, beschränkt er sich auch nicht auf bloßes Fordern, sondern stellt die Welt, in die das Kind gebracht werden soll, eindringlich als die bessere dar. Nachdem die Königin den Namen ihres Helfers erfahren hat, geht sie frevlerisch damit um, obwohl Rumpelstilzchen warnt, ohne ihn und seinesgleichen stürze der Berg ein. Als der König das Versprechen, seine Frau nicht mehr mit Goldspinnen zu behelligen, bricht und ihr für den Fall ihrer Weigerung mit der Auflösung der Ehe und mit der Todesstrafe droht (die Androhung des Köpfens zieht sich als ein Leitmotiv durch das ganze Stück), ruft sie den Alten reuig um Hilfe an. Doch zu spät. In der Meinung, die Hilfe erzwingen zu können, bringt sie Rumpelstilzchen dazu, den Berg lachend einstürzen zu lassen. So führt Franz Fühmann das dritte seiner letzten Hörspiele auf andere Art zu einem ebenso katastrophalen Ende wie sein Ballett *Kirke und Odysseus* und das Hörspiel *Die Schatten*.

Ursache und Anlaß der warnend gedachten Schlüsse sind in jedem Falle Sünden der Menschen gegen sich selbst: die Kultivierung von Waffen und Gewalt, der Mißbrauch und die Ausbeutung der Natur, die Zerstörung ihrer eigenen Lebensmöglichkeiten.

Fühmann befindet sich schon wieder in der Charité, als er sich ein letztes Mal Arbeiten für den Film zuwendet, die ihn oft und lange und leider meist ohne das erstrebte Ergebnis beschäftigt haben. Ein zwanzig Jahre zuvor begonnenes Unternehmen, schon weit gediehen, dann aber scheinbar gescheitert, hatte endlich Anfang der achtziger Jahre, in Zusammenarbeit mit dem Regisseur Heiner Carow, bis zum produktionsreifen Drehbuch gebracht werden können: eine Adaption des Romans *Simplicissimus Teutsch* von Grimmelshausen (s. S. 390). Ein etwas jüngeres Projekt für die DEFA, die 1971 begonnene literarische Vorlage für eine filmische Version des mittelhochdeutschen *Nibelungenlieds,* war als weiterer Bestandteil einer Sammlung von Filmarbeiten vorgesehen, die 1984 erscheinen sollte. An diesem Szenarium *Der Nibelunge Not* nimmt Fühmann jetzt sprachliche Korrekturen vor. Doch diese mehr beiläufige Arbeit weicht einer wichtigeren. Ist es der Wunsch, den künftigen Band mit Manuskripten für den Film weiter anzureichern? Ist es die Absicht, nach der mißglückten hoffmannesken Erzählung *Die Glöckchen* auf andere Art seinem letzten Hausgott, E.T.A. Hoffmann, zu huldigen? Ist es das Bedürfnis, sein künstlerisches Testament durch ein Werk zu erweitern und zu vertiefen, das bislang von ihm Ungesagtes zum Ausdruck und womöglich (über Leinwand und Bildschirm) einem großen Publikum nahebringt? Wie auch immer – fest steht, daß dieser letzte Entwurf eines Filmszenariums tief in der geistigen Biographie und in der Erfahrungswelt des Autors wurzelt.

Ein zwingender Beleg dafür findet sich in der umfangreichen Studie »Möglichkeiten einer filmischen Aneignung von Werk und Leben E.T.A. Hoffmanns«, die Fühmann im April 1974 für das Filmstudio der DDR angefertigt hat. Es ist die erste schriftliche Frucht eines umfassenden und gründlichen Hoffmann-Studiums, enthält eine Fülle von Material, Gedanken und Vorschlägen und ist in höchst ungleich lange Kapitel von I bis VI gegliedert. Kapitel IV, das längste, beschäftigt sich eingehend mit einer Erzählung aus den *Nachtstücken*, deren Analyse darauf zielt, Hoffmanns Erzählweise als Muster einer Dramaturgie begreiflich zu machen, die dem Rezipienten keine fertige Geschichte vorsetzt, sondern eine Dichtung darbietet, in die jeder *»seine Lebenserfahrung einbringen und die er auf Grund seiner Lebenserfahrungen begreifen, aufnehmen und deuten wird«* (SS 387).

Fühmanns Hochschätzung des von ihm bevorzugten Exempels *Das öde Haus* hat allerdings nicht nur mit dem dort überzeugend nachweisbaren Phänomen zu tun, daß eine einzige Erzählung *»zahlreiche in sich geschlossene und letzten Endes befriedigend schlüssige Geschichten«* (SS 386) enthalten kann, der Leser also sich zu möglichen Lesarten aktiv verhalten muß. An Fühmanns Faszination hat auch das Stoffliche Anteil; das wird ganz deutlich, wenn er den denkbaren Effekt des Hoffmannschen Nachtstücks mit dem Ausruf beschreibt: *»Was ist das für eine Welt, in der so etwas möglich ist; was ist das für ein Alltag, der solche Möglichkeiten in sich birgt; was ist das für eine Stadt, darin solche öden Häuser stehen!«* (SS 386)

Das öde Haus, Symbol für das Schauerliche im Alltag, aber auch für das herausfordernd Geheimnisvolle, ist von da an ein charakteristisches Motiv bei Fühmann. Ein Beleg dafür aus dem letzten Jahr findet sich im »Bergwerk«-Fragment; es heißt dort: *»Man dringt da ein, wo etwas lockt, aber Lockendes muß sich ja zuerst zeigen. Es braucht dies nicht in einer Gestalt zu geschehen, die sich sofort als nutzbringend dartut; es genügt, wenn ein Geheimnis lockt, so steht etwa in einer belebten Straße ein scheinbar unbewohntes Haus da, mit seltsam öden und doch stets blanken Fenstern, und das Rätsel des Dahinter, oder eine Höhle im Fels, eine Spalte im Erdreich, und das Rätsel des Darin.«* (IB 55)

Das wirft auch auf das Fragment *Die Glöckchen* zusätzlich Licht.

Nach alldem kann nicht erstaunen, daß Fühmanns letzte Arbeit gerade dem Entwurf eines Filmszenariums nach der Erzählung *Das öde Haus* gilt. Den übernommenen Bestandteilen der geheimnisvollen Geschichte beläßt der Bearbeiter zwar ihre Bindung an die Lebenszeit Hoffmanns; eingangs wird das Jahr 1817 als Zeit der Handlung angegeben. Ebenso wird die Örtlichkeit beibehalten: Das öde Haus steht in Berlin, Unter den Linden, und die preußische Hauptstadt bleibt der Schauplatz. Aber Fühmann fordert den Zuschauer durch einen kräftigen Anachronismus sofort heraus, die Vorgänge als Gleichnis zu nehmen; der erste gesprochene Text des Films soll Kubas (Kurt Barthels) Gedicht *Ja Häuser baun um schön darin zu leben* sein, versehen mit dem Entstehungsdatum 1951 (vgl. SS 417). Und im folgenden arbeitet der Szenarist mit Zutaten, die zwei Funktionen haben; zum einen erweitern und ergänzen sie das Bild von Stadt und Gesellschaft, und zum anderen verweisen sie auf Analogien zwischen damals und heute.

Zu den Lokalitäten, wie man sie in Hoffmanns Erzählung antrifft, kommen bei Fühmann Orte, Gestalten und Vorgänge hinzu wie diese: eine Personen- und Gepäckkontrolle am Brandenburger Tor (gleich als Auftakt des Geschehens), ein Studentenzirkel mit Disputen über Fragen der Philosophie, Kunst und Literatur, eine Straßenhure und ein berühmtes Bordell mit Spezialitäten, die Landesirrenanstalt, Denunziantentätigkeit einer Zimmervermieterin, die zugehörige Gendarmenwachstube und schließlich die Verhaftung des jungen Mannes, der in die Geheimnisse des öden Hauses eindringen wollte. Das Haus selbst wird am Ende renoviert, und die gräfliche Familie läßt sich auf dem Balkon bejubeln. Gegen den schönen Schein aber läßt Fühmann seine jugendlichen Helden anreden. Rachel Spalanzani sagt: »*Und was verbirgt sich hinter den schönen Häusern, den wohlaussehenden, gutbürgerlichen, ehrbaren und prangenden Fassaden? Wieviel Kinder werden da totgeprügelt, wieviel Frauen entehrt, wieviel Seelen zerbrochen, wieviel Menschenwürde beschmutzt und vertan.«* (SS 449)

Deutlich klingen auch hier wieder Motive von Arbeiten aus dem letzten Jahr seines Lebens an und bestätigen, wie unaufhörlich er schreibend zu wirken trachtet: für eine menschlichere Welt. Den Untergang der Menschheit muß er für möglich halten, aufgeben aber kann er sie ebensowenig wie das Schreiben, solange Leben in ihm ist.

Magie einer Zahl

Wer Franz Fühmanns Arbeiten aus den letzten Schaffensjahren aufmerksam durchgeht, wird ihre Vielfalt ebenso deutlich wahrnehmen wie ihre Einheit. In keiner Phase seines Lebens versuchte er sich während so kurzer Zeit in so vielen Gattungen: Dem großangelegten »Bergwerk«-Projekt gesellt sich der Plan eines reich gegliederten und in sich verflochtenen Erzählzyklus hinzu. Neben erzählender Prosa gibt es den Essay, zum Beispiel den Beitrag zum Gedenken an den 10. Mai 1933 oder das Vorwort zu Dieter Riemanns Zyklus von Fotos geistig Behinderter. Dem Libretto für ein Ballett folgt das Libretto für ein Stück mit Musik. Neben Puppenspielen für Kinder entstehen Hörspiele für Erwachsene. Dazwischen werden zwei der schönsten Traumerzählungen geschrieben *(Der Traum von der Arena und Der Traum von Sigmund Freud).* Die Stoffe stammen aus weit auseinanderliegenden Bereichen überlieferter Vorstellungen und geschichtlicher Wirklichkeit. Alles aber, vom gleichen Autor durchdacht und erarbeitet, aus der gleichen Lebenssituation heraus gestaltet und unter den gleichen, schmerzhaft empfundenen globalen Bedingungen entstanden, erweist sich als ein Ganzes, ungeachtet des teilweise fragmentarischen, teilweise vorläufigen Charakters. Als integrative Kräfte wirken dabei vor allem die den Texten eingeschriebenen Wertmaßstäbe des Autors, wirkt nicht zuletzt die aus deren Anwendung resultierende Kritik. Da ist die Klage darüber, daß der Mensch im anderen wieder und wieder nur ein Mittel zu seinen eigenen Zwecken sieht, zu egoistischem Machtgebrauch verführbar ist, dem dann bald der Machtmißbrauch folgt. Da ist die Forderung nach Wahrhaftigkeit und Mut, und da ist dementsprechend die entschiedene Abwehr aller Lüge und Täuschung. Jeder Text ist ein Beitrag zur nie ausreichenden Antwort auf die Frage: Was ist das – der Mensch? Alle Arbeiten stehen im Zeichen des Bemühens, möglichst den ganzen Menschen und den Menschen ganz zu erfassen. Seine Sterblichkeit wie die Gefährdung der Menschheitsexistenz sind darum unverzichtbare Themen und Motive, dringlicher denn je zuvor, und nicht nur aus der persönlichen Bedrängnis des auf den Tod Kranken zu verstehen.

Doch wäre es falsch, über dem möglichen Wert künstlerischer Arbeit für andere den Sinn und Zweck zu übersehen, den diese Arbeit jeweils für die Selbstbehauptung des Künstlers hat. Und Franz Fühmann, mochte er sich noch so lange im Dienst seiner Gesellschaft sehen, hat doch immer um seiner selbst willen geschrieben, zuerst und zuletzt. An dieser Stelle soll dafür kein gewichtiger Beweis erbracht, sondern nur ein einschlägiger Hinweis gegeben werden, durch den die Sache sogar eine angenehm heitere Note bekommt. Ja, selbst die vorwiegende Düsternis in Fühmanns letzten Arbeiten widerlegt nicht das berühmte Wort Schillers, wonach das Leben ernst, die Kunst dagegen heiter sei.

Die in den Titel seines ungewöhnlich gewichtigen, eine neue Schaffensphase eröffnenden Buches *Zweiundzwanzig Tage oder Die Hälfte des Lebens* (1973) aufgenommene Zahl schien sich zufällig aus der Dauer der Reise ergeben zu haben, die den zeitlichen und stofflichen Rahmen für das fiktive Tagebuch stiftete. Niemand fragte sich damals, warum es gerade 22 Tage, nicht mehr und nicht weniger, sind, von denen dieses Diarium Nachricht gibt. Daß Janno in der *Saiäns-Fiktschen*-Geschichte *Bewußtseinserhebung* im 22. Stock wohnt und bei Versagen des Fahrstuhls zweiundzwanzig Treppen zu bewältigen hat (vgl. SF 133, 143), scheint ebensowenig Bewandtnis zu haben wie der Umstand, daß in Pavlos Papierbuch die zweite Erzählung gerade auf Seite 22 beginnt (vgl. SF 166). Den genauen Leser Fühmannscher Texte muß nun aber der häufige Umgang mit dieser Zahl stutzig machen. Im Kapitel 5 des Fragments *Im Berg* ist von einem angeblich berühmten Altar die Rede; über ihn wird aber nichts weiter mitgeteilt, als daß sich daran 22 Bergmannsskulpturen befinden (vgl. IB 52). Prinzessin Dana von Gurkistan, durch den Zauberer Khalakuck mißhandelt, betont empört ihre Würde und teilt dem Publikum mit: »*Früher hatte ich zweiundzwanzig Dienerinnen, elf für die linke und elf für die rechte Seite*«. (SK 12) Der Wald jener von Fühmanns Enkelin angeregten *Fee, die Feuer speien konnte* liegt nahe bei Berlin »*hinter dem zweiundzwanzigsten Hügel zwischen Sachsen und Mecklenburg*« (RF 291). Und der »*Siebenmeilenstiefelwettlauf*«, den *Anna, die Humpelhexe* spielend gewinnt, führt genau »*zweiundzwanzigmal um den Wald herum*« (RF 298); während das Feld der Siebenmeilenstiefelläufer schon in der 21. Runde liegt, läuft Anna gerade erst los, aber eben derart schnell, daß die Eulen kaum mit dem Zählen nachkommen: »*Ihre Schnäbel schnurrten sich heiß: ›Zweidreivierfünfsechssiebenachtneunzehnelfzwölfdreivierfünfsechssiebenachtneunzehnzwanzigeinundzwanzig!‹*«

Spätestens nach solchen Textstellen, die doch ganz und gar Fühmannscher Phantasie entspringen, muß man annehmen, daß der Autor ein spezielles Interesse an der 22 hat. Die Erzählung *Baubo* bestärkt die Annahme; zur Beschreibung des großen Eleusinischen Festmahls gehört die Mitteilung, daß es da »*zweiundzwanzig Gänge*« (Ohr 69) gegeben habe. Doch damit nicht genug; auch in jedes der Märchen-Hörspiele weiß Fühmann die Zahl einzubauen. *Von dem Machandelboom* erzählt, daß der Broder in der Gestalt des Vogels den Mühlstein von zwanzig Müllergesellen umgehängt bekommen hat; Fühmann macht zweiundzwanzig daraus. Als der König in *Das blaue Licht* den Soldaten suchen läßt, ertönen Befehle wie diese: »*Sturmtrupp Meier Haus elf! Sturm-*

trupp Schulz Haus zweiundzwanzig!«[34] Andere Hausnummern werden nicht genannt. In *Rumpelstilzchen* wird als unterste Charge des Herrschaftsapparats ein Hartschier gebraucht, obwohl der einzige, wird er als der »22. *Hartschier«* im Personenverzeichnis registriert und auch noch einmal mitten im Spiel mit seiner Ziffer aufgeführt.[35]

Wirkt hier ein später Einfluß traditioneller Zahlenmystik? Hat die 22 etwa einen symbolischen Sinn? Franz Fühmann, der einst die Absicht hegte, Mathematik zu studieren, hat sonst keinen sonderlich auffallenden Gebrauch von bestimmten Zahlen gemacht, wie kommt es nun also zur Häufung dieser Ziffer? Sie stammt aus seinem Geburtsschein: Fühmann ist ein Kind des Jahrgangs 1922. Und ähnlich, wie so mancher Maler sich ein Plätzchen in seinem Gemälde gönnt, fügt er das Jahr seiner Geburt da und dort in seine Texte ein – zusätzliches Zeichen seiner Existenz wie Beleg seiner Spielfreude. Und hat die Zahl darin nicht ihre eigene Magie? Sie ist doch eine numerische Analogie zum Monogramm FF, und halbiert gibt sie dann gar zwei solche Entsprechungen zum Monogramm, und die Primzahl elf hat wieder die Besonderheit, daß sie aus zwei Einsen, der kleinsten ganzen Zahl also, gefügt wird, wenn man sie als Ziffer schreibt. Doch selbst solche Heiterkeit der Kunst weist wieder zurück auf den Ernst des Lebens: Jahrgang 1922. Ist damit nicht schon ein Schicksal bezeichnet?

»Die Sünden der Väter
kochen und gären in meinem Blut«

Den Leser von *Vor Feuerschlünden* überrascht der Autor damit, daß er gegen Ende der autobiographisch ergiebigen
Bemühung um Werk und Persönlichkeit des Dichters Trakl
plötzlich ein umfängliches Gedicht Goethes in voller Länge
zitiert, eben jenes Klassikers, der zur gleichen Zeit von vielen Schriftstellerkollegen, soweit sie ihn überhaupt beachten,
mit abweisenden oder entschieden abwertenden Urteilen bedacht wird. Es sind die berühmten *Urworte. Orphisch*, die
Franz Fühmann da als gültig und wahr erkannt zu haben
bekennt. Wenigstens die erste der fünf gewichtigen Goethe-
Stanzen sei hier erinnert:

> Wie an dem Tag, der dich der Welt verliehen,
> Die Sonne stand zum Gruße der Planeten,
> Bist alsobald und fort und fort gediehen
> Nach dem Gesetz, wonach du angetreten.
> So mußt du sein, dir kannst du nicht entfliehen,
> So sagten schon Sibyllen, so Propheten;
> Und keine Zeit und keine Macht zerstückelt
> Geprägte Form, die lebend sich entwickelt.
>
> (VF 182)

Dieses Bekenntnis bestätigt, daß das Nachdenken über
die Bedingungen seiner Existenz, über die entscheidenden
Prägungen seiner Persönlichkeit und die bestimmenden Li-
nien seines Lebens eine verbindliche Aufgabe für Fühmann
war. Daß dies die Arbeit des Biographen in besonderem
Maße herausfordert, läßt sich wohl kaum bestreiten.

Beginnt die Biographie Franz Fühmanns mit dem Tag,
der ihn der Welt verliehen, mit dem 15. Januar 1922 also?

Und wer oder was machte die Gesetze, nach denen er angetreten? Zumindest den Eltern ist nachzufragen. Bilder oder
Umrisse von ihnen finden sich in Texten des Sohnes, der
freilich den Vater mehr hervorkehrt und die Mutter eher versteckt. Aber weder der Essayist noch der Erzähler läßt es an
Einsichten in die besondere Bedeutung wie in die mögliche
Konflikthaftigkeit des Eltern-Kind-Verhältnisses fehlen.

»*Mein Vater war Apotheker. Er kam aus Österreich*«[36],
heißt es in einem Interview. Das stimmt wohl, kann aber
dennoch Irrtümer stiften; bald darauf verrät der Trakl-Essay erstmalig den Geburtsort des Vaters: »*Brüx, heute Most*«
(VF 132), eine mitten im böhmischen Braunkohlenrevier
gelegene Stadt. Josef Karl Rudolf Fühmann, geboren am
17. April 1886, ist das mittlere von drei Kindern. Die etwas
ältere Schwester Paula wird in Berlin leben, der jüngere
Bruder Max endet durch Suizid. Die Familie verfügt nicht
über große Reichtümer, besitzt aber mehr, als Franz Fühmann dann zu wissen oder zu glauben scheint. Immerhin
kann sein Vater ein ordentliches Studium der Pharmazie in
Wien absolvieren. Josef Rudolf Fühmann verdient in dieser
Zeit auch etwas dazu, indem er kleine Beiträge für die »Kro-
nen-Zeitung« schreibt, aber zur Finanzierung seines Studiums dürfte das bestimmt nicht ausgereicht haben. Als Sechs-
undzwanzigjähriger tritt der unternehmungslustige Magister
am 18. Januar 1913 in der Votivkirche an den Traualtar. Die
Trauzeugen stehen ihm beruflich nahe. Mit dem einen wohnt
er vielleicht sogar als Junggeselle in Untermiete oder in der
gleichen Wohnung zusammen; jedenfalls haben Bräutigam
und erster Zeuge zu dieser Zeit die gleiche Anschrift: Wien
IX, Wasagasse 9. Eduard Anderka ist Universitätslaborant,
arbeitet also höchstwahrscheinlich im Chemischen Labora-
torium der Universität, das ganz in der Nähe der Wohnung
liegt. Der zweite Trauzeuge ist vollends von Fühmanns
Fach: Mag. pharm. Gustav Scholda, wohnhaft Kollergasse 10,
also im III. Bezirk. Als Dr. Scholda wird auch der spätere
Apotheker aus Baden bei Wien im Rochlitzer Hause Fühmann besuchsweise aus und ein gehen.

Ehe Josef Rudolf Fühmann auf seine Hochzeit zusteuern konnte, hatte er erst ein bereits bestehendes Verlöbnis lösen und der Entlobten die damals unumgängliche Entschädigung zukommen zu lassen. Für seine Mutter war deshalb die nun Erwählte ihres Sohnes die ungeliebte Schwiegertochter, die der Familie gleich anfangs Schaden brachte. (Ein später Reflex dieses Mißverhältnisses findet sich in *Die Austreibung der Großmutter*.) Wer war nun aber die Ehefrau des Pharmazeuten Fühmann geworden? Es ist Margaretha Gabriel, geboren am 3. September 1893 in Einsiedl, Bezirk Brüx, zur Zeit der Eheschließung wohnhaft in Komotau, Partschgasse 10. Die Eltern des späteren Schriftstellers Franz Fühmann stammen also beide aus ein und derselben (damals) deutschsprachigen Gegend in Nordwestböhmen. Aber nicht dort lassen sie sich nach ihrer Verheiratung nieder, sondern im oberösterreichischen Grein an der Donau. Nur anderthalb Jahre nach der Heirat muß der junge Ehemann dann dem Ruf seines Kaisers folgen; der Weltkrieg bricht aus, gegen dessen Ende die alte Habsburger Monarchie zerfällt. Als Mittdreißiger etwa kann Josef Rudolf Fühmann mit dem Erbteil seiner Frau die Apotheke des Marktfleckens Rochlitz am Westrand des böhmischen Riesengebirges in seinen Besitz bringen und einen pharmazeutischen Betrieb mit recht ansehnlichen Geschäftsverbindungen aufbauen.

Welche politischen Ansichten bringt der bisherige Österreicher in das nordböhmische Randgebiet mit? Wie entwickeln sie sich, in nächster Nähe des Deutschen Reiches, unter den Bedingungen einer völlig veränderten Staatlichkeit weiter? Solche Fragen drängen sich deshalb auf, weil der Sohn Jahrzehnte später immer entschiedener behaupten wird, Josef Rudolf Fühmann sei dort der »*Begründer der Ortsgruppe der NSDAP*« (EGA 30) gewesen. So in einem Brief vom Juni 1971 an hessische Gymnasiasten, knapp zwei Jahre später bekräftigt in einem für den Westdeutschen Rundfunk geschriebenen Text.[37] In der Akademie-Rede über den Autor der *Elixiere des Teufels* heißt es: »*Die Sünden der Väter kochen und gären in meinem Blut*« (EGA 227) und: »*Der meine war stolz darauf, die Ortsgruppe der NSDAP in meinem Hei-matort gegründet zu haben«* (EGA 227). Eine letzte Aussage wiederholt und ergänzt: *»Neunzig Prozent der Leute dort waren in der nationalistischen, kryptofaschistischen Partei Konrad Henleins. Vater war stolz darauf, Begründer der NSDAP zu sein – und es fraß sehr an ihm, daß später jemand anders Ortsgruppenleiter wurde.«*[38] Schließlich erinnert sich ein Gesprächspartner Fühmanns daran, von illegaler politi-scher Tätigkeit des Vaters gehört zu haben.[39]

Im Umriß entsteht so das Bild eines politisch ehrgeizigen und sogar risikobereiten Nazis. Dazu paßt dann auch die Annahme des Sohnes, sein Vater habe sich 1945 das Leben genommen, um sich vor den Folgen der Niederlage zu be-wahren. Nach seiner Meinung öffnete der Apotheker *»das Schränkchen mit dem Totenkopf und den beiden gekreuz-ten Knochen und trank jenen Ostertrunk, den Faust ver-schmähte«*[40]. Ein unbefangener Österreicher auf Franz Fühmanns Spuren gewann bei Gesprächen mit Einwohnern des nunmehr fast gänzlich tschechischen Rokytnice noch in den achtziger Jahren »den Eindruck, daß der Vater eine ge-ächtete Figur war«.[41]

Eine Befragung erreichbarer Zeitzeugen[42] erbringt keine Bestätigung dieses Vaterbilds. Im Gedächtnis seiner Ange-stellten lebt der Chef des patriarchalischen Kleinbetriebs als eine geachtete Persönlichkeit weiter, die sich wohl der NSDAP angeschlossen hatte, aber noch vor Kriegsende austrat. Josef Rudolf Fühmann sei ein guter Deutscher gewesen, der auch ein gutes Verhältnis zu den beiden tschechischen Arbeitern gehabt und die ihm im Krieg zugeteilten Fremdarbeiter freundlich behandelt habe. Als Gründer beziehungsweise Leiter der NSDAP-Ortsgruppe werden ganz andere Män-ner genannt; es fallen Namen wie Donth, Patzak und Hoff-mann. Die jüdische Familie, die bis zu ihrer Emigration 1938 ein Haus dicht neben der Rochlitzer Apotheke be-wohnte, kann sich an keinerlei Anzeichen dafür erinnern, daß Josef Rudolf Fühmann ein militanter Faschist oder er-klärter Antisemit gewesen sei. Und die nach dem Einzug der Roten Armee nachstoßenden tschechischen Partisanen hätten einen prominenten Nazi zumindest im Verlaufe von Wochen sicher zu finden und ohne große Umstände zu belangen gewußt. Die verständliche Wut der Tschechen auf die am Untergang ihrer Ersten Republik in hohem Grade schuldigen Sudetendeutschen war groß genug und hatte auch hinreichende Spielräume. Der Apotheker Fühmann aber blieb unbehelligt und starb erst am 10. Juli 1945, übrigens in einem nahen Militärlazarett, wohin man ihn in der Not schnell gebracht hatte, nach einer korrekten, aber verspäteten Operation.

Dokumente und Belege, die ermöglichten, ein objektives Bild des politischen Menschen Josef Rudolf Fühmann zu rekonstruieren, fehlen vollkommen und höchstwahrscheinlich für alle Zeit. Doch als sicher kann wohl gelten, daß dieser Mann ein zumindest potentieller Sympathisant jener Kräfte war, die sich schon im alten Österreich als Deutschnationale organisiert hatten. Ein stetiges oder zeitweiliges Schwimmen im Fahrwasser speziell der von Georg Ritter von Schönerer geführten Alldeutschen ist so wenig auszuschließen wie eine Affinität zur Deutschen Nationalsozialistischen Arbeiterpartei, wie sich die 1904 in Böhmen (!) gegründete Deutsche Arbeiterpartei Österreichs ab 5. Mai 1918 nannte. Nach der Rückkehr aus dem Kriegsdienst mögen ihn die lebhaft aufflammenden Forderungen nach einem Deutsch-Österreich unter Einschluß Deutsch-Böhmens und nach dessen Anschluß an Deutschland stark angesprochen oder gar begeistert haben, ganz im Gegensatz zur Besetzung der sudetendeutschen Gebiete durch tschechische Truppen im Winter 1918/19.

Sollte der Apotheker Mitglied der DNSAP geworden sein, die über den Frieden von Saint Germain hinaus in der Tschechoslowakei fortbestand, dann hätte sich für ihn allerdings mit dem Herbst 1933 Gelegenheit zu illegaler politischer Tätigkeit ergeben. Denn diese Partei, der nach Hitlers Machtergreifung das Verbot durch die Prager Regierung drohte, entschied sich am 4. Oktober 1933 präventiv für die

Selbstauflösung. Während sich die Deutschnationale Partei längst in Rochlitz etabliert hatte, bevor Josef Rudolf Fühmann sich am Ort niederließ, gab es dort vor der Angliederung der böhmischen Randgebiete an das Dritte Reich noch keine Ortsgruppe der NSDAP. Vielmehr hatte sich in der Zwischenzeit aus der von Henlein am 1. Oktober gegründeten Sudetendeutschen Heimatfront mit baldiger reichsdeutscher Hilfe die Sudetendeutsche Partei entwickelt (diese Bezeichnung nahm sie am 19. April 1935 an), die bei den Parlamentswahlen vier Wochen danach mit einem Drittel aller deutschen Stimmen[44] von 300 Sitzen gewann, bald darauf die (für Prag nicht denkbare) volle Autonomie der Deutschen in der Tschechoslowakei forderte und die Sudetenkrise zu einem brisanten internationalen Problem machte.

Angesichts dessen kann man sich leicht vorstellen: Josef Rudolf Fühmann ist jedenfalls stark disponiert, beizeiten und bewußt in Hitlers Gefolgschaft zu gehen. Auch eine bessere Nationalitätenpolitik der Prager Regierung hätte daran kaum etwas zu ändern vermocht. Da hat also ein junger Deutschstämmiger und selbstbewußter Akademiker als Offizier des Kaisers den ganzen Weltkrieg hindurch gedient, sich bis in sein viertes Lebensjahrzehnt wenn schon nicht als Reichsdeutscher, dann doch mit vollem Recht als *Deutsch*österreicher gefühlt. Als kleiner Unternehmer, sozusagen vor den Türen des Deutschen Reichs niedergelassen, soll er sich aber nun strikt als Bürger eines Staatsgebildes verstehen, das ihm wie vielen willkürlich konstruiert erscheint, das von den ungeliebten Tschechen beherrscht wird und wo er Angehöriger einer untergeordneten ethnischen Minorität ist. Sein Betrieb untersteht der Kontrolle von Prager Behörden, denen er regelmäßig Zeugnisse über die Tauglichkeit seiner Produkte nachzuweisen hat. Ob, wann und wie lange er nun wirklich ein führender Nazi in Rochlitz war – man gebraucht bestimmt keine allzu kühne Metapher, wenn man sagt: Der Sohn des Rochlitzer Apothekers und späteren Inhabers der Firma RITOPHARM kommt in die Wiege des sudetendeutschen Faschismus zu liegen.

Das erste Kind, das Frau Margaretha genau neun Jahre nach ihrer Hochzeit und mitten im vierten Winter nach Gründung der ČSR zur Welt bringt, ist ein gesunder, kräftiger Junge und obendrein ein Sonntagskind. Das Söhnlein wird katholisch getauft; es erhält fünf Vornamen, alle mehr oder minder bedeutsam. Von den beiden weiblichen ist der eine der Name der Himmelskönigin. Zwei der männlichen trägt schon der Vater; den dritten, der als erster fungieren soll, tragen schon die beiden Großväter des Neugeborenen (beide heißen Franz). Bemerkenswerterweise kommt dadurch eine Summe zustande, in der immerhin der Name des legendären letzten Kaisers enthalten ist: Franz Joseph. Und wie heißt nun also der Sohn des Apothekers von Rochlitz und seiner Frau laut Taufschein? Er heißt Franz Antonia Josef Rudolf Maria. Seine Mutter aber wird ihn zeitlebens Peter nennen, und der Sohn wird später alle seine vielen Briefe und Kartengrüße an die Mutter auch als ihr Peter unterzeichnen. Wird er ihr deshalb besonders liebend zugetan sein? Anzeichen dafür müßte es dann auch in den Werken geben; doch dort wird man derlei vergeblich suchen. Er wird ganz einfach in Treue Sohnespflicht üben und Rücksicht nehmen auf einen Mutterstolz, der ihn von Anfang an fordert. Der kleine Franz liegt noch im damals üblichen Steckkissen, als die stolze junge Frau ihn in der Rochlitzer Kirche vor den Altar bettet und auf Knien zu ihrem Herrgott fleht, er möge aus ihrem Sohn etwas Großes werden lassen. Wird er der Schwester Margarethe vorgezogen, die ihm im Herbst des Jahres 1923 als zweites und letztes Kind des Apothekerehepaars nachfolgt? In jenen Zeiten und Kreisen zählte der sogenannte Stammhalter wohl immer mehr als ein Töchterchen. Und unter der regen Anteilnahme der Eltern wird er sehr bald als hoffnungsvoller Knabe kenntlich, dem es an keiner Förderung fehlen soll. Nicht lange, und er gilt als kleines Genie.

Zweifellos haben ihm die Eltern wichtige Anlagen vererbt und Prägungen vermittelt. Beide sind intelligent. Die Mutter ist sehr sensibel und eher introvertiert, der Vater hingegen ausgesprochen gesellig und nach außen gerichtet. Er verfügt über eine gute Stimme, singt und spielt leidenschaftlich gern Theater. Er beherbergt Schauspieler von Wanderbühnen und inspiriert Aufführungen in Rochlitz, unter anderem bewerkstelligt er eine Inszenierung von Carl Zellers Operette *Der Kellermeister*. Mit ihm in der Titelrolle wird die Vorstellung ein Ortsereignis, das wiederholt werden muß. Viele wollen den »Fühmann-Apo« sehen, und nicht nur jene Damen, die ihn besonders ins Herz geschlossen haben, lauschen beeindruckt dem Solo: »Laß dir Zeit, wenn du dein Gläschen trinkst ...« Seine Lust an der Kunst wie am Trinken kommt bei solcher Gelegenheit gleich in einem Zuge zu schönem Ausdruck. Aber obgleich er in seinem Labor einen Likör für den Hausgebrauch herstellt und im Keller immer der nötige Wein liegt, zieht es ihn – und nicht nur an Wochenenden – zum Mariagespiel und zum geselligen Trinken in die besseren der zahlreichen Gasthäuser. Mit der Zeit fällt es ihm immer schwerer, Maß zu halten, was nicht allein seinem Ansehen, sondern auch dem Etat und nicht zuletzt der häuslichen Atmosphäre erheblich schadet.

Josef Rudolf und Margaretha Fühmann sind beide, wenn man so will, suchtgefährdet, nur daß sie dabei in ganz verschiedene, nicht zu vereinbarende Richtungen neigen. Während sich der sinnliche Mann mehr und mehr dem Trunk ergibt, hängt die Frau in hohem Grade von übersinnlichen Vorstellungen ab, die freilich auch ihre moralisch-praktischen Bezüge haben. Lange Zeit ist sie eine strenggläubige und fest an die Kirche gebundene Katholikin. Nach der Aussiedlung 1946 wendet sich die Witwe des Apothekers abrupt den Adventisten des Siebenten Tags zu, mit denen sie nach Jahren plötzlich enttäuscht bricht, um nun ganz persönliche Glaubensinhalte zu fixieren, die sie am liebsten als Wanderpredigerin allen anderen Menschen nahebrächte.

Die Kinder wachsen in äußerlich wohlgeordneten Verhältnissen heran. Nach der Geburt des Sohnes wird die junge Annl Sacher als Kindermädchen eingestellt. (Später gehört sie zur Belegschaft des pharmazeutischen Betriebs.) Die

Frau des Hauses gibt die Sorge um Sohn und Tochter damit aber nicht ab. Der Brauch der Eltern, nach dem sonntäglichen Mittagessen Schach zu spielen, was Frau Margaretha vorzüglich versteht, weckt beizeiten das Interesse der Kinder. Sohn Franz lernt das Spiel schon bald lieben und wird es zeitlebens praktizieren, in der Einsamkeit von Märkisch Buchholz schließlich mit Hilfe eines Schachcomputers. Auch für Klavierunterricht wird gesorgt, und im Haus gibt es ein Turnzimmer. Als die geistigen Voraussetzungen des Jungen es geraten erscheinen lassen, wird eine Hauslehrerin engagiert. Franz soll mit möglichst großem Vorsprung in die Schule eintreten. So kommt es, daß das schon früh von Theater und Dichtung faszinierte Kind bereits mit fünf Jahren als Leser versucht, sich Schillers *Räuber* anzueignen. Anregungen ergeben sich daraus für das Theaterspiel der Kinder, mit den traditionellen Pappfiguren am Draht.

Den Schulbesuch beginnt er dann mit der 2. Klasse. Das frühe Lernen bringt freilich einen Effekt mit sich, den der Vater gewiß weder voraussah noch gar beabsichtigte. Im Rückblick schreibt Franz Fühmann Anfang der achtziger Jahre: »*Als ich fünf war, bestellte mein Vater eine Hauslehrerin, mir vorzeitig Lesen und Schreiben beizubringen; aus bitterster Armut aufgestiegen* [hier irrt oder übertreibt der Autor; d. Verf.], *glaubte er, mir etwas Gutes zu tun, wenn er mir einen raschen Start gab; er brachte mir Vereinzelung.*«[43]

Damit wird eine Isolierung verstärkt, die schon durch den Sonderstatus als Apothekersohn in der 5200-Seelen-Gemeinde bedingt ist. Nach oder gar vor dem Fabrikanten Haney gilt der »Fühmann-Apo« als einer der reichsten Männer im Ort. In Wahrheit weiß er seine Geschäfte nicht mit Gewinn zu führen, obwohl er mit einigen Erzeugnissen nennenswerte Erfolge erzielt. Auch ist Josef Rudolf Fühmann stets bereit, sich und seiner Familie etwas zu gönnen. Urlaubsreisen leistet man sich zumindest bis über die Mitte der dreißiger Jahre hinaus. Mit Rücksicht auf eine Neigung der Kinder zu chronischen Erkrankungen der oberen Luftwege (derentwegen ein befreundeter jüdischer Arzt konsultiert wird) fährt man vorzugsweise in Gegenden mit zuträglichem Klima: an die Nordsee, an die Adria, in die Bayerischen Alpen. Dem wachen kleinen Franz mangelt es mithin nicht an frühen Eindrücken von verschiedenen Landschaften, fremden Ländern, Menschen und Sprachen oder Dialekten. Abgesehen von solchen Reisewochen, bleibt der Junge jedoch sein erstes Lebensjahrzehnt hindurch fest an den angestammten Wohnort und das heimatliche Tal gebunden. Diese Herkunftswelt gilt es im folgenden zu skizzieren, und zwar möglichst ebenso, wie sie sich dem Kind darstellt.

Zur Unterscheidung von anderen Orten des gleichen Namens hat das am Westrand des böhmischen Riesengebirges liegende Rochlitz den verbindlichen Zusatz »an der Iser« erhalten, und das nicht zu Unrecht. Der aus dem moorigen, hochgelegenen Quellgebiet an der böhmisch-schlesischen Grenze kommende Fluß ist schon ein nahes Gewässer. Doch der Ort selbst liegt eigentlich nicht an der Iser, sondern zieht sich – kilometerlang – ein Seitental hinauf und breitet sich dabei auch weitläufig an den Hängen aus. Die Höhenunterschiede innerhalb der Ortslage sind beträchtlich, und die nächsten hohen Berge gehen weit über 1000 m hinaus. Da der Hüttenbach das Tal recht genau von Osten nach Westen durchfließt, um in die Iser zu münden, gibt es eine Sommerseite und eine Winterseite, die sich vor allem im Frühjahr besonders kraß unterscheiden; während auf den nach Norden abfallenden Hängen die Schneemassen des Winters noch lange nicht abgetaut sind, breitet sich auf den Wiesen der gegenüberliegenden Seite – unter der Wirkung einer in denkbar reiner Luft recht harten Sonne – schon viel von der reichen Gebirgsflora aus. Ist das vielleicht bereits eine frühe Möglichkeit für Franz Fühmann, den Widerspruch als eine elementare Lebenstatsache zu erfahren?

Es gibt von ihm nicht viele Aussagen über Natur und Landschaft seiner Kindheit, aber so reich sind sie immerhin, daß sich ein falscher Schluß aus seiner Zurückhaltung verbietet. Die ist ja lediglich dem Umstand geschuldet, daß er die nach 1945 vollzogene Aussiedlung der Deutschen aus der Tschechoslowakei für berechtigt, das im westlichen Teil Deutschlands von den Landsmannschaften gepflegte Spiel mit der Trauer um die verlorene Heimat für gefährlich und die Verdrängung des eigenen Verlustempfindens für geboten hält. Aber von den Notizen bei oder nach seinem Besuch des Heimattals im Sommer 1966 kommt doch so viel an die Öffentlichkeit (freilich erst 1972!), daß sich erahnen läßt, wie bedeutsam neben der sozialen die landschaftliche und natürliche Umwelt des Kindes für seine Entwicklung war.

Das von Bergen eingeschlossene Tal wird als ein Kosmos erlebt, als herausfordernd und verwirrend zugleich, nicht zuletzt wegen seiner ungemein bewegten Morphologie. Nach Jahrzehnten erinnert Fühmann: »[...] dies Tal ist ja die weite Welt mit fünf Kontinenten gewesen [...]. Ich entsinne mich deutlich meines langanhaltenden quälenden Unvermögens, die den Erwachsenen so geläufige Topographie dieses Tales zu begreifen: Blechkamm, Ziegenkamm, Wolfskamm, Wolfsgrund, Teufelsgrund, Schwarzer Grund, Müllers Wald, Webers Wald, Blechwald, Teufelswald, Hoher Wald, es war unergründbar. Es gab als gesicherten geographischen Besitz nur das alltäglich begangene Tal mit dem Bach und der Straße und diese beiden eine Viertelstunde vom Vaterhaus hinauf und hinunter, und rechts und links den Hang und fern am Horizont die beiden Koppen des beginnenden sagenhaften Rübezahlreiches, alles andere war schwarzer, finsterer, unbetretbarer, grauenvoller Wald, dem ununterscheidbare, hundertfach ineinandergeschachtelte Hänge und Halden entstürzten, Wesen, ungreifbarer als Wassermänner: Eben noch links vom Kirchturm gelegen, lag der Blechkamm jetzt plötzlich rechts, und das eben Beschattete erglänzte nun in der Sonne: Wer sollte das entwirren!«[44]

Die zitierte Rekonstruktion von Kindheitseindrücken und kindlichen Ringens um ein Begreifen und Bewältigen gibt nicht nur Auskunft über Landschaftserleben, sondern läßt weit darüber hinaus Grundzüge der Auseinandersetzung mit der Wirklichkeit erkennbar werden, die sich später ausprägen. Folgenreiche Eigenschaften des Kindes werden durch einige weitere Notizen aus jenem Sommer erschlossen. Die Berge hinunterschauend, sieht Fühmann: »*Auf einem Hügelchen unten im Tal ein winziges Wäldchen wie ein verirrter Igel: Der Märchenwald meiner Kindheit. Dort die tapferste Tat meines Lebens: Allein abends am Hexenhaus vorbei.*«[45] In der Wiese zeigt sich eine glucksende und Blasen werfende Quelle; die Folge: »*[...] ich erinnere mich an den jähen Schreck, der mich davonlaufen ließ, als ich als Kind zum ersten Mal solch eine Quelle gesehen und geglaubt hatte, darunter liege ein Gnom und blase durch das Nasenloch, oder noch fürchterlicher, er ertrinke.*«[46] Und eine dritte Reminiszenz besagt: »*Vor einem Stier geflohn zu sein kann ich mich nicht erinnern, wohl aber an die grauendurchzuckten, wahnsinnigen Fluchten vor Kreuzottern: in Zickzacksprüngen, denen konnten sie nämlich nicht folgen, da sie sich ja in den eigenen Schwanz bissen und also gleich Reifen die Hänge herunterrollen ließen.*«[47]

Was sich hier mit großer Prägnanz offenbart, ist nicht nur eine latente Angst, die ganz schnell eine enorme Steigerung erfahren, aber auch Gegenkräfte mobilisieren kann, sondern ihr Wechselspiel mit allenthalben gegenwärtigen Vorstellungen aus Märchen und Sage; Phantastisches erscheint mit Realem unlösbar verquickt, Realität wird poetisch erfahren.

In den Notizen von 1966 findet sich auch eine ausführliche Schilderung vom Aufkommen, Ausbrechen und Abklingen eines Gewitters, die doppelt aufschlußreich ist: Zum einen macht sie bewußt, daß solche Naturphänomene im Gebirge meist sehr viel plötzlicher entstehen, länger andauern oder auch unvermittelt verschwinden und insgesamt mit größerer Wucht ablaufen. Zum anderen aber zeigt sie den hochentwickelten Sinn Fühmanns für die plötzliche Wendung, für den jähen Wandel, der, im Kind schon geweckt und genährt, im weiteren Lebensgang zur persönlichen Erfahrung wird, nicht ohne Folgen für den künstlerischen Umgang mit Wirklichkeit. Unter den wenigen unscheinbaren Wörtern,

die Fühmann über die Jahrzehnte hinweg mit höchst auffälliger Vorliebe benutzt und allem Anschein nach eben auch
wirklich braucht, stehen die Wörter »plötzlich«, »jäh« und
»jählings« ganz obenan.

Kann jenes Rochlitz an der Iser, idyllisch gelegener Luft-
kurort und Wintersportplatz, 600 m über dem Meeresspie-
gel, mit seinen rund 5 200 Einwohnern auch als sozialer
Kosmos für den späteren Fühmann eine prägende und anregende Bedeutung haben? Es ist eine recht abgelegene, in sich
geschlossene und äußerlich halbwegs heil scheinende Welt,
in die der kleine Franz hineinwächst. Die Apotheke und der
väterliche Kleinbetrieb, ein patriarchalisches Unternehmen
mit sieben Beschäftigten, funktionieren gut. Die Textilfa-
brik schräg gegenüber dem Vaterhaus, die größte einer ganzen Gruppe, stellt sich zwar nicht als ein Ort politischer und
sozialer Kämpfe dar, aber doch als etwas seltsam anderes,
wenn der Heranwachsende *»hinter den grauen Fabrikfen-
stern die grauen Maschinen, die riesigen Schwungräder und
die Arbeiter mit ihren Suppennäpfen«*[48] sieht.

Das Apothekerhaus ist eines der stattlichsten (und wird
später noch ausgebaut), aber nahezu jede der Rochlitzer Familien hat ihr Haus, und sei es auch bescheiden. Desto be-
stürzender die Erfahrung, daß es im Ort auch Häuser gibt, in
denen man von einem gemeinsamen Flur aus in verschiedene
Wohnungen oder von verschiedenen Familien bewohnte
Zimmer kommt: Quartierhäuser für Arbeiter und das Ar-
menhaus. Die politische Differenzierung der Rochlitzer wird
zumindest einmal im Jahr offensichtlich, nämlich bei den
Feiern am 1. Mai, deren es immer drei getrennte gibt. Die
kleinste ist die der Kommunisten, eine größere bringen die
Sozialdemokraten zustande, die bei weitem größte aber tragen eben jene Heimattreuen, in deren Kreis der Apotheker
eine herausragende Persönlichkeit ist. Mit ihm versammeln
sich all die vielen, die sich nicht damit abfinden mögen, nun
zu einem tschechisch regierten Staat gehören und sich in die
Rolle einer Minderheit schicken zu sollen, die von der jungen bürgerlichen tschechoslowakischen Republik auch in

der Tat und begreiflicherweise nicht mit besonderem Fingerspitzengefühl traktiert wird. Was sich dem Sohn des Josef Rudolf Fühmann deshalb zwangsläufig einprägen muß, das ist der Gegensatz zu den benachbarten Fremden, die so lange untergeordnet waren und nun über sie, die Deutschen, Macht ausüben wollen.

Der Schriftsteller wird viel Zeit und Mühe aufwenden, um seine Entwicklung zum Nationalisten auszuforschen. Je mehr er sich nach unnachsichtiger Selbstbefragung mitschuldig fühlt an den Verbrechen des deutschen Faschismus, desto mehr brennt ihn die Frage: »*Wie kam ich dahin, wie und wo fing es eigentlich an?*«[49] Er entdeckt für sich kein bestimmendes Erlebnis und gelangt endlich zu dem sicher nicht schlechthin gültigen, aber auf seine Erziehung letztlich zutreffenden Schluß: »*[...] Nationalismus fängt in der Wiege an*«[50], mit der Sprache schon werde eine ideologische Welt aufgenommen, mit dem Wortschatz wachse auch das Weltbild. Um diese Überspitzung besser zu verstehen, muß man sich bewußtmachen, daß hier eben jemand spricht, der zwischen zwei extrem verschiedenen Sprachen von durch die Geschichte zur Konfrontation gebrachten Völkern aufgewachsen ist.

Die Vereinzelung, die der Volksschüler Fühmann an sich erfährt, schließt ihn im übrigen sicher nicht sonderlich für politische und soziale Vorgänge auf, sondern verstärkt eher seine Neigung zum intimen Umgang mit der Natur wie mit der Kunst. In vielen späteren Darstellungen wird deutlich, wie eng sich beides verbindet. Aussagen über Natur und Landschaft wie über Literatur und Kunst wachsen da auseinander heraus; dichterische Subjektivität erweist sich als Folge sinnlich-konkreter örtlicher Lebensbedingungen: »*Ich komme ja aus einer Landschaft her, wo die Märchen einfach zu Hause sind. Das ist in so einem Gebirgstal im Riesengebirge, wo man jeden Winter einschneite, wo man sich in jedem Winter aus Schneemassen herausgraben mußte, wo es Felshöhlen gab und Quellen und Grotten, und da lebte eben Rübezahl, und da gab es eben Gnome und Feen und*

Gespenster so wie Bäume und Steine. Mit den Märchen bin ich aufgewachsen, mit Grimm und Bechstein und Andersen. Das waren für mich ganz selbstverständliche Realitäten gewesen, ganz unmittelbarer Alltag, die Grimmschen Märchen, die klassischen griechischen Sagen von Schwab auch. Und dann gab es in der Villa eines reichen Fabrikanten eine Prachtausgabe von Shakespeare, die ich nicht lesen konnte, wo mich aber die Bilder faszinierten, denn es waren ja auch Hexen und Könige und Geister[...]. Ja, und dann natürlich die Bibel mit herrlich bunten Bildern von Schnorr von Carolsfeld. Das war die geistige Welt, mit der ich aufgewachsen bin.«[51]

Nur wenige Jahre später ergänzt Fühmann diese Auskünfte dadurch, daß er das Aktive in seinem kindlichen Umgang mit Natur und Lektüre herausstellt; so wird der Weg vom naiven Spiel zum gewohnheitsmäßigen Schreiben kenntlich: »*Das Ausdenken von Geschichten war von Kindheit an für mich eine Lebensfunktion, ein selbstverständlicher Teil des Spielens, denn meine Gefährten waren Schrate und Gnome und andere Geister [...], und wenn ich mich ihnen nahen wollte, mußte ich ja ihre Namen kennen und damit natürlich auch ihre Herkunft, ihre Gestalt, ihre Neigungen und Lüste und Mächtigkeiten zum Guten wie zum Bösen, kurzum: ihren Mythos, der sich mit dem meiner Bücherhelden verwob: Esau und Simson, Odysseus, Tom Shark, die heilige Agnes, Rolf Torring, Faust, Aschenputtel, Macbeth und Richard, die Königin von Saba, Hekate, Peer Gynt. So erzählte ich jede freie Minute für mich dahin, erzählte den Grillen und den Schatten, spann Theogonien und Legenden [...], und nachts dann schrieb ich die Schulhefte voll und hämmerte auch auf Vaters Schreibmaschine mit dem rot-schwarzen Farbband, und nun wurden es Dramen, Balladen, Novellen, und die Welt des Alltags drang seltsam in diese Phantasmen ein.*«[52]

Die wachsende Krisenhaftigkeit der elterlichen Ehe wirkt zweifellos auf den Jungen zurück und kann seinen Hang zu tagträumerischen Betätigungen und zum Schreiben als einer

Selbstbestätigung, die vielleicht schon allmählich die Funktion von Seelenhygiene bekommt, nur bestärken. Und dem Vater liegt es völlig fern, die schriftstellerische Tätigkeit des Jungen abzuwehren. Ganz im Gegenteil: Stolz und ehrgeizig, beginnt er schon früh, Texte des Sohnes, von ihm selbst in schöne Maschinenschrift übertragen, zum Druck befördern zu wollen. Franz Fühmann erinnert sich an ein Gedicht, das er als Zehnjähriger[53] verfaßt und das der Vater an eine Prager Zeitung schickt, allerdings ohne Erfolg. Doch der Vorgang läßt den Schluß zu, daß dem schreibenden Schüler in seiner nächsten Umgebung von Anfang an wohlwollende Aufmerksamkeit, wenn nicht gar anspornende Bewunderung zuteil wird. Jedenfalls betreibt er das Schreiben mit Fleiß und Ausdauer; es wird zur Gewohnheit und schließlich zu einer *»Lebensfunktion«*[54], einer Existenzbedingung. Allerdings: Was als kindlich-naives Spiel begonnen hat, gewinnt mit den Jahren so sehr an Gewicht, daß der Schriftsteller am Ende bekennen muß: *»Schreiben ist qualvoll.«*[55]

Eine geistig-emotionale Komponente der Kindheitswelt, deren Rang nicht unterschätzt werden darf, ist bislang nur ganz am Rande berührt worden: der *»Einfluß der sentimental-religiösen Mutter«*[56] und überhaupt des Katholizismus. Die damalige enge Bindung Margaretha Fühmanns an die römisch-katholische Kirche und der erhebliche Anteil des Religionsunterrichts am Stundenplan der deutschen Volksschulen in der Tschechoslowakei wirken sich stark auf den Jungen aus. Der mit außergewöhnlicher Vorstellungskraft Begabte erlebt ja nicht nur die verhältnismäßig unsensationellen Darstellungen biblischer Szenen von Schnorr von Carolsfeld, sondern wird empfänglicher Adressat der moralisierenden Belehrungen über Gut und Böse, Himmel und Hölle, Gott und Teufel. Wer das nie kennenlernte, wird nur schwer verstehen können, was die Annahme dieser Vorstellungswelt für ein Kind bedeuten kann, nämlich solche *»fürchterlichen Konflikte und Gewissensqualen«*, wie sie Fühmanns *»Kindheit erfüllt haben, diese Vorstellungen eben, daß da unter den Füßen etwas ist, was die Hölle ist, wo da Men-*

schen gekocht werden, wo da Teufel herumgehen und brüllen, sie wollen einen da hinunterziehen«[57].

Konflikthaft und qualvoll gestaltet sich auch die Auseinandersetzung mit der eigenen Sündhaftigkeit, programmiert durch den gedruckten Beichtspiegel, der eine Fülle möglicher Verstöße gegen die Gebote Gottes vorgibt und das den Sinn der Worte gar nicht durchweg begreifende Kind dazu verführt, womöglich Vergehen zu beichten, die es gar nicht begangen hat, damit es nicht in den Verdacht gerät, dem allwissenden Gott etwas verheimlichen zu wollen, um seine Schuld geringer erscheinen zu lassen. Die vollzogene Beichte und Buße mochte dann allerdings auch zunächst eine wohltuende Erleichterung schaffen.

All das gewinnt für Franz Fühmann sprunghaft an Bedeutung, als er mit zehn Jahren in eine ferne Bildungseinrichtung der Societas Jesu verpflanzt wird. Die Eltern, darauf bedacht, dem Sohn die zuverlässigste Obhut und die solideste Bildung zu sichern (und ihn wohl auch aus dem Bannkreis der weiter zerrütteten Ehe zu befördern), können ihn durch Protektion des Grafen Huyn in dem berühmten Jesuitenkonvikt Kalksburg bei Wien unterbringen. Nach einer glänzenden Aufnahmeprüfung lebt und lernt er dort als Gleichgestellter unter privilegierten Söhnen einer zum Teil adeligen Elite. Der Zehnjährige sieht sich jählings aus einem recht bergdörflichen Milieu in eine großangelegte und vorzüglich ausgestattete Erziehungsanstalt versetzt, für die Kaiser Franz Joseph nicht wenig getan hat. Sie verfügt nicht nur über angemessene Sammlungen für Unterrichtszwecke, ein ethnographisches Kabinett, eine Münzensammlung und ein reichhaltiges Kabinett für christliche Kunst. In der Konviktskapelle hängt ein Altarbild von Leopold Kupelwieser, das die Unbefleckte Empfängnis darstellt: die Heilige Maria Immaculata ist die Schutzpatronin des Instituts. Hatte Fühmann im Elternhaus schon erste Eindrücke von bildender Kunst vermittelt bekommen, wird sein Sinn für Malerei gerade im Kalksburger Konvikt nachhaltig angeregt. Kupelwiesers Bild geht jedenfalls noch dreißig Jahre später in den Text des Zyklus *Das Judenauto* ein: »*Dann knieten wir alle in der Kapelle vor dem Bild der Unbefleckten Jungfrau Maria, und der Pater Generalpräfekt kniete vor dem Altar und las das Gebet zum heiligen Erzengel Michael*« (J 26) heißt es in der Novellette, die das Erlebnis Kalksburg poetisch zusammenfaßt.

Durch diesen Text erhält der Leser überhaupt eine Menge offensichtlich authentischer Informationen. Er erfährt, daß man den Zöglingen durchaus einige Unterhaltung gönnt; sie sehen eine Raimund-Aufführung, gehen ins Kino, werden in einer Krisensituation mit Wolf Durians Kinderbuch *Kai aus der Kiste* unterhalten. Deutlich wird aber auch die große Strenge der Ordnung, der sie insgesamt unterworfen sind. Im Ungarn-Tagebuch von 1973 erinnert sich Fühmann an ein Gespräch mit dem Beichtvater, der dem Jungen geschickt das Geheimnis seiner Zweifel entlockt, um ihn dann desto sicherer wieder in die feste Gemeinschaft der Gläubigen einzubinden (vgl. J 438). Und in der Erzählung *Den Katzenartigen wollten wir verbrennen* wird dem Leser wenigstens eine Ahnung davon vermittelt, was die obligatorischen Exerzitien des Ignatius von Loyola für einen sensiblen Jungen wie den zehnjährigen Fühmann bedeuten müssen; während dreitägigem Schweigen ist der Zögling der Stimme des suggestiv anleitenden Paters ausgeliefert, der die Vorschrift des Ordensbegründers Wort für Wort wirken läßt: »*Die erste Übung besteht darin, daß ihr mit den Augen der Einbildungskraft jene unermeßlichen Feuergluten und die Seelen wie in feurigen Leibern eingeschlossen sehet. Sehet dies nun! Die zweite Übung besteht darin, daß ihr mit den Ohren der Einbildungskraft das Weinen, das Geheul, das Geschrei, die Lästerungen gegen Christus unseren Herrn und gegen alle seine Heiligen höret. Höret dies nun! Die dritte Übung besteht darin, daß ihr mit dem Geruchssinn der Einbildungskraft den Rauch, den Schwefel, die Pfütze und die faulenden Dinge der Hölle riechet. Riechet dies nun! Die vierte Übung besteht darin, daß ihr mit dem Geschmackssinn der Einbildungskraft die bitteren Dinge, die Tränen, die Traurig-*

*keit, den Gewissenswurm in der Hölle schmecket. Schmecket
dies nun! Die fünfte Übung bestehet in der Berührung mit
dem Tastsinn der Einbildungskraft, wie nämlich jene Gluten
die Seelen erfassen und brennen. Fühlet dies nun!«*[58]

Ohne Kenntnis solch eingreifenden Rituals hat man keine
hinreichende Vorstellung von der Erziehungspraxis, zu deren Objekten Franz Fühmann 1932 bis 1936, also gerade in
den Jahren seiner Pubertät, zählte. Aber es bleibt noch etwas
Wesentliches hinzuzufügen: Alle Pädagogik jesuitischer An-
stalten ist dadurch bestimmt, daß die kennzeichnende Or-
denstugend der Gehorsam ist, und zwar der *blinde* Gehorsam, »der sich nicht nur auf die Befehle, sondern auch auf die
Wünsche der Obern erstreckt«[59] (ausgenommen im Falle, daß
sündhafte Forderungen gestellt würden). Mögen also das
Hakenkreuz und der Name Hitler im Kalksburger Konvikt
verpönt sein; der Zögling Fühmann erfährt hier ein erheb-
liches Stück unmittelbarer Vorbereitung auf das spätere
Sich-Einpassen in faschistische Strukturen. Das gilt um so
mehr, als die jesuitische Indoktrination bei dem längst an
geistige Bewegungsfreiheit gewöhnten Jungen schließlich
ins Gegenteil umschlägt: »*Was mit mir in Kalksburg geschah,
war doch auch eine Wandlung gewesen, und was für eine: Als
naiv-frommes, tief religiöses, gottesfürchtiges Kind bin ich
da hineingegangen, und als überzeugter Atheist bin ich nach
vier Jahren von dort weggelaufen: black box, input und out-
put.*« (J 398)

Die Logik dieses dialektischen Prozesses überzeugt; wie
kompliziert er verlaufen sein mag, kann die zusammenfas-
sende Formel freilich nicht verraten. Sie darf aber auch nicht
über Tatsachen hinwegtäuschen: Lange Zeit vermag Fühmann den Erwartungen seiner Erzieher und Lehrer im Konvikt zu entsprechen. Wiederholt wird er Primus seiner Klasse
und erhält – den alten Prinzipien der Jesuiten gemäß – die
einschlägigen Orden und Auszeichnungen. An Gottesdien-
sten darf er als Ministrant mitwirken. Sogar dem Pfarrer
Winkler im Heimatort gelingt es einmal in den Ferien, Franz
zum Ministrieren in der Rochlitzer Kirche zu bewegen.

Für die Mutter muß das ein großer Augenblick gewesen sein.

Der Vierzehnjährige aber bricht aus dem Konvikt in Kalksburg aus; so sieht es Fühmann später. Seine Schwester entsinnt sich jedoch keines dramatischen Vorgangs und meint, vor allem hätten die außerordentlich hohen Kosten den Abbruch der Ausbildung im Jesuiteninternat bedingt. Ein gleichzeitiger Blick in die Familienchronik *und* in den politischen Kalender erbringt einen weiteren Gesichtspunkt, warum man darauf verzichtete, Franz weiter nach Kalksburg zu schicken. Denn was im Sommer 1936 geschieht, hat wohl eine durchschlagende Wirkung: Die Familie Fühmann fährt nach Berlin zur älteren Schwester des Vaters, um dort ein Schauspiel besonderer Art zu erleben, das von den Veranstaltern als große Propagandaschau des nationalsozialistischen Deutschland gedacht ist und auch so wirkt: die Olympischen Sommerspiele. Adolf Hitler eröffnet sie am 1. August 1936. Die Wassersport-Wettbewerbe werden in Hamburg ausgetragen, und die Reise der Fühmanns geht auch noch dorthin. Das ist mitzudenken, wenn man in *Zweiundzwanzig Tage oder Die Hälfte des Lebens* als eine Antwort auf die Frage, ab wann er Faschist gewesen sei, den Halbsatz liest: »*Seit meinem Weglaufen aus dem Kloster, spätestens seit dem Sommer 1936.*« (J 372) In diesem Jahr erfolgt sein Eintritt in den »Deutschen Turnverein«, inzwischen schon eine sudetendeutsche Entsprechung zur reichsdeutschen Hitlerjugend.

Franz Fühmanns Leben nimmt damit eine jähe Wendung. Auf die vier langen Jahre der bis in die kleinsten Details des täglichen Lebens wirkenden strengen Führung durch die Jesuiten folgt ein denkbar ungebundenes Leben als Mittelschüler in Reichenberg. Die Stadt liegt zwar nur etwa 45 km von Rochlitz entfernt; die Verkehrsverbindungen schließen aber ein tägliches Hin- und Herfahren völlig aus, und so bekommt der Vierzehnjährige eine eigene »*Studentenbude*« (J 33) am Schulort. Als »*ein Wurf in einen Sumpf*«[60] erscheint ihm das später, denn er gerät schon bald in eine der inoffiziellen, aber von Lehrern des Realgymnasiums protegierten Pennälerburschenschaften, die »Hercynia«. Die drei Jahre seines freien Schülerdaseins in Reichenberg werden zu Jahren einer verständlichen Verwilderung; nicht nur, weil nun die dauernde scharfe Kontrolle wegfällt, sondern vor allem auch deshalb, weil sich die politische Atmosphäre mehr und mehr auflädt. Die nationalsozialistische Propaganda wirkt immer stärker in die deutschen Randgebiete der Tschechoslowakei hinein. Hitlers militärische Unterstützung für den Putschistengeneral Franco läßt die nationalsozialistisch gestimmten jungen Leute aufhorchen. Die Sudetendeutsche Partei Konrad Henleins arbeitet, so verdeckt wie nötig, der Zerschlagung der Tschechoslowakei vor; deren Regierung wiederum sucht sich politisch und schließlich auch militärisch gegen Hitlers Annexionspläne zu sichern. Das Stichwort »*rüde nationalistisch-faschistische Lebenssphäre*« (EGA 30) aus Fühmanns Brief vom 19. Juni 1971 an die Obersekundaner des Butzbacher Weidig-Gymnasiums trifft wohl am besten diese Atmosphäre. Etwas davon wird in der Geschichte *Die Verteidigung der Reichenberger Turnhalle* ersichtlich, die allerdings ziemlich stark stilisiert sein dürfte. Ausführlichere Auskünfte Fühmanns liegen nicht vor.

Nach dem Bruch mit der katholischen Kirche, nach dem Verlust des Kinderglaubens und dem Ausbruch aus der geistigen Bevormundung im Jesuitenkonvikt setzt zweifellos auch eine Periode verstärkten geistigen Suchens ein. Der Horizont Fühmanns ist ja längst viel zu weit, um sich ausschließlich mit den politischen und ideologischen Themen besetzen zu lassen, die sich ihm nun verstärkt aufdrängen. Man wird die in *Das Judenauto* enthaltene Mitteilung schon als authentisch nehmen müssen, wonach er mit fünfzehn Jahren »*Dostojewskis Romane verschlungen*« und darin »*all die verworrenen, wilden und widerspruchsvollen Empfindungen und Gedankenstürme*« seiner Knabenjahre gestaltet gefunden habe, »*Rebellion und Ratlosigkeit, Gärung und Aufschrei und quälende Fragen von Sünde und Sühne und Schuld und Erlösung*« (J 74). Die nie direkt bekundete, aber keineswegs nur flüchtig wirksame Berührung mit dem Werk Friedrich Nietzsches dürfte sich im gleichen Lebensabschnitt hergestellt oder zumindest angebahnt haben.

Von den schriftlichen Äußerungen des Mittelschülers Fühmann ist viel erhalten geblieben, weil es von der Mutter sorgsam aufbewahrt und vor der Aussiedlung päckchenweise an vertrauenswürdige Personen verteilt worden ist, um sie eines Tages abholen zu können. Eines dieser Päckchen, das Franz Fühmann überreicht wird, als er im Sommer 1966 zum ersten Besuch seines Geburtsortes als offiziell geladener Gast nach Rokytnice kommt, enthält als interessantes Dokument ein Schreibheft mit einem fragmentarischen Text von »F. P. Fühmann«, betitelt *Spiele im Zirkus/Kitschige Grotesken.*[61] Er stammt vermutlich aus der Feder des Siebzehnjährigen, dessen aktuelle Lektüre Spuren hinterläßt; erwähnt oder zitiert werden *Salome* von Oscar Wilde, *Flucht* von John Galsworthy sowie Frank Wedekind. Das durchweg genutzte Zirkusmilieu wird aber sicher nicht allein auf Wedekindsche Anregungen zurückzuführen sein, sondern in erster Linie auf eigenes Erleben, das auch späterhin noch seine Wirkungen im Werk Fühmanns zeitigt. Im zweiten Teil des Textes wird Umgang mit Pferden so kundig vorgeführt, daß man fast versucht ist zu glauben, hier würden schon Erfahrungen verarbeitet, die in den Ställen des SA-Reitersturms zu machen waren. Anspielungen auf zeitgeschichtliche Ereignisse fehlen jedoch völlig.

Der junge Autor spielt mit typisierten Figuren, mit Klischees und geläufigen Motiven. Dabei gibt er seinem Text von vornherein einen Doppelcharakter, den eines Lesedramas mit epischen Einschlägen und den einer szenisch zu realisierenden Spielvorlage; das »Vorwort des Stallmeisters« macht das deutlich, wenn es beginnt: »*Gestatten Sie mir bitte, sie* [sic!] *eine kleine Stunde lang zu unterhalten. Setzen Sie sich in Ihre Klubsessel, rauchen Sie eine Zigarette. Dann blättern Sie bitte etwas in diesem kleinen Heft oder, was noch besser ist, gehen Sie in einen Zirkus und lassen Sie es sich vorspielen.*« (FA 201)

Der Verfasser versäumt auch nicht, den Bühnenaufbau für jeden Teil graphisch vorzugeben. Als die eigentliche Attraktion seines Werks läßt er den »Clownmenschen« ankündigen. Der Clown Toto ist tatsächlich die Hauptfigur, er dominiert im gesamten Teil I und hat auch an der Handlung des Teils II trotz später und relativ kurzer Einbeziehung wesentlichen Anteil. Die Reaktionen des Publikums und anderer handelnder Personen auf ihn werden dem Text mit großer Genauigkeit fortlaufend eingeschrieben. Und vor allem ist der Clown ein Medium, durch das der Autor Lebensprobleme spielerisch zur Sprache bringen kann, ohne sich dabei selbst bekennen oder enthüllen zu müssen. Das Erleben von Angst, Einsamkeit, Sprachverlust, Mißverstandenwerden und Unverständnis, von Seelenschmerz und Weltuntergangsstimmung läßt sich drastisch vorführen und zugleich komisch verfremden. Hinter der Figur traut sich der Autor auch selbst in den Text hinein; gegen Ende des Teils I kommt ein »beängstigend junger Mann« ins Spiel, der sich als der Verfasser zu erkennen gibt und, während das Theaterpublikum »kopfschüttelnd den Zuschauerraum« verläßt, allein mit einer geistreichen Dame zurückbleibt, die ihn nun ratlos fragt, ob sie ihn als Zyniker, Witzemacher, Tragiker, Literaten oder als Nonsens betrachten solle, und von ihm erfährt: »*Ich kenne mich selbst nicht. Ich kenne ebensowenig den Sinn dieses Spieles.*« Den immer neuen Fragen der Dame gibt der junge Mann immer neue tiefsinnig klingende Antworten; sie gipfeln in und schließen mit der Erklärung, er spiele das Rätsel. Das mag verlegen oder kokett klingen, verrät aber doch ein Grundmotiv des Künstlers Fühmann: die Suche nach der eigenen Identität.

Der zweite Teil der vielleicht als Zyklus gedachten *Spiele im Zirkus* ist im Pferdestall angesiedelt. Der Verfasser hält sich hier aus dem Dialog heraus. Beteiligte Personen sind nunmehr lediglich zwei Zirkusarbeiter, eine Zirkustänzerin und der Clown Toto. Man spricht über Pferde, über gegensätzliche Lebensauffassungen und – über die Liebe. Dabei erweist sich der erste Zirkusarbeiter als eine recht widersprüchliche Figur. Sein Kollege nennt ihn einen Narren. Er selbst bekennt (und erscheint dadurch als eine Verwandlung des »beängstigend jungen Mannes«): »*Ich entdecke jeden Tag Neues, Rätsel, Fragen an mich. Ich werde mir selbst täglich fremder.*« Im Gespräch mit der Tänzerin gibt er sich liebeserfahren und -satt; der Gedanke an zerwühlte Betten und den schalen Nachgeschmack am Morgen ist ihm unangenehm. »*Ich kann mir vielmehr* [sic!] *geben als eine Frau*«, sagt er; eine Frau sei für ihn bloß ein Betäuben, ein »*entsetzliches Erwachen*«. Er habe viele Frauen gehabt; nur habe er in ihnen nie gefunden, was er suche. Doch zu ihrem Auftritt abgegangen, wird die Tänzerin zum Gegenstand einer frivolen Wette. Während der Clown meint, der Zirkusarbeiter werde die Kleine nie bekommen, ist dieser überzeugt, daß er sie noch in der folgenden Nacht haben werde; der Text bricht mit der Wette um zwei Flaschen Schnaps ab …

»*Es gibt nichts wilderes* [sic!] *als eine verdorbene Frau*«, weiß der Zirkusarbeiter nach Galsworthy mitzuteilen. Handelt es sich da nur um eine Lesefrucht des jungen Fühmann? Oder schlägt sich schon eine Erfahrung aus dem Umgang mit den Reichenberger »*Tageshürchen*« (J 38 f., 395) nieder, die später an zwei Stellen seiner Arbeiten beiläufig auftauchen? Jedenfalls darf man in den angedeuteten Details aus *Spiele im Zirkus* Anzeichen dafür sehen, daß der in katholischer Prüderie Erzogene mit der Normalisierung seiner Begriffe von Erotik und Sexualität erhebliche und lang währende Mühe haben wird, zumal unter den wiederum in anderer Weise extremen Bedingungen solcher Männerorganisationen wie Burschenschaft, SA, Reichsarbeitsdienst, Hitlerwehrmacht und Kriegsgefangenenlager. Dem aufmerksamen Leser Franz Fühmanns wird jedenfalls kaum entgehen, wie viele Jahre es dauert, bis dieser Schriftsteller in seinen Arbeiten mit dem Menschen als einem Naturwesen und seiner Geschlechtlichkeit unbefangen, freimütig und souverän umzugehen vermag.

»Ich kam in Stiefeln und Braunhemd heran …«
1938–1949

Wo endet die Kindheit? Was ist in jener Zeit Jugend? Und wann kann sich der »junge Bursche« – so heißt das in seiner Heimat – halbwegs erwachsen fühlen? Noch ahnt niemand, daß man in wenigen Jahren schon Sechzehnjährige in Soldatenuniformen stecken wird, obwohl juristisch erst der Einundzwanzigjährige als erwachsen gilt. Den Willen zu eigenen Entscheidungen in eigenen Angelegenheiten hat Franz Fühmann, auch dazu begabt, schon beizeiten. Zunächst setzt er sich wohl noch in vorwiegender Übereinstimmung mit den väterlichen Wünschen durch, und zugleich, mehr und mehr, in unreflektierter Harmonie mit manipulierten Massen.

Ziemlich genau zwei Jahre nach den Olympischen Spielen inszenieren die Experten Adolf Hitlers eine großangelegte Veranstaltung unter dem harmlosen Namen »Deutsches Turn- und Sportfest«. Der wesentliche Sinn des Unternehmens ist, Gelegenheit zu einer demonstrativen »Heerschau« der organisierten Auslandsdeutschen zu bieten und stimulierend auf deren weitere Mobilisierung als »Fünfter Kolonne« des Hitlerreichs zurückzuwirken. Der Ort des Festes ist so gewählt, daß die Anreise begünstigt und eine möglichst starke Ausstrahlung auf die Grenzterritorien erzielt wird.

Nachdem Österreich bereits am 12. März 1938 dem Deutschen Reich als »Ostmark« eingegliedert worden ist, steht die Tschechoslowakei im Vordergrund der deutschen Politik. Die Großveranstaltung, die in einem Aufmarsch der auslandsdeutschen NS-Organisationen, natürlich auch des sudetendeutschen Turnvereins, gipfelt, findet in Breslau statt.

Sie wird am 25. Juli 1938 eröffnet, also in den Schulferien. Und selbstverständlich ist Hitler höchstpersönlich dabei.

Für Franz Fühmann wird die Teilnahme an dem gewaltigen Ereignis noch durch den Umstand erleichtert, daß sein Vater seit einigen Jahren über ein eigenes Automobil verfügt. Und so eindrucksvoll das Erlebnis der Olympischen Spiele für den gerade aus dem jesuitischen Konvikt gekommenen Vierzehnjährigen gewesen sein mag, das Breslauer Fest mußte ihn noch viel tiefer erfassen: Jetzt kann er dem legendären Führer auf dem Boden des Reiches als Teil von dessen Gefolgschaft begegnen. Eine Art Unio mystica findet statt. Wer sich den Grad der Begeisterung und Faszination einigermaßen vorstellen will, muß sich bewußtmachen, daß die ohnehin geschickte NS-Propaganda dort noch viel wirksamer sein konnte, wo die Wirklichkeit des deutschen Alltags nicht sichtbar war und deshalb als potentielles Korrektiv nicht in Betracht kam.

Franz Fühmann wird später aus entschieden antifaschistischer Gesinnung ein Bild seiner Breslauer Begegnung mit Hitler zeichnen. Es fand in der Literatur der DDR, soweit ich sehe, keinerlei Entsprechung, als hätte es das Phänomen sonst nicht gegeben; wenigstens einige Sätze daraus müssen hier stehen, zumal sie manches Folgende verstehen helfen: *»Ich hatte mit Tausenden Kameraden des Turnvereins am Großdeutschen Turn- und Sportfest 1938 in Breslau teilgenommen; in Achterreihen waren wir ins Stadion eingezogen und hatten im Sprechchor ›Wir wollen heim ins Reich‹ gerufen, die neue Losung, die für uns der Inbegriff allen Seins und Sehnens geworden war, und rings auf den Rängen die Menschen hatten uns zugejubelt und geklatscht und getrampelt und Hände und Tücher und Fahnen geschwungen und Lieder gesungen, und alles war wie ein Traum gewesen, ein wehender jubelnder brausender Traum, aber es war ja auch in Deutschland gewesen, im Reich deutscher Freiheit und deutschen Glücks!«* (J 32) Es gehört gerade zu den künstlerischen Stärken dieser Passage aus *Die Verteidigung der*

Reichenberger Turnhalle, daß sich der Autor hier nicht zu einer aufdringlichen Wertung hinreißen läßt; seine scharf kritische Distanz wird nicht aus den zitierten Sätzen, wohl aber aus dem Kontext deutlich.

Das Bewußtsein, geradenwegs auf einen Krieg zu- und in ihn hineinzumarschieren, fehlt dem von Hitler Hingerissenen völlig. Daß sich die aufwendigen militärischen Vorkehrungen des tschechoslowakischen Staates an der Grenze zu Deutschland letztlich als vollkommen zwecklos erweisen und sich die Besetzung des Sudetenlandes im Oktober 1938, scheinbar legitimiert durch das Münchener Abkommen zwischen Großbritannien, Frankreich, Italien und Deutschland, gewissermaßen als friedlicher Vorgang vollzieht, mag ihn wie allzu viele andere in der Meinung bestärkt haben, für deren Befestigung die NS-Propaganda auch genügend Sorge trug: Hitler wolle zwar ein großes Reich aller Deutschen, aber ansonsten nichts als Frieden. So kann es auch nicht verwundern, wenn Fühmann sich sofort einer der militanten Organisationen anschließt, die nun im Handumdrehen eingeführt werden. Wie unglaublich es klingen mag, Franz Fühmann versichert es glaubhaft: Er wird noch als Sechzehnjähriger (!), sogleich nach der Annexion, an seinem Schulort Reichenberg Mitglied der Reiter-SA.

Wenn er später meint, daß in seinem *»Nazitum wenig Ideologie war«* und ihn Ideologisches *»kaum scherte«* (EGA 437), dann klingt das allerdings unglaubwürdig. Seine damalige nationalistische, chauvinistische Einstellung ist aus bloßer, durch das Milieu erregter Emotionalität nicht vorstellbar. Von bestimmten Ideologemen ist er fraglos beeinflußt, und das bestätigt er ja später selbst in anderen Zusammenhängen unmißverständlich. Eigentlich gemeint sein dürfte ein weitgehender Verzicht darauf, sich in den Propagandawust zu vertiefen. Wichtiger als Theorien ist wohl der Glauben an den Führer und an Großdeutschland. Selbst in dieser Etappe seines Lebens verliert er nicht den kritischen Sinn gegenüber einer Figur wie Goebbels, auf den er – sicher mehr aus literarischem Übermut und ästhetischer Sensibilität als aus politischen Motiven – ein Spottgedicht schreibt; die Empörung des Vaters kann man sich leicht vorstellen. Wenig Ideologie läßt sich gewiß in der Wahl der Reiter-SA finden. Möglich, daß da Bekanntschaften eine orientierende Rolle spielten; wahrscheinlich beinahe, daß die Reichenberger Reitschule längst anziehend auf ihn wirkt, denn die liegt eben dicht an der Turnhalle, in der Nähe seiner »Studentenbude« (J 33) und nicht einmal weit von der Schule entfernt. Fühmann gefällt sich nun auch in seiner Uniform; er geht in Breeches und Stiefeln zur Schule, und er läßt sich in dieser Montur vom Rochlitzer Fotografen so schön abbilden, daß die Aufnahme noch lange ihren Platz im Schaufenster des Ateliers Hujer behaupten kann.

Fast könnte sich bei solchen Mitteilungen ein Lächeln des Lesers einstellen; es ist nicht angebracht. Durch seine unerbittliche Selbstkritik setzt sich der Schriftsteller in den Stand, schließlich sogar seine Mitwirkung am wüsten antijüdischen Treiben der sogenannten Kristallnacht zu bekennen. Die Stadt Reichenberg ist gerade erst einen Monat »reichsdeutsch«, da wird auch hier die Synagoge in Brand gesteckt; mit »einer Mischung aus Grauen und Neugier«[62] verfolgt Fühmann an Ort und Stelle das schreckliche Geschehen – und nimmt selbst an dem Zerstörungswerk teil: »[...] da ziehn wir schon eine Straße hinunter und schlagen wie rasend in zerklirrende Scheiben, stumm, verbissen, bis zur Erschöpfung: Ich weiß nicht, woher wir die Knüppel hatten, wir haben plötzlich alle Knüppel, Glas regnet, knirscht unter den Stiefeln, ich sehe mein Gesicht in zersplitternden Spiegeln, neben ihm einen meiner Lehrer: erhitzt, erschöpft, einen Knüppel in den Händen; und dann sehe ich den Juden. Ich begegnete ihm, als ich nach Hause ging, nachmittags, in einem Gäßchen am Wasser, in der Altstadt, vor den Tuchfärbereien; ich kam in Stiefeln und Braunhemd heran, er drängte sich stumm an die schimmlige Mauer, ein alter Mann, im Kaftan, mit Peijes, und ich ging lässig an ihm vorbei.«[63] Was ist bis zum November 1938 aus dem gottesfürchtigen Knaben, was aus dem Zögling der Kalksburger Jesuiten geworden? Franz Fühmanns Wandel wird auch durch das nächste Jahresabschlußzeugnis bestätigt; es bescheinigt ihm in mehreren Fächern ungenügende Leistungen. Sein unentwegtes Schreiben überzeugt ihn trotzdem so fest von sich, daß er sich mit einer Sammlung seiner Gedichte ins »Altreich« auf die Suche nach einem Verleger begibt; er versucht es allerdings vergeblich, beim Insel-Verlag, bei Langen-Müller, bei Staackmann.

Vater Fühmann, zu Recht um die Zukunft des Sohnes besorgt, gibt dessen Leben eine weitere Wendung; mit Beginn des neuen Schuljahrs schickt er ihn in eine wesentlich näher gelegene Bildungsstätte, das Reform-Realgymnasium in Hohenelbe. Dort soll ein erfolgreicher Abschluß gesichert sein. Doch das neue Schuljahr ist schon das erste Kriegsjahr; am 1. September 1939 beginnt mit dem Überfall auf Polen der Zweite Weltkrieg, und SA-Mann Fühmann meldet sich auf der Stelle freiwillig zur Wehrmacht. Zu diesem frühen Zeitpunkt bleibt die Meldung eines erst Siebzehnjährigen selbstverständlich unberücksichtigt. Bis zu seinem Notabitur im Februar 1941 muß er sich gedulden. Enttäuschung bereitet ihm dann, daß er nicht gleich zur Wehrmacht eingezogen wird, sondern zunächst zum Reichsarbeitsdienst. Im sumpfigen Gelände am östlichen Rande Ostpreußens wird der Arbeitsmann Fühmann beim Faschinenbau beschäftigt. Und es dauert gar nicht so lange, da wird seine Einheit auf überraschende Weise am Krieg beteiligt: Am 22. Juni überfällt Hitlers Deutschland die Sowjetunion. Der Arbeitsdienst begleitet den Vormarsch der deutschen Truppen durch das Baltikum und kommt dabei bis an den Peipussee. Das findet Niederschlag in einem Gedicht, das zu den wenigen gedruckten dichterischen Zeugnissen aus der Zeit vor 1945 gehört. Es bestätigt, was der Autor später immer wieder als Merkwürdigkeit herausgekehrt hat, nämlich daß der begeisterte Anhänger Hitlers, der er damals ist, zur gleichen Zeit ausgesprochen düstere und aussichtslos klingende Verse schreibt:

Aus der ungeheuren Weite
wächst der unendliche See
schwer und dumpf wie Blei.
Dröhnend schlagen die Wellen.

Dunkelnde Bäume wachsen
gespenstisch aus schillerndem Sumpf.
Tiefschwarzer Himmel gespannt –
Stille ward über dem Wasser.

Langgedehnter Zug von Vögeln.
Müd und schwer die Stunden lasten.
Irgendwo ein Lagerfeuer.
Hie und da ein harter Schritt.

Nächtlicher noch nie die Nacht.
Banger noch keine Stunde.
Eine blutende Wunde
wird unser kleines Herz.[64]

Geht man vom biographischen Zusammenhang aus, dann fällt an dem Gedicht zunächst auf, daß es sich von jeglicher Bezugnahme auf die aktuellen kriegerischen Umstände und den persönlichen Anteil daran frei hält. Es beschränkt sich zunächst ganz auf Impressionen von einer Seelandschaft, deren Dunkel immer mehr verdeutlicht wird. Menschen treten erst recht spät hinzu. Am Ende wird das Außen plötzlich zum Innen, allerdings ohne daß ein sprechendes Ich hervorträte; lediglich ein Wir deutet sich an. Als Talentprobe verspricht der Text nicht sonderlich viel. Bemerkenswert mag man den fast völligen Verzicht auf den Endreim finden, der in jener Zeit bevorzugt verwendet wird. Der triviale Reim in der letzten Strophe prägt nicht deren Charakter; vielmehr wird er durch die reimlose Schlußzeile mit ihrem stumpfen und konsonantischen Ende sozusagen aufgehoben. Des weiteren fällt das Fehlen eines festen Metrums auf, ein Pendeln zwischen Drei- und Vierhebigkeit, das man aber keineswegs als pure Willkür deuten muß. Deutlich kündigt sich eine Vorliebe an, die der Dichter bis in seine späten Prosatexte hegen und pflegen wird; mag sie nun durch einen germanophilen Deutschunterricht gestiftet oder eine selbständig entdeckte Lesefrucht sein, sie ist schon früh da und wird schließlich durch den Einfluß Gottfried Benns in den fünfziger Jahren bestärkt: die Liebe zur Alliteration. Franz Fühmann, dessen Namen ja schon alliterieren, fand im Stabreim offenbar ein ganz wichtiges, von fernher magisches Mittel sprachlicher Synthetisierung und Intensivierung ohne den Nebeneffekt der Harmonisierung, der dem Endreim anhaftet.

Nacht am Peipussee ist einer von fünf Texten, mit denen der gerade Zwanzigjährige im Februar 1942 debütieren kann. *Jugendliches Trio* heißt diese Nummer 5 im 8. Jahrgang der monatlich erscheinenden Reihe *Das Gedicht. Blätter für die Dichtung,* herausgegeben im Hamburger Verlag Heinrich Ellermann; denn an dem Heft haben vor Franz Fühmann noch Alois Timmerfeld (geb. 1920) und Edith Tohde (geb. 1922) mit je vier Gedichten Anteil. Nach Fühmanns Angaben hat sein Vater die Veröffentlichung erwirkt, und es ist anzunehmen, daß der Verleger eine Auswahl aus einem größeren Bündel treffen konnte. *Stunde im April, Kalter Schnee im Dezember* und das – offiziell geförderter NS-Weltanschauungsdichtung am nächsten kommende – Gedicht *Jede Nacht erglühen neue Sterne* mögen älteren Datums sein und erfordern keine weitere Aufmerksamkeit. Zu vermerken aber bleibt, daß immerhin einer der fünf Texte einen Kriegszug vorführt. *Griechischer Auszug* heißt eine nicht strophisch gegliederte Reihe von 32 Zeilen, fünf- bis siebenhebig, leger gereimt, die eine seltsame Mythe mitteilen: Dreihundert Krieger mit glänzenden Helmen, von tausend Bürgern jubelnd verabschiedet, sind mit ihrem Schiff südwärts gefahren, künftige Gefahren verachtend, spaßeshalber um den kommenden Tod losend, und haben »*mit dem furchtbaren Gegner gerungen*«[65]; Kriegsgeschrei, Blut, Schmerzen; zwanzig kommen noch zum Schiff zurück, doch das fährt dann

auf ein Riff und zerbirst. Der Schluß bilanziert: »*Dreihun-*
dert brave Krieger haben gekämpft und sanken. / *Still lag die*
Flut. Die Götter haben geschwiegen.«[66] Wie kann der despe-
rat-heroische Bericht überhaupt möglich sein, wenn es schon
in der fünfzehnten Zeile heißt: »*Wir versanken ins Meer*«?[67]
Ein wahrhaft exemplarisches Untergangsgedicht: Ein Rollen-
Wir berichtet seinen eigenen Kollektivtod. Handelt es sich
um beabsichtigte Mystik? Es dürfte eher ein Zufallsprodukt
symbolischer Art sein.

Beim Knüppeldammbau in der Nähe von Pskow zieht
sich der Arbeitsmann Franz Fühmann einen gefährlichen
Leistenbruch zu. Zur Operation wird er nach Bingen gebracht. Zu seiner Freude kann er nach der Genesung gleich
die Uniform wechseln; es ist, wenn man die Kluft des sudetendeutschen Turnvereins mitzählt, innerhalb weniger Jahre
schon seine vierte: Er wird nun zu einem Luftnachrichten-
Ersatzbataillon in Oberschlesien kommandiert. In einer Fern-
schreibkompanie erhält er eine Ausbildung im Zehnfinger-
Blindschreiben auf der Maschine. Im Winter 1941/42 erfolgt
seine Überstellung nach Kiew. Einem kleinen Luftwaffen-
stab zugeteilt, der das Kommando über etliche militärische
Flughäfen hat, wird er nun als Fernschreiber, Telefonist und
beim Leitungsbau eingesetzt: in Poltawa, Charkow, Kriwoi
Rog, Stalino und Dnepropetrowsk.

In diese Zeit, die ihm keine Berührung mit der Front und
keinen Zwang zum Gebrauch einer Waffe bringt, fällt ein
großes Lektüre-Erlebnis, auf das Fühmann immer wieder
zu sprechen kommt, am ergiebigsten im Dialog mit Margarete Hannsmann. Ihr schildert er die Entdeckung der beiden
Bände *Neue Gedichte* von Rainer Maria Rilke zunächst mit
den Worten: »*Diese Gedichte haben mich überwältigt, über-*
fallen und überwältigt; ich hatte in meinem biederen Riesen-
gebirgssinn nicht für möglich gehalten, daß Gedichte so sein
können, so sein dürfen: sie haben mich aufgewühlt bis ins tief-
ste, beinahe um den Verstand gebracht. – Drogen; ich kenne
die meisten von ihnen noch auswendig.« (EGA 436)

Nun war Rilke längst Mode-Autor und vorzugsweise wegen der Schönheit und Kostbarkeit seiner Poesie gerühmt worden, den Soldaten Fühmann hingegen fasziniert er durch seinen ketzerischen Umgang mit biblischen Mythen, mit »*Lepra und Fäulnis*«, mit »*Schmutz und Zersetzung*« und vor allem durch seine »*grelle Erotik*« (EGA 436). Mehrfach bekennt er auch, in dieser Zeit den österreichischen Dichter Josef Weinheber verehrt und unter dessen Eindruck geschrieben zu haben.[68] Doch von den Ergebnissen des immer wieder erwähnten ununterbrochenen Gedichteschreibens in dieser Zeit ist mir bis zur Fertigstellung des vorliegenden Buches nichts zugänglich geworden.

Die mörderische Winterschlacht um Stalingrad haben die sowjetischen Truppen gewonnen, da erklärt Goebbels am 18. Februar 1943 den »totalen Krieg«. Monate später muß der Rückzug aus der Ukraine einsetzen. Wie Stalingrad, so bleibt Fühmann auch dieser wütende Zerstörungsfeldzug erspart. Ab Sommer des Jahres ist er in Athen eingesetzt. Als Kind hat er sich in die Taten und Gestalten eingelebt, die er in Gustav Schwabs Sammlung der griechischen Götter- und Heldensagen beschrieben fand; jetzt findet er sich plötzlich selbst auf dem Boden des legendären Landes. Das wird ihm natürlich zum großen Erlebnis, zumal er sich noch lange nicht dem Zweifel an Recht und Sinn des Krieges öffnet und auch weiterhin nicht genötigt ist, selbst gewaltsam gegen die Einwohner des Landes vorzugehen. Erlebt er sie wirklich so, wie er es Jahrzehnte später erinnert? 1981 beschreibt er den Einzug in ein Kastell auf dem Peloponnes mit den Worten: »*[...] da wir vorbeimarschierten, kehrte einer nach dem andern uns wortlos den Rücken und wir marschieren durch ein Spalier von Haß und Verachtung, wie sie würgender nicht hätten bezeugt werden können als durch diesen wortlosen Chor.*« (EGA 430)

In diese Darstellung hat wohl das nachträgliche Bewußtsein des unerhörten Unrechts Eingang gefunden, an dem er dort beteiligt gewesen ist. In Athen erhält Fühmann eine Spezialausbildung als Codeschreiber, aber auch Gelegenheit zum Besuch der Fronthochschule. Das Thema eines Übungsvortrags, den er im Seminar zu halten hat, spricht Bände, es lautet: »Das ethische Leitbild des Germanentums«. Sein Hauptgeschäft freilich ist die Tätigkeit als Fernschreiber beim Luftnachrichtenregiment 40. Den Dienst verrichtet er, nach wie vor, aus voller Überzeugung. 1944 schickt man ihn noch auf die Unteroffiziersschule, die in einem Dorf an der Nordküste des Peloponnes liegt. Der Obergefreite wird Unteroffiziersanwärter. Das ist aber auch das Ende seiner militärischen Karriere; einem Offizierslehrgang weicht er angeblich aus, jedoch kaum aus Mangel an Einsicht in die vermeintliche Notwendigkeit des Krieges. Noch zwei Jahre vor seinem Tode antwortet er auf die Frage, ob ihm schon im Krieg oder erst danach politische Bedenken gekommen seien: »*Ich bejahte den Krieg, das war für mich die ›große, heilige Zeit‹. Ich bejahte auch die Welteroberung. Ich wollte schon ein Herr sein, allerdings ein anständiger. Meine Leute sollten es gut haben.*«[69] Die Goebbelsche Parole »Wir werden siegen, denn wir müssen siegen!« behält für ihn Schlüssigkeit bis zum bitteren Ende. Dessen Nähe will er selbst auf dem beschwerlichen und gefährlichen Rückzug aus Griechenland noch nicht wahrnehmen.

Das Lebensgefühl seiner Verse harmoniert allerdings nicht recht mit Siegeszuversicht. Die Fühmann-Gedichte, die Mitte 1944 in der anspruchsvollen Wochenzeitung »Das Reich« gedruckt werden, ringen mit spürbarer Mühe um die ästhetische Bewältigung von Tod und Vernichtung *(Nach der Schlacht, Finnische Grenze);* Hoffnung vermögen die Strophen des *Bauerngebets* eben nur in der Form einer Bitte an den »*Gott mit dem goldenen Haar*«[70] zu artikulieren. Das letzte Gedicht Franz Fühmanns, das noch im Kriege erscheint, wenige Tage nach dem 25. Geburtstag des Verfassers, thematisiert in sehr allgemeinen Bildern und Wendungen den Widerspruch zwischen früherer Kunstvision und inzwischen erworbener Wirklichkeitserfahrung. Titelmotiv ist *Das Maß,* und das meint die Abwendung von unzeitgemäß gewordenen Idealen zugunsten strenger Wahrnahme des Umstands,

daß über dem Tod
Menschen wandeln,
Menschen leben,
ihre heiligsten Pflichten erfüllen.[71]

Die Pflichten werden nicht im mindesten benannt, also bleibt eine Leerstelle, die jeder leicht in systemkonformer Weise ausfüllen kann. Doch der Dichter selbst enthält sich jeglicher aktivistischen Geste; er diszipliniert sich lediglich strikt zur fatalistischen Anpassung ans Gegebene, übrigens wieder ohne *ich* zu sagen (so in allen vier Texten!):

Werk, Rausch und Schönheit mißlang uns. Kein
Klang mehr war dem Grauen gerecht und kein
Schweigen mehr dem Adel der Sterbenden.
Karg und klar ist die Zeit.
Ehern waltet die Not.
Zucht und Demut vollenden das Leid.[72]

Dies sind die letzten poetischen Haupt-Sätze Franz Fühmanns vor dem nahen Ende des Zweiten Weltkriegs.

Auf dem schwierigen Weg über die thessalischen Berge und durch Serbien entwickelt sich aus einer Verletzung am rechten Fuß eine schwere Phlegmone. Eine wochenlange Fahrt im Lazarettzug, während der er zu Hause schon als tot gilt, endet für ihn in Jena. Von dort vermag ihn seine Schwester nach Bad Warmbrunn zu holen, wo sie kriegsdienstverpflichtet als Physiotherapeutin tätig ist. Auf diese Weise bekommen die Eltern den gefährdeten Sohn in größtmögliche Nähe und hoffen, ihn notfalls zu sich nehmen zu können; denn Warmbrunn, polnisch Cieplice Slaskie Zdrój, liegt auf der schlesischen Seite des Riesengebirges. Der rasche Vormarsch der Roten Armee veranlaßt dann jedoch eine überstürzte Verlegung des Lazaretts, mit dem die Geschwister nun gemeinsam umgetrieben werden: nach Dinkelsbühl, nach Amberg und schließlich nach Karlsbad. Die schon geplante Amputation des erkrankten Fußes ist zum Glück durch die Umstände verhindert worden; eine konservative

Behandlung führt zum Ziel. Als Rekonvaleszent wird Fühmann, entgegen den inzwischen verschärften Bestimmungen, nach Rochlitz beurlaubt. Aber an sogenannte Fahnenflucht ist bei ihm nicht zu denken; fristgerecht sucht er wieder Anschluß an eine Wehrmachtseinheit und wird noch am 5. Mai 1945 einer Flakkampfgruppe zugeteilt. An seiner Soldatenrolle hält er bis zur offiziellen Kapitulation der Wehrmacht fest. Dann folgen auf vier Jahre Kriegsteilnahme mehr als viereinhalb Jahre sowjetischer Kriegsgefangenschaft. Der lange Weg dorthin führt zunächst in ein Durchgangslager in Brünn (Brno); im Sommer geht es von dort weiter an die rumänische Schwarzmeerküste, mit dem Schiff bis in den Hafen des vom Krieg fürchterlich heimgesuchten Noworossisk und schließlich hinein in den Kaukasus.

Franz Fühmanns Jahre der Gefangenschaft bedeuten, wie der Betroffene selber wiederholt sagt, eine wahre »*Lebenswende*« (EGA 30). Immer wieder wird er später von dieser Zeit sprechen und schreiben: in seinem frühen Poem *Die Fahrt nach Stalingrad,* in dem autobiographischen Zyklus *Das Judenauto,* in dem zehn Jahre jüngeren Diarium *Zweiundzwanzig Tage oder die Hälfte des Lebens,* in mehreren Essays, in den verschiedensten Interviews, nicht zuletzt aber im Trakl-Essay *Vor Feuerschlünden.* Dort erst noch, am Anfang der achtziger Jahre, wird er die Kriegsgefangenschaft als wichtigen Gegenstand künftiger Arbeit beschwören; er sagt: »*Ich will später einmal diese ganze Zeit schreiben, mit all ihrem Ungeheuren an Groteske und Größe, Tragik und Satyrspiel, Befreiung und Verstrickung*« (VF 36); und wenn Fühmann dabei auch keinen genaueren Werk-Plan aufscheinen läßt, so verrät sich in den wenigen Worten doch ein deutliches Ungenügen an den bisherigen Äußerungen zum Thema.

Er empfindet sie nun offenbar als vorläufig, unzulänglich, und er läßt die Erkenntnis durchblicken, daß der Stoff sehr viel tiefer durchgearbeitet werden muß. Der Leser, der die einschlägigen Aussagen aneinanderreihen wollte, müßte sie sogar einigermaßen widersprüchlich finden; sie kommen nicht zur Deckung, selbst da, wo sie zu gleichen Sachen sprechen.

Der Grund dafür ist ein zweifacher: Zum einen werden sie auf unterschiedlichen Entwicklungsstufen des Autors gemacht und zum anderen im Rahmen verschiedenartiger Gattungen oder Textsorten getroffen. Der Biograph wird eine vollkommen authentische Darstellung der bedeutsamen Jahre zwischen Gefangennahme und Entlassung Franz Fühmanns nur anstreben, aber niemals erreichen können.

Fest steht das Bild eines zunächst an den Rand der Verzweiflung getriebenen, abgrundtief Enttäuschten, der dann aufs Schlimmste gefaßt zu sein versucht, aber auch bald wieder dazu neigt, sich den bitteren Wahrheiten und Wirklichkeiten zu verweigern. »*Ich wollte nichts von Auschwitz wahrhaben, ich wollte von einer Schuld nichts hören; ich vergrub mich in Selbstmitleid und Jammer*« (VF 36), bekennt der Autor im Trakl-Buch. Quälender Hunger, harte Arbeit beim Straßenbau, Fehlen jeder Verbindung zu den Verwandten in der Heimat, völlige Ungewißheit über die nächste Zukunft, eine bis zur Befremdlichkeit ungewohnte Umwelt – das alles sind kaum rasch wirkende Faktoren einer Wandlung. Auch die ideellen Angebote an die Gefangenen finden im allgemeinen wenig Resonanz; die entsprechenden Partien im *Judenauto* geben sicher ein ziemlich treffendes Bild von der im Lager herrschenden Apathie und dem weitgehenden Unverständnis für Nachrichten über politische Ereignisse, die von der Lagerverwaltung für wesentlich erachtet werden. Doch gerade für Fühmann ist geistige Nahrung unverzichtbar, und am ehesten durch sie ist seine Neugier auf das Fremde zu erregen oder zu befriedigen.

Das von ihm mehrfach beschriebene Dichten dort mag ihm eine unverzichtbare Selbstbestätigung sein, ist es doch eine seit der Kindheit gepflegte Gewohnheit: Jeden Abend wird eine Holzschindel vom Kriegsgefangenen Fühmann aufs neue mit Versen beschrieben, die jeden Tag aufs neue gelöscht werden, damit wiederum neue darauf geschrieben werden können; denn Papier ist im Lager bei Neftegorsk unerreichbar. Mögen dabei nun die Rilke- oder die Trakl-Reminiszenzen stärker im Spiele sein, auf die Dauer kann eine solche Selbstbescheidung einem regen Geist nicht genügen. Eines Tages – er läßt sich bis heute nicht exakt bestimmen – eröffnet sich die Entdeckung ungeahnter Möglichkeiten durch das Erlebnis bedeutender Lektüre. Dabei handelt es sich zunächst weder um zeitgeschichtliche Aufklärungsschriften noch um fundamentale Arbeiten des Marxismus, die er später intensiv studieren wird. Selbst belletristische Entdeckungen bewirken keine solchen Eingriffe ins Denken und Fühlen, wie das in dieser Zeit bei vielen seiner Altersgenossen im östlichen Deutschland der Fall ist, wenn sie Gorki, Makarenko, Scholochow oder andere Autoren lesen. Nur einer der frühen Romane Ilja Ehrenburgs wird vom Erzähler des *Judenautos* als Sensation erwähnt: Das Buch müsse seinen Verfasser gewiß an den Galgen der Russen gebracht haben (vgl. J 156).

Nein, zu den folgenreichen Erlebnissen Fühmanns in Gefangenschaft werden eben Schriften, die ihm einen direkten gedanklichen Zugang zum Marxismus eröffnen können, weil sie den Dichtungsbesessenen und Literaturbegeisterten ansprechen, weil sie ihm nahe und vertraute Gegenstände plötzlich in einem neuen, durch hohe gedankliche Kultur und sprachliche Präzision gestifteten Lichte zeigen: Lenins Aufsätze über Tolstoi und literaturgeschichtliche Darstellungen von Georg Lukács.[73] Die Lenin-Lektüre läßt der Autor des *Judenautos* bereits im kaukasischen Urwald stattfinden. Sogar Aufsätze von Lukács, in Heften der Exilzeitschrift »Internationale Literatur« in Moskau deutschsprachig erschienen, mochten im Lager greifbar sein. Eine spätere Begegnung damit ist freilich wahrscheinlicher, wenngleich Fühmann noch 1975, zweifellos aphoristisch zugespitzt, sagt: *»Bevor wir Brot kriegten, kriegten wir eine Kiste mit Büchern.«*[74]

Bestimmend für die politisch-weltanschauliche Wendung Fühmanns ist gewiß seine Delegierung auf die zentrale antifaschistische Schule für die deutschen Kriegsgefangenen in Noginsk bei Moskau. Der Ich-Erzähler im *Judenauto* teilt unmißverständlich mit, daß ihm der Politoffizier des Lagers die Teilnahme an einer solchen Schulung anbietet und er sie annimmt. Später stellt Fühmann den Vorgang immer wieder als eine Kette von Zufällen dar. Aus später Sicht mag ihm seine Entscheidung für die Antifaschule bedenklich erscheinen, und sie ist ja wohl auch eine Art Flucht nach vorn und nicht zuletzt ein Ausweg aus dem deprimierenden Lagerleben. Im Kern aber handelt es sich doch darum, daß der Zusammenbruch des alten Weltbilds »*eine wahnsinnige Neugier, Gier nach dem Neuen, dem Unerhörten*« (VF 33) aufrührt. Und noch in den letzten Lebensjahren, gerade nach der rücksichtslosen Verdeutlichung des Verhängnisvollen, das damit verbunden ist, bekennt Franz Fühmann, daß er nach wie vor die »*Zeit auf der Schule [...] als das kostbare Glück eines Neubeginnens*« (VF 44) zu schätzen weiß.

Es beginnt etwa Mitte 1946. Der Weg nach Moskau führt über das zerstörte Stalingrad; die dortige Schule ist für einige Tage Zwischenstation. Die legendäre Stadt hinterläßt einen ungemein tiefen Eindruck, der eine wichtige Voraussetzung für sein Poem *Die Fahrt nach Stalingrad* werden wird. Die Schule in Noginsk leitet Wilhelm Zaisser; zu seinen Lehrern zählt Hanna Wolf. Sein Studieneifer und -enthusiasmus ist enorm. Man bietet ihm am Ende des glänzend bestandenen Kurses an, als Assistent tätig zu werden. Später steigt er sogar zum Lehrgruppenleiter auf. Die letzte Wirkungsstätte ist eine Antifaschule in Ogre bei Riga. Noch ehe es zu deren Auflösung und damit zu seiner Entlassung kommt, steht für ihn fest: Sein künftiger Arbeitsplatz wird in der sowjetisch besetzten Zone liegen; seine Tätigkeit soll einem einheitlichen demokratischen Deutschland gelten. Am 25. Mai 1948 hat sich in Berlin eine neue Organisation konstituiert, die National-Demokratische Partei Deutschlands. Sie versteht sich als die politische Heimat all derer, die ihre Bereitschaft zu ehrlicher Mitarbeit an einem antifaschistisch-demokratischen Deutschland bekundet haben, auch wenn sie früher zu den von Hitler in die Irre Geführten gehörten. Noch ehe Fühmann in Lettland seinen Holzkoffer packt, steht bereits fest, daß er in der inzwischen gegründeten DDR Mitarbeiter dieser Partei sein wird.

Ein Jahr zuvor aber greift er schon aus der Ferne kräftig in die politische Diskussion ein. Das Debüt des Journalisten Fühmann läßt sich nicht frappierender denken; es bedarf der Dokumentation, um glaubhaft zu sein. Ende Oktober 1948 veröffentlicht die Zeitung »Neues Deutschland«, Zentralorgan der im April 1946 gebildeten Sozialistischen Einheitspartei Deutschlands, einen Artikel unter der Überschrift *Kunst als Aufgabe*. Der Aufsatz enthält keinerlei ausdrückliche Bezugnahmen auf tagespolitische Fragen und erscheint dadurch, bei aller Kürze, als ein Grundsatzartikel. Dem Historiker allerdings ist klar, daß er einem politisch-praktischen Zweck dient; am gleichen Tag findet in Berlin eine gemeinsame Tagung des Freien Deutschen Gewerkschaftsbundes und des Kulturbundes zur demokratischen Erneuerung Deutschlands statt, deren Thema lautet: »Der Zweijahrplan und die Kunstschaffenden«. Walter Ulbricht hält dort ein Referat, das massiv den Bemühungen der SED dient, die Kunst zu einem möglichst unmittelbar eingreifenden Instrument der gesellschaftlichen Vorwärtsentwicklung zu machen. In diesem Zusammenhang erscheint der Zeitungsbeitrag als ein halbwegs ansprechender Versuch, allgemeines Verständnis dafür zu befördern, daß es keine absolute schöpferische Freiheit gibt und kein Kunstwerk »im positiven oder negativen Sinne politisch wirkungslos« bleibt; deshalb sei künstlerische Arbeit eine sittliche Aufgabe und erfordere die Verantwortung des Künstlers vor der Allgemeinheit. Der für die Herrschenden sicher wichtigste Gedanke wird dann im letzten Satz angedeutet: Erst wenn das Werk des Künstlers »den Menschen positiv verändert, wenn es eine politische Tat ist, sei sie von kleiner oder großer Reichweite, erst dann hat der Künstler seine Mission erfüllt«[75]. Der Name des Autors oder sein Pseudonym, Erich Vogt, steht bescheiden am Schluß.

Einen Monat später bringt die gleiche Zeitung einen zweiten Artikel mit dem gleichen Titel. Der Text ist allerdings wesentlich länger, und der Name des Verfassers steht gleich oben neben der Überschrift: Franz Fühmann. In einem kurzen Vorspann werden das Folgende als Entgegnung auf

Vogts Artikel und der Verfasser als antifaschistischer Kriegsgefangener vorgestellt. Fühmann reagiert scharfsinnig – und scharf. Er äußert nicht persönliche Ansichten, sondern fällt mit großer Bestimmtheit Urteile im Namen des historischen Materialismus. Ohne aus der Entfernung den Zweck von Vogts Aufsatz wahrzunehmen, wirft er ihm kardinale theoretische Fehler vor: Er klassifiziere die These von der unpolitischen Kunst nicht als bürgerlich, zeige nicht die Klassenbedingtheit jeder Kunst und deute nicht im mindesten *»die spezifischen Aufgaben der Arbeiterklasse in der kulturellen Entwicklung«* an; weiter stelle der Verfasser *»der marxistisch-leninistischen Lehre widersprechende Thesen«* auf, seine Methode sei oft metaphysisch, und nach einer längeren Darlegung dessen, was im einzelnen für falsch oder gar für grundfalsch zu gelten habe, fällt er schließlich das Gesamturteil *»unmarxistisch«*[76].

Dieses Dokument hilft nicht zuletzt, Fühmanns spätere scharfe Abrechnung mit der »Doktrin« tiefer zu verstehen. Zunächst aber ist es eine Erklärung dafür, warum das sonst für ihn lebensnotwendige Gedichteschreiben in der Zeit der Bindung an die Antifaschulen in der Sowjetunion aussetzt. Und dann mag es als unwiderlegbares Zeugnis dafür gelten, daß Franz Fühmann in der Gefangenschaft ganz unzweifelhaft einen gründlichen Gesinnungswandel und Frontwechsel vollzogen hat. Der nationalistisch erzogene Sohn des kleinen Bourgeois versteht sich nun als überzeugter und ehrlicher Verfechter des Sozialismus. Noch ehe er deutschen Boden betritt, hat er sein Bekenntnis zum Marxismus-Leninismus bereits unverlangt und öffentlich kundgetan. Ist er ein neuer Mensch? Er beginnt jedenfalls ein völlig neues Kapitel seines Lebens.

»Dichter im Dienst«
1950–1958

Die Deutsche Demokratische Republik ist zwei Monate alt,
da wird endlich das Gefangenenlager in Lettland aufgelöst,
wo Franz Fühmann sein letztes Wirkungsfeld auf sowjeti-
schem Boden hatte. Noch 1982 wird er, und das auf bun-
desdeutschem Boden, die DDR als den Staat seiner Wahl
bezeichnen.[77] Damit bestätigt er auch nach 43 Jahren eine
mit großer Bewußtheit getroffene Entscheidung. Damals
geschieht das freilich unter bestimmten Voraussetzungen,
deren erste die Absicht ist, trotz der gerade vollzogenen
staatlichen Teilung für ein einheitliches antifaschistisch-de-
mokratisches Deutschland zu wirken, und zwar als hauptamtlicher Mitarbeiter der National-Demokratischen Partei
in deren Zentrale. Daraus folgt, daß Berlin sein Arbeits- und
Wohnort wird. Weihnachten 1949 angekommen, vollzieht
er umgehend den Eintritt in die NDPD, stellt er sich in
ihren Dienst und damit, seiner Überzeugung nach, in den
Dienst an einem gründlich erneuerten Deutschland.
   Der Verlust der angestammten Heimat Nordböhmen ist
für ihn kein Thema. Die Vertreibung der Deutschen aus der
zweiten Tschechoslowakischen Republik gilt ihm als eine
historisch gerechtfertigte Maßnahme. Seine Mutter und
seine Schwester, zunächst für zwei Jahre in Zeuthen unter-
gekommen, weiß er bei seiner Rückkehr bereits in Thüringen. Denn durch seine Zuschrift an die Zeitung »Neues
Deutschland« im November 1948 hatte er dem Suchdienst
unbeabsichtigt eine Spur gewiesen, deren Verfolgung den
längst hoffnungslosen Angehörigen die Nachricht von seinem Überleben brachte. Nach vergeblichem Warten auf die
Heimkehr des bei Kriegsende noch ganz nahen Sohnes

hatte die Mutter im Jahre 1946, vor dem Verlassen des jetzt von Amts wegen ausschließlich Rokytnice zu nennenden Wohnorts, eine Totenmesse für ihren Peter lesen lassen. Ende 1949 bringt nun die Schwester Margarethe, inzwischen bereits in Weimar angestellt, ihren Bruder Franz zur Mutter nach Arnstadt, die angesichts des Sohnes zuallererst auf die Knie fällt, um ihrem Gott zu danken. Später wird sie von dem Wunsche beseelt sein, in nächster Nähe des Sohnes zu leben; aber ihr Versuch, sich in dessen Familie zu integrieren, ist zum Scheitern verurteilt, so daß sie bald endgültig zur Tochter nach Weimar zurückkehrt, wo sie sich dann auch – während ihrer letzten sechs Jahre als Pflegefall in einem Heim – bis zu ihrem Tode am 22. Februar 1982 aufhält.

Fühmanns Vater blieb die unfreiwillige Heimkehr ins »Altreich« erspart, da er die Aussiedlung nicht mehr erlebt. Nach den Mutmaßungen des Sohnes muß sich der Apotheker, »*der Meister der Drogen und Gifte*«[78], selbst den Tod gegeben haben, um sich allem Kommenden zu verweigern. Die anderen Angehörigen aber erfuhren von einem Augenzeugen, Josef Rudolf Fühmann sei nach einer aus Eitelkeit verschleppten überfälligen Zahnextraktion und einer späteren Operation im nahen Militärlazarett Vysoké nad Jizerou aus der Narkose nicht mehr erwacht. Die zweite Version schließt wohl die erste nicht zwingend aus, doch sind selbst die wahrscheinlichsten Annahmen Franz Fühmanns kein Beweis. Tatsache aber ist, daß die Gestalt des Vaters im Werk des Sohnes wieder und wieder auferstehen wird.

Durch die politische Tätigkeit lernt der Achtundzwanzigjährige die aus Schlesien umgesiedelte Arbeiterin Ursula Böhm kennen und heiratet sie bereits im Oktober 1950. Zwei Jahre später wird er dann glücklicher Vater des einzigen Kindes, dessen Entwicklung er mit großer Liebe und später auch mit manchem Schmerz verfolgen wird. Tochter Barbara ist jedenfalls zu danken, daß der Dichter Fühmann beizeiten herausgefordert wird, für Kinder zu schreiben. Nach seinen Notizen war die Tochter, als ihr seine schriftstellerische Tätigkeit bewußt wurde, zunächst enttäuscht, dann aber empört, weil er nichts für sie schreibe; seitdem sei er als Autor über die Jahre mit ihr mitgegangen, wobei es sich anfangs um »*märchenhafte Fabuliererereien*« handelte, »*die im Kinderheim spielen, in dem sie aufgewachsen*« ist.[79]

Vorerst freilich sucht Fühmann sich in seiner neuen Wahlheimat überhaupt erst einmal öffentlich als Dichter vorzustellen. Von Johannes R. Bechers bereits in der Sowjetunion gelesenen poetischen Beschwörungen eines großen Anderswerdens und einer Wiedergeburt Deutschlands beeindruckt, aber sicher auch mit dem Blick auf dessen Einfluß, wendet er sich sofort an den Verfasser der DDR-Nationalhymne; er schreibt ihm am 30. Januar 1950 einen Brief, legt einige Gedichte bei und wird daraufhin telegrafisch schon für den 7. Februar zum Gespräch eingeladen. Becher baut das Schreiben des jungen Mannes, das für ihn recht schmeichelhaft ist, sogleich in sein Tagebuch *Auf andere Art so große Hoffnung* (1951) ein.[80] (Fühmann wird das später ärgerlich finden, zumal es ohne seine Kenntnis und Zustimmung geschehen ist.) Becher läßt es aber auch nicht an Hilfe fehlen, die er allerdings leicht gewähren kann; der Präsident des Kulturbunds veranlaßt, daß in der Monatsschrift seiner wichtigen Sammlungsbewegung der aufbauwilligen, dem Faschismus abschwörenden Intelligenz umgehend einige Texte des Bittstellers erscheinen: Bereits das Märzheft der Zeitschrift »Aufbau« bietet seinen Lesern als Proben eines – wie es in der redaktionellen Anmerkung heißt – heimgekehrten Kriegsgefangenen und Nachwuchsautors fünf Gedichte. Diese Texte machen freilich weniger eine poetische Individualität als vielmehr einen gutwilligen jungen Staatsbürger kenntlich. Es handelt sich um lauter Wir-Aussagen, deren Titel erkennen lassen, daß Becher in dem Autor eine Art Schüler zu finden hoffen konnte: *Den Dichtern im Exil, Heimkehr, Vom Versagen der jungen Dichter, Von der Verantwortung der jungen Dichter, Porträt eines Angehörigen der FDJ.* Die Begegnung mit Becher bewirkt zugleich wichtige Kontakte zu weiteren Persönlichkeiten, vor allem Max Schroeder, dem Cheflektor des Aufbau-Verlags, und Bodo Uhse, dem Chefredakteur der Zeitschrift »Aufbau«. Unbeschadet seiner Zugehörigkeit zur NDPD, deren Verlag der Nation auch Belletristik druckt und dann manches von Fühmann herausgibt, kann dieser bald und auf Jahre hinaus den Aufbau-Verlag als seinen Verlag betrachten.

Beziehungen zwischen den annähernd gleichaltrigen jungen Autoren, die in den Gründerjahren der DDR mit großen Hoffnungen und voll Schreiblust auf die Zukunft hinarbeiten wollen, muß und kann aber keiner von den Älteren stiften. Es fehlt nicht an Gelegenheiten, die sie zusammenführen; gleich 1950 ist es das große Pfingsttreffen der Freien Deutschen Jugend in Berlin vom 27. bis 30. Mai, übertroffen freilich durch die III. Weltfestspiele der Jugend und Studenten, die vom 5. bis 19. August 1951 ebenfalls in Berlin stattfinden. Zu einer losen Gruppe solcher Jungen gehören Paul Wiens (1922–1982), Günther Deicke (geb. 1922), Uwe Berger (geb. 1928) und Dieter Noll (geb. 1927). Eine Zeitlang pflegt Fühmann aber auch Freundschaft mit etwas Älteren, so mit Kurt Barthel, genannt Kuba (1914–1967), und mit dem – zunächst noch in Prag wohnenden und im diplomatischen Dienst der ČSR stehenden – Landsmann Louis Fürnberg (1909–1957). *Dichter im Dienst,* so heißt ein erstes Buch aus westlicher Feder, das mitten im Kalten Krieg die der DDR verbundenen Autoren vorstellt[81]; der abwertend gemeinte Titel trifft freilich die Intentionen des Neubeginns. Auch für Fühmann versteht es sich von selbst, all sein Schreiben dem Bemühen um den Aufbau eines besseren Deutschland zu widmen; in diesem Sinne will er gerade Dichter im Dienst sein, und dazu bekennt er sich ausdrücklich (freilich mit wachsendem Problembewußtsein) bis weit in die siebziger Jahre.

In den fünfziger Jahren ist er allerdings zunächst in einem noch engeren Sinne Dichter im Dienst. Sein Hauptberuf, der ihm und dann seiner Familie vorerst einen wesentlichen Anteil des Lebensunterhalts sichert, besteht ja in seiner Tätigkeit als Parteifunktionär. Dank seinem engagierten Einsatz und seinen Fähigkeiten steigt er in seiner Partei erstaunlich rasch auf. Nach zwei Jahren fällt ihm bereits die Aufgabe zu, als Kandidat für den Parteivorstand ein kulturpolitisches Grundsatzreferat auf dem IV. Parteitag der NDPD zu halten. Das geschieht am 19. Juni 1952, also in einer Zeit wachsender politischer Spannungen; wenige Tage zuvor hat der Innenminister der DDR den Aufbau der Kasernierten Volkspolizei befohlen, und wenige Wochen später wird die 2. Parteikonferenz der SED offiziell den »planmäßigen Aufbau der Grundlagen des Sozialismus«[82] in der DDR beschließen. Franz Fühmanns Referat beginnt mit Sätzen, die bewußt und ausdrücklich auf die allgemeine politische Lage reagieren. Niemand hat sie ihm diktiert; sie kommen aus der festen Überzeugung, daß nach dem amerikanischen Eingriff in Korea jetzt in Europa die Gefahr eines Krieges bedrohlich gewachsen ist: »*In ernster Stunde sprechen wir heute über Fragen unserer nationalen Kultur. Adenauer hat den Generalkriegsvertrag und den Vertrag über die Verhökerung der westdeutschen Jugend an das Söldnerheer des vereinigten westeuropäischen Rückschritts unterzeichnet. In den Straßen von Essen ist Blut geflossen; das Leben Philipp Müllers wurde ausgelöscht. Es war ein Herz, das amerikanische Kugeln durchbohrten; aber das Gewehr des amerikanischen Krieges zielt auf das Herz unserer ganzen Nation.*«[83]

Die kühnen Verkürzungen, mit denen der Redner hier operiert, sind keineswegs rhetorische Besonderheiten und nicht nur dem politisch-praktischen Kontext geschuldet; prinzipielle Entsprechungen dazu lassen sich vielmehr in vielen Gedichtentwürfen aus diesen frühen Jahren finden. Gerade der Gefahr eines neuen Krieges entgegenzuwirken ist ein mit fast verzweifelter Leidenschaft betriebenes Bemühen Fühmanns. Das bewegt ihn auch dazu, in das strikt sachbezogene Grundsatzreferat eine persönliche Reminiszenz aufzunehmen: Am eigenen Beispiel falscher Hölderlin-Lektüre zeigt er warnend die Möglichkeit, humanistisches Erbe nationalistisch zu verfälschen und in die Mobilisierung der Jugend für den Krieg einzubeziehen.[84] (Ob er eigene

Kenntnisse und Gedanken anbietet, wenn er in dem Abschnitt »Amerikas Schundinvasion« Jean-Paul Sartre und Salvador Dalí in geradezu erschreckender Weise diffamiert[85], soll zu seinen Gunsten einstweilen bezweifelt werden.)

Daß sich Fühmann in dieser Zeit vom Ministerium für Staatssicherheit der DDR als Geheimer Informant verpflichten läßt, kann nicht überraschen und befremden, wenn man den geradezu glühenden Eifer des Bekehrten sieht, mit dem dieser sich für die neue Gesellschaft zu verwenden trachtet, und begreift, daß sich der noch immer mit dem schlechten Gewissen des einstigen Nazis Belastete von dem besonderen Vertrauen geehrt fühlen muß, das ihm die neue Staatsmacht entgegenbringt. Die Akten zeigen, daß Fühmann niemandem geschadet hat; zumal er mehrfach Mißfallen erregt hatte, entsprach das MfS im August 1959 seinem längst erklärten Wunsch, die Zusammenarbeit einzustellen, und gab ihn auf (s. auch S. 455).

Unter den Schriftstellern der DDR ist Fühmann einer der ersten, die sich den literarischen Begünstigungen einer Wiederaufrüstung des westdeutschen Teilstaats mit eindringlicher Kritik widmen; sein Pamphlet *Die Literatur der Kesselrings*, 1954 im Verlag der Nation erschienen, beweist es. Wie der Titel der Schrift schon andeutet, geht es darin um mehr als um Äußerungen eines einzelnen Hitlergenerals. Doch daß gerade der Fall Kesselring Fühmann ganz besonders herausfordern muß, läßt sich leicht verstehen. Generalfeldmarschall Albert Kesselring, in der Zeit des Spanienkriegs Chef des Generalstabs der deutschen Luftwaffe, fungierte von 1941 bis 1945 als Oberbefehlshaber Südwest, also gleichsam unweit des in Griechenland eingesetzten Nachrichtensoldaten Fühmann. Im Mai 1947 wegen Massenmordes an der italienischen Zivilbevölkerung von einem britischen Militärgericht zum Tode verurteilt, wird er zu lebenslänglicher Haft begnadigt, aber 1952 freigelassen. Daß er dann gleich mit einem Erinnerungsbuch – *Soldat bis zum letzten Tag* (Frankfurt a. M. 1953) – aufwarten kann, gilt Franz Fühmann als ein alarmierendes Zeichen für den »*Übergang von der heimlichen zur offenen Remilitarisierung Westdeutschlands*«[86]. Seine polemische Schrift ergänzt er durch eine Reihe entsprechender Artikel für die Tageszeitung seiner Partei. In der »National-Zeitung« publiziert er 1954 vier einschlägige Beiträge: im Juni eine Auseinandersetzung mit Erich Kern unter dem Titel *Literatur zur Abrichtung von Fremdenlegionären* und eine Kritik von Helmuth Aghtes Buch *Der leere Lorbeer,* im Oktober einen Aufsatz mit der Überschrift *Von der Süße des Atomtodes* sowie den Artikel *Der Stahlhelm. Porträt einer Zeitung.*

Vom IV. Parteitag im Juni 1952 in den Parteivorstand gewählt und maßgeblich für die Kulturpolitik der NDPD zuständig, wird Franz Fühmann in den folgenden Jahren auf einem breiten Feld publizistisch tätig. Vorrangig der Tageszeitung seiner Partei liefert er zahlreiche Beiträge; sie betreffen Themen wie die Gründung des Ministeriums für Kultur der DDR, aktuelle Fragen des geistigen Lebens – zum Beispiel *Was heißt kulturelle Freiheit?* (1953) –, die Freundschaft mit dem Nachbarland ČSR, den Start des ersten künstlichen Erdtrabanten, den 40. Jahrestag der Oktoberrevolution von 1917, aber auch den kritikwürdigen öffentlichen Umgang mit der deutschen Sprache. Gewichtige Aufsätze entstehen als Beiträge zu Parteiberatungen oder als Lektionen für die Parteihochschule und erscheinen in der theoretischen Zeitschrift »Die Nation«. Dem Parteitagsreferat *Die Wiedergeburt unserer nationalen Kultur* folgen in diesem Organ bis 1957 weitere acht Arbeiten sehr unterschiedlichen Charakters; neben Aufsätzen, die sich kritisch oder propagierend mit literarischen Werken wie Wolfgang Koeppens *Das Treibhaus* und Wsewolod Wischnewskis *Optimistische Tragödie* beschäftigen oder durch ein Personaljubiläum veranlaßt sind *(Herder und die nationale Frage),* stehen kulturpolitische oder gar -theoretische Versuche allgemeineren Inhalts. Darunter finden sich auch solche, die mit aller Deutlichkeit erkennen lassen, in welchem erschreckenden Maße der Autor vom Stalinkult geprägt ist, der ja zu Beginn der fünfziger Jahre in der DDR gerade seine üppigsten Blüten treibt. Darüber kann man nicht mit Stillschweigen hinweggehen; denn erstens bedeutete es eine verfälschende Glättung von Führmanns geistiger Biographie, und zweitens erschwerte es das Verständnis wichtiger späterer Äußerungen. Seine in den siebziger Jahren mit wachsender Hartnäckigkeit geführte Polemik gegen die kunstpolitische Forderung nach Optimismus begreift man wohl in ihrem ganzen existentiellen Ernst erst dann wirklich, wenn man mit eigenen Augen liest, was Führmann im Jahre 1953 in seinem Aufsatz *Stalin und die Literatur,* ergriffen vom Tod des weithin Glorifizierten, zu schreiben imstande ist. Er nennt die damals unzählige Male zitierte Formel Stalins, wonach die Schriftsteller »die Ingenieure der menschlichen Seele« seien, *»das schönste, treffendste und verpflichtendste Wort, das jemals über Beruf und Berufung der Schriftsteller gesagt wurde«*[87]. Daß gerade ihn an jener Formel schon das Wort Seele faszinieren muß, das sonst in der offiziellen Sprache der DDR keinen Platz hat, läßt sich übrigens leicht nachvollziehen. Doch der Verfasser des Aufsatzes bejaht zugleich rückhaltlos als Aufgabe der Literatur, Erziehungsarbeit durch Optimismusvermittlung zu verrichten; der Führmann der frühen fünfziger Jahre schreibt im typischen Funktionärston jener Zeit: *»Stalin lehrt uns die Kraft des Optimismus, die nicht zu brechen ist, weil sie zutiefst im festen Wissen um den Sieg des Fortschritts wurzelt.«*[88]

Wohlgemerkt: Damit ist nichts ausgedrückt, was unter den engagierten Schriftstellern der DDR in diesen Jahren nicht fast durchweg grundsätzliche Zustimmung fände. – Aber sind sich da der Kulturfunktionär und der Dichter Führmann wirklich einig? So schwer man es sich heute auch vorstellen kann: Gerade die frisch bekehrten, aktivistisch gestimmten jungen Leute, die sich von Marx, Engels, Lenin und Stalin auf eine überzeugende, also zwingende Weise aufgeklärt und angeleitet fühlten, sehen nun ein neues Zeitalter anbrechen, in dem keines der alten und neueren menschlichen Probleme ungelöst bleiben würde. In eben dem Jahr, in dem Stalin stirbt und der oben zitierte Aufsatz entsteht, kann Franz Fühmann gleich mit zwei erstmals selbständigen Publikationen poetischen Inhalts aufwarten. Beide enthalten in unterschiedlicher Dosierung vieles Besinnliche, Düstere, Schwere, beide verweisen auf Blut und Wunden, auf Opfer und Täter; doch beide sind letztlich überwölbt von einem strahlenden Optimismus, und zwar nicht von einem aufgesetzten, sondern von einem wirklich – und sei es vorgreifend – gelebten. Denken und Wunschdenken wollen in dieser Zeit ohnehin nicht unterschieden, sondern vielmehr eins sein; die Zukunft soll in die Gegenwart hereingerufen werden. Bezeichnend für die weithin herrschende poetische Grundstimmung in der jungen DDR: Bechers verheißungsfreudiger Buchtitel *Glück der Ferne – leuchtend nah* (1951).

Fühmanns erster eigener Gedichtband, *Die Nelke Nikos*, erscheint 1953 im Verlag seiner Partei. Der alliterierende Titel ist insofern treffend gewählt, als er die rote Nelke der Arbeiterbewegung assoziiert und mit einem Namen verbindet, der auf ein aktuelles politisches Ereignis verweist: Am 30. März 1953 war der griechische Freiheitskämpfer Nikos Belojannis, ein führendes Mitglied der Kommunistischen Partei, in der Nähe von Athen erschossen worden. Das empört die jungen Anhänger des Sozialismus in der DDR, zumal ihr internationales Gesichtsfeld durch die Begegnungen mit fortschrittlichen jungen Menschen aus anderen Ländern während der Weltfestspiele wesentlich geweitet worden ist. Auch Heinar Kipphardt, zu dieser Zeit Chefdramaturg des Deutschen Theaters Berlin, veröffentlicht 1953 ein Gedicht auf Nikos Belojannis.[89] Bei Fühmann findet sich gleich ein kleiner Zyklus, der auf Belojannis und seinen Tod Bezug nimmt. Daneben stehen Gedichte gegen die Politik der USA und gegen die Aufrüstung in der BRD *(Westdeutsche Manöverlandschaft, Go home)*. Doch den Ausklang dieses dritten und letzten Teils bilden Verse auf den 1. Mai 1952 in der DDR-Hauptstadt und eine hymnische Danksagung an die Sowjetunion. Der Teil II läßt sich im Grunde als ein thematisch einheitlicher Komplex zum Thema »Weltfestspiele der Jugend und Studenten für den Frieden« lesen. Dem einleitenden *Aufbausonntag,* aus dem der Autor des Trakl-Essays zwecks sarkastischer Selbstkritik zitieren wird (vgl. VF 72), folgen *Der Einzug* (Gedichttitel) der Delegationen und einige poetische Darstellungen des reichen Festprogramms. Bevorzugte Aufmerksamkeit erregen Vorstellungen aus solchen Ländern, in denen revolutionäre Kräfte gerade besonders gefährdet sind (Griechenland, Korea), Siege errungen haben (China, Sowjetunion) oder neu auf den Plan der Geschichte treten (Westafrika).

Der umfangreiche Teil I bleibt ganz auf deutsche Thematik konzentriert. Die Vergangenheit reicht mit ihren Schatten in die Gegenwart herein, aber durchweg läßt der Dichter einen hellen Zukunftshorizont aufscheinen. Dafür weiß er verschiedene Mittel einzusetzen: die Evokation eines Heimkehrers, der als Neubauer Land in Besitz nehmen wird; »Lieder junger Traktoristen« und die Wandlungen in einem Dorf; Blicke auf die unbelastet heranwachsenden Kinder; die symbolisierende Beschreibung eines Früchte tragenden Apfelbaums. Das eigenartigste Mittel aber, das Fühmann für sich entdeckt und das ihn von seinen Dichterkollegen unterscheidet, ist die Aufnahme und Neudeutung alter Märchenmotive. Dem wie durch ein Wunder von den Alpträumen der Vergangenheit Befreiten will es scheinen, als steckten in den Märchen alte Wahrheiten, die sich nun offenbaren. Mit neuen Begriffen von Gut und Böse ausgerüstet, leuchtet ihm das dominierende Grundmuster des wunschbetonten Volksmärchens als gültige Prophezeiung ein: Das Gute wird über das Böse siegen, soweit es nicht schon gesiegt hat. Die Gestalt Schneewittchens gerät ihm so zur Allegorie der deutschen Nation, die auferstehen werde, und Fühmanns kühne Konsequenz lautet dann eben: »[...] alle Märchen *werden Wirklichkeit werden.«* (NN 47)

Was aus heutiger Sicht als grotesker Irrglaube erscheinen muß, entspricht aber einer wirklich vorhandenen und durch Widerspruch nur desto mehr herausgeforderten Heilserwartung. Ihren prägnantesten Ausdruck findet sie in einem der *»Lieder junger Traktoristen«,* Versen, die dem jungen Ehemann wohl wirklich aus dem Herzen kommen (deshalb auch die Widmung des Buches »*Für Ursel*«):

Mädel, du Schönste, für uns braust der Maiwind,
für uns quillt heute der Chor von Schalmein.
Da wir im Glück der Millionen daheim sind,
ist mir nicht bang für ein Glück zwischen zwein.

(NN 37)

Mit Gestalten und Motiven der Märchen geht Fühmann noch nach Jahren um. In seine spätere Werksammlung wird er aber aus diesem ersten Versbuch von 1953 nicht eine einzige Zeile aufnehmen.

Auch das im gleichen Jahr herausgekommene Poem *Die Fahrt nach Stalingrad* wird in der Werkausgabe fehlen, und das aus verständlichen Gründen. Doch es nimmt in der Geschichte der DDR-Literatur einen bemerkenswerten Platz ein. Voraussetzungen dafür werden aus der Entstehungsgeschichte ersichtlich. Was er als Soldat der Hitlerwehrmacht und als zunehmend schuldbewußter Kriegsgefangener erlebt hatte, das wollte literarisch gestaltet werden. Schon Anfang 1952 stellt Fühmann einen Plan für seinen ersten Erzählungsband auf; die Liste umfaßt nicht weniger als ein Dutzend Titel. Am 9. Oktober des gleichen Jahres wird ein entsprechender Vertrag mit dem Aufbau-Verlag abgeschlossen; er sieht drei thematische Gruppen vor: Kriegsende – Kriegsgefangenschaft – Neues Leben in Deutschland. Am 26. Januar 1953 erklärt sich der Verlag, als nichts vorliegt, mit einer Verlängerung bis zum 30. April 1953 einverstanden. Doch es kommt ganz anders.

Franz Fühmann, 1951 Mitglied des Deutschen Schriftstellerverbands geworden, ist inzwischen in dessen Vorstand aufgerückt und erhält Gelegenheit, mit einer ersten Delegation dieses Verbands in die Sowjetunion zu reisen. Übrigens ist schon die Zugehörigkeit zu dieser Reisegruppe für den noch jungen Autor ein erhebendes und ehrendes Erlebnis; ihr gehören neben Annemarie Reinhard und Max Zimmering immerhin der Goethepreisträger Paul Wiens sowie fünf

Nationalpreisträger an: Verbandssekretär Kuba, Jurij Brězan, Peter Huchel, Hans Marchwitza und Paul Rilla. (Die »National-Zeitung« wird die unabgekürzten Titel der Preisträger vor jeden Namen setzen!) Nach dem Flug von Warschau nach Moskau am 30. April, dem Empfang einer Tribünenkarte für den 1. Mai in der sowjetischen Hauptstadt, der Einquartierung im Hotel Savoy faßt Fühmann in seinen lakonischen Reisenotizen zusammen: »*Unsere Stimmung: Sozialistisches Weihnachten.*«[90]

Die täglichen Aufzeichnungen geben nicht nur einen Überblick über die Stationen der Reise, das unterwegs Erlebte, Beobachtete, Gehörte. Sie lassen auch erkennen, daß Fühmann zunächst befangen ist, aber desto dankbarer die ausgeprägte Unbefangenheit wahrnimmt, mit der Kuba überall auftritt. Was dieser sächsische Proletariersohn in seiner derben und witzigen Art bei den verschiedensten Anlässen, selbst bei offiziellen und feierlichen Gelegenheiten, zu sagen weiß, wird immer wieder wörtlich festgehalten. Dieser Umstand muß schon ausdrücklich erwähnt werden, weil er ein wichtiges Ferment für Fühmanns Aufnahme des Reiseerlebnisses ist. Ungemein bereichert, kehrt er am 2. Juni 1953 zurück. Über die Reise, die im Norden bis Leningrad und Rasliw, im Süden über Stalingrad bis Tbilissi führte, schreibt Franz Fühmann seiner Parteizeitung einen geradezu schwärmerischen Bericht, dessen erster Teil zufällig gerade am 17. Juni erscheint.

Auf die Ereignisse dieses Tages, an dem es erstmals in der Geschichte der DDR zum offenen Ausbruch eines tiefen sozialen und politischen Konflikts kommt, geht der Autor im dritten Teil seines Berichts ein. Den Besuch im Stalingrader Verteidigungsmuseum schildernd, nimmt er darauf Bezug, was er einen Monat später in Berlin Unter den Linden sieht: wie zu Füßen sowjetischer Panzersoldaten »*eine Horde besessener Faschisten einen Bücherstand der Gesellschaft für Deutsch-Sowjetische Freundschaft*« verbrennt und wie zwanzig Jahre zuvor an derselben Stelle ebenfalls »*Bücher der Wahrheit, des Lebens, des Friedens*«[91] von den Nationalsozialisten verbrannt wurden. Der 17. Juni 1953 ist für Fühmann wohl nicht nur in diesem Kontext dem Wesen nach eine friedensgefährdende Provokation. Jedenfalls behindern die Vorgänge seine Verarbeitung des Erlebnisses Sowjetunion keineswegs; eher wirken sie noch herausfordernd: Am 23. Juni schließt der Dichter mit dem Aufbau-Verlag einen Vertrag über einen Gedichtzyklus für die Reihe »Schriften an die deutsche Nation«; als Abgabetermin soll schon der 1. August gelten. Tatsächlich entsteht kaum eine andere Arbeit Fühmanns derartig schnell wie diese zyklische Dichtung, die unter dem Titel *Die Fahrt nach Stalingrad* noch 1953 erscheinen kann.

Das Poem, eine Folge von zwölf römisch bezifferten Stücken, bietet keineswegs eine chronologische Reisebeschreibung in Versen, sondern eine vielfältig verschränkte dreifache Begegnung des lyrischen Sprechers mit dem symbolischen Ort. Die Fahrt in die nach dem Krieg neu erbaute Stadt schafft den Rahmen und die Möglichkeit des Erinnerns an frühere Fahrten in dieses Land; die erste ist der verheerende Kriegszug der Hitlerwehrmacht, die zweite der Marsch der deutschen Soldaten in die Kriegsgefangenschaft. Der tragende Einfall, diese dreifache Fahrt in ihren Zusammenhängen und Unterschieden lyrisch-episch zu evozieren, hilft dem Autor, die Gefahr des Zerfließens zu bannen; andererseits läßt sich von diesem Zentrum aus ein weitgespanntes Bild von Vorgängen entwerfen, die erhebliche historische und auch räumliche Dimensionen haben. Letztlich aber wird die Dichtung in ihrer Form erst dadurch möglich, daß Fühmann es über sich bringt, *ich* zu sagen und sich als Person kenntlich zu machen. Nachdem er in geradezu überwältigender Weise erfahren hat, daß auch er, ungeachtet seiner Zugehörigkeit zu den Okkupanten der Jahre 1941 bis 1945, ein willkommener Gast des Sowjetlandes und sogar Freund unter Freunden sein kann, vermag er nun auch offen und öffentlich mit sich und seinesgleichen ins Gericht zu gehen. Während ein ungedrucktes Gedicht *Generation 1922*[92] das Kriegserlebnis noch voller Selbstmitleid bilanziert, geht Fühmann nunmehr dazu über, Gerichtstag zu halten über sich selbst. Ob die Selbstanklagen in Bechers Exildichtung und Nachkriegslyrik dabei eine fördernde Rolle spielen, läßt sich nicht mit Sicherheit sagen. Unter den DDR-Autoren, die in Hitlers Uniform das Dritte Reich mitgetragen oder seine Feldzüge mitgemacht haben, ist Fühmann jedenfalls der erste, der sich mit seiner Verstrickung in den Faschismus und dessen Untaten entschieden selbstkritisch auseinandersetzt. Dies macht den besonderen Stellenwert des Poems aus. Leider kann es daran nichts ändern, daß diese Fühmannsche Arbeit für den nicht berufsmäßigen Leser inzwischen kaum noch rezipierbar ist.

Doch wer den ganzen Fühmann kennenlernen will, kann *Die Fahrt nach Stalingrad* nicht unbeachtet lassen. Das Poem ist nicht nur ein Stück Selbsterschaffung der politisch-moralisch integren Dichterindividualität, sondern darüber hinaus ein Dokument seiner poetischen Entwicklung. Fast rührend wirkt das Bestreben, außer den Schrecknissen der Kriegsführung hinter den »*Irregeführten*« (RM 87) die wahren Verursacher und Nutznießer zu zeigen. Als ein auffälliges Charakteristikum stellt sich die Aufhebung der Zeitdifferenzen dar: In visionären Bildern wächst aus Gegenwärtigem etwas Vergangenes heraus, und umgekehrt tritt Einstiges plötzlich hinter Heutigem zurück, auf dem sich wünschenswerte Zukunft aufbaut. Bezeichnend auch, wie identifizierbare Details der Dichterbiographie sich mit freier Erfindung verbinden. Die Geliebte Hanna, die wegen ihrer Forderung »*Macht Frieden!*« (RM 67) erschossen wird, ist eher eine erdachte Schwester der Sophie Scholl als eine wirkliche Jugendgefährtin Fühmanns. Er braucht eine solche Gestalt für die konkrete Selbstbezichtigung:

> [...] So schlugen denn die Schüsse
> in das geliebte Angesicht. Und ich
> lag irgendwo, die Schützen zu bewachen
> und das Kommando, das sie schießen hieß.
> (RM 83)

Andererseits bezieht er seine Frau namentlich ein (vgl. RM 96), »*ein Umsiedlerkind*«, das »*keine seidenen Garde-roben/mit in die Ehe gebracht*« (RM 94), und benutzt auch den Namen des Töchterchens, nur daß er im Gedicht noch nicht zu wissen vorgibt: »*Wird es ein Norbert, eine Bärbel sein?*« (RM 95)

Kein Geringerer als der Dichter Georg Maurer (1907 bis 1971), der übrigens auch die ersten beiden Gedichtbücher Fühmanns rezensiert, wird dann auf dem Schriftstellerkongreß im Januar 1956 seinen jüngeren Kollegen als die »stärkste Potenz der jungen Generation«[93] bezeichnen und seine Sprache »das Diktat des Herzens im Licht der Wirklichkeitserkenntnis«[94] nennen. Und im Zusammenhang mit der Vorbereitung des Kongresses wird die Präsidentin des Schriftstellerverbands, Anna Seghers, sich in ihrer spröden Art mit Fühmanns *Fahrt nach Stalingrad* sorgsam auseinandersetzen und bei aller Hochschätzung einige Fragen stellen, die den betroffenen Autor nicht mehr loslassen sollten; vor dem Verbandsvorstand sagt sie: »Man muß […] achtgeben, daß der Imperialismus nicht so erscheint wie etwa der Satan im Mittelalter: der Mensch wird plötzlich vom Satan verführt. Dabei erhebt sich sofort die Frage: Warum hat der Imperialismus nicht Hanna verführt? Warum nicht die Genossen, die im Schnee zu Tode getrampelt wurden? Warum nicht die Menschen in den Konzentrationslagern, hinter den Gefängnismauern? Fühmann sagt richtig und schön, daß das Deutschland, das er endlich fühlt, gerade bei diesen Menschen war. Was ist in einem Soldaten der Hitlerwehrmacht vor sich gegangen, daß er zu einem Kämpfer des Friedens geworden ist?«[95] Genau diese Fragen werden Fühmann in den folgenden Jahrzehnten nicht loslassen, weil er alle seine Bemühungen um Antworten von Mal zu Mal unzureichend finden wird. Das beweist seine produktive Unzufriedenheit, die ihn zu immer tieferer Selbsterforschung treibt.

Nach aufwendigen, aber unergiebigen Versuchen, aktuelle Erzählprosa oder gar ein brauchbares Filmszenarium in der Auseinandersetzung mit den antinapoleonischen Befreiungskriegen zu gewinnen, wendet sich Fühmann wieder dem älteren Plan zu, Kriegserleben erzählerisch umzusetzen. In langer, harter Arbeit, für ihn als Prosaschriftsteller immer notwendig, entsteht von den vertraglich gebundenen Erzählungen wenigstens eine; im Juni 1955 liegt auf dem Tisch Max Schroeders endlich das Manuskript einer handfesten Novelle, die noch im gleichen Jahr als ein erstes selbständiges Prosabüchlein erscheinen kann: *Kameraden*. Vom schwierigen Weg bis zu diesem Ergebnis berichtet der Autor aus großem Abstand, aber in wichtigen Aussagen sicher zuverlässig, im Westdeutschen Rundfunk. Dort stellt er das Titelmotiv als Lesefrucht dar, die er aus der Lektüre jener von ihm beizeiten attackierten Generalsmemoiren davongetragen habe.[96] Und er gibt in dem Zusammenhang jedem, dem das Soldatenleben in Hitlers Wehrmacht nur ganz abstrakt vorstellbar ist, wertvolle Kommentare zum Thema Kameradschaft.

In der Novelle *Kameraden* aber verarbeitet der Autor vor allem Eindrücke und Erfahrungen aus der Zeit seines Einsatzes im Reichsarbeitsdienst. Der Ort des erzählten Geschehens und dessen zeitliche Situierung ergeben sich unmittelbar aus Biographischem. Der Verfasser führt in jene Junitage zurück, da der Überfall Hitlerdeutschlands auf die Sowjetunion direkt bevorstand und begonnen wurde, und er läßt den Leser jene Landschaft im Memelgebiet erleben, wo im Juni 1941 der Arbeitsmann Fühmann wirkte. Die Handlung aber ist reine Fiktion, geschaffen als Widerlegung der Legende von der wunderbaren Kameradschaft in Hitlers Wehrmacht. Fühmann erzählt, welche Konsequenzen es hat, als drei Soldaten, wegen ihrer Ergebnisse im Übungsschießen mit Sonderausgang belohnt, bei der leichtfertigen Jagd auf einen fremdartigen Reiher ahnungslos den Tod eines Mädchens verursachen; sie ist die Tochter des Bataillonskommandeurs. Die Kameradschaft der drei Schützen, die das Geschehene verbergen, wird auf eine Probe gestellt, die Fühmann geschickt zu verschärfen weiß: Nur zwei von den dreien haben geschossen, und so kommt es im Handumdrehen zwischen ihnen zu Lug und Trug, ja beinahe zu

Mord und Totschlag. Mit dieser epischen Zerstörung der Zwecklegende von der großen Kameradschaft begnügt sich der Autor aber nicht; er will mehr. Zum einen bemüht er sich, den Soldaten ein je eigenes Gesicht zu geben, Charakterzüge und Verhaltensweisen durch Rückgriffe in ihre Vorgeschichte oder Mitteilungen über ihre Herkunft zu erklären. Und zum zweiten bringt er den privaten Konflikt der drei in einen politisch-historischen Kontext und löst ihn so, daß er die antisowjetische Propaganda der Nazis als gewissenlose Demagogie entlarven kann.

Der Oberschütze L. erhält einen Vornamen von Fühmanns Vater, aber er heißt nicht nur Josef, sondern ist auch durch den eigenen Vater auf den Faschismus eingeschworen und davon überzeugt worden, daß der Mächtige alles dürfe. Fühmann läßt ihn nachts in Nietzsches *Also sprach Zarathustra* lesen und stattet ihn mit Lust am Bösen aus. Der Obergefreite Karl W. wird als ein dumpfer, triebhafter Landsknecht gezeichnet, der bereits als Angehöriger des Freikorps, im Kampf gegen die Kommune, und jüngst im Polenfeldzug manchen »umgelegt« (E 24) hat. Fühmann läßt ihn jedoch auch beiläufig mit dem Gedanken spielen, zu den Russen überzulaufen, weil ja dort, wie es heiße, die Weiber Gemeineigentum seien. Der dritte, Thomas P., ist der weichste, doch hat auch an ihm die Erziehung der Hitlerjugend zur Härte ihre Wirkung getan. Erst als er sieht, daß zwei Mädchen aus dem überfallenen sowjetischen Dorf unschuldig erhängt werden sollen, fühlt er sich gezwungen, seinem besseren Wissen und Gewissen folgend, dagegen anzugehen; seine Wahrheiten finden aber kein Gehör. Denn Josef hat es geschafft, seinen Vater, einen hohen SS-Offizier, als Retter in der Not schnell an den Schauplatz der Geschichte zu holen. In das Unglück eingeweiht, veranlaßt dieser mächtige Mann, daß die Leiche des Mädchens, aus dem Versteck herbeigeschafft und zusätzlich entstellt, als Opfer eines Übergriffs sowjetischer Untermenschen ausgegeben und diese Unwahrheit in die Mobilisierung der Soldaten zum Überfall auf die Sowjetunion eingebaut wird.

Das antifaschistisch-aufklärerische Anliegen mag hier zu absichtsvoll umgesetzt erscheinen, und die innere Welt seiner Gestalten wird Fühmann später sehr viel tiefer und differenzierter ausgestalten. Doch seine erste Novelle ist nicht von ungefähr in viele Sprachen übersetzt, mit großem Erfolg verfilmt und für den Funk bearbeitet worden. Sie bezeugt ein ungewöhnliches Beobachtungs- und Darstellungsvermögen; sie verrät einen sicheren Sinn für bündiges Erzählen und für poetisches Überhöhen. Es ist freilich ein sowjetischer Kritiker, der sagt: »Ich begriff sofort, daß ohne diese Novelle keine Anthologie deutscher Prosa der fünziger Jahre denkbar war. ›Kameraden‹ ist für mich eine der stärksten, treffendsten, unerbittlichsten Erzählungen über den faschistischen Krieg und die Wehrmacht.«[97] Mit dieser Hochschätzung befindet sich Sergej Lwow aber in guter und zahlreicher Gesellschaft. Die erste Fühmannsche Kriegserzählung hat relativ viele Interpreten gefunden; sie könnte auch die meistgelesene sein. Allerdings: In vieler Hinsicht stellt sie erst einen Anfang dar.

Ehe Franz Fühmann diese Reihe fortsetzt, versucht er sich zunächst an einem neuen Filmprojekt. Er schreibt ein Szenarium nach Johannes R. Bechers Drama *Winterschlacht*. Will er damit etwa dem nunmehr zum Minister für Kultur Aufgestiegenen einen Gefallen erweisen? Das läge ihm wohl fern. Der allzusehr auf seinen Ruhm bedachte DDR-Olympier erfreut sich bei den meisten Jüngeren keiner sonderlichen Beliebtheit. Sie haben auch bemerkt, wie taktlos dieser Mann in seinem Tagebuch 1950 mit dem todkranken Konkurrenten Erich Weinert umgegangen war, dem gerade Fühmann dann 1953 einen rühmenden, begeisterten Nekrolog schrieb.[98] Nein, um einen Becher-Kult geht es Franz Fühmann bei seinem *Winterschlacht*-Projekt durchaus nicht. Ihn betrifft das Stück selbst, das seit der Premiere am 12. Januar 1955 im Berliner Ensemble endlich auf deutschem Boden gespielt und daraufhin in der NDPD-Zeitung diskutiert wird. Das Schlußwort zu dieser Debatte schreibt Fühmann. Es füllt fast eine vierspaltige Zeitungsseite und zeigt sowohl, daß der Autor sich nicht nur mit den in der Diskussion laut gewordenen Meinungen zur Inszenierung, sondern vor allem auch mit dem Becherschen Stück selbst intensiv beschäftigt hat. Unverkennbar ist sein besonderes Interesse an der Gestalt des Johannes Hörder. Während dieser moderne deutsche Hamlet (die Analogie war vom Dichter beabsichtigt) von der Regie erklärtermaßen als Warnung gemeint und von ungeduldigen Zuschauern wegen seiner unentwickelten Fähigkeit zu antifaschistischem Handeln kritisiert und also überfordert wird, setzt sich Fühmann eindringlich für ein rechtes Verständnis dieser Figur ein. Durch seine Verstrickung in den deutschen Faschismus sowie das aufkeimende Schuldbewußtsein und das Bestreben, seine Menschlichkeit zu bewahren, ist Hörder Fühmann denkbar nahe. Zugleich sieht er aber die »*überaus aktuelle Bedeutung*« des Becherschen Stücks gerade darin, daß es »*der Jugend Westdeutschlands klarmacht: Ihr müßt in Eurem Kampf gegen Eure Einziehung zu geplanten neuen Winterschlachten über Johannes Hörder hinauswachsen, ehe es wiederum zu spät ist!*«[99]

Kein Wunder also, daß sich der Autor nach Abschluß von *Kameraden* sogleich mit den Vorarbeiten für einen *Winterschlacht*-Film beschäftigt. Ein solches Unternehmen ermöglicht, in einem Arbeitsgang zweierlei zu leisten: eine objektivierende Gestaltung des eigenen Wandels und ein massenwirksames Angebot aktueller Antikriegspropaganda. Fühmann hatte übrigens auf dem IV. Parteitag der NDPD selbst schon gefragt: »*Wo aber ist der Film, der Roman, das Schauspiel, die diese Wandlung*«[100] vieler Deutscher zu Gegnern des Faschismus schildern? Das Szenarium wird von der DEFA nicht genutzt, doch die Arbeit daran bleibt nicht ohne Folgen; Früchte der darin geführten Auseinandersetzung werden sich in späteren Texten zeigen.

In der zweiten Hälfte der fünfziger Jahre ergibt sich ein neuer Schub von Gedichten. Schon 1957 kann ein weiterer Lyrikband erscheinen: *Aber die Schöpfung soll dauern*. Die deklarative Aufbaulyrik findet keine Fortsetzung, wohl aber der produktive Umgang mit dem Märchen. Was sich 1953 erst angebahnt hatte, wird nun vielfältig ausgebaut. Die Sprache differenziert sich dabei, ist mitunter prosaisch-nüchtern oder sogar ein wenig sarkastisch. Auch die äußere Form der Gedichte erscheint tendenziell strenger, jedoch abwechslungsreicher. Die Begeisterung für das Wunderbare wird zurückgenommen, das Praktisch-Vernünftige herausgekehrt. Das Märchen vom Wolf und den sieben Geißlein, das Franz Fühmann schon in ein antifaschistisches Prosastück zu verwandeln versucht hatte, wird nun so beschnitten und gewendet, daß es zum »Lob des Ungehorsams« gerät: Mutter Geiß kann sich am Ende freuen, daß wenigstens eines ihrer sieben sorgsam erzogenen Kinder in den verbotenen Uhrenkasten gesprungen ist; »*dort hat's der Wolf nicht gefunden,/so ist es am Leben geblieben*« (RM 143). Und das Märchen vom Rumpelstilzchen wird zu einer handfesten Kritik am deutschen Untertan genutzt. Geschichtskritik erfolgt nun in größerem Stile und unter Verwendung vorgeformter Mythen; prägnantestes Beispiel: *Der Nibelunge Not*. Die Anspielung auf das mittelhochdeutsche Epos wird bis zum Zitat hin, bis in die Strophenform hinein durchgehalten, zugleich aber das Bezugsfeld des Poems *Die Fahrt nach Stalingrad* evoziert, wenn es heißt: »*Zu Worms am Rheine geboren/und verwest am Don.*« (RM 111)

All diese Beispiele, die zu vermehren wären, belegen eine gewachsene Souveränität des Umgangs mit dem Material. Das Stoffliche transportiert mehr Weltanschauliches. Eben dies wird auch an einer Gruppe von Texten sichtbar, deren Motive sich nicht zuletzt aus der liebevollen Beobachtung des heranwachsenden Töchterchens Bärbel, ihrer drei Cousins und sonstigen Spielgefährten ergeben: *Der Kinderkarren, Das Kind entdeckt den Garten, Die Kinder am Strand, Das Kind im Zirkus* und andere. Dabei handelt es sich trotz aller Stilisierung nicht um idyllische Genrebilder, sondern um gleichnishafte Studien zum Thema: Was ist der Mensch? Was vermag er?

In seiner Rezension von Georg Maurers Zyklus *Die Ele-*

mente konstatiert Fühmann: »*[...] der Mensch ist nicht am Ende, er beginnt gewaltig sein eigentliches Menschentum, in dem die hoffenden Mythen der Völker Wirklichkeit werden.*«[101] Die Gedichte harmonieren mit dieser pathetischen These, aber sie sind in ihrer durchsichtigen Stofflichkeit genauer und haltbarer.

Die zitierte Formulierung muß übrigens in ihrem polemischen Zusammenhang wahrgenommen werden: Fühmann nimmt in der Rezension eine ästhetisch-weltanschauliche Positionsbestimmung vor, bei der er an Becher anknüpft und sich entschieden von Gottfried Benns sogenannter Dekadenz abgrenzt. Die spätere, erbitterte Zurückweisung des kulturpolitisch festgeschriebenen Dekadenzbegriffs, wie sie im Trakl-Essay gipfelt, hat eben wirklich die vorherige Annahme dieses Begriffs durch Fühmann zur Voraussetzung. Das Paradoxe aber besteht darin, daß er längst von Benns Verskunst fasziniert ist und bei deren andauerndem Genuß auch manches gewonnen hat. Im Band *Die Nelke Nikos* deutete sich das bereits an; doch spielten dort auch noch andere ältere und neuere Einflüsse eine Rolle (von Rilke, Trakl, Weinheber, Brecht, Becher, Kuba und sogar von Generationsgefährten). In der neuen Sammlung nun wird die suggestive Wirkung Benns durchgängig spürbar, freilich nicht im Gedanklichen, jedoch im ausgeprägten Zug zum meditativen Durchdringen der Gegenstände und zum verdichtenden Sprechen in einem vorwiegend dreihebigen Vers voller Alliterationen, die er allerdings seit jeher liebt. Zu den Gedichten dieser Art gehört auch *Aber kein Kerker,* das der Autor zweiundzwanzig Jahre später dadurch auszeichnet, daß er es an den Anfang seiner äußerst kargen Lyrik-Auswahl für die Werksammlung stellt; es läßt sich als elegisches Eingeständnis der übergroßen Strenge lesen, mit der er sich – im Gegensatz zu Johannes Bobrowski – das poetische Heraufrufen der Kindheitswelt verboten hatte.

Der Prosaschriftsteller Fühmann ist in diesen Jahren noch nicht imstande, sich neue stoffliche und thematische Felder zu erschließen. Wie er später öffentlich beklagt, bannt ihn seine Tätigkeit in der NDPD vorwiegend ins Büro, das er allenfalls verläßt, um da eine Konferenz zu besuchen und dort ein Referat zu halten. Anregungen für ein Gedicht lassen sich selbst von solchen Gelegenheiten mitbringen. *Im Museum von Lidice* etwa geht auf Eindrücke zurück, die er 1956 als Vertreter des Schriftstellerverbands bei der Teilnahme am Kongreß der tschechoslowakischen Kollegen gewinnt. Für den Erzähler aber gibt es vorerst keine Wahl: Er muß sich weiter den aus dem Krieg mitgebrachten Erfahrungen stellen. Zum gleichen Zeitpunkt, da die Uraufführung des DEFA-Films *Betrogen bis zum jüngsten Tag* nach der Novelle *Kameraden* erfolgt (7. März 1957), stellt die Zeitschrift »Neue deutsche Literatur« seine nächste Kriegsnovelle vor: Im Heft 3 erscheint als Spitzenbeitrag *Das Gottesgericht*, wieder eine erfundene Geschichte, aber wieder angesiedelt auf einem Boden, auf dem der Autor selbst als Soldat gestanden hat. Eine weitere, wesentlich dichter ans Autobiographische heranführende Erzählung wird nur zwei Monate später in der Kulturbund-Wochenzeitung »Sonntag« (Nummer 18 bis 20) publiziert; sie heißt *Kapitulation*. Zusammen mit der kleinen Trilogie *Das Erinnern (Traum 1958; Grenzstation; Über den Waldsee)* dokumentieren diese Erzählungen in dem großformatigen, mit Original-Illustrationen von Hans und Lea Grundig ausgestatteten Band *Stürzende Schatten* (1959) dann mit neuer Deutlichkeit den Sinn des Autors für zyklisches Gestalten und für kalkulierte Komposition. Zugleich bestärkt diese Zusammenstellung den Eindruck, Fühmanns Generalthema sei die von Faschismus und Krieg geprägte Vergangenheit. Sein Ruf als »Vergangenheitsbewältiger«, der ihn beizeiten verdrießen wird, entwickelt sich und erfährt ja auch in der Folgezeit immer neue Bestätigungen.

Stürzende Schatten zeigt den Verfasser von *Kameraden* sowohl mit der Fortsetzung des Begonnenen beschäftigt als auch um die Gewinnung neuer Möglichkeiten bemüht. Das in *Gottesgericht* geschilderte Geschehen spielt im Mai 1943 an der Südküste des Golfs von Korinth. Die wesentliche Veränderung gegenüber *Kameraden* besteht jedoch darin, daß die Dauer des dargestellten Vorgangs und die Dimensionen des äußeren Geschehens radikal eingeschränkt werden. Der größte Teil dessen, was der Erzähler mit erheblichem Aufwand beschreibt, spielt sich in einigen Minuten ab. Die Handlungen der fünf wichtigen Personen sind, aus der Ferne betrachtet, nur geringfügig. Freilich fallen zwei Schüsse, und am Ende gibt es einen Feuerüberfall seitens der Partisanen. Aber die längste Zeit – die nur lang erscheint, weil der Erzähler sie dehnt – stehen sich ohne große äußere Veränderungen vier Wehrmachtsangehörige und der griechische Koch der Truppe gegenüber, der entgegen dem deutschen Gebot die Stellung verlassen hat, um sich im Meer zu waschen. Ähnlich wie in *Kameraden* interessiert den Autor auch hier einerseits das Verhältnis der Soldaten untereinander und zugleich ihr Verhalten gegenüber dem überfallenen Volk. Das Studium der Deutschen in Hitlers Uniform wird jedoch nun erweitert und vertieft. Führmann kompliziert die Beziehungen der diesmal vier Soldaten von vornherein dadurch, daß er ihnen verschiedene Dienstgrade und Kompetenzen gibt, also ein differenziertes wechselseitiges Abhängigkeitsverhältnis aufbaut. Die vorgegebene Rangordnung betont er noch dadurch, daß er die Figuren nicht – wie das in der ersten Erzählung geschah – mit den Anfangsbuchstaben fiktiver Familiennamen versieht, sondern wie die Ecken eines Vierecks benennt. Das kleine Kommando, das zu Erkundungszwecken abgeschickt worden war und nun im Begriff ist zurückzukehren, besteht aus dem Feldwebel D., dem Unteroffizier C., dem Obergefreiten B. und dem Funker A. Unter den von ihm geschaffenen Bedingungen kann und muß der Autor seine Figuren intensiver befragen, mehr für psychische Motivierung und individuelle Charakteristik leisten. Er operiert als allwissender Erzähler, blickt tief in die gedanklichen und emotionalen Prozesse hinein, die in den Personen ablaufen, und arbeitet mit wechselnder Figurenperspektive. Auch das Opfer der Soldatenwillkür, der Koch, wird von innen betrachtet, und auch mit seinen Augen werden die Deutschen gesehen, nicht zuletzt der Funker A. Dieser Soldat bedarf wegen seines engen Bezugs zum Autor besonderer Beachtung; doch zunächst sei auf das Titelmotiv und seine semantischen Aspekte verwiesen.

Das Motiv des Gottesgerichts bringt Fühmann über die Figur des Feldwebels D. in seinen Text. Dieser Mann, im Zivilberuf Oberschullehrer für Geschichte, Spezialgebiet frühes Mittelalter, will nach dem Abschluß des ergebnislosen Einsatzes seine Idee, die alte Praxis des Gottesgerichts sei in der Gegenwart wiederzubeleben, an dem unschuldigen Koch Agamemnon ausprobieren. Es ist nichts anderes als ein frevlerisches Spiel mit fremdem Leben. Fühmann erfaßt damit die Bereitschaft der Soldaten zum skrupellosen Umgang mit tödlichen Waffen oder gar die Lust am scheinbar gerechtfertigten Töten. Von den vier Männern, die dieses böse Spiel treiben, werden zwei Schüsse auf den Koch abgegeben; der zweite trifft tödlich. Am Ende aber werden alle vier Opfer der plötzlich auftauchenden Partisanen, deren Spur sie nicht gefunden hatten und die nun das wahre Gottesgericht an ihnen vollziehen. Das Titelmotiv gibt also dem ungewöhnlichen Einzelfall einen gleichnishaften Zug und zugleich eine angemessene Wertung. Doch darin erschöpft sich Fühmanns Arbeit mit dem Motiv noch nicht; er nutzt es für die psychologische und ideologische Analyse des Funkers A., einer Gestalt, in der er sich selber kritisch spiegelt und verurteilt. Wie der junge Soldat so dasteht, die Waffe in der Hand, von dem ängstlich-unterwürfigen Griechen als ein Gott angestarrt, überkommt ihn ein unbändiges »Herrengefühl« (E 59). Das vorgegebene Stichwort Gottesgericht drängt ihm in seinem Gefühlsrausch die Frage auf, welcher Gott denn da richten solle, und seine Antwort lautet, sie selber seien die Götter. Überall sieht er seinesgleichen mit der Waffe stehen und die Völker vor ihnen liegen, »und überall waren sie Herren über Leben und Tod« (E 63). Der Führer habe sie zu Göttern gemacht, denkt er, und er ist es schließlich, der Agamemnon tötet. Mit dem Funker A. schafft Fühmann kein Selbstporträt. Aber wie der Thomas in *Kameraden* ist er dem Autor spürbar verwandt und dient ihm als Medium der Selbstbezichtigung und Selbstbestrafung, wie er sie im *Stalingrad*-Poem schon vorgeprobt, aber doch noch nicht bis zur letzten Konsequenz getrieben hat. Dort war die Selbstbeschuldigung des sprechenden Ichs noch indirekt. Hier nun wird ein Funker vorgeführt, der einen unschuldigen Griechen willkürlich tötet, und er wird vom Erzähler sozusagen zum Tode verurteilt. Die Anklage der Figur und das Urteil über sie sind unverkennbare Bestandteile einer fortgesetzten kritischen Selbstbefragung.

Das gilt auch und erst recht für die zentrale Gestalt der nächsten Erzählung. *Kapitulation* spielt wiederum zwei Jahre später, und zwar genau am 9. Mai 1945, »tief im böhmischen Wald« (E 75). Der Held bekommt einen vollständigen Namen und einige Personalien, die ihn vom Autor wegrücken; der junge Soldat, der im Mittelpunkt des nun auch äußerlich sehr bewegten Geschehens steht, heißt Anton Schelz und ist Kunststudent, geboren 1926. Es fehlt aber nicht an Anzeichen dafür, daß der Autor mit dieser Gestalt besonders viel gemeinsam hat; selbst seine Auseinandersetzung mit Bechers Figur des Johannes Hörder geht in den detaillierten Entwurf dieses unglücklichen jungen Deutschen ein. All das ist wohl bedeutsamer als der Umstand, den Fühmann nur anfangs angibt, nämlich daß er sich an Ambrose Bierces *Es gibt kein Entrinnen* angelehnt hat.

Der Titel verweist beileibe nicht nur auf das Schlußdatum aus der Chronik des Dritten Reiches. Die deutsche Katastrophe bringt den Helden in eine totale Krise. Eine über weite Strecken hektische, an jähen Wendungen reiche Handlung, vorwiegend aus dem Blickwinkel des Anton Schelz erzählt, zeigt diesen in einem dichten Knäuel von Konflikten zwischen tödlicher Bedrohung durch die Feldgendarmerie und verzweifeltem Lebenswillen, zwischen Schreckens- und Glücksvisionen, zwischen panischer Angst vor den Rotarmisten und der gegenläufigen Neugier auf deren Welt. Er hat noch die Durchhalteparolen der Geschlagenen im Ohr; die Sehnsucht, sein künstlerisches Werk zu schaffen, bricht plötzlich auf; die süße Stimme des Todes lockt, doch immer wieder treibt ihn spontaner Lebensdrang an. Der Held macht ein chaotisches Wechselbad der Gefühle durch und wird von widersprüchlichsten Gedanken bewegt. Fühmann will den Soldaten dem Leser nahebringen und ihn vor einer vorschnellen Verurteilung bewahren. Andererseits kann und will er auch in diesem Falle nicht auf ein Strafgericht verzichten. Er läßt den persönlich Unschuldigen zu Tode kommen, zuvor aber zur Einsicht in die eigene Schuldhaftigkeit gelangen: »*Dafür habe ich mein Leben hingegeben [...]! Für die Mörder. Für die furchtbaren Gesetze der Mörder. Für die Alleen von Galgen. Dafür, daß die Ermordeten nicht mehr von uns lassen. Dafür, daß ich in der ersten Stunde des Friedens geschlachtet werde, von den Mördern, im Wald, wie ein wildes Tier.*« (E 94)

Letztlich tötet der Soldat sich selbst; seine Kapitulation aber wird als moralischer Sieg über jene gedeutet, die ihn mißbraucht haben. Noch der Sterbende ist nicht sicher vor solchem Mißbrauch: Ein SS-Leutnant nimmt ihm seine Papiere, um sich damit davonzumachen; doch die Sieger kommen ihm zuvor. Ein bündiger, populärer Erzähltext ist Franz Fühmann mit *Kapitulation* nicht gelungen, wohl aber ein Versuch, die deutsche Katastrophe wie in einem Brennspiegel sinnbildlich zu fassen und dem Hitlersoldaten eine tragisch verspätete Katharsis einzuräumen. Als Erzähler erarbeitet sich der Autor dabei neue Mittel.

Schon das erste Stück der kleinen Trilogie *Das Erinnern* schließt eng an *Kapitulation* an: *Traum 1958* bietet dem Leser fast ausschließlich Vorstellungen, die sich im Inneren eines Menschen herausbilden und nur für ihn existieren. Die umfangreichen visionären Passagen in der Geschichte vom Soldaten Anton Schelz verraten also ein Interesse Fühmanns, das sich früher nur versteckt ankündigte – Thomas in *Kameraden* hat »*eine Art Traum*« (E 17) mit wüsten Geschichten – und sich nun strukturbildend durchsetzt. Das geschieht übrigens nicht zufällig gerade in dieser Zeit. Nach dem XX. Parteitag der Kommunistischen Partei der Sowjet-

union und den Enthüllungen über den Personenkult um
Stalin und seine Folgen gibt es wie bei vielen Intellektuellen
in der DDR auch bei Fühmann tiefe Erschütterungen und
neue Ansätze im Denken über gesellschaftliche, ideologische und nicht zuletzt gerade kunst- und literaturtheoreti-
sche Probleme. Hatte Fühmann als Kulturpolitiker 1952
den Surrealismus ebenso entschieden wie pauschal abge-
wiesen, weil dessen »*Anhänger verkünden, die Kunst dürfe
nicht die Wirklichkeit des Lebens wiedergeben, sondern
müsse die Welt der Träume und Wahnvorstellungen [...]
schildern*«[102], so verficht er in einem parteiinternen Diskus-
sionspapier vom Februar 1957 die »*Meinung, daß das hartnäckige Ignorieren der großen psychologischen Erkenntnisse
durch den Sozialismus zumindest ein konservativer Zug ist*«
(UP 205). Einer seiner späten Lieblingspläne wird ein Buch
mit Traumerzählungen, ein weiterer wichtiger Plan ein Essay
über Sigmund Freud als Beigabe zu einer von ihm maßgeblich initiierten umfassenden Freud-Auswahl. Vorerst freilich
geht es nur darum, den Traum als Legitimation einer Asso-
ziationstechnik zu nutzen, die ihm einen neuen Typ Kriegserzählung ermöglicht.

Traum 1958 ist eine für die damalige DDR-Literatur recht
kühne Konstruktion. Der Leser wird durch den Titel sowie
den elliptischen Einleitungssatz schon gehalten, den Text als
Wiedergabe eines Traums zu nehmen, so daß er dann auch
auf seltsame Verfremdungen vorbereitet ist. Dazu gehört
beispielsweise das Simulieren von Reden Hitlers durch die
Reihung typischer Nomina, bei denen die Vokale herausge-
zogen und einzelne Konsonanten verdoppelt werden: »*frrht,
vrrtdg, schkslhft, gtt, ndkmpf, rrch, sndg, blschwsms*« (E 104)
usw. Sie schaffen satirische Effekte, die dem übergreifenden
Anliegen dienen. Der Traum des aus Schlesien stammenden
Westberliner Bäckers Hans K. verknüpft dessen Erinnern
an die Endphase des Kriegs mit Reflexen auf die damals befürchtete atomare Ausrüstung der Bundeswehr. Als Fünfzehnjähriger hatte er noch im April 1945 einen sowjetischen
Panzer in Brand geschossen und war dafür mit dem Eiser-

nen Kreuz dekoriert worden. Die Vergegenwärtigung jenes Endkampfs, der mittels einer legendären Wunderwaffe noch gewonnen werden sollte, läßt Fühmann in die alptraumhafte Warnung vor der Atomrakete als der nun verfügbaren Wunderwaffe für den »Endkampf« umschlagen. Die vom Autor empfundene akute Kriegsgefahr kann im Traum als ein gegenwärtiges Kriegsgeschehen vorgeführt werden.

Die erhoffte Wirkung auf den Leser bringt Fühmann am Ende sehr deutlich zum Ausdruck: Der aus dem schon öfter, aber noch nie so schrecklich erlebten Traum erwachte Bäcker, sonst immer zu dessen Verdrängung entschlossen, erfährt nun beim Blick aus dem Fenster einen Wandel: »[...]es war ihm, als sähe er dies zum ersten Male in seinem Leben: ein Haus, einen Himmel, eine Sonne, und ein bisher nicht gekanntes Gefühl der Verantwortung begann ihn zu erfüllen.« (E 112) Als Motiv für die ungewöhnliche Stärke der geträumten Schrecknisse wird ein vorabendliches Gespräch angegeben, »das von der Nachricht über die Atombewaffnung der Bundeswehr ausgelöst worden war und in dem Hans K. die Meinung vertreten hatte, daß sich ein Bäckermeister ums Brotbacken und nicht um die Politik zu kümmern habe« (ebd.).

Hier läßt sich beobachten, wie der Schriftsteller in dieser Zeit vom NDPD-Funktionär dominiert wird; es geht Fühmann nicht schlechthin um Warnungen vor einer Gefahr, sondern er trachtet eigens danach, den Mittelstand politisch zu aktivieren. Übrigens arbeitet er in dieser Zeit auch eine Reihe von Vierzeilern gegen die Atomkriegsgefahr aus, offenbar unter dem Eindruck von Brechts *Kriegsfibel*, nur daß er nicht mit dem Blick auf Fotos schreibt, sondern in der Erwartung, Herbert Sandberg liefere die Zeichnungen dazu. Die Zusammenarbeit kommt aber nicht zum Ende.

Nach *Traum 1958* folgt in der Trilogie der Kurztext *Grenzstation*. Auf drei Seiten wird dargestellt, wie ein von bitteren Erfahrungen mit Hitlerdeutschland belasteter tschechischer Intellektueller (sein Modell ist Ludvík Kundera) nach zwölf Jahren erstmals wieder die Grenze zu Deutschland überquert und ihn dabei das einst Erlebte so bedrängend überkommt, daß er an den Rand einer Ohnmacht gerät. Aber auf dem DDR-Grenzbahnhof wird ihm der Wandel des deutschen Nachbarlands zum kontrastierenden Erlebnis. Die Überzeugungskraft dieser Geschichte bleibt allerdings gering. Das liegt nicht bloß daran, daß Fühmann die Erinnerung des Reisenden an das früher Erlebte als ein starkes inneres Drama zu gestalten weiß, dem gegenüber die pointillistische Beschreibung des Bahnhofsidylls schwach wirkt. Hinzu kommt, daß diese Momentaufnahme ohnehin kaum eine authentische Auskunft über die gesellschaftliche Ordnung und die Kultur des Landes hergeben kann. Der Text ist ein weiterer Versuch, sich methodische Möglichkeiten einer darstellerischen Verbindung zwischen Vergangenheit und Gegenwart zu erschließen.

Der letzte, noch kürzere Text des Ensembles *Das Erinnern* erprobt eine dritte solche Möglichkeit. *Über den Waldsee* handelt zwar ganz in der Gegenwart; aber die Handlung ist nur Anlaß für ein Gespräch, das dann doch tief in die Vergangenheit zurückgreift. Da hat ein Motorbootfahrer, dem das Benzin ausgegangen ist, Hilfe von Fremden bekommen. Daran schließen sich Fragen des Töchterchens an; sie beginnen beim Wort »Russen« und hören beim Krieg nicht etwa auf, sondern nötigen den Vater, darüber zu befinden, ob er im Krieg ein guter oder ein böser Soldat gewesen sei. Der Autor läßt ihn lügen, er sei ein guter gewesen, und die Last dieser Lüge anschließend stark empfinden. Nicht so sehr das Geschichtchen hat Gewicht als das ganz Fühmannsche Nachdenken jenes Vaters: »*Wie lange noch schleifen die verfluchten Jahre ihre Schatten durch unser Leben? [...] Möge mit unserer Generation die Lüge sterben!*« (E 118) Eine bittere Frage und ein heißer Wunsch; beide werden den Autor bis an sein Ende begleiten. Wenn ein unerbittliches Erinnern belastender Vergangenheit, wenn ein unerschrockenes Streben nach Wahrheit irgend Qualitäten späterer DDR-Literatur werden, dann hat Franz Fühmann daran seinen maßgeblichen Anteil.

In dem Augenblick, da der Band *Stürzende Schatten* im Verlag der NDPD erscheint, ist der Autor schon nicht mehr Mitglied des Parteivorstands und aus dem Apparat seiner Partei ausgeschieden. Aus aktuellem Anlaß wird er von der Kandidatenliste für den Hauptvorstand, die dem VII. Parteitag im Mai 1958 vorliegt, kurzerhand gestrichen. Der Vorgang steht letztlich in einem Zusammenhang mit den politischen und kulturpolitischen Auseinandersetzungen im Gefolge des sowjetischen Parteitags vom Februar 1956, der blutigen Ereignisse in Ungarn im Herbst 1956 und analogen Vorgängen in anderen Ländern.

Obgleich Fühmann von den einschlägigen Dogmen aus der Stalin-Ära nachhaltig beeinflußt ist und seinen Dienst noch immer ziemlich eng versteht, hat er doch längst begonnen, Haltungen und Ansichten in Frage zu stellen, die er mit seinem Kunstverstand und der eigenen Erfahrung nicht in Einklang bringen kann. Sogar die Notizen von der Reise in die Sowjetunion im Mai 1953 belegen schon eine rege Auseinandersetzung mit bestimmten kulturpolitischen Borniertheiten, die in der Verlagspraxis wie in Regierungsämtern zu finden sind. Nach dem Erlebnis des Balletts *Die Flamme von Paris* von Boris Assafjew im Moskauer Großen Theater hält Fühmann beispielsweise fest, die Massentänze hätten ihn an einer Stelle an einen Tanz aus Orffs *Antigone* erinnert, und fügt hinzu: »*Gott sei Dank, daß diese Inszenierung nicht bei uns läuft – Holtzhauer [103] würde sie wegen Formalismus absetzen.*«[104]

Daß er auf seine Weise an dem geistigen Aufbruch nach dem KPdSU-Parteitag vom Februar 1956 aktiv teilnimmt, versteht sich danach fast von selbst. Noch fest in die NDPD eingebunden, sucht er vor allem in deren Führungsgremium mit Anregungen und Vorschlägen wirksam zu werden. Was er zur öffentlichen Diskussion beiträgt, hat keinen sensationellen Anstrich; richtig verstanden, ist es jedoch für die laufende Debatte konstruktiv, wenn er die Umfrage des »Sonntag« »Wohin geht die Literatur?« mit der Gegenfrage attackiert: »*Was soll eine künstlich entwickelte Dis-*

kussion?«[105] und sich dafür einsetzt, daß man am konkreten Gegenstand, am Werk, und ohne Gedrängel durch die Tagespolitik diskutieren solle. Das ist wohl als eine mittelbare Antwort auf das forcierte Referat des Stellvertretenden Kulturministers Alexander Abusch zu lesen, das dieser auf dem II. Kongreß junger Künstler Ende Juni 1956 hielt und mit dem er sich als kommender Mann ehrgeizig hinter Becher vordrängte.

Ausdrückliche und massive Polemik mit Abuschs Referat findet jedenfalls in den Fühmannschen Thesen statt, die mit dem Datum 2. Juli 1956 dem Parteivorstand der NDPD vorgelegt werden. *»›Der sozialistische Realismus ist die geeignetste Schaffensmethode zur künstlerischen Erfassung der Wirklichkeit unserer Zeit‹ – diese, nach dem Referat von Abusch auf dem gegenwärtigen ›Fest junger Künstler‹ formulierte These ist nicht haltbar. Jeder Künstler muß seine individuelle Schaffensmethode finden«*, erklärt der Autor hier mit aller Entschiedenheit. Als den theoretischen *»Hauptfehler der bisherigen Kunstauffassung und damit auch der Kunstpolitik«* moniert er, *»daß die Kunst als eine besondere Form der Ideologie oder politischen Propaganda betrachtet wurde«*, aus dem Wissen, daß die Werke der Kunst *»den ganzen Menschen ausdrücken und sich an den ganzen Menschen wenden«*, gewinnt er seine Gegenthese: *»Literatur und Kunst haben mit Ideologie zu tun, sie enthalten Ideologie, sie wirken unter anderem auch ideologisch, aber sie gehen nicht in der Ideologie auf.«*[106]

Wenn erst noch 17 Jahre vergehen müssen, bis Fühmann diesen Gedanken öffentlich vorträgt (auf dem VII. Schriftstellerkongreß im November 1973), dann kennzeichnet das nicht nur die strenge Selbstdisziplin des Autors, sondern auch und vor allem die andauernde Behinderung einer freien Diskussion. Energisch und mutig arbeitet Fühmann 1956 auf eine uneingeschränkte Selbstverständigung des Parteivorstands hin. Aber offenbar stößt er schon im internen Kreise auf unüberwindliche Widerstände. Bedenken mögen nicht zuletzt solche Aussagen der Thesen erregt haben wie diese: »*Die Arbeiterklasse, die an Seele und Gemüt verkrüppelt und verkümmert aus dem Imperialismus steigt, kann nicht als makelloser Held dargestellt werden. [...] Eine vernünftige und wirksame Kunstpolitik kann sich [...] nicht auf subjektive Wünsche einzelner Personen, politischer Gruppen oder sozialer Schichten orientieren.*«[107]

In voller Übereinstimmung mit Becher[108], aber ohne ihn als Autorität anzuführen, polemisiert Fühmann gegen eine kulturpolitische Standardparole der SED-Spitze, wenn er klarstellt: »*Kunst kann u. a. auch Waffe sein, aber sie ist selbstverständlich nicht nur Waffe.*«[109] Als ganz und gar nicht geheuer muß seinen äußerst dogmatischen Parteifreunden auch eine Passage erscheinen, die der permanenten Forderung nach Kunstwerken mit Stoffen aus der unmittelbaren Gegenwart zuwiderläuft. Als Beispiel führt Fühmann an: »*Wenn ich Soldat in der Nationalen Volksarmee bin, aber ein Mädchen in Bonn am Rhein liebe und in einen Konflikt zwischen meiner Pflicht als Bürger der Republik und zwischen meiner Pflicht als Liebender gerate, so werde ich, um eine menschliche Lösung zu finden, nicht nur nach einem Traktat über das gesellschaftliche Wesen unserer Volksarmee greifen. Ich werde mich nach einem Buch umsehen, in dem ich Menschen begegne, die einen ähnlichen Konflikt durchstehen müssen, wobei es übrigens mehr oder weniger gleichgültig ist, ob die Helden dieses Buches 1955 in der Deutschen Demokratischen Republik oder im Jahre 600 vor Christus in Rom leben.*«[110]

Im Kontext der aktuellen Diskussion muß die ausgesprochene Bagatellisierung des stofflichen Materials auffallen. Im Hinblick auf Fühmanns Kunstkonzept verdienen jedoch andere Aspekte besondere Aufmerksamkeit: Keimhaft, aber unverkennbar kündigt sich hier an, daß er Literatur als ein Mittel der Konfliktbewältigung versteht, als ein Angebot, das dem Leser die Möglichkeit schafft, sich mit seinen Lebensproblemen erfaßt zu sehen; als Lebenshilfe nicht durch Belehrung oder Information, sondern durch Katharsis. Damit soll nun freilich nicht gesagt sein, daß er fortan strikt von diesem Literaturverständnis geleitet würde. Nein, als Dichter im Dienst wird er auch weiterhin noch manches Informierende oder gar Belehrende schreiben.

In einem weiteren Arbeitspapier für den Parteivorstand vom 6. November 1956 bringt Fühmann befriedigt zum Ausdruck, daß die kulturpolitische Praxis nach der Korrektur eklatanter Fehler in Ordnung sei und so fortgesetzt werden solle. Eben darum aber beunruhigt ihn das Ausbleiben einer ausdrücklichen Revision jener Dekrete und Theoreme, die bisher eine kritikwürdige Kulturpolitik bewirkt haben; er verweist dabei auf Beschlüsse des ZK der KPdSU, Reden Shdanows und anderes. Für falsch hält er aber auch, *»von unseren führenden Stellen verlangen zu wollen, daß sie jetzt offizielle oder offiziöse Dokumente zu den schwierigen Fragen der Kunstpolitik herausgeben«*[111]. Denn er erkennt als Gefahr, wie er vorsichtig formuliert, *»daß zumindest untergeordnete Stellen aus den Debatten im Petöfiklub und dem offenbar unkorrekten Verhalten einiger ungarischer Schriftsteller die Schlußfolgerung ziehen, daß der frühere kulturpolitische Kurs doch richtig gewesen ist«*[112].

Das Papier umfaßt dann noch eine eindringliche und prinzipielle Kritik an der von der SED betriebenen Medienpolitik. Dem gegnerischen Nachrichtenapparat sei allein dadurch zu widerstehen, daß die DDR ihren eigenen Nachrichtenapparat attraktiver gestalte. Man sieht, Fühmann denkt hier weit über sein Ressort hinaus; sein Manuskript ist auch direkt an den damaligen Parteivorsitzenden, Dr. Bolz, gerichtet und durch die Überschrift als allgemein politisch gekennzeichnet: *Prinzipielle Vorschläge unserer Partei mit führenden Vertretern anderer Parteien.* Der Verfasser hält es offensichtlich für nötig und möglich, seitens der Blockpartei Einfluß auf die maßgeblichen Kräfte in der SED zu nehmen. Deren Chef stellt jedoch zur gleichen Zeit die Weichen grundsätzlich anders. Er unterdrückt sogar die kritische Diskussion in der eigenen Führungsspitze und betreibt dann mit Erfolg den Ausschluß namhafter Mitglieder aus den höchsten Gremien der Partei; Karl Schirdewan, Ernst Wollweber und andere werden – als angebliche Opportunisten mit antimarxistischen Ansichten – politisch ausgeschaltet. Die von Walter Ulbricht persönlich veranlaßte Verhaftung von Dr. Wolfgang Harich am 29. November 1956 und die nachfolgenden, Recht, Gesetz und Würde der Betroffenen aufs schwerste verletzenden Prozesse und Urteile bilden die Anfänge eines ganzen Systems restriktiver Maßnahmen, das vor allem im geistig-kulturellen Bereich allen Bemühungen um eine Demokratisierung und Entstalinisierung des Sozialismus in der DDR schroff entgegenwirkt. Der damals in Leipzig wirkende Germanistikprofessor Hans Mayer wird das einschlägige Kapitel seiner Lebenserinnerungen dereinst mit der paradoxen Überschrift versehen: »Ein Tauwetter, das keines war«[113].

Doch Fühmann legt allen Mitgliedern des NDPD-Vorstands am 19. Dezember 1956 noch einen politisch motivierten großen Entwurf vor; er zielt auf ein kühnes editorisches Unternehmen von außerordentlichen Dimensionen, wobei er betont, er habe sich mit dem Projekt schon lange beschäftigt, und bittet um Meinungsäußerung und Vorschläge für die Art und den Weg, den Entwurf in die Öffentlichkeit zu bringen. Die Edition ist sicher nicht als Gegenentwurf zur »Bibliothek deutscher Klassiker« gedacht, die unter der Leitung von Helmut Holtzhauer gerade im Vorjahr 1955 zu erscheinen begonnen hat, aber fraglos mindestens als ebenbürtig gemeint. Fühmann stellt seinen Vorschlag unter das Postulat: »*Wir müssen auf verschiedenen Kulturgebieten ernsthaft aus dem 19. Jahrhundert, in dem wir feststecken wie in Beton, herausfinden und müssen endlich das 20. Jahrhundert zur Kenntnis nehmen.*«[114] Dabei denkt er vor allem an die Künste und an die Psychologie, schlägt aber schließlich eine ganz breit angelegte Bibliothek mit folgenden Reihen vor: Literatur – Bildende Kunst – Wissenschaft – Politik und Geschichte – Philosophie. Die anzustrebende inhaltliche Weite deutet er für die Literatur hinreichend an, wenn er Namen aufzählt wie »*Kafka, Rilke, Musil, Broch, Thomas Mann, Brecht, Becher, Döblin, Benn, Majakowski,*

Babel, Scholochow, Fedin, Joyce, Hemingway, Wilder, Faulkner, Dos Passos, Proust, Sartre u. a.«[115]

Nachdem er sich mit dem zu erwartenden Einwand des Objektivismus auseinandergesetzt und speziell in Sachen Kafka argumentiert hat, plädiert er ausdrücklich für die Aufnahme auch solcher Autoren, die gemeinhin als reaktionär gelten, dann, »*wenn sie wirklich Leistungen von Weltgeltung vollbracht haben*«[116]. Das sieht er zum Beispiel im Falle von Friedrich Nietzsche oder T. S. Eliot als gegeben an. Auf Rechtsfragen geht er nicht ein, schon weil er das Riesenunternehmen, obgleich als Projekt der DDR angelegt, »*durch eine Gemeinschaftsproduktion von Verlegern beider deutschen Staaten*« realisiert wissen möchte. Wie überzeugt er davon ist, im wohlverstandenen Interesse der DDR zu plädieren, macht der letzte Absatz seiner Vorlage schlagend deutlich: »*Wir müssen den Schritt in das 20. Jahrhundert machen. Warum sollen wir anstatt vieler kleiner zögernder Schritte nicht einen entschlossenen großen Schritt tun, der uns wirklich an die Spitze brächte?*«[117] Wie weit der NDPD-Kulturpolitiker hier vorzugreifen trachtet, läßt sich schon allein aus zwei Details ersehen: Es sollte noch Jahrzehnte dauern, ehe einige kleine Auswahl-Editionen mit Aufsätzen Sigmund Freuds erscheinen konnten; und zu einer Nietzsche-Edition kam es in der DDR nicht einmal mehr in den achtziger Jahren.[118]

1958 also scheidet Fühmann aus seiner hauptamtlichen Funktion aus, und zwar unvermittelt. Ein erstes Kapitel seines Wirkens in der DDR geht damit zu Ende. Obwohl er gerade mit den ihm wichtigen Vorschlägen und Vorstößen der letzten Jahre im Grunde nichts bewirken konnte und das Parteiamt insgesamt manche Belastung oder Behinderung brachte, konnte er mit der Bilanz der acht Jahre im Dienst der NDPD zufrieden sein. Der Aufstieg in seiner Partei ließ ihm nämlich auch bald von anderen Seiten Aufmerksamkeit zuteil werden. Bereits nach kurzer Mitgliedschaft im Schriftstellerverband rückte er in dessen Vorstand auf, und ebenso rasch wurde er in den Präsidialrat des Kulturbunds gewählt. Von 1952 an, seit seiner Wahl in den Parteivorstand, hatte er an gesamtdeutschen Gesprächen teilgenommen, auch in der Bundesrepublik, so im Sommer 1952 im nordbadischen Bretten und 1954 in Bayreuth. Die Arbeit für seine Partei schloß eine rege publizistische Tätigkeit ein; direkt und noch mehr indirekt regte sie auch mannigfache literarische Pläne, Versuche und Leistungen an.

Gewiß blieb am Rande seines Weges manches Vorläufige oder Mißlungene liegen, und die zu Ende gebrachten poetischen Leistungen erreichten nicht das große Publikum. Im März 1950 noch namenlos, gilt er jedoch nach acht Jahren mit vollem Recht als erfolgreicher und anerkannter Schriftsteller der DDR, als einer, der aus der Reihe der Jüngeren besonders hervorragt. Als Lyriker hat er sich mit selbständigen Publikationen vorgestellt und gerade von anspruchsvollen Kritikern Anerkennung erfahren. Mit seinen Erzählungen hat er einen der gelungensten Beiträge zur überfälligen literarischen Auseinandersetzung mit der jüngsten Vergangenheit erbracht. Entsprechende Würdigungen blieben auch nicht aus. Für sein Poem *Die Fahrt nach Stalingrad* erhält er 1955 in Warschau eine Goldmedaille der Weltfestspiele und im März 1956 den Heinrich-Mann-Preis der Deutschen Akademie der Künste der DDR. Für seine Kriegserzählungen wird er am 6. Oktober 1957 mit dem Nationalpreis III. Klasse ausgezeichnet.

Zu seinen Erfolgen zählt aber nicht zuletzt auch, daß er sich durch schriftstellerischen Ehrgeiz, Talent und Fleiß das Vertrauen wichtiger Partner erworben hat. Wenngleich seine Pläne und insbesondere die Terminpläne nicht alle aufgehen, finden sich wichtige Verlage ebenso zur Zusammenarbeit bereit wie die Spiel- und Trickfilmstudios der DEFA. Die Entlassung aus dem hauptamtlichen Dienst in seiner Partei bedeutet mithin durchaus keine Katastrophe für den Betroffenen und seine Familie. Er hat allen Grund zur Annahme, daß er sich als freier Schriftsteller behaupten kann. Und sowenig er mit seiner Partei bricht, in deren Hauptausschuß er auf dem VII. Parteitag erneut gewählt wird, so wenig fühlt er sich als Dichter aus dem Dienst genommen, in den er sich seit 1950 bewußt und konsequent gestellt hat. Freilich wandelt er die trotzig-stolze Annahme der spöttisch-herabsetzenden Formel »Dichter im Dienst« als einen »*Ehrennamen*«[119] im Laufe der Zeit in ein differenziertes Bekenntnis um, aber er nimmt sie nie eigentlich zurück. Noch 1971 antwortet er den Butzbacher Gymnasiasten auf eine an 547 deutschsprachige Autoren gerichtete Umfrage ausdrücklich: »*Ich möchte mit meiner literarischen Arbeit meiner Gesellschaft, das ist der sozialistischen Gesellschaft, das ist auf deutschem Boden der Deutschen Demokratischen Republik, dienen; das Wort ›dienen‹ ist bewußt gewählt. Ich weiß, daß dieses ›seiner Gesellschaft mit literarischen Mitteln dienen und dienen wollen‹, wie jede gesellschaftliche Erscheinung seine spezifische Problematik und seine innere Widersprüchlichkeit hat. Ich weiß, daß dieses Engagement ein Prozeß ist.*« (EGA 32)

1958 setzt in diesem Prozeß eine neue Epoche ein.

Auf Bitterfelder und ganz anderen Wegen
1958–1968

Im Frühsommer 1955 kann Franz Fühmann mit seiner Familie eine geräumige, für ihn sehr günstig gelegene Wohnung in einem jener Hochhäuser beziehen, die in dieser Zeit als beispielhafte Errungenschaften des sozialistischen Wohnungsbaus gelten. Städtebaulich betrachtet, gehört das mächtige Haus zu der vom Alexanderplatz ostwärts gerichteten Magistrale, die vorerst noch Stalinallee, bald aber Karl-Marx-Allee heißt. Fühmanns Berliner Adresse jedoch lautet nun ein für allemal: Strausberger Platz 1. Jetzt, da er die Parteitätigkeit beendet, »leistet« er sich noch eine zweite Wohnstatt, die in gehöriger Entfernung von der Hauptstadt in einem stillen Walde liegt. Diese Behausung, alles andere als eine komfortable Datsche, sollte bald zur bevorzugten Werkstatt des freien Schriftstellers und im Laufe der Zeit im Grunde zu seinem Hauptwohnsitz werden. Denn sein Leben heißt Schreiben.

Die spätere Beschreibung dieses Arbeitshäuschens klingt fast ein bißchen stolz, ist aber korrekt und enthält keinerlei Untertreibungen: »*Das Häuschen steht zwischen Märkisch-Buchholz und einem Dorf namens Birkholz, mitten in einem Wald, mutterseelenallein. Es gibt keinen Zaun herum, und wer es nicht kennt, findet nicht hin. [...] Es ist eigentlich nur ein halbes Häuschen, jemand wollte eine Obstplantage anlegen, haute drumherum ein Riesenareal Wald aus und fing an zu bauen. Dann der Krieg – das Haus ist nicht fertig geworden: zwei Zimmerchen, eine Kochstelle, ein halber Keller, das Klohäusl draußen. Einen Brunnen habe ich mir graben lassen – mehr brauche ich nicht. Dann noch eine Wellblech-Garage, in der ein Teil meiner Bibliothek steht. Das langt mir,*

und ich habe das beruhigende Gefühl, daß ich bei unserer
großen Wohnungsknappheit niemand einen Platz wegnehme.
Das neidet man mir nicht, das will keiner haben. Für eine
Familie ist es zu klein, liegt zu weit ab – immerhin drei Kilo-
meter vom Ort, aber für mich ist es ideal.«[120]

Wohlgemerkt: In der Garage steht nie ein Auto. Fühmann
wird, ungeachtet der tief sandigen Fahrwege, zu einem legendären Radfahrer. Für dringliche Fälle gibt es ein Taxi.
Allerdings läßt es sich nicht per Telefon bestellen; einen Fern-
sprechanschluß hat das Arbeitshäuschen natürlich nicht.

Das neue Kapitel in seinem Schriftstellerleben beginnt da-
mit, daß Fühmann endlich die Neugier auf das Land seiner
Wahl zu befriedigen sucht. Seit Jahren schon bestrebt, die-
sem Lande zu dienen, hat er dabei hauptsächlich »*an einem*
Büroschreibtisch gesessen und die Zeit mit der Gliederung
von Lektionen und Referaten, mit Aktennotizen und einem
Rattenkönig an Papier und Protokollen hingebracht«, »*im*
Gehäuse der Theorien und dem Schattenreich der eigenen
Vergangenheit gelebt« (J 176), so schreibt er, ein wenig über-
treibend, am Anfang jenes Buches, das bald als eine bedeutende Frucht des Bitterfelder Weges gewürdigt werden sollte.
Ohne Übertreibung aber kann man sagen, daß Fühmann
seine Freiheit als Schriftsteller wirklich mit großem Eifer
dazu nutzt, den Alltag der Leute, das gewöhnliche Leben in
der nahen und weiteren Umgebung ernsthaft zu studieren.
Daß er dieses Studium völlig unvoreingenommen betriebe,
läßt sich allerdings nicht behaupten; dazu kann er schon
deshalb gar nicht imstande sein, weil er ein Bild der neuen
Gesellschaft mitbringt, das eher nach lebendiger Ausfüllung,
nach sinnlich-konkreter Bestätigung als nach Korrektur
verlangt. Und seine Beobachtungen sind ja dem Interesse
eines Schriftstellers untergeordnet, der schreibend helfen
will, die angestrebte sozialistische Gesellschaft zu legitimieren, zu befördern, ihren großen menschlichen Zielen immer
näher zu bringen.

Die von der SED-Führung inspirierte Kulturpolitik des
sogenannten Bitterfelder Weges, erklärtermaßen auf eine

produktive Verbindung von Kunst und Leben, von Werktätigen und Kulturschaffenden gerichtet, bedeutet für Fühmann unter diesen Umständen nicht im mindesten eine Ablenkung oder gar eine Zumutung, sondern allenfalls eine Bestätigung. Noch sehr viel später betont er, den Bitterfelder Weg *»brauchte man mir nicht zu proklamieren, dahin drängte es mich«*[121]. Dem Appell, engeren Kontakt mit Arbeitern zu suchen, wichtige Bereiche der Volkswirtschaft zu studieren, das Leben der Werktätigen künstlerisch zu gestalten, folgen Ende der fünfziger Jahre nicht wenige Autoren. Aber was man seinerzeit »Lust des Beginnens« nannte, kann bei kaum einem Schriftsteller der DDR aus den Reihen der Älteren oder der Gleichaltrigen so stark sein wie bei Fühmann; denn er kommt mit Verspätung im »Alltag« an. Das erklärt wohl auch zu einem guten Teil die heute naiv wirkende Darstellung von DDR-Gegenwart und Zukunftsperspektive in diesen Jahren.

Franz Fühmanns Bitterfelder Pfade führen zunächst in die Umgebung seines Arbeitshäuschens am Anfang des Unteren Spreewalds. Er geht zu den Genossenschaftsbauern auf die Felder und faßt dort mit an. Er sucht Kontakt mit Leuten, die Kontakt mit Leuten haben, und kommt auf diesem Wege mit Angehörigen der Volkspolizei ins Gespräch. Was ihm zunächst vorschwebt (und woran er sich schon vor Jahren erfolglos als Lyriker versucht hat), das sind Porträts. Vor Parteifreunden berichtet er am 26. Mai 1959 mit Genugtuung darüber, daß er eben die Arbeit an einem Filmszenarium abgeschlossen und nun mit etwas Neuem begonnen habe, was ihm *»sehr große Freude macht«*, mit *»literarischen Porträts über Menschen, die keine berühmten bekannten Namen haben, keine hohen Orden tragen und die auf ihrem Platz Großes für den Aufbau des Sozialismus leisten«* (FA 142, S. 12).

Nach einem Angehörigen der Volkspolizei porträtiert er nun den Leiter eines Volkseigenen Gutes, ihm folgen sollen: ein Werftarbeiter, eine Lehrerin, ein Gewerkschaftsfunktionär, ein Handwerker aus einer PGH, eine Bäuerin, ein

Bergmann, eine Verkäuferin, ein Einzelhändler, ein Arzt, ein Bauarbeiter und ein Staatsfunktionär. Das klingt wie ein genau geplantes Unternehmen, und daß es wirklich ein solches sein soll, wird insofern bestätigt, als der »Sonntag« im Vormonat einen Beitrag Fühmanns publiziert hat, der unter dem Titel *Sein Revier ist der Arkonaplatz* einen Berliner Polizisten porträtiert; es handelt sich um den Unterleutnant Herbert Wiesner, einen Abschnittsbevollmächtigten der Volkspolizei, der seine Sache mit Herz und Verstand zu betreiben weiß. Das Porträt findet starke Resonanz, zumindest bei einigen Verantwortlichen; es wird binnen kurzem in zwei verschiedenen Presseorganen der Volkspolizei nachgedruckt. Verantwortungsbewußt hatte der Autor sein Manuskript im Februar 1959 einem Polizeioffizier zur kritischen Prüfung vorgelegt, der es ihm binnen weniger Tage mit einem guten Dutzend Hinweisen, Vorschlägen und Korrekturen zurückreichte. Der Auftakt der geplanten Reihe ist also verheißungsvoll geraten. Die Serie, offenbar mit der Redaktion des »Sonntag« abgesprochen, als dessen freier Mitarbeiter Fühmann nun einige Jahre lang tätig sein wird, endet aber bereits mit dem zweiten Porträt *(Der Brigadier: Werner Schröder, Leichtmetallschlosser auf der Warnowwerft)*, das zum 10. Jahrestag der DDR erscheint.

Derartige Vorgänge finden sich in Fühmanns Biographie immer wieder: Er entwirft einen Plan, teilt ihn einem Partner oder gar der Öffentlichkeit mit, unterschreibt entsprechende Verträge, doch die Ausführung unterbleibt, oder sie weicht ganz erheblich vom ursprünglichen Terminplan ab. Einen Werftarbeiter wird der Autor auch in seinem Buch *Kabelkran und Blauer Peter* (1961) vorstellen, einen Bergmann und einen Arzt aber erst im »Bergwerk«-Fragment 1983; als einen Staatsfunktionär kann man vielleicht den Bürgermeister in der Erzählung *Böhmen am Meer* (1962) gelten lassen. Natürlich sind solche Mißverhältnisse zwischen Plänen und tatsächlich Ausgeführtem bei Künstlern allenthalben anzutreffen.

Aber während es Autoren gibt, die bis zur Fertigstellung

eines Werks darüber strenges Stillschweigen bewahren, sogar Nahestehenden gegenüber, zeichnet sich Fühmann durch eine erstaunliche Mitteilsamkeit aus: Was immer ihm gerade machenswert erscheint oder wozu er sich herausgefordert fühlt, das schlägt rasch in eine erklärte Absicht um und wird keineswegs ebenso rasch aufgegeben, selbst wenn sich neue Pläne einstellen.

Zu den eigenen Einfällen, die artikuliert sein wollen, kommen nicht selten noch Anregungen und Aufträge von außen, die sein Interesse oder seinen Ehrgeiz wachrufen. Jedoch scheint das Mißverhältnis zwischen bekundeten Absichten und vorgelegten Arbeiten etwas für Fühmann Charakteristisches, und Kern der Sache ist wohl dies: Der stets aktionsbereite und spielfreudige Künstler nimmt sich grundsätzlich immer mehr und Größeres vor, als dem *Handwerker* gelingen kann. Dabei spielt schon der Zeitfaktor eine Rolle; es ist eben keinerlei Koketterie im Spiele, wenn Fühmann immer offener bekennt, daß er sehr langsam und nur mit großer Mühe schreibe, und wenn er schließlich beinahe als befreiend die entschiedene Feststellung empfindet, daß Schreiben die Erfahrung des Scheiterns[122] sei.

Nicht selten läßt sich bei ihm beobachten, daß ein weit ausgreifendes Unternehmen in der Ausführung wesentlich schrumpft und nur stark reduziert zu Ende gebracht wird. Es gibt freilich auch den Umschlag eines Projekts in ein ähnlich gerichtetes, dabei aber andersartiges. Eben dies ist gerade hier der Fall. Das begonnene Unternehmen eines Porträt-Zyklus für die Presse verwandelt sich im Handumdrehen in ein Filmprojekt. Kaum ist der Unterleutnant Wiesner von Fühmann öffentlich vorgestellt, da fragt ihn die DEFA, ob er nicht an einem thematisch entsprechenden Spielfilm zu arbeiten bereit wäre. Nun verspricht ein Auftrag des Filmstudios nicht nur sehr viel höhere Einkünfte, sondern zugleich auch einen sehr viel höheren Wirkungsgrad; der gelungene Kinofilm erreicht in dieser Zeit immer noch mehr Menschen als eine vergleichbare Arbeit für das Fernsehen. Doch wird diese Filmarbeit zu einer aufwendig betriebenen Unternehmung. In einem ärgerlichen Brief an die DEFA erklärt Fühmann am 13. August 1960, er habe nun über ein Jahr lang mit verschiedenen Abschnittsbevollmächtigten eines Landkreises Dienst gemacht und glaube, ihr Leben und ihre Probleme einigermaßen zu kennen. Natürlich hat er nicht seine gesamte Zeit in diese Studien investiert. Aber die hinterlassene Materialsammlung bezeugt, daß er die Vorarbeiten für sein Exposé mit großem Fleiß und der ihm eigenen Gründlichkeit geleistet hat.

Der angestrebte Film »Sieben Tage« bleibt jedoch auf halbem Wege stecken. Der Autor und seine Partner im Filmstudio kommen nicht überein, zumal da noch ein Beauftragter des Innenministeriums dessen von künstlerischen Gesichtspunkten weit entfernte Interessen geltend macht: Dem Staatsorgan geht es um ein offizielles Bild der Volkspolizei. Daß er wenigstens vertragsgerecht die zweite Rate seines Honorars erhält, dankt Fühmann nur dem Justitiar des Schriftstellerverbands. Die schmerzliche Enttäuschung des Autors wird dadurch freilich allenfalls gemildert; sie hält ihn aber auch nicht davon ab, künftig immer wieder die Zusammenarbeit mit der DEFA zu versuchen, und ist deshalb weder die letzte Enttäuschung dieser Art geblieben, noch ist sie seine schwerste als Filmautor geworden.

Fühmann verschenkt den mühsam erarbeiteten Stoff nicht ganz und läßt es nicht bei dem kleinen Wiesner-Porträt für den »Sonntag« bewenden. Vielmehr verarbeitet er seine Studien in einer Rahmenerzählung. Den in einer Taschenbuch-Reihe des Aufbau-Verlags erschienenen Text *Spuk* (1961) nutzt man übrigens Jahre später als Grundlage für ein Fernsehspiel, und der Autor nimmt ihn sogar noch 1977 in den ersten Band seiner Werkausgabe auf. Als aktueller Lesestoff empfiehlt er sich freilich kaum; als Dokument der Entwicklung des Erzählers Fühmann sind die zehn Kapitelchen allerdings aufschlußreich. Er operiert hier mit einem Ich-Erzähler, der sich bald als Schriftsteller zu erkennen gibt und den der Leser deshalb als ein leicht selbstironisch gefärbtes Abbild Fühmanns annehmen kann. In den Kriegserzählungen gibt es ein solches Verfahren nicht. Obwohl dort gerade eigene Erfahrungen erzählerisch umgesetzt werden, und zwar in dem deutlichen Bewußtsein der Teilhabe an verhängnisvollen Verirrungen und einem verbrecherischen Krieg, vermeidet Fühmann in jedem Falle den Gebrauch eines Ich-Erzählers. Gerade die ihm offensichtlich nahestehenden Figuren werden dort von seiner Person sorgfältig weggerückt. Mag das auch als Objektivierung gemeint sein, so ist es doch, um es paradox zu sagen, ein Verfahren der Selbstkritik ohne Selbstkritik: Der ehemalige Hitlersoldat demonstriert als befugter außenstehender Richter, zu welchen unmenschlichen Gedanken und Taten jene Nazianhänger und Militärs fähig waren.

Die Gegenwartserzählung *Spuk* bekommt ihren eigenen Reiz eben dadurch, daß der Autor-Erzähler gleich als Person mit Schuldgefühlen auftritt. Er berichtet eingangs, wie er einen Unglücksfall des Polizeileutnants K. verursachte, weil er auf seinem Fahrrad gerade in Gedanken mit den Schwierigkeiten seiner geplanten Erzählung aus dem Leben der Volkspolizei beschäftigt war. Die Entschuldigung bei dem Verunglückten und die Besuche im Krankenhaus stiften eine Freundschaft zwischen beiden, die der ganzen Geschichte ihren wichtigen Rahmen und ihre beinahe symbolische Bedeutung gibt. Was der Autor dann den Polizisten erzählen läßt, wirkte ohne diesen Rahmen sicher allzu simpel und konstruiert. Leutnant K. berichtet von den Anfängen seiner Tätigkeit als Abschnittsbevollmächtigter auf dem Lande. Er bekommt es dort mit einem »Kratzgeist« (E 324) zu tun, einem vermeintlichen Spuk im Hause der Witwe Sämisch, den sich der Pastor als gegenständlichen Beweis für das Wirken Gottes zunutze macht. Als unschuldiger Verursacher des Spuks wird schließlich das bis dahin als zurückgeblieben geltende durchaus aufgeweckte Töchterchen von Frau Sämisch aufgespürt. Fühmann gibt seiner Erzählung dadurch einen tragischen Akzent, daß er das Leben dieses hoffnungsvollen Kindes durch die Explosion von Fundmunition schrecklich enden läßt. (Dieser Topos und andere Details erinnern an die zehn Jahre älteren *Friedensgeschichten* der Anna Seghers.) Ansonsten aber geht die Geschichte fast wie ein Märchen aus. Der Pfarrer büßt seinen Einfluß ein, weil er den Tod des Mädchens am liebsten als eine Strafe des Allmächtigen verstanden wissen möchte. Witwe Sämisch wird Mitglied der LPG, heiratet wieder und führt eine glückliche Ehe; und der Dorfschmied vollends tritt nicht nur aus der Kirche aus, sondern gar in die SED ein. Ein tiefer Griff ins volle Menschenleben ist *Spuk* wahrlich nicht. Mit vielen literarischen Mitteilungen über das neue Leben auf dem Lande hat Fühmanns Geschichte das Grundmuster gemein: Den fortschrittlichen Kräften stehen die konservativen oder reaktionären entgegen und werden dennoch, gesetzmäßig, zurückgedrängt oder überwunden. Die Vorgeschichte des Autors erklärt, warum er, vom Üblichen abweichend, gerade die weltanschaulichen Aspekte so prononciert herauskehrt: der Materialist, Mann der Polizei, besiegt den Mann der Kirche als den überlebten Idealisten.

Fühmann versucht, den Sieg witzig-versöhnlich zu besiegeln; nach dem Pastor befragt, berichtet der Polizeileutnant abschließend: *»Er hat sich jetzt mehr aufs Angeln von Fischen als aufs Angeln von Menschenseelen gelegt. Von Fischen versteht er wirklich etwas. Übrigens angle ich manchmal mit ihm zusammen. Er hat eine überaus glückliche Hand für Aale ...«* (E 344)

Die Erzählung findet bei der Kritik keine sonderliche Beachtung. Das liegt wohl nicht zuletzt daran, daß zu diesem Zeitpunkt (1961) andere literarische Erscheinungen vorrangige Aufmerksamkeit erregen: Bücher wie Erik Neutschs *Bitterfelder Geschichten, Beschreibung eines Sommers* von Karl-Heinz Jakobs und *Ankunft im Alltag* von Brigitte Reimann, aber nicht zuletzt auch Fühmanns *Kabelkran und Blauer Peter*. Diese Arbeit, zur Hälfte schon in Heft 3/1961 der NDL unter dem Titel *Beginn auf der Werft* vorabgedruckt, wird nach ihrem Erscheinen im Rostocker Hinstorff-Verlag sehr rasch und einmütig als eine besonders bedeutsame Frucht des Bitterfelder Weges gewürdigt. Das kann auch nicht verwundern, wenngleich der Autor manches Lob und manche Klassifizierung seines Buches als Mißverständnis ansieht.

Franz Fühmann wehrt sich noch in den Nachbemerkungen zur Werkausgabe dagegen, daß man *Kabelkran und Blauer Peter* als *»eine Reportage über die Warnowwerft«* versteht, obgleich er einsehen muß, dieses Verständnis sei *»unausrottbar, denn es werde vom Ministerium für Volksbildung genährt, das zwei Kapitel aus diesem Bericht als ›Musterbeispiel sozialistischer Reportage‹ in den Deutschunterricht eingeführt hat«* (J 518). Tatsächlich gibt der Autor ein vielseitiges, anschauliches Bild des gewaltigen Betriebs und führt seinen Leser nicht nur an das Werk heran, sondern in die Produktionsstätte wirklich hinein. Er gibt Auskünfte über die Geschichte und über die Größe der Werft, über ihre Schiffstypen, über elementare Arbeitsvorgänge. Er gibt Einblick in Methode und Technik der Planung eines Schiffsbaus und nimmt damit vorweg, was erst später als neue Anforderung der Politiker an Schriftsteller postuliert werden wird: die »Sicht des Planers und Leiters« einzubeziehen. Andererseits läßt er es nicht an Blicken auf den Alltag des Schichtbetriebs, auf die Arbeitsorganisation und ihre Komplikationen, auf die Arbeiter und ihre Lebensbedingungen fehlen. Er versäumt auch nicht, technologische Neuerungen vorzustellen, die Wandlungen der Arbeit, vor allem wesentliche Minderungen von Schwerarbeit mit sich bringen sollen.

Natürlich wird auch auf die Schilderung des feierlichen Augenblicks eines Stapellaufs nicht verzichtet. Der Autor scheut sich schließlich nicht, aus seinen Beobachtungen und Erfahrungen eine Frage abzuleiten, die sogleich als eine »Schlüsselfrage« bezeichnet wird; sie lautet: *»Wie kommen wir dahin, daß der ehrliche Arbeiter materiell wie moralisch besser fährt als der eiskalte Rechner, der mit Zeit und Normen schiebt und dabei noch fortschrittliche Phrasen drischt?«* (J 275) Die Frage muß als ein wichtiges Inhaltsmoment des ganzen Buches gelten und zugleich als eine Positionsbe-

stimmung des Autors; denn sie deutet auf ein entscheidendes objektives Problem der weiteren wirtschaftlichen Entwicklung hin, und sie kündigt moralische Maßstäbe an, die
Fühmann gerade als Fürsprecher der sozialistischen Gesellschaft künftig angesichts der Lebenswirklichkeit seines Landes kritisch zur Geltung bringt. Eine solche Feststellung läßt
sich allerdings nicht ohne die Kenntnis späterer Arbeiten
treffen. Vorerst sieht er in der Werft, und sie steht als Teil
fürs Ganze, den »Gegenstand für eine Hymne« (J 276).

Diese euphorische Kennzeichnung darf nicht als Verklärung mißdeutet werden; sie kommt freilich aus dem uneingeschränkten Ja zum sozialistischen Entwicklungsweg, sie
wurzelt aber auch im persönlichen Erleben des Autors, der
sich in harter Arbeit und mit wachen Sinnen eine ihm
fremde Welt aneignet. Der von ihm gewählte, vom Verlag ab-
gewiesene Titel »Beginn auf der Werft« entspricht sehr genau Fühmanns tatsächlichem Erlebnis und Anliegen. Er,
der als Kind im Heimatort die benachbarte Fabrik mit ihren
Arbeitern als eine fremde, nicht ganz geheure Welt wahrgenommen hat, ist nun auf weitläufigen Wegen an die Tore
eines riesigen Werks gekommen und kann seinen Neubeginn
zum dritten Male und sozusagen in der eigentlichsten Weise
erfahren, werktätig, praktisch, unter Arbeitern. Und wenn
er beispielsweise die Schwierigkeiten beschreibt, die ihm das
Hinabklettern in den tiefen Schiffsrumpf bereitet, dann ist
das ein Gegenstück zu jenen Versen, in denen Fühmann
vom Märchenhelden geschrieben hat: daß er immer Angst
habe und sich doch dem Abenteuer stelle, immer weiter in
die Tiefe vorzudringen, »zum Grund zu«, die »Richtung der
Märchen« (RM 125). Wenn das Buch lesbar geblieben ist,
dann hat das seinen Grund eben nicht zuletzt darin, daß der
Autor sich hier als Ich-Erzähler selbst auf dem Weg in die
Werft und auf den Wegen durch die Werft mit seinen Wahrnehmungen, Empfindungen und Gedanken darstellt. Damit
vermeidet er nicht nur den Anschein, über den Dingen zu
stehen und den Leser sachkundig souverän informieren zu
können, sondern verleiht dem sachbezogenen Text einen

Hauch naiver Poesie: Er erzählt die Geschichte von einem, der auszog, eine Werft kennenzulernen.

Fühmann lernt durch die Arbeit an diesem Büchlein zweifellos eine Menge als Erzähler. Es ist seine bis dahin umfangreichste Prosaarbeit. Einer Fabel bedarf es nicht, aber das disparate Material verlangt nach einer angemessenen Ordnung; es gilt, eine schlüssige Komposition zu schaffen, und es gilt, die Darbietungsweise so zu gestalten, daß der Leser allenthalben aufs neue angeregt und angesprochen wird. Immer wieder werden exakte Beschreibungen erforderlich, vor allem aber muß der Autor, um sein Eindringen in die fremde Welt darstellen zu können, so viele Dialoge schreiben wie noch in keinem Prosatext. Um die Gegenwart recht würdigen zu können, sorgt er sich um den Gewinn einer historischen Dimension; er benutzt dazu die Schilderung eines Besuchs in der Familie des Brigadiers Günther, indem er dessen Eltern vom Dorf hinzukommen und von ihrem Leben in früheren Jahrzehnten erzählen läßt. Damit dieser Exkurs ins einstige Deutschland möglichst authentisch wirkt und kräftige Farbe bekommt, läßt er die alten Leute Mecklenburger Platt sprechen. Aber selbst eine solche spezielle künstlerische Entscheidung hat ursächlich mit seinem Grundanliegen zu tun: Es geht ihm um immer neues Beginnen, um Wirklichkeitsgewinn.

Die Biographie des Brigadiers Günther wird als ein Exkurs zwar nur auf wenigen Seiten, aber sehr genau und als zusammenhängender, geschlossener Lebenslauf dargeboten. Es ist das erste Mal, daß Fühmann eine Gestalt so exakt und vollständig mit ihrer Geschichte vorführt und dadurch ihren Platz und ihr Verhalten in der Gegenwart motiviert. Diese Biographie unterscheidet sich wesentlich von seiner eigenen, aber es gibt auch Vergleichbares: beider Väter in der NSDAP, beide von Krieg und Gefangenschaft betroffen, beide in die DDR hineingewachsen – und beider Töchter heißen Barbara. Und wenn Fühmann im Poem *Die Fahrt nach Stalingrad* schon einige Auskünfte über sich selbst gegeben hatte, über soziale Herkunft, politischen Irrweg,

Schuldgefühl, neue Einstellung, so schafft gerade die in *Kabelkran und Blauer Peter* erfolgreich beschriebene Ankunft des Autors im werktätigen Alltag ihm auch neue Voraussetzungen für den literarischen Umgang mit der eigenen Biographie. Das Werft-Büchlein ist kaum abgeschlossen, da bietet Fühmann dem Aufbau-Verlag im Januar 1961 gleich zwei neue Projekte an. Das eine zielt auf eine zyklische Folge von Alltagsdarstellungen und läßt sich als Variante des 1959 geplanten Porträt-Zyklus verstehen. Das zweite jedoch knüpft zwar auch an Vorhandenes an, läuft aber auf etwas für Fühmann grundsätzlich Neues hinaus: Er plant eine chronologische Reihe von Prosastücken, die eigenes Erleben an markanten Punkten der historischen Entwicklung vermitteln. Ein Vertrag über diese »Datengeschichten«, wie der Arbeitstitel lautet, kommt erst am 10. August 1961 zustande, doch soll das Manuskript bereits im letzten Quartal des gleichen Jahres vorliegen, und tatsächlich kann das vereinbarte Werk noch 1962 erscheinen; es heißt dann: *Das Judenauto. Vierzehn Tage aus zwei Jahrzehnten.*

Dieser vierzehnteilige Novellettenzyklus, ein Hauptwerk Franz Fühmanns und sein bisher umfangreichstes Buch, kommt also in einer verhältnismäßig kurzen Frist zustande. Da der Autor ansonsten meist viel Zeit braucht, um von einem Einfall oder ersten Entwurf zum Ziel zu gelangen, müssen in diesem Falle besonders begünstigende Voraussetzungen vermutet werden. Worin könnten sie bestehen? Als eine mittelbare Vorbereitung auf das Unternehmen darf die Arbeit an dem Szenarium gelten, von dem Fühmann auf der bereits erwähnten Parteiversammlung spricht. Dieses Filmmanuskript *Zwei Freunde* ist der Versuch, aktuelle Grundfragen der deutschen Nation dadurch herausfordernd erlebbar zu machen, daß der Lebensweg zweier Männer über Jahrzehnte hinweg verfolgt wird, die am gleichen Tage im gleichen thüringischen Städtchen zur Welt gekommen sind, sich aber, aus unterschiedlichem sozialem Milieu stammend, ganz unterschiedlich entwickeln. Der daraus geformte Film *Die heute über vierzig sind* wird 1960 in Anwesenheit des Autors in Weimar uraufgeführt und die literarische Vorarbeit 1961 als Filmerzählung veröffentlicht. Bei diesem weitgreifenden Unternehmen hat sich Fühmann zwangsläufig ein weiteres Mal mit seiner Erfahrung deutscher Geschichte auseinandergesetzt, aber auf die sichtbare Nutzung von autobiographischem Material verzichtet. Für *Das Judenauto* kann er nun den Stoff des persönlichen Lebens nutzen, und zwar mit desto größerer Souveränität. Ihm kommt jetzt auch die Arbeit an verschiedenen Erzählungen zugute, in denen er auf eigenes Erleben zurückgreift, aber mit einigem Aufwand danach trachtet, die Figuren und Vorgänge von sich selber wegzuhalten. Die Entscheidung, unverstellt Rechenschaft über den eigenen Weg samt seinen Irrungen und Wirrungen zu geben, enthebt ihn der Sorge um verfremdete Abbilder des Ichs und um ein angestrengtes Erfinden von Dramaturgien für fiktive Geschichten, bringt also ganz erhebliche Erleichterungen.

Von geringfügigen Stilisierungen abgesehen, sucht Fühmann sich im Prinzip genauso darzustellen, wie er aus nunmehriger Sicht in den verschiedenen Etappen seines Lebens wirklich oder vermutlich gewesen ist. Allerdings kommt es dem Autor dabei nicht schlechthin auf die individuelle Biographie an, sondern darauf, jede Lebensstation oder -situation in ein überpersönliches, geschichtliches Bezugsfeld zu stellen. Der im Vertrag fixierte Arbeitstitel »Datengeschichten« läßt das als eine feste Prämisse des Unternehmens erkennen. Dabei handelt es sich aber auch nicht um ein ausgedachtes Prinzip, sondern vielmehr um ein Verfahren, das Fühmann bereits in der eigenen Praxis entdeckt und erprobt hat. Schon die Novelle *Kameraden* gewinnt ihre historische Dimension eben dadurch, daß die zufällig eingetretene Krisenlage der drei Soldaten aufs engste mit dem Vorgang des deutschen Überfalls auf die Sowjetunion verknüpft ist. Eine noch ausgeprägtere Datengeschichte ist *Kapitulation;* denn erzählt werden strikt an die letzten Stunden des Zweiten Weltkriegs gebundene Vorgänge mit genauer Datierung. Der 10. Jahrestag der DDR, den zahlreiche Schriftsteller mit

Veröffentlichungen würdigten, ist Franz Fühmann Anlaß zu einem Beitrag für den »Sonntag«. Dort erscheint am 23. August 1959 unter der bezeichnenden Überschrift *Vom Gestern geradeaus* ein Prosastück, in dem der Autor erstmals autobiographisches Erinnern und Bezugnahme auf ein historisches Datum direkt miteinander verbindet: Er erzählt, wie er als Kriegsgefangener in Lettland die Gründung der Deutschen Demokratischen Republik und den dortigen Widerhall dieses Ereignisses erlebt. Ähnlich reflektiert er die 15. Wiederkehr des SED-Gründungstages. Erst auf der Grundlage solcher Arbeitserfahrungen bildet sich das Gestaltungsprinzip heraus, das ihm ermöglicht, ein großes und reichhaltiges Stück Lebensgeschichte zu erzählen, ohne sich dabei der Form des Entwicklungsromans zu bedienen oder wenigstens anzunähern, für die ihm der epische Atem fehlt.

Aus den zwei Jahrzehnten zwischen dem Ende der zwanziger und dem Ende der vierziger Jahre wählt Franz Fühmann vierzehn Stichdaten aus. Das erlaubt ihm, die beträchtliche Menge Lebensstoff aus diesen ereignisreichen und verhängnisvollen Jahren in eine Reihe praktikabler Stücke aufzugliedern und dadurch handhabbar zu machen. Der Lebenslauf wird gleichsam in eine Kette prägnanter Momente verwandelt, die relativ selbständig dargestellt werden können, sich dabei aber nicht in Zusammenhanglosigkeit verlieren. Denn die chronologisch aneinandergereihten Stücke folgen ziemlich dicht aufeinander, ohne allzu große Zeitsprünge; sie handeln durchweg von der gleichen Hauptperson, dem früheren Selbst des Ich-Erzählers; und sie gewinnen auch dadurch an Kontinuität, daß sie sich alle auf bekannte feste Punkte der europäischen Geschichte beziehen. Mit geringem Aufwand lassen sich die Teile auch noch durch vermittelnde, überblickende Passagen, durch Vor- oder Rückgriffe zusätzlich integrieren. Die beschriebene Episodenstruktur bietet dem Autor die Freiheit, seinen Helden von Station zu Station gründlich zu durchleuchten, psychologische und ideologische Aspekte der Figur vorzuführen, ohne ängstlich darauf achten zu müssen, daß der Leser den Eindruck einer stetigen linearen Entwicklung gewinnt. Befindlichkeit und Beschaffenheit der Hauptfigur von Mal zu Mal neu zu prüfen, das ist wichtiger und leichter, als eine geschlossene Wandlungsgeschichte zu erzählen. Das Prinzip schafft dem Autor auch Vorteile für seinen Umgang mit historischem Material. Der Bezug auf belangvolle geschichtliche Vorgänge ist vorgegeben und muß also nicht durch eine mühsame Fabelkonstruktion hergestellt werden. Wo es dem Autor geboten scheint und leicht möglich ist, kann er tiefer in sozialgeschichtliche und politische Zusammenhänge hineingreifen; das geschieht beispielsweise, wenn er die Tätigkeit seines Helden als Fernschreiber nutzt, durch dessen Hände wichtige Informationen gehen. Andererseits aber bewahrt ihn das Prinzip des sukzessiven Erzählens seiner eingeschränkten Datengeschichten sowohl vor der vermeintlichen Verpflichtung als auch vor der Verführung zum angestrengten Aufdecken des Kausalnexus oder zu didaktischem Illustrieren von Geschichte. (Solche Erscheinungen sind in der DDR-Literatur dieser Jahre oft zu finden; auch Fühmanns Poem *Die Fahrt nach Stalingrad* ist nicht frei davon.)

Der vierzehngliedrige Zyklus *Das Judenauto* beginnt mit einem kleinen Meisterwerk, wie es dem Autor bis dahin nicht geglückt ist, mit der Ende Juli 1961 in Märkisch Buchholz geschriebenen Titelgeschichte. »*Wie tief hinab reicht das Erinnern?*« (J 9) lautet ihr erster Satz, der sofort spüren läßt, daß es dem Autor um mehr zu tun ist als um eine vordergründig politische Autobiographie. Der elegante Einleitungsbogen führt vom erwachenden kindlichen Bewußtsein bis zu jenem Punkt, da der Junge plötzlich von erster, unbegriffener Liebe zu einer Mitschülerin erfaßt und verwirrt wird. In diesem Zustand nimmt er mit übersteigerter Phantasie die grausige Geschichte auf, die ein anderes Mädchen erzählt: In ihrer Gegend kreuze ein Auto mit Juden, die schon vier Mädchen geschlachtet und ausgeblutet hätten. Am Nachmittag gleich glaubt er diesem schrecklichen Judenauto zu begegnen und wird von heilloser Todesangst heimgesucht. Am andern Tag aber brüstet er sich, er sei von dem legendären Auto und dessen blutige Messer schwingender Besatzung erfolglos gejagt worden. Seine Hoffnung, in den Augen des verehrten Mädchens als Held dazustehen, schlägt jedoch ins Gegenteil um: Gerade sie, die ihn als Insassin jenes Autos schreiend davonlaufen sah, kann ihn widerlegen, schallendem Gelächter preisgeben und dadurch ahnungslos eine Liebe in Haß umschlagen lassen. Die verzweifelte Wut des Enttäuschten findet die an seinem Unglück vermeintlich Schuldigen: *»Heulend sprach ich ihren Namen aus; ich schlug die Fäuste vor die Augen und stand im schwarzgeteerten, chlordünstenden Knabenklosett und schrie ihren Namen: ›Juden‹ schrie ich und wieder ›Juden, Juden!‹, und ich stand heulend in der Klosettzelle und schrie Juden Juden Juden Juden, und dann erbrach ich mich. Juden. Sie waren schuld. Juden. Ich würgte und ballte die Fäuste. Juden. Juden Juden Juden Juden. Sie waren dran schuld. Ich haßte sie.«* (J 17)

Wenn diese lautstarke Verinnerlichung des Antisemitismus im Rahmen einer trotzigen Realitätsleugnung den Leser überzeugen kann, dann hat das nicht nur die unauflösliche Verquickung des Vorgangs mit dem Eintritt des Jungen in existentielle Konflikte der beginnenden Pubertätsphase zur Voraussetzung, sondern auch die allgemeine Verfügbarkeit einer wirksamen antisemitischen Propaganda, die von Fühmann ohne großen Aufwand zwingend bewußtgemacht wird; der Junge hat längst von Erwachsenen glaubhaftere Bezichtigungen der Juden zu hören bekommen. Gerade als eine tiefgründige individualpsychologische Studie, die am Fallbeispiel zeigt, wie Unwahres für Wahrheit ausgegeben wird und falsche Denkinhalte als wahnhaftes Wissen angenommen werden können, ragt diese kleine Novelle aus der thematisch verwandten DDR-Literatur bewundernswert weit heraus. Sie ist eine Arbeit, die schlechthin als Metapher gelten und deshalb eine konstitutive Funktion für den ganzen Zyklus gewinnen kann. In dessen dreizehn weiteren Stücken spielen spezifische Probleme des Judenhasses oder der Judenverfolgung kaum mehr eine Rolle (was bei einer romanhaften Ausführung des Ganzen als unverzeihlicher Mangel gelten müßte). Aber hier ist eben nicht ein Thema angeschlagen, das in der Folge stofflich fortwirken müßte, sondern vielmehr ein Exempel vorgeführt, welches im weiteren Fortgang des Zyklus durch Varianten in seiner Gültigkeit bestätigt und immer wieder erneuert wird.

Die nächsten vier Novelletten schließen sich insofern eng an das eröffnende Stück an, als ihre Ereignisse noch in die Schulzeit des rückblickenden Ich-Erzählers fallen. Dabei werden die im Kalksburger Konvikt erlebten Jahre (1932/36) im zweiten Stück stark gerafft und vor allem zur Andeutung der sozialen Hauptkräfte genutzt, zwischen die sich Fühmann grundsätzlich gestellt sieht. Er beschreibt, wie er nach der glänzend bestandenen Aufnahmeprüfung in der Jesuitenanstalt vom glücklichen Vater mit einem gemeinsamen Essen im berühmten Wiener Hotel Sacher belohnt wird, aber gerade dort, wo sich die Creme der Gesellschaft ihres Wohllebens erfreut, die rebellische Kraft demonstrierender Arbeiter zu spüren bekommt (auch der Februaraufstand 1934 spielt hinein). Das Leben in der Anstalt schildert Fühmann relativ ausführlich und recht vielseitig; er muß die »spartanische Disziplin« (J 23) anschaulich vorweisen und seinen Helden auch noch »einen Faustschlag des Pater Präfekt im Genick« (J 28) spüren lassen, um den Wunsch des Jungen zu motivieren, der den Leser trotz allem Aufwand mehr überraschen dürfte als die Verfluchung der Juden: »Ja, [...] die Roten sollten kommen, mit Messern und Äxten und Feuerbränden sollten sie kommen und alles hier umhaun, alles, alles, das Kloster, die Mauern, die Gänge, die Kapelle, die Statuen, die Altäre, alles, alles, und alles sollten sie abschlachten, die Patres, die Diener, die Zöglinge [...]« (J 28 f.) Derselbe Junge, der im Hotel Sacher dem Vater zum Trotz an Hitler glaubt, wünscht hier also – keine anderthalb Jahre später – plötzlich eine kommunistische Variante des Jüngsten Tages herbei. Man mag die Darstellung solch extremer Schwankung beurteilen, wie man will, sie ist ein Charakteristikum

Fühmanns, das sich in vielen Varianten immer wieder findet, nicht zuletzt gerade im Zyklus *Das Judenauto,* der ja eben eher eine Kette von Entscheidungskrisen als eine schlüssige Folge von Entwicklungsschritten darbietet.

Das Phänomen des Umschlagens von Gedanken, Gefühlen, Haltungen in ganz andersartige oder gegensätzliche ist auch in der nachfolgenden Episode *Die Verteidigung der Reichenberger Turnhalle* wenigstens andeutungsweise vorhanden, wenn der Autor davon spricht, daß sich bei seinem Helden *»Angst jäh in Gier, bald im Kampf zu stehn«* (J 34), verwandelt. Das Prosastück gibt eine sarkastische Schilderung des ideologischen Milieus, das sich in der sudetendeutschen Schülerschaft bis zum September 1938 entwickelt hat. Zur Abwehr eines angeblich geplanten tschechischen Überfalls auf die Halle des deutschen Turnvereins mobilisiert, erleben die Jugendlichen nichts als ihre eigene fragwürdige und vergebliche Kampflust; denn ein Kampf findet nicht statt, aber der Goebbelsche Rundfunk macht aus dem Nichts eine *»neue entsetzliche Bluttat des tschechisch-jüdischmarxistischen Mordgesindels«* (J 41) und erregt damit nachträglich Begeisterung bei den Enttäuschten. Die Pointe ist ein Gegenstück zum Ende der Titelerzählung.

Am Ende wird schon auf jene unheilvolle Münchner Konferenz vom 29. September 1938 hingedeutet, die Hitler das scheinbare Recht zur Annexion der Sudetengebiete gibt; diesen Vorgang reflektiert Fühmann in dem geschickt gebauten Kapitel *Die Berge herunter:* Dem Gerücht, wonach die Wohngegend des Helden beim Anschluß an Deutschland ausgeklammert bleiben solle, folgt der Abzug der tschechischen Soldaten, die zur Verteidigung ihrer Republik aufgeboten worden waren, was die fanatisierten Deutschen nun zur wilden Beseitigung aller tschechischen Beschriftungen von öffentlichen Gebäuden und Läden animiert. Dann folgt der Einzug der umjubelten Wehrmacht. Mit erheblichem Aufwand an überhöhenden Ausdrucksmitteln gibt der Autor ein im Wesen völlig authentisches Bild der Begeisterung, mit der die Ansässigen wie die Einmarschierten die Annexion feiern, bis allmählich eine Katerstimmung aufkommt, da sich mehr und mehr reichsdeutsche Touristen einfinden, um für billiges Geld zu schlemmen und einzukaufen, während umgekehrt erhoffte Begünstigungen ausbleiben. Im Kontrast zu *Die Berge herunter,* wo sich die individuelle Geschichte fast vollkommen im kollektiven Vorgang auflöst, erteilt das Prosastück *Ein Weltkrieg bricht aus* genaue Auskünfte gerade darüber, wie der Held den folgenschweren 1. September 1939 erlebt. Bis dahin vom angeblichen Friedenswillen Hitlers überzeugt, fühlt er sich zunächst durch den Kriegsausbruch überrascht und obendrein enttäuscht, daß das Alltagsleben, von ein bißchen Schulausfall abgesehen, unverändert weitergeht. Doch bald will er, von dem Blitzkrieg gegen Polen hingerissen, als Freiwilliger mitkämpfen. In diesem Zusammenhang wird der Vater zum wichtigen Handlungspartner. Er weist natürlich den Wunsch des Siebzehnjährigen energisch zurück und zeigt sich von der Sorge erfaßt, daß Deutschland sich übernommen und einen Krieg begonnen habe, den es nicht überleben werde. Fühmann führt jedoch seine Figuren schnell aus dieser Krise heraus, zeitraffend summiert er die militärischen Siege aus den zwei folgenden Jahren und greift damit schon bis ins Jahr 1941 vor, in dem das nächste Stück angesiedelt ist.

Was in der Werkausgabe nach dem Willen des Autors *Katalaunische Schlacht* überschrieben ist, heißt in der Erstpublikation, vom Lektorat beeinflußt, *Ich will ein guter Herr sein.* Der vom Dichter gewünschte Titel mag schon als treffender gelten, da er metaphorisch auf das historische Bezugsfeld des Prosastücks verweist und darin eine leitmotivische Funktion bekommt: Es handelt sich um den Überfall auf die Sowjetunion im Sommer 1941, einen Vorgang also, der schon als Hintergrund der Novelle *Kameraden* herangezogen worden war. Diesmal gliedert sich der Text in mehrere kleine Episoden ohne starke Dramatik; der Held wird bei seinem allmählichen Eintritt in die Kriegsmaschinerie beobachtet. Anfangs zu seinem Verdruß lediglich im Reichsarbeitsdienst eingesetzt, genießt er dann immerhin schon bald die Ausstattung mit einem richtigen Gewehr, wodurch ihm das Exerzieren plötzlich Spaß bereitet und das Schießen auf Menschenattrappen aktuell wird, bis es endlich sogar gilt, gegen den leibhaftigen Feind zu Felde zu ziehen. In Gesellschaft eines Draufgängers soll er bei armen Bauern des überfallenen Landes mit vorgehaltener Waffe Butter und Speck »organisieren«, wie es in der Landsersprache hieß. Halb anklagend, halb entschuldigend oder erklärend berichtet der rückblickende Erzähler: »[...] *ich wollte ja ein guter Herr sein, aber ich wollte mich vor Eugen nicht lächerlich machen.*« (J 76)

Entdeckungen auf der Landkarte gewinnt seinen novellistischen Zug gleichsam von selber, nämlich aus dem geschichtlichen Vorgang, auf den es sich bezieht. Der Held, die lauthals wiederholte Ankündigung des Falls von Moskau im Ohr, erfährt an seinem Einsatzort Kiew überraschend, daß den Russen der Gegenschlag gelungen ist. Der Autor nimmt das zum Anlaß, sein erzähltes Ich auf der kleinen Weltkarte im Taschenkalender entdecken zu lassen, an welch extrem westlichem Rande des Riesenreichs Sowjetunion man sich überhaupt bisher nur bewegt hat. Dem Aufkommen arger Zweifel folgt sogleich wieder der Verdrängungsmechanismus: Wenn der General Winter abgezogen ist, werde man sicher wieder »*wie das Messer durch die Butter*« (J 87) gen Osten fahren können; der Sieg bei Stalingrad werde die entscheidende Wendung bringen.

Jedem sein Stalingrad hat dann wieder eine breitere epische Anlage. Nach einer Einleitung, die an den vorangegangenen Text anknüpft, wird ein detailliertes Bild vom Alltag eines Nachrichtensoldaten vermittelt. Der Autor nutzt dieses Material, um das Verhältnis der Okkupanten zur Zivilbevölkerung darzustellen. Den deutschen Terror geißelt er mit Hilfe eines von ihm oft und bis in seine letzten Arbeiten hinein gebrauchten Mittels: Er operiert mit dem symbolischen Bild der willkürlich Gehenkten. »*Die Kälte zog die Rippen hoch; der Wind schnaubte; in den Bäumen die zehn Gehenkten pendelten starren Leibs wie Klöppel in den Glok-*

ken der runden Lindenkronen.« (J 94) Hauptsächlich geht es ihm aber nun darum, die naive Borniertheit des Soldaten zu zeigen. Für die Störungssuche werden ihm zwei sogenannte Hilfswillige zugeteilt, mit denen er »menschlich« umgehen will. Da sie, befragt, den Kolchos schlecht finden, verspricht er ihnen großzügig eigenen Grund und Boden. Nach erledigter Arbeit entdeckt der eine Ukrainer in einer zum Abtransport nach Deutschland bereitgestellten Frauengruppe seine Frau oder Schwester; als die beiden aufeinander zustreben, werden sie gewaltsam gehindert, auch von jenem Deutschen, der ein guter Herr sein will. Ihn läßt Fühmann jetzt schlagartig begreifen, was er bislang immer nur gedankenlos gesehen hat: daß Öl, Schlachtvieh und Arbeitskräfte rücksichtslos nach Deutschland verbracht werden. Das Vorhaben, die zwei Hilfswilligen in seine Stube aufzunehmen, wird als prinzipiell unzulässig vereitelt. Um sein anderes Ich vollends in eine Krise zu stürzen, läßt der Autor noch zwei Erschütterungen hinzukommen. Der Stubenlautsprecher übermittelt versehentlich einen Vers-Appell an die Vernunft der deutschen Soldaten. Es handelt sich um ein Stück eines Weinert-Gedichts. Dieses Detail des Fühmann-Textes ist offenbar ein Reflex auf authentisches Erleben (vgl. J 428). Die Gedichtzeilen lassen elementare Fragen aufbrechen: *»Wofür die Opfer? Warum der Krieg? Für Deutschland? Wirklich für Deutschland? Für wen sonst? – und plötzlich fühlte ich eine Frage im Hirn aufsteigen, so wie eine Flut steigt: Weißt du überhaupt, wofür die anderen kämpfen?«* (J 101)

Den letzten Schock bewirkt die Mitteilung eines Kameraden, man habe den einen der Ukrainer bei einem Fluchtversuch erschossen. *»›Blattschuß, war sofort hin‹, sagte gähnend der Kamerad und schnitt sich eine Scheibe Brot ab und strich Kunsthonig darauf.«* (J 102) Der Ich-Erzähler zeigt sich schmerzlich betroffen; ein kurzer Schlußabsatz deutet das Schwinden seiner Hoffnung auf die Eroberung Stalingrads an.

Zur Dynamik des Zyklus trägt auch der ständige Wechsel

der Schauplätze bei. Der Leser folgte dem Ich-Erzähler bisher von dessen Heimatort über Kalksburg und Wien, Reichenberg (Liberec), Hohenelbe (Vrchlabí) und den Nordwesten der Sowjetunion nach Kiew und Poltawa. Das neunte Stück führt als einziges in den Mittelmeerraum, nach Athen, die Überschriften aber weisen paradoxerweise in dunkle germanische Vergangenheit zurück: *Völuspa* (in der Erstausgabe) beziehungsweise *Muspilli* (in der Ausgabe der gesammelten Werke). Diese Titelmotive nimmt der Autor aus dem Stoffkreis der Fronthochschulvorlesungen, die sein Held in Athen hört. Fühmann nutzt hier erstmals die späterhin immer souveräner gebrauchte Möglichkeit, aktuellen, vielleicht sogar allzu vordergründig und einschichtig wirkenden Stoff gleichnishaft transparent zu machen, indem er ihn mit zusätzlicher, aber angemessener, nicht willkürlich aufgetragener Bedeutung versieht. Später wird er Motive finden, die den Leser eher neugierig machen als befremden, so in den Fällen von *Böhmen am Meer* oder *König Ödipus*. »Völuspa« und »Muspilli« sind jedoch fraglos auch angemessene Titelmotive, so ungeläufig sie sein mögen. Sie verweisen auf literarische Anleihen, die dazu beitragen, daß die erzählte Ich-Figur nach dem Attentat auf Hitler vom 20. Juli 1944 mit einer geistigen Physiognomie ausgestattet werden kann, in der sich wenigstens ahnungsweise das mögliche Ende des Nazireichs spiegelt. Die kürzlich gehörte Vorlesung mit dem Grundgedanken im Kopf, »*daß der höchste Rassen- und Menschentyp mit seiner Vollendung zwangsläufig auch seinen Untergang heraufbeschwören müsse*« (J 106), erlebt Fühmanns Held die Nachricht von dem Attentat und insbesondere die Flut der daraufhin von ihm als Fernschreiber durchzugebenden Ergebenheits- und Treuebekundungen der um ihre Posten besorgten Offiziere, deren fieberhafte Drängelei um schnellste Übermittlung, als eine große Krise. Gerade in der *Edda* findet er die poetischen Formulierungen, die dem irrationalen Erleben der Gegenwart einen gemäßen dichterischen Ausdruck verleihen. Fühmann läßt seine Ich-Figur »*der Seherin Gesicht vom Weltende*« le-

sen und es als »*einen Bericht aus unserer Zeit*« (J 114) erfahren; wenigstens die ersten beiden der fünf in den Text
einmontierten Strophen aus der *Edda* seien zitiert; sie haben
hier für Fühmann einen Stellenwert, wie ihn später Trakls
Gedicht *Untergang* erhalten wird:

Brüder befehden sich   und fällen einander
Geschwisterte sieht man   die Sippe brechen
Der eine schont   des andern nicht mehr.
Unerhörtes ereignet sich,   großer Ehbruch.
Beilalter, Wolfsalter,   wo Schilde krachen,
Windzeit, Wolfszeit,   eh die Welt zerstürzt ...

(J 114)

Die beiden letzten Abschnitte des Kapitels gehören zu
den stärksten Passagen des ganzen Buches; sie machen das
schier Unglaubliche glaubhaft: daß das erzählte Ich aus seinem Krisengefühl wieder zurückkehrt zu dem geradezu
pervers motivierten Glauben an den Führer und die Sieg-
haftigkeit Deutschlands.

Pläne in der Brombeerhöhle, das zehnte der vierzehn Kapitel, ist ein Gegenstück zu der hektisch übersteigerten *Kapitulation* aus den fünfziger Jahren. Die Einleitung schildert
des Helden Abschied von den Eltern, der dann im Trakl-
Essay abermals beschrieben werden wird. Vater Fühmann,
zunächst noch vom Glauben an die »Wunderwaffen« getragen, meint plötzlich zu begreifen, wo die Lösung liegt: Die
Führung warte nur, daß die Amerikaner die Russen zurück-
jagen! Im Chaos des Kriegsendes umgetrieben, wird der
Sohn diese Idee am Ende als rettenden Gedanken festhalten;
seine wirre Bemühung um Zukunftsmöglichkeiten mündet
in der Hoffnung, Deutschland werde doch noch die Welt
erobern ...

Die in der Nachkriegszeit spielenden Stücke setzen mit
einem scharfen Kontrast ein: Der Kriegsgefangene fährt gen
Osten in der Annahme, daß er nun auf Lebenszeit seine
Freiheit verloren hat. *Gerüchte* heißt das erste; seine Pointe
erhält es durch das Umkippen in ein befreiendes Erstaunen:

183

Statt der für möglich gehaltenen Tötung erfährt er Verständnis als humane Quittung für das ehrliche Geständnis seiner SA-Mitgliedschaft. Es sei gut, daß er die Wahrheit gesagt habe; bei seiner Herkunft und seinem Alter erscheine sie verständlich. Fühmann erzählt hier offenbar ganz Authentisches; wiederholt betont er bei späteren Gelegenheiten, wie stark ihn das großzügige Verstehen und Verzeihen der Sieger beeindruckt habe, zumal er doch unter dem Einfluß der antisowjetischen Goebbelspropaganda gestanden hätte. Der Autor teilt seine persönliche Erfahrung im Kontext einer treffenden Darstellung der Lageratmosphäre mit: Dem Gerücht, die Russen würden alle Gefangenen »abspritzen«, folgt wenig später die – ebenso falsche – Parole, man hätte sie nur zur Registrierung ins Lager gebracht, und in vierzehn Tagen wären sie schon wieder daheim …

Regentag im Kaukasus knüpft trotz eines kleinen Zeitsprungs unmittelbar an das vorangegangene Stück an: Die deutschen Gefangenen, die von Churchills Fultoner Rede gehört haben, hoffen auf Befreiung durch die Engländer. Im übrigen aber herrscht politische Apathie, eine psychologisch verständliche Reaktion auf die deutsche Katastrophe. Die von der sowjetischen Verwaltung freudig überbrachte Nachricht von der Vereinigung der beiden Arbeiterparteien in der Ostzone wird verständnislos und gleichgültig aufgenommen. Die Stufe politischen Denkens, die der Ich-Erzähler sich für ein Jahr nach Kriegsende einräumt, ist die enttäuschte Absage an alle Politik. Aber eben an diesem Punkt beginnt ein recht geradliniger Weg bis zur Entscheidung für die Mitarbeit am Aufbau der DDR. Die Auseinandersetzung mit dem Nationalsozialismus wird gleichsam abgelöst durch die Näherung zu dessen wütend bekämpftem Erzfeind Bolschewismus, den Fühmann schon längst an den Horizont seines Ich-Erzählers herangerückt hat (etwa durch das Motiv »Kommune« im zweiten Kapitel des Zyklus). Der Kommunismus in seiner stalinistischen Gestalt und als sowjetische Gesellschaftspraxis muß nun gleichsam als pädagogische Provinz auf- und ausgebaut werden. Durch die notwendige

Beschränkung auf den Rahmen des Lagers wird das weniger erschwert als erleichtert: Die Realität des Sowjetlandes kann und muß vom Autor hier nur so weit wahrgenommen werden, wie sie sich den Kriegsgefangenen selbst durch ihr eigenes Wahrnehmungsvermögen erschließt. Nachdem sie erlebt haben, daß man sie ganz sachlich und human verhört, statt sie zu erschießen oder zu mißhandeln, wird ihnen ein breites Angebot belletristischer Lektüre und natürlich auch politischer Schriften zuteil. Im nächsten Kapitel kommen weitere Wirkungsfaktoren hinzu.

Ein Tag wie jeder andere, das vorletzte Stück, ordnet Fühmann in der Datenübersicht dem 10. Oktober 1946 und damit der Urteilsverkündung im Nürnberger Kriegsverbrecherprozeß zu. Wenn das erzählte Ich zuletzt das Urteil des alliierten Militärgerichtshofs als verdient bezeichnet, dann ist das wesentlich durch die zuvor im Lager gewonnenen Eindrücke und Kenntnisse motiviert. Dazu gehören: die Ausstrahlung eines älteren sowjetischen Hauptmanns, der *»eher an einen Künstler als an einen Soldaten«* (J 151) erinnert; die Freude eines blutjungen Postens über die fertige Straße, an der die deutschen Gefangenen gearbeitet haben; die feierliche Danksagung und die Auszeichnung der Besten durch den Lagerkommandanten; die Umsetzung eines Ölbohrturms, die dem Erzähler wie eine Szene aus der *Ilias* erscheint; die von *»unerhörter Offenheit«* (J 156) geprägte Darstellung konflikthaften und harten Ringens um den Aufbau der sowjetischen Schwerindustrie bei Ilja Ehrenburg, die anerkennende Reaktion eines deutschen Majors auf Lenins Tolstoi-Aufsätze; die aus der Beobachtung der Wachposten gewonnene Einsicht: *»Eigentlich sind es nette Kerle, diese Iwans.«* (J 161)

Eine zeitraffende Passage fügt das letzte Prosastück *(Zum erstenmal: Deutschland)* organisch an. Dabei wird ein für Fühmann ohne allen Zweifel außerordentlich bedeutsamer und folgenreicher Lebensabschnitt erstaunlich kurz behandelt: Der Bericht über die Antifaschule nimmt kaum eine halbe Seite ein. Doch verraten die großen Worte, deren er sich bedient, daß ihm daran gelegen ist, die radikale Wende seines Denkens hoch zu bewerten, die ihm Lektionen über Geschichte und Politische Ökonomie brachten; durch sie sei es ihm »*wie Schuppen von den Augen gefallen*«, habe er »*die Antwort auf all die Fragen*« erhalten, die ihn »*immer bewegten*«, und nach dem Studium von Marx' *Kapital* habe er sein Leben rückblickend »*hinab bis zum Grund der Zeit*« (J 162) begreifen können.

Wenn Franz Fühmann ein Jahrzehnt danach in *Zweiundzwanzig Tage oder Die Hälfte des Lebens* zu erkennen geben wird, wie unbefriedigend er bisher seine Wandlung beschrieben habe, dann bedeutet das keineswegs, er sei als Verfasser des *Judenautos* nicht zunächst mit der darin gebotenen Darstellung zufrieden gewesen. Kam es ihm hier doch primär gar nicht darauf an, den Wandlungsprozeß vorzuführen, sondern sein Ergebnis, die Option für die eben gegründete Deutsche Demokratische Republik und für den Sozialismus, die Ankunft in seiner neuen gesellschaftlichen Heimat. Dies gelingt ihm allerdings nicht so überzeugend, wie er das möchte. Der Disput des entlassenen Kriegsgefangenen mit einem auf den »Westen« schwörenden Zufallsbekannten bleibt flach und vordergründig. Das gilt auch für den schwarzweißgemalten Vergleich der Presse in West und Ost. Etwas mehr Substanz bringen dann schon die Begegnungen im D-Zug nach Weimar ein, seine Gespräche mit der ursprünglich unpolitischen VP-Meisterin und dem aus Kriegsgefangenschaft entlassenen ehemaligen Knecht, der nun als Neubauer auf eigenes Land zurückkehrt, seine Eindrücke von den kräftig essenden und trinkenden Wismutkumpeln. Belangvolles Zeugnis des Neubeginns ist das erste Gedicht des Ich-Erzählers nach seinem weltanschaulichen und politischen Wandel; »*es wurde nach all den düstren Gedichten, die ich vordem geschrieben, ein helles Gedicht*« (J 170), kommentiert er, allerdings nicht zum Vorteil des Erzählten, das allzu viele Zeichen propagandistischen Bemühens aufweist.

Als letztes Textstück des Zyklus bekommt es auch noch

einen abrundenden Schlußpassus, was durchaus legitim ist, aber den Nachteil hat, daß die Darstellung des Neubeginns zum strahlenden Finale gerät; er weiß noch nicht oder will es zumindest nicht wahrhaben, daß er nirgend anders als am Anfang eines Lernprozesses steht, in dessen konflikthaftem, ja qualvollem Verlauf er sein Bild von der Welt abermals grundlegend wird umbauen müssen. Ihn leitet die feste Überzeugung, daß er »*die Bewegungsgesetze der Gesellschaft*« (J 171) kennt und daraus auch mit Sicherheit auf den Sieg des Sozialismus schließen könne. Zum 10. Gründungsjubiläum der DDR hatte er in seinem Bekenntnis *Vom Gestern geradeaus* als den »*größten Schatz*«, den er aus der sowjetischen Gefangenschaft mitgebracht habe, »*ein neues, ein gültiges Bild der Welt*«[123] bezeichnet. Und es macht die Grenze des Zyklus aus, daß er gerade auf diesen Gedanken hin konzipiert ist. Überspitzt gesagt, erhält sein Schluß dadurch märchenhaften Charakter, wird er zum fragwürdigen Happy-End. Ein Vergleich mit *Zweiundzwanzig Tage* und dem Trakl-Essay rechtfertigt das kritische Urteil sehr sinnfällig; in dem einen Falle endet der Verfasser seine Bilanz der ersten Lebenshälfte mit der pointierten Frage, ob er nun *anfangen* oder *aufhören* solle, und im anderen erklärt er abschließend, er werde weiter der Wahrheit nachsinnen, auf viel Schmerz gefaßt. Durch diesen Vergleich sollen die späteren Arbeiten jedoch nicht gegen die ältere ausgespielt werden; *Das Judenauto* hat seinen Rang als ein Hauptwerk Fühmanns, als eine erste epische Selbstdarstellung, die nicht nur über weite Strecken einen beachtlichen Zuwachs an erzählerischem Vermögen ausweist, sondern auch einen herausragenden Platz unter den DDR-Beiträgen zur literarischen Auseinandersetzung mit der Vergangenheit einnimmt. Franz Fühmanns spezifische Leistung auf diesem Felde, eine rigorose Abrechnung mit Nationalismus, Faschismus und Krieg durch schonungslos kritische Selbstbefragung, offenbart sich mit diesem Werk schon in ihrer moralischen Bedeutsamkeit und literarischen Fruchtbarkeit weit zwingender als in dem frühen Poem *Die Fahrt nach Stalingrad*.

Die wesentlichen Schwächen seiner Arbeit sieht der Autor später sehr deutlich. In den »Nachbemerkungen« zum entsprechenden Band der Werksammlung konstatiert er den »*Wechsel von Selbstironie zur affirmativen Pathetik, der solch ein Qualitätsgefälle wie das zwischen der ersten und der letzten Geschichte erzeugen mußte*« (J 517). Und als grundlegenden Mangel benennt er seinen damaligen »*Glauben an die Delegierbarkeit von Erfahrung*« (J 518), der den künstlerischen Umgang mit dem autobiographischen Material nachteilig beeinflußt hat. Ein kritischer und gewiß zuständiger Leser wie Wieland Förster zählt *Das Judenauto* aber auch 1984 noch zu den ihm wichtigen Texten Fühmanns.[124]

Von den Rezensenten wird der Band überwiegend freundlich aufgenommen. Um so auffälliger wirkt das Votum von Gábor Hajnal. Seit 1961 mit Fühmann persönlich bekannt, bemängelt der ungarische Dichter freundschaftlich unbefangen, daß der aus Böhmen kommende Deutsche seinen Eingang in die DDR einfach als eine Heimkehr beschreibt, »ohne das psychologisch und ethisch zu motivieren«; dadurch entstände »ein Bruch in der ideologisch-politischen Konzeption des Buches«: »Der Autor macht nicht deutlich genug, daß er nach der Rückkehr aus der Kriegsgefangenschaft den als Folge des Vergangenen über ihn hereingebrochenen Zwang, das Land seiner Kindheit zu verlassen, bewußt, als Teil seiner ethischen Neugeburt auf sich genommen hat und daß das sozialistische Deutschland moralisch und gesellschaftlich zu seiner neuen Heimat geworden ist.«[125] Die Einwände des Ungarn treffen das Schlußstück, beziehen sich aber auf ein Problem, das Fühmann bis an sein Ende begleitet: Es handelt sich um nichts anderes als um das ebenso heikle wie schmerzhafte Thema des Heimatverlusts; Fühmann trägt sich damit zunächst unbewußt, bemüht sich, es zu verdrängen, versucht es später anzunehmen, vermag aber zu keiner angemessenen ästhetischen Bewältigung zu gelangen.

Gábor Hajnal allerdings meint in *Böhmen am Meer* das voll geleistet sehen zu können, was er in *Das Judenauto* vermißt.

Tatsächlich läßt sich die wenig später entstandene Erzählung auch als eine wichtige Ergänzung der im Zyklus vorgetragenen Konfession lesen. Wieder wirkt ein Ich-Erzähler, der unverkennbar Züge des Autors trägt und sich offen zu seiner böhmischen Herkunft, aber auch gewissenhaft zur Mitverantwortung dafür bekennt, daß die Aussiedlung der deutschen Minderheit aus der Tschechoslowakei nach dem Zweiten Weltkrieg ursächlich verstanden und uneingeschränkt bejaht wird; ehe das letzte Drittel der Erzählung einsetzt, erklärt er: *»Die Vergangenheit war noch nicht vergangen; solange einer nach dem Warum der Umsiedlung fragte, war die Vergangenheit nicht vergangen, und ich hatte Pflichten, vor denen ich nicht fortlaufen durfte.«* (E 306) Das ist ein Schlüsselsatz, der die Haltung des Autors mit aller Direktheit zum Ausdruck bringt. Fühmann geht es aber bei der Wahrnehmung der Pflichten durchaus nicht nur um die historische Rolle und das politische Schicksal der Sudetendeutschen. In der archivierten Arbeitsmappe zu *Böhmen am Meer*[126] finden sich etliche Materialien, die sehr eindrucksvoll beurkunden, daß die Antriebe zur Arbeit an der Erzählung beileibe nicht bloß aus Autobiographischem und der intimen persönlichen Beziehung zu Böhmen kommen, sondern vielmehr in der politischen Überzeugung wurzeln, daß die Tätigkeit der sogenannten Landsmannschaften und Vertriebenenverbände politisch unverantwortlich und moralisch verwerflich ist. Es handelt sich um Drucksachen, die vor allem an Deutsche aus den nunmehrigen Westgebieten Polens adressiert sind, nämlich um ein Exemplar von »Unsere schlesische Heimat. Zeitung für ein deutsches Schlesien. Berlin, 1. September 1960« (die Kulturbeilage ist reich mit Gedichten und Aufsätzen ausgestattet), um das Veranstaltungsprogramm für den Westberliner »Tag der Heimat« am 4. September 1960 in der Waldbühne mit der Ankündigung der Redner Dr. Hans Matthei, Willy Brandt, Ernst Lemmer und Hans Krüger sowie um die mundartlich abgefaßte Einladung zur schlesischen Kirmes am Sonntag, dem 2.10. 1960, in den Lichterfelder Festsälen, als eigens ausgewiese-

189

nen Programmpunkt enthaltend eine »*Fest-Oansproache des Guttsherrn*«. Wenn sich Fühmann dann allein auf die Sudetendeutschen bezieht, hat das zweifellos den Grund, daß er eben für den Umgang mit diesem Stoff die besten Voraussetzungen und alle Kenntnisse mitbringt, die er braucht, um einen bis in zahllose Details hinein stimmigen Text schreiben zu können. Als weiterer und durchaus gewichtiger Grund kommt hinzu, daß er sich dabei des schönen Motivs aus Shakespeares *Wintermärchen* bedienen kann, das ihm für sein Anliegen überhaupt erst die poetischen Möglichkeiten eröffnet. Das Zitat aus dem Stück des großen Briten, der Erzählung als Motto vorangestellt, ist ja nicht nur eine Zutat, die ein Bezugsfeld aufweisen soll, das dem Text selbst gar nicht eignet. Nein, das Motto hilft den Kenntnissen und der Aufmerksamkeit des Lesers nach, der dann im Verlauf der Erzählung mit dem Titelmotiv sehr viel mehr zu tun bekommt, als er ohne vorbereitende Information wahrnehmen könnte.

Franz Fühmanns Ich-Erzähler, der als Feriengast zu einem Ostseeurlaub ins Häuschen der Hermine Traugott kommt, erkennt diese Frau als eine Umsiedlerin aus Böhmen, woher er selbst stammt; er, die Vermieterin und manch anderer Ortsbewohner sind »Böhmen am Meer«. (Die Bezeichnung »Vertriebene« meidet der Autor grundsätzlich.) Frau Traugott allerdings ist von besonders auffälliger Art. Während die Leute aus dem Binnenland Böhmen, wie der Erzähler gleich eingangs mitzuteilen weiß, alle sehnsüchtig das Meer lieben, empfindet sie Furcht und Grauen davor, doch will sie trotzdem nicht erneut an einen anderen Ort ziehen. Obwohl erst vierzig, wirkt sie älter, ist äußerst wortkarg, spricht tonlos, blickt mit merkwürdig leeren, toten Augen. Der Erzähler macht sich über sie Gedanken und verknüpft damit seine Lektüre von Shakespeares Stück. Er liest »*von einer Königin, verstorben vor sechzehn Jahren, und von einem Bild aus Stein, das ihr täuschend glich, und der Stein stand auf einem Sockel, und der König, der Schuldige am Tod der Königin, trat nach sechzehn Jahren der*

Reue heran und beugte seine Knie, und erfaßte die Hand
aus Stein, und siehe, die Hand, sie war warm, und der Stein
stieg, Stein, vom Sockel herab, und der Stein hob an zu reden,
und da sah ich wieder die toten Augen der Frau.« (E 292)
Man spürt, wie das Shakespearesche Märchenwunder den
Märchenfreund Fühmann fasziniert und wie sehr es ihn inspiriert. Königin Hermione, auf diesem Wege aus dem
Theaterstück in den epischen Text hereingeholt, wird dazu
benutzt, der – absichtsvoll fast namensgleichen – Frau Hermine den Charakter einer Symbolgestalt zu verleihen; dem
Erzähler drängt sich durch diesen Vorgang die Frage auf,
wer wohl ihre Versteinerung verschuldet haben mag. Die
Erkundung des Schicksals von Hermine Traugott wird damit zum Sujet der Erzählung.

In ihrer Jugend im Hause des deutsch-böhmischen Ba-
rons von Langenau als Dienstmädchen angestellt, wurde sie
eines Tages wegen lediger Schwangerschaft von ihrer Herrschaft fristlos entlassen. Das erfolgte fern von der Heimat,
an der Nordseeküste, wo die Verzweifelte sich sofort zu
ertränken versuchte. Dem gescheiterten Selbstmordversuch
folgt ihre andauernde Verstörung. Ihr Kind ist ein gesunder
Junge, der nun in der nahen Stadt zur Schule geht; ihr Mann
aber blieb im Kriege. Daß sie ihren Nachkriegswohnsitz keinesfalls mehr aufgeben will, obzwar sie von dem mißglückten Suizidversuch ihr Grauen vor dem Meer davongetragen
hat, erklärt sich aus den wohltuenden zwischenmensch-
lichen Beziehungen, die in der Ostseegemeinde herrschen.

Hat Fühmann dieses Schicksal erfunden, um seine Heldin
– bewußt oder unbewußt – von jeglichem Bezug auf das
Thema Heimatverlust frei halten zu können? Die Frage liegt
nahe, und es ist unmöglich, sie beweiskräftig zu verneinen.
Man kann auch nicht die Vermutung abweisen, daß das Titelmotiv und das Analogisieren der beiden Frauengestalten
Hermine Traugott und Königin Hermione Mittel des Autors
sind, eine Umsiedlergestalt zu stilisieren, die eine hohe Repräsentanz erhalten soll, aber nicht mit dem typischen Ver-
triebenenmerkmal der Trauer um die verlorene Heimat be-

haftet ist. Sieht er doch seine politische Mission eben darin, dem Leser die in der Vergangenheit liegenden Ursachen aufzudecken, die zur Aussiedlung der Deutschen aus der Tschechoslowakischen Republik geführt haben. Die historische Schuldfrage im begrenzten Rahmen einer Erzählung zu stellen und zu beantworten, hilft ihm aber gerade die Gestalt der Frau Traugott: Er sucht und findet den an ihrem Unglück Schuldigen, und das ist ein ihm aus der eigenen Kindheit bekannter Mann, der damals als besitzstolzer, nationalistischer Parteigänger Hitlers ein Fürsprecher der willkürlichen Vertreibung der Tschechen aus ihrem eigenen Lande durch das ›Herrenvolk‹ der Deutschen war. Der Erzähler erinnert, was er in seinem Elternhaus seinerzeit ebendiesen Großgrundbesitzer hat verkünden hören: *»Das Reich werde bis zum Ural ausgedehnt und alles, was nicht deutsch sei, aus diesem Raum nach Sibirien abgeschoben, und dann werde vielleicht einmal ein Böhmen am Eismeer liegen.«* (E 295)

Das Zitat macht zugleich deutlich, welchen Wert die Shakespeare-Stelle für Fühmann hat; er kann sie einsetzen, um die Hybris chauvinistischer Machtpolitik poetisch überhöht und pointiert auszudrücken und zu verurteilen. Den gleichen Baron von Langenau läßt Fühmann als Redner einer Westberliner Vertriebenenkundgebung auftreten. Der Ich-Erzähler, besorgter Besucher der Veranstaltung, erkennt den Mann wieder und weiß plötzlich, daß er den am Schicksal der Hermine Traugott Schuldigen vor sich hat. Im Zuhören erlebt er das Einst und das Jetzt als Einheit: *»Er sprach von Freiheit, und ich sah seine Güter und Wälder, die ihm nun nicht mehr gehörten; er sprach von Selbstbestimmung, und ich sah die Geiseln am Richtplatz; er sprach vom Recht auf die Heimat, und ich sah ihn das Glas erheben auf ein Böhmen am Arktischen Meer.«* (E 313)

Macht es sein hochempfindlicher moralischer Sinn oder seine Neigung zur Emphase, daß Fühmann sich nicht mit solchen Formen der Verurteilung begnügt? Auf die Analogie zu Shakespeare gestützt, meint er, den Mann, der die Verstörung der Frau Traugott verursacht hat, ausdrücklich als einen Mörder bezeichnen zu müssen. Das geschieht zwar durch den Ich-Erzähler, aber der ist ja nur ein anderes Ich des Autors. An zwei Stellen, die recht nahe beieinander liegen, wird das Wort Mörder jeweils innerhalb weniger Sätze viermal verwendet (vgl. E 314 f.). Wer ein solches Verfahren als unangemessene Wertung und übereifrige Polemik empfindet, die dem Urteil des Rezipienten gar zu heftig vorgreift, wird nicht zu widerlegen sein. Doch andererseits muß schon mit Nachdruck darauf hingewiesen werden, daß gerade die Gestalt des Ich-Erzählers eine beachtliche, wichtige Leistung des Autors ist, auch im Entwicklungsprozeß der DDR-Literatur, die sich bis zu diesem Zeitpunkt erst zögernd an das Mittel des Ich-Erzählers herangetastet hat. Fühmanns Erzählerfigur gewinnt eine überzeugende individuelle Ausprägung. Ohne eigens beschrieben zu werden, erscheint sie als eine plastische Gestalt, die sich durch eine Reihe ansprechender Eigenschaften auszeichnet und damit die Sympathie des Lesers gewinnt, so daß dann auch ihr hohes politisches Verantwortungsbewußtsein ästhetisch glaubhaft und wirksam wird. Zu ihren menschlichen Qualitäten gehören spontane Hilfsbereitschaft, ehrliches Interesse am anderen Menschen, Einfühlungsvermögen, Bescheidenheit, die Fähigkeit zu tiefem Naturerleben, ernsthafte Nachdenklichkeit und starke Emotionalität. Dieser Erzähler ist nicht eine am Rande des Geschehens stehende Figur, er bewirkt durch seine Aktivität überhaupt das Zustandekommen der Fabel, die Verknüpfung der Begebenheiten, und insofern spielt er in der Erzählung eigentlich die Hauptrolle. Zugleich prägt er das Erzählte durchweg in seiner Funktion als darbietende Instanz. Der dargestellte Schriftsteller ist selbst auch der alles Darstellende. Sein Erzählen ist in einem hohen Grade ein forschendes Nachdenken über einen anderen Menschen sowie über das Bedingungsgefüge, aus dem sich dessen Schicksal und Verhalten verstehen läßt. Mit diesem Erzähler nimmt Fühmann anregend oder gar beispielgebend teil an der Herausbildung eines bedeutsamen Prozesses in der DDR-Literatur. Der Ich-Erzähler in *Böhmen am Meer* führt die lange Reihe der Schriftstellerhelden an, die sich vor allem im Laufe der siebziger Jahre einstellen; er ist eine frühe Ausprägung jener Medien, die mit wachsender Intensität dem einzelnen Individuum und seinen Entfaltungsmöglichkeiten nachfragen; er ist eine entschiedene Alternative zum allwissenden und unbeteiligten Erzähler, engagierter Mittler zwischen Autor und Leser.

Auf eine bezeichnende Eigenart von Fühmanns Erzähler bleibt aber noch hinzuweisen: Er zeigt, auffälliger und eindrucksvoller als andere Figuren, den ausgeprägten Sinn des Autors für das Nicht-Rationale, für die unwillkürlichen geistig-seelischen Vorgänge, für Tagtraum und Vision, für Psychologie und Tiefenpsychologie. In die Tätigkeit des Ich-Erzählers sind als unentbehrliche Elemente tagträumerische Vorgänge eingeschlossen, die Vergessenes beziehungsweise Verdrängtes plötzlich bewußt werden lassen, weit zurückliegende Erlebnisse mit geradezu elementarer Gewalt reproduzieren, zwischen den Zeiten sowie zwischen Ahnen und Wissen, zwischen außen und innen vermitteln. Manches Episodische ist nicht als objektives Geschehen, sondern als subjektive Vision dargestellt, oder das im Augenblick Wahrgenommene ist durchdrungen und beherrscht von hereinbrechenden Erinnerungen. Deutlicher als irgendwann zuvor wird hier die Kafka-Kenntnis Fühmanns produktiv (vgl. E 294). Schließlich ist noch anzumerken, daß der Autor die Unwägbarkeiten menschlichen Erinnerns und Vergessens auch durch ausdrückliches Reflektieren hervorhebt. Als dem Ich-Erzähler das dem jungen Dienstmädchen Widerfahrene plötzlich wieder voll gegenwärtig ist, äußert er, vom eigenen Vergessen erschreckt: *»Ein Schauder packte mich: wie viele solcher Höhlen mögen wir noch in unseren Hirnen tragen, wie viele solcher Höhlenerinnerungen, die zugedeckt sind und von denen wir nichts mehr wissen und die doch in uns sind, ein unbenutztes Stück unseres Seins! Wie schnell vergißt der Mensch, was er war; wie schnell vergißt er, wie schnell, wie schnell!«* (E 315) Fühmann schlägt damit auf einer hohen Abstraktionsstufe ein großes Thema an, das ihn nicht mehr loslassen, das bald auch von manchem seiner Kollegen aufgenommen und gelegentlich im großen Stil behandelt wird, so von Christa Wolf in *Kindheitsmuster*.

Böhmen am Meer findet bei der zünftigen Kritik eine ausgesprochen respektvolle, mitunter sogar rühmende Beachtung (übrigens auch bald in der benachbarten Tschechoslowakei). Dabei spielt sicher neben den aktuell-politischen Aspekten der Erzählung der Umstand eine Rolle, daß sie sich durch ihren hohen künstlerischen Anspruch und dessen weitgehende Einlösung vorteilhaft von vielem abhebt, was auf dem »Bitterfelder Weg« zur gleichen Zeit an die Öffentlichkeit gebracht wird. Ein Massenpublikum erreicht Fühmann freilich auch mit diesem neuen Text nicht; immerhin wird er vielen Lesern dadurch nahegebracht, daß man ihn unter die Werke aufnimmt, die für die Auszeichnung mit dem Literaturpreis des FDGB in Betracht zu ziehen sind, wie das vordem schon mit *Kabelkran und Blauer Peter* geschah. Tatsächlich weist die neue Erzählung ja nicht allein enge Berührungen mit *Das Judenauto* auf (sie gehen bis in die einzelne Formulierung); sie korrespondiert zugleich mit dem »Beginn auf der Werft«, am offensichtlichsten durch jene Episode, wo der Ich-Erzähler zum beeindruckten Augenzeugen des Buhnenbaus wird. Die Schilderung dieses Arbeitsvorgangs ist keine Konzession an die Kulturpolitik, sondern organischer Bestandteil der Erzählung, undenkbar freilich ohne die stets vorhandene Bereitschaft Fühmanns, echte Arbeitsleistungen zu studieren und zu bestaunen. Kritisch zu beobachten ist allerdings wieder seine Neigung zur Emphase, diesmal bei Gelegenheit einer positiven Wertung. Sie betrifft den Bürgermeister des Ostseedorfs, der als ein anerkannter Antifaschist nach den Bestimmungen der tschechoslowakischen Regierung in Böhmen hätte verbleiben können; aus politischem Verantwortungsbewußtsein hat er jedoch mit den anderen die angestammte Heimat verlassen. Statt nur an seinem Schreibtisch zu sitzen, packt er überall kräftig mit an, und so gilt er dem Erzähler, der ihn sich erst als einen Bürokraten vorgestellt hat, bald als »*einer jener*

Helden des Alltags [...], ohne die Deutschland ins Nichts versunken wäre« (E 307). Fühmann hat gute Gründe, den Funktionär menschlich anzuerkennen; nur äußert er diese Anerkennung sehr formelhaft pathetisch. Das ehrliche Bestreben, als Schriftsteller seiner Gesellschaft zu dienen, hat bei noch mangelnder Kenntnis des Alltagslebens der Leute sowie auf Grund der Skrupel des früheren Nazi-Anhängers immer wieder zur Folge, daß aktuelle DDR-Wirklichkeit bei ihm in solch vordergründig bekenntnishafter Weise reflektiert wird. In seiner späten selbstkritischen Bemerkung zum letzten Teil des Zyklus *Das Judenauto,* nach neuen Wandlungen also, wird er dann sarkastisch von solcher »*affirmativen Pathetik*« (J 517) abrücken.

Welche Schwierigkeiten ihm der Umgang mit ganz gegenwärtigem Stoff bereitet, wie wenig ihm dabei – zumal auf Anhieb – gediegene und dauerhafte Bilder gelingen, das zeigt eine nachgelassene Geschichte, die er zwar als Text abgeschlossen, als künstlerische Leistung aber nicht zu Ende und darum auch nicht zur Veröffentlichung gebracht hat. Erwähnenswert ist die Geschichte schon deshalb, weil sie in einer sicher beabsichtigten spannungsvollen Beziehung zu *Böhmen am Meer* steht; sie ist eine Art Gegenstück dazu und sollte zusammen mit dieser sowie mit der Erzählung *Strelch* eine Dreiergruppe »Sommer-« oder »Ostseegeschichten« bilden. Nach seiner Hauptfigur, einer etwa zwanzigjährigen anmutigen Zeitgenossin, heißt der ungedruckte Text *Heidi.* Der Ich-Erzähler, der hier sogar gelegentlich als »*Herr Fühmann*«[127] angesprochen wird, erlebt als Urlauber zusammen mit seiner Frau Ursula diese Heidi in der Rolle eines Dienstmädchens der Pension »Haus Sonnenschein«. Dort wirkt sie allerdings immer nur halbtags. Von Mittag bis Mitternacht arbeitet sie noch im Promenadenhotel, wo sich Vertreter einer überständigen Welt eingenistet haben. Dabei hat Heidi eigentlich selber Urlaub, nämlich unbezahlten; denn sie ist von Beruf Weberin, leitet eine Brigade in einem Plauener Betrieb, und in dem Ferienort schuftet sie nur für ein paar Wochen als Dienstmädchen, um ihren dort lebenden Vater zu unterstützen, der als Trinker viel Geld braucht. Zusätzlichen Konfliktstoff sucht Fühmann in seine Geschichte nun dadurch hineinzubringen, daß seine junge Heldin sich entscheiden muß zwischen der Treue zu ihrem Betrieb und zu ihrer Brigade auf der einen und den verlokkenden Angeboten eines Sektionsvorstehers vom »Demokratischen Ferienbüro« auf der anderen Seite. Dieser demokratische Ferienbürokrat bietet dem tüchtigen Mädchen nicht nur ein Zimmer mit eigenem Fernsehapparat (1960 ein unerhörter Luxus), sondern auch Aussicht auf einen Jahresurlaub von vier Wochen, wie sie ihn zugunsten ihres Vaters gut gebrauchen kann. In der Exposition der Geschichte ist allerdings schon dafür gesorgt, daß dieser frühe Fühmannsche Entwurf eines »negativen Helden« beim Leser in Ungnade fällt: Das Büro verärgert den Urlaubsuchenden durch wiederholten willkürlichen Bruch von Vereinbarungen und obendrein durch das Schuldigbleiben befriedigender Erklärungen. Mithin darf er das Mädchen nicht für sich gewinnen. Als sein Gegenspieler trifft, Deus ex machina, gerade rechtzeitig der Parteisekretär aus Plauen mit einem gewinnenden Brief der Brigade ein. Seinen Dienstwagen zieht Heidi nun entschlossen dem häßlichen schwarzen SIM des Ferienbüroleiters vor; aber sie werde eben doch im Auto nach Hause gefahren, triumphiert sie mit fast kindlicher Freude. Des Erzählers letztes Wort ist eine Pointe, die zugleich die Moral von der Geschichte unterstreicht, daß es keine privaten Dienstmädchen mehr geben soll; der bangen Frage der Pensionschefin, was denn nun ohne das Mädchen Heidi werden solle, wird die optimistische Antwort zuteil: »›Wir stellen uns auf Selbstbedienung um, Frau Püschel‹« sagte meine Frau fröhlich und begann mit Schwung die Betten aufzuklopfen.«[128] Ende gut, alles gut!

Ist es unzweckmäßig oder gar unfair, einen solchen vom Autor beiseite gelegten Entwurf zu referieren, obwohl dessen Schwäche offensichtlich und ein Minimum an Ironie bei der Wiedergabe des Inhalts unvermeidlich ist? Nein, *Heidi* verdient schon, hier erwähnt zu werden. Es handelt sich immerhin um einen Text, der mit zwei anderen, längst bekannten, aber nie in ihrem Bezug erkannten, eine Art Trilogie bilden sollte. Seine Kenntnis berührt somit das Verständnis der beiden anderen Texte. Vor allem wird durch die Heidi-Geschichte erst voll schätzbar, was Fühmann mit dem dritten Stück seiner geplanten »Ostseegeschichten« gelungen ist, mit *Strelch* (im Manuskript noch »Die Kinder«). 1960 entstanden, erscheint die Erzählung 1961 im Septemberheft der NDL – im gleichen Jahr wie *Kabelkran und Blauer Peter* und *Spuk*. Sie gehört zu den frühesten Arbeiten des Erzählers Fühmann, die stofflich in der Gegenwart angesiedelt sind. Mit den genannten Büchern hat sie wie mit den anderen beiden »Ostseegeschichten« gemein, daß ein Ich-Erzähler am Werke ist. Und Autor und Erzähler sind in diesem Falle fast genausowenig unterscheidbar wie in *Heidi;* zwar fällt der Name Fühmann nicht, aber wiederum der Vorname seiner wirklichen Ehefrau. Ganz unvermittelt beginnt *Strelch* mit einem Stückchen direkter Rede: *»›Sie können doch hier nicht rauchen!‹ sagte Ursula.«* (E 347) Dann erst klärt sich allmählich die Situation: Man befindet sich auf einer Schiffspartie vom Ostseestrand zu einer Insel. Der Erzähler und seine Frau halten sich ebenso wie eine etwa dreißigköpfige Gruppe von Bitterfelder Kindern aus einem Betriebsferienlager an dem kalten Julimorgen unter Deck auf. Die Kinder werden nicht recht betreut. Statt ihrer beliebten Frau Mylius begleiten sie zwei Männer von der Gewerkschaftsleitung, der Kulturfunktionär Glöcklich und der nur eben zu Kontrollzwecken ins Lager geschickte Herr Schmitz. Er hat sich an die Stelle der Betreuerin gedrängt, um den Ausflug mitmachen zu können. Während er in dem geschlossenen Raum ohne Rücksicht auf die Kinder raucht, trinkt Herr Glöcklich zunächst oben sein Bier. Unter Deck entpuppt er sich sogleich als einer jener Menschen, *»die von der Seele eines Kindes nichts verstehen«* (E 351). Ungefragt redet er wie ein Handlungsreisender über die Ferienlager seines Betriebes und vertieft sich anschließend in einen »Sammelband über Fragen der Kunst und Literatur«. Unwillen und Trauer kommen in dem Ich-Erzähler auf: »*Es ist wirklich eine Schande! dachte ich, hier werden dreißig Kinder um das Erlebnis der ersten Seereise gebracht, nur weil zwei Bürokraten einmal eine Dampferpartie machen wollten!*« (E 351)

Einige Kinder bekämpfen ihre Langeweile mit einem Kartenspiel, das sie »Strelch« nennen, andere beschäftigt Frau Ursula, und die übrigen dösen vor sich hin. Die Eintönigkeit der vierstündigen Fahrt erfährt drei belebende Unterbrechungen, vom Erzähler geschickt angelegt und genutzt. Eine erste kleine Sensation ist ein von Pferden gezogener Planwagen, der – auf dem Kurs einer Furt – durch das Wasser fährt. Ein Junge spielt spontan Krieg; zuvor am Kartenspiel beteiligt, imitiert er Maschinengewehrsalven in Richtung auf das Fuhrwerk; er fühlt sich als Störtebeker, der einen Pfeffersack bekämpft. Herr Glöcklich reagiert darauf mit einem schulmeisterlichen Versuch, den Anachronismus dieser Vorstellung aufzuklären, während Frau Ursula begreiflich zu machen sucht, daß man selbst im Spiel nicht auf Menschen schießen soll.

Die zweite Begebenheit ist das Eindringen des Schiffes »*in Wassermanns Reich*« (E 357), wie der Erzähler den Augenblick interpretiert, da das Schiff zwischen zwei Inseln mit dichten Feldern von Schilf in hörbare Berührung kommt. Aber die poetische Art des Erzählers, mit den Kindern über die Natur zu sprechen, fordert die verbissene Aufklärungssucht des Herrn Schmitz so heraus, daß dieser ausfällig wird; er könne nicht dulden, daß man »*den Kindern solchen idealistischen Unfug in den Kopf*« (E 357) setze. Der Konflikt zwischen dem kinderfreundlichen Ehepaar und dem phantasielosen, beschränkten Funktionär ist endgültig aufgebrochen. An Deck beobachtet der Erzähler danach das Treiben einer lauten Gesellschaft, die sich auf Rechnung eines Mannes amüsiert, in dem der Erzähler einen in der Zeitung kürzlich als verdienstvoll vorgestellten Erfinder erkennt. Glücklich über seinen Erfolg und selbst angetrunken, läßt dieser sich von den trinkfreudigen Leuten als Gastgeber ausnutzen.

Das dritte und größte Ereignis ist die Begegnung mit einem großen Schwarm wilder Schwäne: für die Kinder Anlaß zum Schauen, Fragen und Wundern, für die Bürokraten aber wieder Gelegenheit, ihre Grenzen zu zeigen. Eines der Mädchen erinnert sich, Schwäne im Theater erlebt zu haben; man kommt also auf Tschaikowskis Ballett *Schwanensee* zu sprechen, das wohl überhaupt diese Episode und ihre Weiterungen anregte. Denn Fühmann hat inzwischen im Auftrag der Zeitschrift »Freie Welt« ein Porträt der großen sowjetischen Tänzerin Galina Ulanowa erarbeitet und sich in diesem Zusammenhang auch intensiv mit dem Ballett Tschaikowskis beschäftigt. (Das Porträt erscheint im Sommer 1960, mithin im Entstehungsjahr der Erzählung *Strelch*.) Das mit *Schwanensee* vertraute Mädchen gibt eine Nacherzählung zum besten, in der sich die Märchenmotive verschieben und zu einer Lesart führen, die danach auf der angesteuerten Insel plötzlich zum wirklichen Ereignis wird, um dessentwillen letztlich die ganze Erzählung geschrieben ist. Lustvoll beschreibt Fühmann den Wald auf der Insel, der zum Schauplatz einer Art *Schwanensee*-Adaption wird. Der Erzähler und seine Frau, die sich nach der Landung zunächst fluchtartig abgesetzt haben, erleben plötzlich in diesem Wald, wie einige der Kinder und der seiner Gesellschaft zeitweilig entronnene, in den Zustand seliger Verklärung geratene Erfinder sich in Akteure eines Märchens verwandeln und selbstvergessen spielend aufeinander eingehen.

Die letzte Steigerung bringt freilich erst die Natur selbst zuwege: Ein Gewitter türmt sich auf und wirkt als mächtiger Zauberer mit Blitz und Donner und Regen. Für offene Sinne gibt es ungemein viel wahrzunehmen. Der Faszination des verwandelten Meeres erliegt für einen Moment sogar der Herr Schmitz. Nur die zuvor überlustige Zechgesellschaft liegt bei der Abfahrt katzenjämmerlich an Deck. Der Erzähler, der schon wiederholt reflektierend angedeutet hat, worum es ihm zu tun ist, schließt, indem er mitteilt, was er auf der Rückfahrt den Kindern gern gesagt hätte und wofür er die Worte nicht gefunden habe, *»daß es einmal in ihrer*

*Hand liegen würde, aus dem Menschen das zu machen, was
der Mensch sein könnte: ein Schöpfer voll heiliger Nüchternheit und heiliger Phantasie, der Schöpfer seiner selbst und der
Schöpfer allen Seins«* (E 375).

Die Geschichte geht in diesen utopischen Sentenzen keineswegs auf. Das Erzählte läßt sich sehr wohl als aktuell ge-
bliebenes Gleichnis lesen, das verschiedene Arten zu sein
gegeneinanderstellt: phantasieloses Funktionieren, billiges
Genießenwollen, stumpfes und dumpfes die Zeit Vertrei-
ben – oder aber sich die Welt mit wachen Sinnen erschließen
und anverwandeln. Die Abweisung aller philiströsen Beschränktheit und Poesiefeindlichkeit, die unbestechliche
Kritik seelischer und emotionaler Armut sind heute so aktuell wie vorgestern und werden es morgen nicht weniger sein.
Dies gilt natürlich auch für Fühmanns entschiedenes Herausfordern gehöriger Achtung vor den Kindern und echter
Sorge für deren menschliche Entfaltung. Wer erfahren will,
warum er als Schriftsteller so viel für Kinder geleistet hat,
kann es aus dieser Geschichte herauslesen.

Von der Arbeit des Kinderbuchautors wird jedoch an späterer Stelle zu sprechen ein. Vorerst ist zu fragen, wie Fühmann es denn in der Folgezeit mit dem sogenannten Bitterfelder Weg hält. Wenn man die drei Ostseegeschichten
Strelch, Heidi und *Böhmen am Meer* neben *Kabelkran und
Blauer Peter* und *Spuk* zu den Ergebnissen seines Bemühens
zählt, den Intentionen dieses kulturpolitischen Konzepts
auf eigene Weise zu folgen, tut man ihnen gewiß keine Gewalt an. Was der Autor in einem dieser Texte über das Verhältnis von Arbeit und Kunst direkt äußert, kommt wohl
ganz aus seiner tiefen Überzeugung, läßt sich jedoch nicht
anders lesen als eine Entsprechung zu den programmatischen Grundgedanken, die am 24. April 1959 in Bitterfeld auf
die Tagesordnung gesetzt worden waren; Fühmann rühmt,
*»was der Mensch sein kann, wenn die heilige Arbeit seines
Werktags sich eint mit der heiligen Phantasie seiner freien
Zeit«,* und stellt fordernd fest, *»daß Kunst und Arbeit zusam-
mengehören«* (E 370).

Wer der Chronologie seiner Veröffentlichungen folgt, kann nun allerdings leicht zu der Ansicht gelangen, daß der Autor sich in der Folgezeit doch von seinen eigenwilligen Bitterfelder Wegen ebenso rasch wie weit entfernt. Ein Jahr nach der Aufnahme in die Akademie der Künste, im April 1962, beginnt er mit den Vorarbeiten für eine Barlach-Erzählung, die als einleitender Text zu dem Bildband *Das schlimme Jahr* (1963) erscheint. Und die nächsten gewichtigen epischen Arbeiten, die, mit älteren zusammengefügt, in dem Band *König Ödipus* (1966) erstmals gedruckt werden, sind zwei Kriegserzählungen ohne stofflichen Gegenwartsbezug: *Die Schöpfung* sowie die Titelerzählung.

Es wäre jedoch doppelt falsch, aus dieser Folge eine Abwendung vom Bemühen um künstlerisches Eindringen in gegenwärtiges Leben herauslesen zu wollen. Zwar erklärt Fühmann 1964 in seinem berühmt gewordenen Brief an den Minister für Kultur im Vorfeld der Zweiten Bitterfelder Konferenz, er werde den großen Betriebsroman, den er angeblich mit dem Werft-Buch versprochen habe, nicht schreiben, weil ihm dazu auf Grund seiner Biographie unentbehrliche Voraussetzungen fehlen; er werde bei seinem Thema bleiben, der Darstellung des Menschen »*kleinbürgerlicher Herkunft in seiner Erschütterung, Wandlung oder Nicht-Wandlung unter dem Faschismus, im Krieg, in sowjetischer Kriegsgefangenschaft, in der DDR und in Westdeutschland*« (EGA 12). Er sagt aber, wie inzwischen schon deutlich geworden ist, keineswegs zuviel, wenn er im gleichen Zusammenhang bekennt: »*Es ist mein kühnster Traum, einmal, vielleicht in zehn Jahren, die Poesie und schöpferische Potenz einfacher, täglich vollbrachter schwerer körperlicher Arbeit und die Physiognomie dessen, der sie leistet, in einer Novelle [...] zu gestalten. Dafür sammle ich alle Erfahrungen.*« (EGA 12) So wie seine Studien in Rostock nicht nur das Buch *Kabelkran und Blauer Peter* erbrachten, sondern auch (ungedruckte) Aufzeichnungen über eine Schlosserbrigade und ein Exposé für einen Dokumentarfilm über das Arbeitertheater der Warnow-Werft, so unternimmt Fühmann in der Folgezeit immer wieder Expeditionen in die Welt der materiellen Produktion, sucht er möglichst tief und von den verschiedensten Seiten her ins Arbeitsleben einzudringen, beispielsweise 1963 auf einer Baustelle in Guben und 1967 im Zusammenhang mit dem gescheiterten Großprojekt »Auf den Spuren Fontanes«.

Falsch wäre die Annahme, Franz Fühmann habe sich von neuem für eine Auseinandersetzung mit der Vergangenheit und damit erst einmal gegen die Beschäftigung mit zeitgenössischen Stoffen entschieden, weil sie die Tatsache vernachlässigte, daß seine Arbeits- und Schreibprozesse sich in der Regel weitläufig gestalten und dabei vielfältig verflechten. Die 1966 gedruckten Texte *Die Schöpfung* und *König Ödipus* haben eine Entstehungsgeschichte, die weit in die fünfziger Jahre zurückreicht. Bestimmte ihrer stofflichen Elemente und Motive finden sich in Versuchen und Entwürfen, deren älteste spätestens 1956 entstanden sein müssen. Genetisch sind sie also unmittelbar mit dem Komplex der sehr viel früher abgeschlossenen und veröffentlichten Kriegserzählungen von *Kameraden* bis *Traum 1958* verbunden und bilden deren organische Weiterführung; sie brauchten nur eine sehr lange Entwicklungs- und Reifezeit. Das übergreifende Anliegen dieser beiden unterschwellig eng miteinander verbundenen Geschichten ist das Bemühen, prägnante und symbolkräftige Bilder des Soldaten der Hitlerwehrmacht vorzuführen. Eine Skizze von Anfang 1956 trägt die Überschrift »Bilder von der Wehrmacht«, eine Vorstufe des *König Ödipus* ist mit dem Untertitel »Bilder aus dem Leben der Wehrmacht« versehen, und ein Vorläufer des Helden aus *Die Schöpfung* sucht während seines Dienstes als Soldat »*nach einer Formel oder einem Symbol für eben jene Wehrmacht und für ihren nun schon das vierte Jahr geführten heiligen Krieg*«[129], weshalb der Entwurf »Das Symbol« überschrieben ist. In diesem Text stecken immerhin schon die Motive der Schöpfung, der Kloake sowie des Zoos, in dessen leeren Käfigen sich deutsche Soldaten säuberlich eingerichtet haben, so daß sie nun in Behausungen wohnen, die mit Schildern wie Luchs, Wildschwein, Fuchs, Iltis, Tiger, Wolf, Geier und anderen mehr versehen sind und dadurch die Insassen im Waffenrock zu solchen Tieren erklären. Dieses Zoo-Motiv muß als der genetische Kern der Ödipus-Geschichte gelten, nur daß der Autor offenbar lange darauf ausgeht, es als das dominierende Motiv zu verarbeiten, und erst ziemlich spät die Bezugnahme auf Sophokles als ein Mittel entdeckt und nutzt, der Novelle ganz neue Dimensionen zu erschließen. Eine 30 Seiten umfassende Vorstufe ist als Rahmenerzählung angelegt; da erzählt der etwa vierzigjährige Karl R. einer anwesenden besseren Gesellschaft »*die Geschichte eines Quartiers [...], das wohl das seltsamste im ganzen großen Krieg gewesen ist*«[130].

Nebenbei sei bemerkt, daß der Erzähler bestrebt ist, Generalinspektor beim Baron von Langenau zu werden; der Name – vermutlich aus Rilkes *Weise von Liebe und Tod des Cornets Christoph Rilke* herübergenommen – gerät dann von hier aus in die Erzählung *Böhmen am Meer* hinein. Bei einer Durchsicht der vielen Vorstufen und Fragmente mit der Überschrift »Bilder von der Wehrmacht« beziehungsweise »Ein gemütliches Quartier« und ähnlichen Titeln[131] fällt auf, daß der Autor immer wieder mit Kraßheiten arbeitet, die den Symbolgehalt steigern und einer radikalen Faschismuskritik dienen sollen, aber eher der Glaubwürdigkeit des Erzählten schaden und den Leser irritieren. Wenigstens ein Beispiel dafür sei angedeutet: Nach Mitteilung des Erzählers Karl R. wird ein Affe, der in dem von deutschen Soldaten bezogenen Zoo lebt, von Leuten der einheimischen Bevölkerung so erregt, daß er seinen Herrn, den Chef der Truppe, tötet, der zuvor diese Bulgaren alle niederschießt; deren Leichen werden dann im Zoo verfüttert. Von solchen und ähnlichen Horrorszenen bleibt auf dem langen Wege bis zu den Endfassungen zum Glück so gut wie nichts übrig; gut Ding will eben, gerade bei Fühmann, wirklich Weile haben ...

Wie in *Böhmen am Meer* steht auch in *Die Schöpfung* zwischen Titel und Anfang des eigenen Textes als Motto und als Explikation des Leitmotivs das entsprechende Zitat. Dort war es Shakespeare, hier ist es die Genesis, die biblische Darstellung der Schöpfungsgeschichte. Die Verse 26, 27 und 31 aus dem 1. Buch Mose schaffen naturgemäß ein ungleich weiteres Bezugsfeld als die Verse aus *Das Wintermärchen*. Und es ist auch so viel konstruktiver Aufwand nicht nötig wie dort, um das Motiv zu entfalten und auszuschöpfen. Das Bibel-Zitat gibt dem Leser große Fragen mit: nach der Stellung des Menschen in der Ordnung all dessen, was da fleucht und kreucht; nach der Ebenbildlichkeit des Menschen als Geschöpf Gottes; nach dem Gelingen der Schöpfung, nach dem Menschen als ihrer gemeinten Krone. Damit wählt Fühmann zum ersten Male eine semantische Ebene, die durch eine Anleihe aus dem Mythos gestiftet wird und ihm die Möglichkeit bietet, Faschismuskritik auf einer neuen weltanschaulich-poetischen Höhe zu leisten. Die Ausführung der dadurch neuartigen Geschichte kann sich auf seinen bisherigen künstlerischen Umgang mit den Erfahrungen aus dem Kriege und das erzählerische Erforschen von Verhalten und Verhaltensmotiven des hitlertreuen Soldaten stützen.

In *Die Schöpfung* vermag er mit dem zwanzigjährigen Soldaten Ferdinand Wildenberg einen Menschen vorzustellen, der bei weitem kein durchschnittlicher Landsertyp ist. Als Arztsohn und Abiturient, der selber Medizin studieren will, verfügt er über eine nicht gewöhnliche Bildung, funktioniert aber eben letztlich doch als willfähriges Instrument und kann so durchaus im Sinne der Statistik als ein repräsentativer Soldat gelten. Fühmann entwirft eingangs ein dichtes Porträt des jungen Mannes, das seine Prägung durch den Nationalsozialismus nicht ausklammert, sich aber eben nicht auf die Mitteilung wirklicher oder vermeintlicher Hauptmerkmale beschränkt, sondern ein detailliertes, vielseitiges Bild entwickelt. Den knapp zwei Seiten eines überzeugenden Steckbriefs folgt die teils dehnende, teils raffende, Sprünge vermeidende Darstellung der sechs Tage, die der Soldat von Beginn seines ersten Einsatzes bis zu seinem Ende erlebt. Das Geschehen wird vorwiegend als Erleben dieses Menschen gestaltet: Sein Fühlen und Denken offenbart sich dem Leser zum kritischen Nachvollzug, und es wird wirklich nachvollziehbar gestaltet. Der Autor, der dazu neigt, die von ihm beobachteten Figuren voller widersprüchlicher Gedanken und Gefühle zu zeigen, entwickelt hier mit großer Präzision, was mit und in diesem Wildenberg geschieht. Mit hochgespannter Erwartung in seinen ersten Einsatz am Golf von Korinth gehend, kommt dem träumend Wachenden bei der nächtlichen Fahrt über das dunkle Wasser die Erinnerung an den Anfang der Schöpfungsgeschichte. Fühmann zitiert die ersten beiden Verse der Genesis und beginnt damit die dichte Reihe der leitmotivischen Zitate und Anspielungen, die voll zur Wirkung bringen, was durch das Eingangszitat angelegt wurde.

In *Kameraden* charakterisierte er den Erznazi Josef L. unter anderem dadurch, daß er ihn in Nietzsches *Also sprach Zarathustra* lesen ließ und das Gelesene als wörtliches Zitat in seinen Text einmontierte. In *Böhmen am Meer* verfuhr er noch ähnlich: Der Ich-Erzähler geht mit der Reclam-Ausgabe des *Wintermärchens* an den Strand und liest, was er längst lesen wollte, und das Gelesene kommt anverwandelt in den Zusammenhang der Geschichte herein. Hier nun werden Bezugnahmen auf die Bibel als integrative Bestandteile von Wildenbergs Gedankenfluß oder der aus der Sicht des Helden formulierten Erzählerrede behandelt. Das ist nicht nur ein sublimeres, künstlerisch höher zu schätzendes Verfahren, sondern ermöglicht auch eine tiefere Analyse der Hauptfigur und ihre differenziertere Kritik. Die situationsgebundene Spannung des jungen Soldaten bei seinem ersten Einsatz, das gesteigerte Erleben einer fremden Landschaft, das Hochgefühl des zum Angehörigen eines Herrenvolks erklärten Menschen und die Bibel-Reminiszenzen verschmelzen. Das Wirken faschistischer Ideologie wird nicht als Aufnahme platter Parolen verzeichnet, sondern als ein komplexer Vorgang verfolgt, in dem viele Faktoren zusammenwirken und an dem sogar Vorstellungen aus der Bibel teilhaben, freilich in einer verhängnisvoll pervertierten Form.

Fühmann faßt die Erwartungshaltung des Soldaten in dem Satz zusammen: »*Es war die Schöpfung, zu der sie aufgebrochen waren, die Schöpfung einer neuen Welt und eines neuen Äons, und dies war ihr erster Tag.*« (E 125)

Die Erzählung führt die Soldaten an ein enttäuschendes Ziel. Sie haben in einem winzigen Küstenort des Peloponnes eine Funkstation einzurichten und müssen das dafür in Betracht kommende Gebäude zunächst von Fäkalien befreien. Das schafft nicht nur einen bitter ironischen Kontrast zu ihrem Sendungsbewußtsein, sondern lockt es zugleich provokant aufs neue heraus: »*Wie die Tiere!*« (E 129), so findet Wildenberg, leben diese Leute hier. Dies ist allerdings schon ein Zitat aus dem letzten, wichtigsten Teil der Erzählung. Beim Durchkämmen des tot wirkenden Dorfes wird er in einer höchst erbärmlichen Wohnstätte mit einer alten Frau konfrontiert, die nahezu bewegungsunfähig und offenbar sterbenskrank am Boden liegt, durch den Soldaten aber befehlsgemäß zum Kommandanten bugsiert werden müßte. Wiederum also eine zwingende Entscheidungs- und Bewährungssituation, in der sich der Betroffene exponieren und durch sein schließliches Handeln sozusagen selbst das gültige Urteil über sich artikulieren muß. Überzeugender als zuvor gelingt es Fühmann, das Schwanken zwischen »*dem Willen zu menschlichem Tun*« und der Befolgung »*des nun einmal erteilten Befehls*« (E 133) eindringlich und minutiös, einfühlsam und unbestechlich zu demonstrieren, und zwar als aufregenden chaotischen Wechsel und heillose Mischung verschiedenster und widersprüchlicher Gefühle wie Wut, Scham, Mitleid, Ekel, Stolz, Furcht, Abscheu gegen sich selbst. Zwischendurch wird der Soldat auch einmal aus dem Blickwinkel der Sterbenden gezeigt, ansonsten aber kann und muß der Leser etwa über zehn Seiten (den größeren Teil der Erzählung) gleichsam auf der Seite des Soldaten wahrnehmen, was dieser tut und denkt und fühlt. Er erfährt dabei, wie es dazu kommt, daß ein Mensch, der des Mitgefühls fähig ist, unmenschlich handelt. Die ausschlaggebenden Ursachen sind in den Text eingewoben, ganz unbegrifflich und unsystematisch, und sollen deshalb hier auch nicht versuchsweise summiert werden; das wäre eine denkbar unzweckmäßige Negation der erzählerischen Leistung. Auf späterhin neu aufgenommene und stark hervorgekehrte Motive wie Gehorsam und Pflichttreue gegenüber den Befehlsgewaltigen sei jedoch stichwortartig hingewiesen. Und wenn Fühmann das Wort »Untermenschen« (E 138) als das böse Zauberwort benennt, mit dessen Hilfe der deutsche Soldat sein Gewissen endgültig zu besiegen vermag, dann bedeutet das nicht nur eine pointierte Bestätigung seines Ringens um die Zerstörung der Unvernunft, seines Angehens gegen rassistische oder nationalistische Überhebung. Es ist zugleich ein Stück Beichte dessen, der sich vordem selbst in der Rolle eines Herrn einrichten wollte, nun aber längst im Begriff ist, auf das immer dringlicher erscheinende Ziel hinzuwirken, daß sich kein Mensch mehr über einen anderen erhebe. Seine Novelle schließt damit, daß der kurz zuvor noch unschuldige Deutsche, der plötzlich zum Unmenschen wurde, von einem Unbekannten erschossen wird; *»der Mensch war aus dem Nichts erschienen«* (E 139), sagt der Erzähler aus der Sicht des Betroffenen und in Anspielung auf die Schöpfungsmythe. Erzählstrategisch mag das als kathartischer Schock gedacht sein; schaffenspsychologisch betrachtet, ist es aber nichts anderes als ein weiteres Selbstgericht, das der Autor offenbar braucht, um sich die moralische Integrität zu erringen, die ihm weitergehendes Schreiben ermöglicht.

Dies gilt auch für die Erzählung *König Ödipus,* ein eng verschwistertes Gegenstück zu der ganz auf eine Person konzentrierten verhaltenspsychologischen und ideologiekritischen Studie, die letzte und umfangreichste der Fühmannschen Kriegserzählungen. Sie bildet auch deren künstlerische Krönung. Aus der alten Absicht erwachsen, Bilder von der deutschen Wehrmacht zu vermitteln, bietet dieser Text die reichste Auskunft, die Fühmann als Erzähler über Hitlers Militär und seine eigenen Erfahrungen darin zu geben vermochte. Die verschiedensten Dienstgrade sind vertreten. Zu den äußerst sorgsam porträtierten und geführten Hauptgestalten treten plastisch gezeichnete Nebenfiguren. Geistig angestrengte Dialoge werden von Banalitäten des Soldatenalltags durchbrochen. Gegensätzlichste Schauplätze kommen ins Bild: der Hörsaal der Fronthochschule ebenso wie der zum Quartier umfunktionierte Zoo, offenes Gebirge ebenso wie das stickige Soldatenbordell. Die Vorgänge, weder räumlich noch zeitlich so beschränkt wie in den bisherigen Kriegserzählungen, fordern vom Erzähler ein beachtliches architektonisches Vermögen; und wer eine Ahnung von den Mühen hat, die Fühmann hinter sich bringen mußte, kann nicht umhin, an *König Ödipus* die geradezu mathematische Evidenz der souveränen Komposition zu bewundern.

Als könne es gar nicht anders sein, präsentiert sich die epische Erzählwelt in harmonisch abgemessenen Teilen; der erste und der dritte haben (bis auf eine Druckseite Differenz) den gleichen Umfang, der mittlere enthält um die Hälfte mehr Seiten, so daß das Ganze exakt wie ein Triptychon gegliedert scheint. Der starke Bauwille des Autors kommt aber erst in der Untergliederung voll zum Vorschein: Jeder der Teile besteht aus fünf Kapiteln analog dem fünfaktigen klassischen Drama. Formal wird dies durch Bezifferung auffällig gemacht; die Teile sind römisch, die Kapitel arabisch numeriert. Doch damit nicht genug: Die Teile tragen lakonische, ebenfalls vollkommen harmonisierte Überschriften, die zwischen dem Titel und dem Erzählten mit seinen mehrschichtigen Bezügen zu dem berühmten Werk des Sophokles vermitteln und zugleich auf einer hohen Abstraktionsstufe den Gang des Ganzen andeuten: I Das Stück, II Das Gespräch, III Die Lösung. Was diese Überschriften schon ahnen lassen, sei als eine ganz besondere Qualität des Textes vorab herausgehoben: Mit *König Ödipus* vollzieht Fühmann auf seinem Wege der fruchtbaren Verquickung von nahem Stoff und weither tradiertem Mythos (oder Kunstwerk) einen großen Schritt über das bis dahin Versuchte und Erreichte hinaus. Diese Erzählung aus dem Leben deutscher Wehrmachtsangehöriger im Herbst 1944 ist vielfältig und unauflöslich mit der Tragödie des Sophokles verquickt. Im Vorgriff auf Fühmanns spätere Terminologie läßt sich sagen: Das mythische Element ist nicht mehr ein zusätzlich eingebautes Motiv, das erweiterte Bedeutung stiftet, sondern ein fundamentaler Bestandteil des Erzählten. Alle drei Hauptfiguren sind intensiv mit dem antiken Stück beschäftigt, und die dialogischen Deutungsversuche werden auch noch an einen Punkt getrieben, wo die Gesprächspartner dem Autor sozusagen die Arbeit des Analogisierens abnehmen, indem sie beschließen: »*Laß uns den Fall Ö. einmal in die Gegenwart stellen und zusehen, wie er sich darin ausnimmt.*« (E 173) Und eben von da aus entfaltet sich der umfängliche Teil II Das Gespräch.

Obzwar Fühmann für seine novellistische Großerzählung wie bisher eigenes Erleben nutzt, gelingt ihm hier eine Erfindung, die mit Autobiographischem so gut wie nichts mehr zu tun hat und sich von den Fabeln der anderen Kriegserzählungen abhebt. Nur zwei der Hauptfiguren ähneln den üblichen Fühmannschen Abwandlungen des eigenen Ichs, aber ihre Ausgangssituation und deren Konsequenzen sind doch wesentlich anders geartet. Der Gefreite Horst P., Sohn eines mittleren Beamten, junger Germanist, konfliktlos in die Gedankenwelt des Nationalsozialismus hineingewachsen, und der Obergefreite Siegfried S., Sohn eines Pastors, Student der Geschichtswissenschaften, haben in einer ruhigen Phase des Krieges an der Fronthochschule Ägäis einige Vorlesungen ihres Hauptmanns Dr. Johannes Neubert hören können, der im Zivilberuf Professor der klassischen Gräzistik ist und seine Hörer für antike Dramatik zu begeistern vermocht hat. Aus dem Plan einer Lesung vor der Truppe wird dann gar die Idee, *König Ödipus* einzustudieren und als Verbrüderungsfest vor deutschem und griechischem Publikum aufzuführen, doch bedingt der Abfall Rumäniens und Bulgariens den deutschen Rückzug und damit die Preisgabe der schönen Absicht. Die beiden Soldaten aber, geistig rege und einmal entflammt, bleiben mit der großen Tragödie beschäftigt. Ihre Diskussionen drehen sich letztlich um die Schuldfrage. Deren Lösung ist ihnen für das Verständnis der Selbstbestrafung unentbehrlich, die Ödipus bekanntlich vollzieht, indem er sich blendet.

Der Erzähler macht glaubhaft, daß sie in ihre interpretatorischen Bemühungen die geläufigen Rassentheoreme der Nationalsozialisten hereinziehen. Den Anstoß dazu hat ungewollt ihr Lehrer und Vorgesetzter gegeben. Als die Hinrichtung der Männer des 20. Juli bekannt wurde, mit denen er sympathisiert hatte, sucht er sich gegen den Verdacht der Illoyalität dadurch zu schützen, daß er den NS-Philosophen Alfred Rosenberg in die Reihe der größten Denker rückt und dadurch gegen seine Überzeugung zum Übermittler von Antisemitismus und absurder Rassenlehre wird. Als die beiden Soldaten und akademischen Schüler dann mit ihrer davon inspirierten Lesart des Dramas zu ihm kommen, erschrickt er zwar, bringt es aber nicht über sich, seine wahre Meinung zu offenbaren. Er behilft sich mit einer Deutungsvariante, die seinem militärischen Führungsauftrag entspricht: »*Ödipus ist das Hohelied der unbedingten Frömmigkeit, des unbedingten Gehorsams.*« (E 192) Bestes Preußentum sei es, daß er seinem Schicksal vorauslaufe, um die Freiheit des Handelns zu gewinnen: »*Er duldet nicht mehr sein Schicksal, er vollstreckt es selbst und erhebt sich damit über das Fatum*« (E 193), redet der Hauptmann auf seine Soldaten ein und gibt sich damit selber den moralischen Auftrag zum Selbstmord. Die Soldaten aber, denen das nicht einleuchten will, lassen sich danach im Zwiegespräch auf entlarvende Weise gehen und treiben mit Entsetzen Scherz: Die Juden sollten sich alle freiwillig sterilisieren; aber das täten sie natürlich nicht, woraus folge, daß es eben heute keinen Fall Ö. mehr geben könne. Als ein Teil ihrer Nachrichteneinheit vom Stab ein neues Chiffriergerät zu holen hat und dabei gefährdetes Gebiet durchqueren muß, zwingt man einen griechischen Bauern in Begleitung eines jungen Mädchens dazu, mit schwerbeladenem Wagen auf dem Marschweg vorauszufahren. Als sie die Weiterfahrt verweigern und zu fliehen versuchen, führt eine vorsichtige Sondierung zur Entdeckung einer Mine. Zumindest der beim Fluchtversuch angeschossene Bauer, aber auch das Mädchen können nun als Mitwisser oder gar als Helfer der Partisanen gelten; beide werden als Gefangene abgeschleppt. Zuvor jedoch läßt sich der erregte Hauptmann Dr. Neubert dazu hinreißen, dem Mädchen so ins Gesicht zu schlagen, daß seine Hände blutig werden. Fühmann bietet hier abermals eine tiefenpsychologische Mikrostudie; *es war seine eigene Schmach und Schande, die er da mit blutigen Händen schlug* (E 207), schreibt er und läßt den bis dahin immer im hohen Stil sprechenden Mann schreien: *Ihr Schweine, ihr Schweine, ihr Schweine* (E 207), auf daß er schließlich desto erschütterter die Tiernamen auf den Schildern der Zoo-Käfige als die treffenden Kennzeichnungen der Leute aus seiner eigenen Truppe erkennt.

Doch ehe das im letzten Kapitel des dritten Teiles erfolgt, zieht der Leser mit jenem Wehrmachtskommando nach erledigtem Auftrag in den Puff, wo der Gefreite P., ermüdet und gelangweilt bei drei Vierteln Wein wartend, bis er an der Reihe ist, plötzlich seine vermeintliche Erleuchtung erlebt: *Der Mythos des Ödipus lehrte den Mythos des Blutes!* (E 210) Er ist von seiner absurden Entdeckung, Ödipus habe durch den Inzest *gegen das höchste Gebot verstoßen, gegen das Gesetz des Blutes, gegen das Gesetz der heiligen Natur* (E 211), derart beglückt und erfüllt, daß er den Aufruf seiner Nummer überhört und erst von seinem Nachbarn angestoßen werden muß, sich des fremden Fleisches zu bedienen, das nun für ihn verfügbar ist. Im abschließenden Kapitel ziehen die Soldaten an den Gehängten vorbei, unter denen sich schon jener Bauer und jenes Mädchen befinden. Während seine Truppe guter Stimmung ist, wird der Hauptmann, der sich jetzt endgültig als die eigentliche Hauptfigur herausstellt, von Scham und Furcht und Schuldgefühlen heimgesucht. *Er war der Schuldigste; die anderen waren verblendet, er aber hatte sehen dürfen* (E 215) läßt Fühmann ihn erkennen. Zugleich versteht er den tragischen Helden des Sophokles als »Sinnbild des Zusammenstoßes zweier Menschheitsepochen« (ebd.) und sich selbst als einen gegenwärtigen Teiresias, als Wissenden, der aus Angst nicht zu sprechen wagte. Fühmann läßt ihn am Ende als modernen Ödipus handeln: Dr. Neubert legt selbst Hand an sich, und da seine Hand zittert, schießt »*er sich durch beide Augen*« (E 217), er vollzieht also die Blendung, wie Ödipus, und zugleich den Selbstmord, das eigenverantwortliche und eigenhändige Selbstgericht. Dadurch gerät die Gestalt in die Verwandtschaft des Johannes Hörder aus Bechers *Winterschlacht* und des Wenzlow aus dem Roman *Die Toten bleiben jung* von Anna Seghers.

Der ganze Text aber weist dank bestimmter methodischer und technischer Qualitäten eine bemerkenswerte Nähe zu Thomas Mann aus. In erster Linie ist da eine ausgeprägte Ironie zu nennen, auf die der Leser von vornherein aufmerksam gemacht wird. Schon durch den – mit dem Haupttitel scharf kontrastierenden – Untertitel »Eine Idylle«, sodann gleich noch durch das lakonische Motto, das diesmal ganz unliterarisch bleibt: »*Dem bundesdeutschen Kontingent für Vietnam kameradschaftlich gewidmet*« (E 142). Diese ironische Widmung will natürlich nicht nur als ein aktuellpolitisches Votum gegen die westdeutsche Sympathie für den US-amerikanischen Krieg in Vietnam, sondern auch als eine Art Anleitung zum Lesen verstanden werden. Dem Autor geht es letztlich um ein der Gegenwart angemessenes und der Zukunft nützliches Verständnis. Nicht einer Durchheiterung, wohl aber einer ästhetisch wirksamen Aktualisierung dient der ironische Umgang mit dem Material, der hier nun so konsequent und souverän erfolgt, daß vordergründig direkte Wertungen fast völlig unterbleiben.

Aus der Schule Thomas Manns zu kommen scheint auch die Kultur des Referierens von Gesprächen und der in direkter Rede gestalteten Dispute oder Explikationen, wie sie hier über weite Strecken zu genießen ist. Im Zusammenhang damit wie auch unabhängig davon entfaltet sich die Neigung Fühmanns zum Bau weit ausladender Perioden. Die ersten zweieinhalb Seiten zum Beispiel bestehen beinahe nur aus vier Sätzen. Auch die Vorstellung einzelner Figuren erinnert an die Methode Thomas Manns, seine Gestalten durch ein minutiöses Porträtieren einzuführen. All das wirkt so zusammen, daß bei großer Genauigkeit der Details und Andeutungen des Milieus der Text insgesamt einen hohen Grad an Intellektualität erhält, wie er für die Entfaltung und Sublimierung der Ödipus-Motivik erforderlich ist.

Ist *König Ödipus* denn überhaupt noch Kriegserzählung zu nennen? So läßt sich schon fragen, und so muß wohl jeder fragen, der bei epischer Kriegsdarstellung an Fälle wie *Das Feuer* von Barbusse oder *Im Westen nichts Neues* von Remarque, an *Erziehung vor Verdun* von Arnold Zweig oder *Wo warst du, Adam?* von Heinrich Böll denkt. Nun erzählt Franz Fühmann allerdings seit jeher vom *Krieg ohne Schlacht* (um mit einem Buchtitel von Ludwig Renn zu spielen). Das mag mit seinem Erlebnishorizont zu tun haben, und er hat nun einmal keine Schlachten erlebt. Es hat aber wohl noch mehr mit seinem vorrangigen Interesse an der Psychologie seiner Figuren zu tun, an deren inneren Dispositionen für Kriege und Schlachten, an den geistigen und emotionalen Bedingungen und Wirkungen ihres Eingebundenseins in Hitlerdeutschlands verhängnisvollen Anteil an der europäischen Geschichte. Das macht gerade den spezifischen und unverwechselbaren Beitrag Fühmanns zu jenem Vorgang aus, den man gemeinhin pauschal und unzutreffend Bewältigung der Vergangenheit nannte. Die Kriegserzählung *König Ödipus,* die getrost als eine solche bezeichnet werden kann, hat anderen so zu nennenden Texten von Schriftstellern der DDR voraus, daß sie mit den »Bildern von der Wehrmacht« zugleich eine recht weitgehende Innenansicht des berühmt-berüchtigten Volks der Dichter und Denker gibt, daß sie dessen geistig-ungeistigen Haushalt offenlegt, die barbarische Endsumme der Haushaltführung von wichtigen Posten her aufschlüsselt. Wie sich die nationalsozialistischen Irrlehren auch und gerade in intelligenten Köpfen festsetzen, wie sie sich sublimieren und als Gift in den ganzen

Menschen hineinwirken, schließlich seine moralische Integrität zerstören, das führt der Verfasser von *König Ödipus* so exemplarisch, tiefgründig und sinnfällig vor, wie es sonst in der DDR-Literatur kaum geschah. Die Besonderheit seines Stoffes, der intellektuelle Anspruch an den Leser, die strikte erzählerische Geschlossenheit freilich sind Qualitäten, die das Werk nicht populär machen. Als dauerhaft aber darf es wohl gelten, wenngleich das eingeschriebene Epochenbild spätestens durch die geschichtlichen Entwicklungen der letzten Jahre korrekturbedürftig geworden ist. Von Kritik an stalinistischen Strukturen und Praktiken wird man auch bei größter Hellhörigkeit aus Fühmanns Text noch nichts vernehmen können. Winzige Keime dazu stecken, freilich noch völlig unbewußt, dennoch schon darin, etwa wenn die Beschreibung der Rosenbergschen Philosophie daran auszusetzen weiß, daß sie »*die Welt in Schwarz und Weiß, Erlesene und Verworfene*« (E 179) schematisiert und also ein Drittes ausschließt; daß sie »*Herrschertrieb wie Kadavergehorsam*« (E 179) kultivierte und in der Adaption durch den ängstlich angepaßten Hauptmann Dr. Neubert eben zum Postulat »*des unbedingten Gehorsams*« (E 192) führt. Mit diesem Stichwort klingt ein Motiv auf, das sich zu einem Hauptmotiv Franz Fühmanns entwickeln wird.

Während *König Ödipus* ein lange vorbereitetes, folgerichtiges Glied in der Kette Fühmannscher Arbeiten ist, läßt sich das von einer verhältnismäßig kurzfristig entstandenen und schon einige Zeit früher veröffentlichten Erzählung mit derartiger Bestimmtheit keineswegs sagen: dem epischen Text für den Barlach-Bildband des Hinstorff-Verlags. Das 1963 erschienene Buch heißt *Das schlimme Jahr,* Fühmanns Erzählung aber erhält dann im Sammelband *König Ödipus* den Titel *Barlach in Güstrow* und behält ihn auch, obwohl Kurt Batt zu Recht dagegen einwendet, daß er sich etwa so ausnähme wie *Goethe in Weimar*.[132] Barlach ist kein Stoff, der auf der Bitterfelder Straße liegt. Aber der Holzbildhauer war schon einmal für den NDPD-Kulturpolitiker Fühmann eine Herausforderung, als die DDR-Akademie der

Künste vom Dezember 1951 bis Februar 1952 Werke Ernst Barlachs (1870–1938) der Öffentlichkeit vorstellte und eine lebhafte, kontroverse Diskussion auslöste. Jetzt hat ihn sein persönlicher Bitterfelder Weg nach Rostock geführt und mit Bewunderern Barlachs zusammengebracht; es fehlt also weder an Anregungen noch an Voraussetzungen für eine rückhaltlose Annäherung an Barlach und für die Teilnahme an einem Unternehmen zugunsten der Vermittlung zwischen dem in der DDR immer noch allzu unbekannten Meister der Holzplastik und einem breiteren Publikum.

Wie stets, wenn er nicht aus eigenem Erleben schöpfen kann, treibt der Autor gründliche Studien, verschafft er sich, wo möglich, unmittelbare, lebendige Eindrücke von seinem Gegenstand. So reist er zum Beispiel eigens nach Magdeburg, um dort im Dom das Barlachsche Ehrenmal als plastische Realität wahrzunehmen. Durch die Bekanntschaft mit dem Güstrower Friedrich Schult, einem langjährigen Freund des Künstlers, erschließt sich ihm eine zuverlässige Quelle wichtiger Auskünfte über Barlachs Persönlichkeit, Lebens- und Schaffensweise. Während eines längeren Arbeitsauf- enthalts in Güstrow eignet er sich genaue Kenntnis vieler Werke an, macht sich aber auch mit den Örtlichkeiten und der Landschaft Barlachs vertraut. Selbstverständlich vertieft er sich in alles einschlägige gedruckte Material, das ihm für seine literarische Bemühung um Barlach hilfreich sein könnte, und das tut er mit der üblichen Intensität; in die Ab- schrift eines Traum-Notats vom 22. April 1962 fließt die Bemerkung ein, daß er »am Vortag [...] bis zur Erschöpfung Barlach-Material durchgearbeitet« (UP 159) habe. Übrigens studiert Fühmann nicht nur Briefe und andere Lebensdo- kumente, sondern auch Werke des Schriftstellers Barlach, obwohl es wegen der Zweckbestimmung seines Textes vor- rangig auf Auskünfte über den Plastiker und Grafiker an- kommen mußte.

Eindrücke von bildender Kunst hatten sich in Arbeiten Fühmanns schon früher niedergeschlagen und bezeugt, daß er auch gegenüber deren Angeboten weit aufgeschlossen ist.

Seine drei Gedichte nach Bildern Carl Hofers gehören zu den ersten Reaktionen der DDR-Lyrik auf bildende Kunst, tragen zur Erschließung eines weiten, späterhin von vielen Jüngeren bestellten Feldes der Poesie bei. Eine Chagall-Reminiszenz in *Das Judenauto* geht aller Wahrscheinlichkeit nach auf starkes Erleben des Fünfzehnjährigen zurück, das über Jahre hin wirksam bleibt (vgl. J 82). Und in einem späteren Interview macht Fühmann glaubhaft, wie ihm, ehe er noch lesen kann, die Welt der Bibel durch die Bilder des Schnorr von Carolsfeld und die Welt Shakespeares durch die Illustrationen einer englischen Prachtausgabe nahekommen. Die Aufgabe, von einem Künstler zu erzählen, muß ihn reizen, aber nicht zuletzt als ein fast abenteuerlicher Schritt auf Neuland. Wie eine Erzählung über Ernst Barlach zu organisieren, zu strukturieren wäre, das ist jedoch trotzdem für Fühmann keine Frage, die ihm langes Kopfzerbrechen bereiten müßte: Er wendet abermals das bewährte Prinzip der Datengeschichte an. Als Brennspiegel, in dem er Persönlichkeit, Leben und Werk Barlachs novellistisch zu konzentrieren versucht, wählt er ein prägnantes Datum, den 24. April 1937, jenen Tag, an dem der Künstler erfährt, daß »*zwischen Mitternacht und Glock eins sein Engel aus dem Güstrower Dom von unbekannten Tätern entfernt worden war*« (E 227).

Die vordergründig erzählte Zeit erstreckt sich von sechs Uhr morgens bis in die zweite Tageshälfte. Der wirkliche Barlach hat während dieser Zeit und an diesem Tage überhaupt sein Haus nicht verlassen. Dem Erzähler geht es ja nicht um ein kurzes Wirklichkeitszitat, sondern um ein authentisches Barlach-Bild. Er schickt seinen Helden auf einen fiktiven Weg durch Güstrow und die Umgebung. Fühmann nutzt gleichsam den Stillstand der äußeren Biographie als Freiraum für die Entfaltung seiner Zusammenschau von Leben und Werk. Eine neuartige Datengeschichte wird die Erzählung *Barlach in Güstrow* mithin nicht nur durch den vom Autobiographischen weit entfernten Stoff, sondern auch durch die Dimensionen. Bislang bot Fühmann in solchen

Geschichten immer eng begrenzte Episoden beziehungsweise kurze Lebensabschnitte, die allenfalls dadurch ein wenig ausgeweitet schienen, daß der Autor seine Hauptfiguren mit knappen Angaben über ihre Herkunft ausstattete. Hier liegt es nahe, anders zu verfahren; es gilt, eine reiche Künstlerpersönlichkeit möglichst allseitig darzustellen, also umfangreiches Material aus einigen Jahrzehnten zusammenzuziehen und in eine angemessene epische Ordnung zu bringen.

Das gewählte Datum begünstigt die Lösung dieser Aufgabe. Der 24. August 1937 ist in den für Barlach immer schwerer gewordenen Jahren seit dem Machtantritt der Nationalsozialisten einer der schwärzesten Tage seines Lebens. Daß man in der Nacht eines seiner bedeutendsten und symbolkräftigsten Werke, den schwebenden Engel, aus dem Güstrower Dom, also aus seiner unmittelbaren Nähe, heimlich entfernt und verschleppt hat, um ihn zu vernichten, das bedeutet eine geradezu lebensgefährliche Eskalation des Feldzugs gegen Person und Kunst Barlachs. In diesem Augenblick muß er sich auf unerträgliche Weise erniedrigt und angefeindet fühlen, muß er den Sinn seiner gesamten Arbeit völlig in Frage gestellt sehen. Und da Ernst Barlach, nicht zuletzt auf Grund dieser ungeheuren psychischen Belastung, bereits ein reichliches Jahr darauf als Siebenundsechzigjähriger stirbt, liegt jener schlimme Tag schon in Todesnähe. An einem derart späten Punkt der Biographie und unter solch zwanghaft herausfordernden Bedingungen aber muß der Versuch einer Selbstbesinnung, muß das Ringen um Selbstbehauptung den Charakter einer Bilanz des ganzen Lebens erhalten. Aus der Perspektive des in seiner Existenz bedrohten, weiterer Arbeits- und Wirkungsmöglichkeiten nahezu völlig beraubten Künstlers erzählend, entwickelt Fühmann also einen Text, der zugleich expressiv, intensiv und extensiv sein kann.

Expressiv gestaltet Fühmann seinen Erzähltext, indem er den aus der enormen Bedrängnis des Helden herauskommenden starken Gemütsbewegungen und geistigen Refle-

218

xen über weite Strecken einen entsprechend lebhaften Ausdruck verleiht. Viel erlebte Rede, viele Frage- und Ausrufesätze werden dafür eingesetzt, aber auch rhythmische Steigerungen, Parallelismen, verstärkende Wiederholungen von kleinen Wortgruppen, häufige und oft zahlreiche Alliterationen, Lauthäufungen überhaupt, metaphorische und hyperbolische Bilder, kursivierte Kurzzitate aus den Invektiven von Barlachs nationalistischen und faschistischen Feinden und anderes. Selbstverständlich verwendet er hier auch jene unscheinbaren und doch nicht unwichtigen Vokabeln, die er allenthalben in seiner Prosa (wenngleich in unterschiedlicher Dosierung) benutzt, weil sie tief in seiner Erlebensweise wurzeln; Wörter wie »jäh«, (nachdrücklicher:) »jählings« und »plötzlich« suggerieren unauffällig eine fast allgegenwärtige Dramatik der Vorgänge, vorzugsweise gerade solcher Prozesse, die im Innern des Menschen ablaufen.

Selbstverständlich verhelfen diese Gestaltungselemente dem Text auch zu seiner spezifischen Dichte, doch keineswegs sie allein. Die Intensität der Erzählung wird durch weitere Mittel ganz beträchtlich verstärkt, vor allem durch die Arbeit mit durchgängigen Motiven verschiedenster Art und unterschiedlichsten Ranges. Ein besonders ergiebiges und dominantes Motiv gewinnt Fühmann aus einem Bild Goyas: das Garotte genannte Hinrichtungswerkzeug der spanischen Inquisition. Damit vermag er dem Leser die existentielle Bedrohung der Hauptgestalt sinnlich erfahrbar zu machen. Von fürchterlichen Herzschmerzen gequält, erlebt Fühmanns Barlach, im Alptraum in das grausame Folterinstrument eingespannt, jenes würgende Grauen, das ihn dann auch im Wachen immer wieder überfallen und peinigen wird. Das Bild der Garotte, so eigenständig es dank seiner Herkunft ist, gehört semantisch an vorderster Stelle zu der vielfältigen Motivik, mit deren Hilfe Fühmann die Physiognomien und das Treiben der Nationalsozialisten und sonstigen banausischen Widersacher seines Helden erzählerisch einfängt. Vorteilhaft bedient er sich dabei auch des Schriftstellers Barlach; aus dessen satirischem Kleinstadtstück *Die echten Sedemunds* gewinnt er mit den Titelfiguren denkbar authentische Mittel, die kriegsfreundlichen, geschäftstüchtigen und satten deutschen Bürger sarkastisch abzufertigen. Damit ist schon ein nächster bedeutsamer Motivkomplex berührt: Krieg als historische Realität 1914–1918, Krieg als akute Gefahr 1937. Ein besonders wichtiges motivisches Gefüge entfaltet sich schließlich aus den großen Kernthemen Kunst und Künstler, Kunst und Leben, Kunst und Arbeit, Kunst und Adressat.

Extensiv ist Fühmanns *Barlach in Güstrow* dank der ideellen Weite, die bereits durch eine solche stichwortartige Bestandsaufnahme ihrer Motivik spürbar wird. Freilich, zuallererst muß der Erzähler als Handwerker so viel Handlung in Szene setzen, wie notwendig ist, damit ein konsistenter, dem Leser einleuchtender und überschaubarer Vorgang entsteht, der die thematisch-motivische Fülle zu tragen und in einen organischen Fluß zu bringen vermag. Franz Fühmann versteht es, eine glaubwürdige Fabel zu bauen, indem er den zuinnerst stark bewegten Helden seiner Erzählung auch in eine äußere Bewegung bringt: Sein Barlach verläßt, nachdem er die erschreckende Nachricht ohne Worte verstanden hat, das Haus, fährt mit einem Taxi in den Dom, wo sein Engel hängen müßte, geht – die Pistole in der Tasche und mit Selbstmordgedanken erfüllt – aus der Stadt hinaus an den Grundlosen See, nimmt dann aber – die Selbstzerstörung verwerfend – seinen Lieblingsweg in Richtung Parum, verweilt erschöpft am faulenden Bett des weggeleiteten Flüßchens Nebel, findet erwachend einen Hirten neben sich, der mit ihm über Gott und die Welt spricht, wird von einem Pferdewagen in die Stadt mitgenommen, stößt dort auf Soldaten und Panzer, die zum Manöver ausziehen, flieht in ein Taxi, legt aber wegen einer Panne das letzte Stück des Heimwegs zu Fuß zurück, wird dort noch kurz vor dem Ziel auf dem Heidberg von lärmenden Kriegsspielen der Hitlerjugend schockiert, findet daheim ein Fenster durch Steinwurf zertrümmert und zieht sich zurück, ohne zu essen; Fühmann schließt: »›Ich muß arbeiten‹, sagte er.« (E 282)

Diese Fabel erweist sich als geeignet, in stetem Wechsel die innere wie die äußere Welt Barlachs zu exponieren. Sie reiht immer neue Gelegenheiten für visuelle Begegnungen des Helden mit vielerlei Objekten, mit einzelnen Menschen, mit Menschengruppen, mit Landschaft und Natur, gibt dadurch und daneben aber auch Anstöße für visionäres und gedankliches Erinnern, für Gesichte und Gefühle, für Maximen und Reflexionen. Als im Raum der Handlung anwesend erscheinen neben den schon genannten Figuren sowohl authentische – allen voran Barlachs Lebensgefährtin Marga Böhmer – als auch fiktive Gestalten, teils anhaltend, teils flüchtig. In den Gedanken des Helden tauchen vor allem der Sohn Klaus, und zwar in verschiedenen Lebensaltern, sowie sein Bruder Hans und sein Vetter Karl auf, ferner seine Verleger Cassirer und Piper, andere Künstler, aber auch allegorische Gestalten wie Gevatterin Not, Schwesterchen Sorge, Vetterin Leid und nicht zuletzt Frau Ruhm. Mit großer Kunst läßt der Erzähler von Barlach gesehene, gemachte und gedachte Gestalten gelegentlich ineinander übergehen oder Dramenfiguren von ihm ein »*Zwiegespräch in seiner Seele*« (E 258) führen. An solchen und anderen Stellen schmilzt Fühmann Barlachsche Worte in den eigenen Text ein. Ohne den Anschein eines Bemühens um Vollständigkeit fließen in die Erzählung Bezüge auf eine erstaunlich lange Reihe von Werken Barlachs ein; Fühmann läßt sie vor den Augen des Lesers allenthalben aufscheinen, damit sie für ihren Schöpfer zeugen und jene verklagen helfen, die diesen Mann angefeindet und seine Kunst als entartet bekämpft haben.

Sein Barlach-Bild vermittelt Franz Fühmann mit einer stark ausgeprägten, deutlich spürbaren Sympathie, ja geradezu mit Leidenschaft. Die Gründe dafür sind vielschichtig. Zum einen neigt er, wie schon mehrfach sichtbar wurde, bei der Darbietung von Bejahenswertem ohnehin zu pathetischem Ausdruck oder gar zur Emphase. Mit Ernst Barlach fasziniert ihn nun ein überragender Künstler dank der Originalität, Vielfalt und Ausstrahlungskraft seiner Werke. Dazu kommt, daß ihn auch der Mensch Barlach mit seinen moralischen Qualitäten, seinem Charakter und vielen seiner Gedanken überzeugt. Dem Erzähler bietet sich zudem mit dieser Gestalt zum ersten Male die Möglichkeit, einen Deutschen darzustellen, der frei von Verstrickungen in den NS-Staat, frei von allen ideologischen Einflüssen seitens der Nationalsozialisten geblieben ist. Mehr noch: Ernst Barlach, von den Machthabern und Werkzeugen des Dritten Reiches aufs äußerste bedrängt und bedroht, muß als eines ihrer Opfer gelten. Als Opfer Hitlerdeutschlands hatte Fühmann in seiner Prosa jedoch bislang immer nur Angehörige überfallener und unterdrückter Nationen zu zeigen vermocht. Schließlich, aber beileibe nicht zuletzt, findet Fühmann in Barlach eine ihm hilfreiche Identifikationsfigur. Was er an der Entwicklung seines Helden besonders herauskehrt und bejaht, das ist dessen beispielhafte Wandlung »*vom Lobpreiser des Kriegs bis zum Schöpfer der Friedensmale*« (E 269). Erfahren und demonstrieren zu können, daß auch ein Barlach nicht seit eh und je frei war von Nationalismus und Kriegsbegeisterung, daß auch er umdenken und umfühlen lernen mußte, hat für Franz Fühmann zweifellos etwas Entlastendes, Befreiendes, Ermutigendes. Das Bemühen um den autobiographisch fundierten Wandlungshelden findet mit *Barlach in Güstrow* eine steigernde Weiterführung. Nicht nur, daß der Held dieser Erzählung als eine bedeutsame Gestalt aus der Kunstgeschichte von vornherein eine größere Repräsentanz und Evidenz besitzt. Nicht nur, daß sie mit ihrem Schicksal eine Tragik einbringt, die der Erzählung als ästhetischer Gewinn zugute kommt. Nein, schon die Wandlung selbst, auf die es dem Autor ja gerade ankommt, ist als solche sehr viel überzeugender; denn während es am Ende des *Judenautos* mit Impressionen, Emotionen und ein wenig Bekenntnishaftem von seiten des Helden sein Bewenden hat, ist der Vollzug von Barlachs Wandlung in ganz greifbaren großen Werken vergegenständlicht und erwiesen, und eben diese Werke, die besagten Friedensmale, finden ihre Bestätigung nicht zuletzt durch die infamen Angriffe auf ihren Schöpfer von der Seite der Nazis.

Die weitgehende Identifikation mit Barlach hat aber auch eine ganz aktuelle Seite: Fühmann ist zwar weit davon entfernt, das Nazireich und seinen eigenen Staat gleichzusetzen; aber als sensibler Künstler, der mit kulturpolitischen Postulaten und Dogmen der Herrschenden in Konflikt kommt, entdeckt er in den Gefühlen und Gedanken Barlachs vieles, was ihn selbst als Schaffenden ganz unmittelbar betrifft. Auch das trägt dazu bei, daß er sich durch die Arbeit an dieser Erzählung neue Möglichkeiten erschließt: Sie führt ihn geradenwegs an den Essay heran, ein Genre, das ihm nach einigem Zögern und Tasten vom Beginn der siebziger Jahre an rasch immer wichtiger werden wird. Die Näherung erstrebt er hier nicht bewußt; sie stellt sich vielmehr von selber ein, da er als Erzähler das Leben und Schaffen mit dem Nachdenken Barlachs über beides in einen konzentrierten Text zusammenzieht. So ergibt sich, was er dann als Essayist hauptsächlich leisten wird: Er macht dem Leser in sinnlich faßbarer Weise erfahrbar, was es bedeutet, für die Kunst und mit ihr zu leben. Fühmann flicht Gedanken Barlachs ein, die er zu seinen macht und an denen er fortan festhalten wird, so das Wort, wonach zur Kunst zwei gehören, *»einer, der sie macht, und einer, der sie braucht«* (E 252). Andererseits läßt sich nicht übersehen, daß der Erzähler seinen Helden auch mit Gedanken und Vorstellungen von sich selbst versieht. Das gilt vor allem für das wünschenswerte Bild eines künftigen guten Deutschland, dessen Konturen und dessen sprachliche Fassung mit Horizont und Sprache Barlachs nicht recht übereingehen wollen (vgl. E 272). Überhaupt dominiert bei manchen politischen Aspekten wohl das Moment der Anverwandlung, während ansonsten schon durchaus von Aneignung zu sprechen ist und das Barlach-Bild dem Anspruch der Echtheit genügt. Eigens hinzuweisen ist auf den unauffälligen Keim eines später entfalteten Denkmotivs, das gegen Ende der Erzählung aufkommt, da Barlach als Summe seiner inneren Kämpfe bewußt wird: *»[...] die Arbeit wartete, und kein andrer als er konnte sie tun!«* (E 281) Damit klingt ein Thema an, das Fühmann bald eindringlich diskutieren und in die ausgiebige Selbstverständigungsdebatte der DDR-Schriftsteller einbringen wird, die in diesen Jahren einsetzt und im folgenden Jahrzehnt in vollen Gang kommt. Dabei wird er zunächst vom *»persönlichen Auftrag«* (EGA 9) sprechen, später jedoch, eher provokant als resignativ, Gottfried Benn folgend, von *»Teilfunktion«*[134], die es genau zu versorgen gelte.

Exkurs in zwei Teilen

Ein Brief an den Kulturminister ...

Hans Bentzien, seit 1961 Minister für Kultur der DDR, lud im Vorfeld der 2. Bitterfelder Konferenz eine Reihe von Schriftstellern und Künstlern persönlich zur öffentlichen Meinungsäußerung ein; ihm, der dort das Hauptreferat zu halten hatte, lag daran, die Erfahrungen, Gedanken und Vorschläge von Künstlern und Kulturschaffenden frühzeitig ins gemeinsame Gespräch zu ziehen. Die Zahl der Stimmen, die sich daraufhin zu Wort meldeten, war erheblich; gesammelt, ergaben sie ein ganzes Buch, das noch im gleichen Jahr unter dem Titel *In eigener Sache. Briefe von Künstlern und Schriftstellern* erschien. Das umfängliche Schreiben Fühmanns an Minister Bentzien gehörte zu den bedeutendsten dieser Äußerungen und war deshalb, wenngleich nur in Auszügen, unter der fordernden Überschrift »Vielfalt, Weite, Weltniveau« im SED-Zentralorgan »Neues Deutschland« am 24. März 1964 veröffentlicht worden, also einen Monat vor der Konferenz, die am 24. und 25. April stattfand, fünf Jahre nach der 1. Bitterfelder Autorentagung.

Was zeichnet den Fühmannschen Brief aus, zu dem ihn der Minister anregte und ermutigte? Er ist selbstverständlich ein Dokument des aufrichtigen, grundehrlichen Willens, die Entwicklung des Staates DDR und seiner Kultur entschieden zu fördern. Zugleich ist er ein erstaunlich unverblümt vorgetragener Katalog von Kritiken und Vorschlägen, die Kulturpolitik der SED und des Staates sowie das literarische Leben betreffend. Der Briefschreiber bricht mit seiner eigenen publizistischen Tradition, in der Kritisches kaum anklang; bei aller Loyalität, die er unmißverständlich bekundet, stellt er sich nun doch als ein Polemiker vor, der sich nicht scheut, vom Üblichen, Gefälligen, Erwarteten weit abzugehen und in unmittelbaren Widerspruch zu offiziellen Meinungen zu geraten. Gleich eingangs plädiert er rückhaltlos dafür, »*ohne Phrasen und Beschönigungen den Stand unserer kulturellen Leistungen mit den besten Leistungen der Welt*« (EGA 8) zu vergleichen. Er knüpft damit an das an, was er in seiner Amtszeit als NDPD-Funktionär zunächst nur im Kreis des Parteivorstands zur Diskussion stellte. Aus seiner Sorge um die Qualität der DDR-Literatur macht er keinen Hehl; aber statt bloß ihre Mängel zu beklagen, weist er auf wichtige Ursachen für diese hin: »*Themenwahl und Massenwirksamkeit*« (EGA 8) dürften nicht als wesentliche Kriterien gelten. Wird damit bereits an Grundpositionen gerührt, so erhöht sich die Brisanz seiner Äußerungen noch beträchtlich, wenn er sagt, die öffentliche Kritik und die Kulturinstitutionen »*drängen den Schriftsteller nicht in seiner spezifischen Richtung vorwärts, sondern in der Richtung der jeweiligen Tages-, Monats- oder Jahresaktualität*« (EGA 9). Damit trifft er einen kardinalen Fehler der Kulturpolitik, der sich aus dem strikten Führungsanspruch der SED und dem daraus abgeleiteten Trachten nach unmittelbarer politischer Instrumentalisierung der Literatur ergibt. Fühmann wünscht von der Kulturpolitik eine »*entschiedene Förderung der Qualität in der Literatur*« (EGA 12) und verdeutlicht seine Position auf eine drastische Weise, wenn er umgekehrt die »*Bekämpfung alles Seichten, Geschluderten und Gehudelten, Kitschigen, Gedankenarmen, Banalen und Abgeschmackten*« (EGA 12 f.) fordert. Fühmann bemängelt beileibe nicht nur die literaturkritische Publizistik, sondern sehr wohl auch den verbalen Umgang politischer Institutionen und Persönlichkeiten mit der Literatur, indem er erklärt, man dürfe nicht mehr länger »*jede thematisch begrüßenswerte, doch künstlerisch amorphe Arbeit als*

›*Meisterwerk*‹ oder ›*erneuten Beweis für unsere noch nie da-
gewesene Literaturblüte*‹« (EGA 13) feiern. Auf irritierende
und argen Schaden stiftende Reaktionsweisen antwortet er
mit kräftigen Sarkasmen. »*Einer grünen Bank wird vorge-
worfen, daß sie kein blauer Tisch sei*« (EGA 13), stellt er mit
spürbarer Bitterkeit fest. Immer noch werde »*vom einzelnen
Werk gefordert, was nur die Totalität unserer Literatur geben kann, nämlich die Totalität des Lebens*« (EGA 13). Immer noch würde »*dem Schriftsteller ein politischer Vorwurf
gemacht, wenn er der ganzen Skala des menschlichen Ge-
fühlslebens*« (EGA 13 f.) und mithin auch dem »*quälenden
Schmerz*« und der »*tiefen Krise der Verzweiflung*« (EGA 14)
Ausdruck gebe. Unentwegt auch werde von der Literatur
verlangt, was sie ihrer Natur nach nicht geben könne: Wissenschaft.

Andererseits formuliert Fühmann sehr bestimmte und
hohe Forderungen an Kritik und Wissenschaft: »*Wir brauchen eine wirklich argumentierende Kritik, die wohl Liebe
und Leidenschaft für die Literatur, aber keine Rücksicht auf
Personen kennt. Wir brauchen eine Stil- und Formanalyse,
die dem Schriftsteller wirklich hilft; wir brauchen eine Wei-
terbildung unseres kritischen Erbes; wir brauchen eine Kritik
der Kritik, und wir brauchen schöpferische Diskussionen.*«
(EGA 14) Nicht nur mit Nachdruck, sondern auch ausführlich fordert Fühmann schließlich eine ernsthafte wissen-
schaftliche Beschäftigung mit der sogenannten spätbürger-
lichen Kultur, »*anstatt sie mit billigen Sentenzen abzutun*«
(EGA 14). In diesem Zusammenhang beklagt er ausdrücklich die herrschende »*Ignoranz*« (EGA 15) und die dogmatischen Verdikte über Schriftsteller wie Kleist und Hoffmann, Trakl und Kafka. Spricht er nur im Namen der Schriftsteller oder aller Kulturschaffenden oder aber der gesamten
Bevölkerung, wenn er im drittletzten Satz seines gewichtigen, acht Druckseiten füllenden Briefes »*wir*« (EGA 15) sagt?
Geist und Buchstabe des Satzes sprechen jedenfalls zwingend für den Autor, bezeugen nicht nur guten Willen, sondern bestes Wollen und vor allem Einsicht ins dringlich

Nötige: »*Ich spüre, daß wir alle mehr leisten und unserer Republik besser dienen könnten, wenn wir eine schöpferischkritische Atmosphäre schaffen, die Hochachtung vor der schöpferischen Leistung mit rückhaltloser Kritik vereint, freundschaftlich und freimütig ist und dogmatische Enge und Sektierertum weit von sich weist.*« (EGA 15)

... und ein »Steckbrief« des Briefschreibers

Inhalt und Ton des Schreibens an den Kulturminister lassen es nicht nur als einen auffälligen Beitrag zur kritischen Diskussion aktueller kulturpolitischer Probleme erscheinen. Der Brief fällt auch auf eine beinahe spektakulär zu nennende Weise aus der inzwischen doch schon recht langen Reihe Fühmannscher Publikationen heraus und liest sich wie ein Zeugnis neuer Wandlungen. Ist Franz Fühmann unversehens ein anderer geworden? Haben sich besondere Motive und Möglichkeiten für sein kritisches Hervortreten ergeben? Was ermutigt ihn, der seinem Wesen nach eher ängstlich als kühn ist, zu ungewöhnlicher Schärfe in der Auseinandersetzung mit der von »Partei und Regierung« betriebenen Kulturpolitik und von ihr verursachten oder geförderten Erscheinungen? Oder kurz gefragt: Wer ist eigentlich Franz Fühmann im zweiten Jahrzehnt nach seinem Eintritt in die DDR? Es scheint angezeigt, das Bild seiner Persönlichkeit durch eine Zusammenschau bislang noch unberücksichtigter Daten und Fakten zu vervollständigen.

Als eifriger Sammler und Leser hat Franz Fühmann nicht nur ständig seinen literarischen Horizont erweitert, sondern auch seine Maßstäbe entwickelt und überprüft. Selbst wenn ihn übernommene Vorurteile belasten mochten, so setzte sich doch immer die Neugier auf das andere durch und führte dann zur aufmerksamen Wahrnehmung, die früher oder später auch Urteilskorrekturen nach sich zog. Was der Kulturpolitiker zunächst für suspekt halten zu müssen glaubte, konnte für den Leser dennoch eine beträchtliche Anziehungskraft entwickeln und Folgen zeitigen, die eines Tages in Erscheinung traten. Als ehrgeiziger Schriftsteller suchte er durch eigene Lektüre nach Meistern und Mustern, nach Lehrern und Anregern, und wenn das schon nicht in jedem Fall auf seine eigenen literarischen Leistungen zurückwirkte, dann mußte es doch seine Ansprüche und Maßstäbe stimulieren. Um diese Zeit nun verbinden sich Lesen und Schreiben auf besondere Weise. Da die eigene lyrische Produktion versiegt, wird ihm die Nachdichtung ausländischer Lyrik zu einer immer wichtigeren Möglichkeit, seine poetische Sprache lebendig zu erhalten und anzureichern. Ludvík Kundera, den er bereits Mitte der fünfziger Jahre kennengelernt hat, verhilft ihm zu einer neuen Sicht auf den Expressionismus und zu tiefen Einblikken in die moderne tschechische Poesie; eine ergiebige Arbeit an Nachdichtungen setzt ein, die über viele Jahre hin zubedeutenden Leistungen führt. In der von beiden gemeinsam erarbeiteten Anthologie *Die Glasträne. Tschechische Gedichte des 20. Jahrhunderts* finden sich Fühmannsche Nachdichtungen von Texten solcher Poeten wie Konstantin Biebl, Vladimír Holan, František Hrubín, Vítězslav Nezval, Jaroslav Seifert und František Xaver Šalda. Die reiche Sammlung erscheint eben 1964 als ein gewichtiger Beitrag zur Überwindung provinzialistischer Selbstzufriedenheit der DDR-Literatur. Die 1961 beginnende Freundschaft mit Gábor Hajnal eröffnet den entsprechenden Zugang zur ungarischen Dichtung, in die sich Fühmann nun mehr und mehr vertiefen wird. Neben Übertragungen des Bulgaren Christo Botew erarbeitet er zunächst Nachdichtungen von den Ungarn Attila József, Endre Ady und Miklós Radnóti.

Lesen und Schreiben verbinden sich in Fühmanns Tätigkeit aber auch auf ganz anderen Gebieten, die dann einander bald berühren und durchdringen. Das geschieht bei der Arbeit für den Film und beim Erzählen für Kinder. Verträge mit der DEFA hat er schon sehr früh und – allen Enttäuschungen und Ärgernissen zum Trotz – in Abständen immer wieder abgeschlossen. Ohne Zweifel spielten dabei die recht hohen Honorare eine Rolle, die Fühmann sehr wohl gebrauchen konnte, obzwar er selbst immer ein ungewöhnlich anspruchsloses Leben führte. Politische Motive und finanzielles Interesse dominierten bei der Themenwahl für seine DEFA-Aufträge viele Jahre hindurch und verschwanden auch gewiß nie völlig. Anfang der sechziger Jahre jedoch zeichnet sich deutlich das Bestreben ab, besonders wertvolle und künstlerisch anspruchsvolle Werke für das Medium Film zu erschließen, was eine intensive, mit gründlichen Studien verbundene Aneignung dieser Werke voraussetzte. Mit dem Fernsehen entwickelt sich in dieser Zeit ein potentieller zweiter Partner für solche Projekte. Die Verfilmung eigener Arbeiten, in mehreren Fällen geplant und dann – mehr oder weniger schleppend – zumeist auch durchgeführt, bekam für Fühmann aber nach der Verfilmung seines Erstlings *Kameraden* nie den Stellenwert wie das Schreiben von originalen Filmvorlagen.

Dafür favorisiert er nun auffallend Gestalten und Werke aus älterer Literatur. Anfang 1960 schreibt er dem Dresdener Trickfilmstudio eine Skizze für einen *Reineke Fuchs,* 1962 liefert er dem Fernsehfunk der DDR (nicht ohne Auseinandersetzung mit Kleists Novelle) das Exposé für einen *Hans Kohlhaas,* 1963 erarbeitet er bis zum Sommer eine ausführliche Film-Konzeption des großen Grimmelshausen-Romans *Simplicissimus Teutsch,* und bis zum Frühherbst entsteht dann auch schon, in Zusammenarbeit mit dem DEFA-Regisseur Heiner Carow, ein komplettes Szenarium. Die Beschäftigung mit der Dramatik Shakespeares mündet in einen 106 Seiten umfassenden *Vorschlag für einen Shakespeare-Film;* das Manuskript findet vermutlich 1964, spätestens 1965 seinen Abschluß; Fühmanns aufwendiges Shakespeare-Studium befördert, gewiß zusammen mit seiner Sigmund-Freud-Lektüre und nicht zuletzt auf der Basis eigener Geschichtserfahrung, ein schonungslos realistisches Durchdenken seines Bildes vom Menschen. In fast allen Stücken des Engländers findet er das »Thema Macht und Mensch« und variiert: »*Die Macht, der Mensch, der*

Übermensch, der Unmensch« (SS 468), bekennt schließlich seine persönliche Betroffenheit, indem er bei Gelegenheit von *König Lear* schreibt: »*Wenn ich dieses Stück lese, dann ist mir, als führe mich Shakespeare an einen widerlichen Ort, eine wüste Kloake von Unrat, Schmutz, Frevel, Brunst, Lüge und Heuchelei, um dann, wenn man sich schaudernd abwendet, ganz ruhig zu sagen: Was schauderst du? So kann es in jedem Menschen aussehen, das alles kannst auch du sein, sei nur ehrlich zu dir!*« (SS 468) Spürbar gerät Fühmann im Nachdenken über das Gelesene zum Nachdenken über den Menschen, von dem man sich kein utopisches Bild machen, den man aber auch nicht zynisch abtun dürfe; es gelte, sich zu einem Dennoch durchzukämpfen; das sei dann »*ein qualvoll errungenes Dennoch, aber eben dadurch von besonderem Wert*« (SS 468). Insbesondere in *Maß für Maß* entdeckt Fühmann Shakespeares verpflichtende »*Weisheit der rücksichtslosen Selbsterkenntnis*«, die er »*sein Lebenselixier*« (SS 468) nennt. Erzählungen wie *Die Schöpfung* und *König Ödipus* sind von solcher Shakespeare-Aufnahme wahrhaftig nicht unberührt geblieben. Insgesamt aber ist zu bemerken, daß Fühmanns Polemik in seinem Brief an den Minister tiefe Wurzeln in ernster Arbeit am eigenen Welt- und Menschenbild hat und in großen Leistungen der Weltkunst Nahrung findet.

Und welche Bewandtnis hat es in diesem Zusammenhang mit dem Erzählen für Kinder? Als Autor des Kinderbuchverlags hatte Fühmann mit frei erfundenen und dabei deutlich von pädagogischen Absichten getragenen Geschichten begonnen; der als Märchen ausgesponnenen Erzählung *Vom Moritz, der kein Schmutzkind mehr sein wollte* (1959) folgte sehr bald eine weniger märchenhafte Geschichte, in die Fühmanns gleichzeitige Arbeit am Material aus dem Leben der Volkspolizei hineinwirkte und die, verfilmt sowie für den Funk bearbeitet, seinen Ruf als Kinderbuchautor kräftig begründete: *Die Suche nach dem wunderbunten Vögelchen* (1960). Ein drittes Kinderbuch, *Lustiges Tier-ABC, erzählt von Franz Fühmann mit vergnüglichen Bil-*

dern von Erich Schmitt (1962), war zwar ebenso lustvoll wie kunstvoll und dabei ganz unkompliziert gefertigt, fand aber bei den Rezensenten, Literaturpädagogen und -historikern keinerlei Beachtung. Kein Wunder: Da schwelgt doch ein Autor aus purer Freude daran, den Kindern Freude bereiten zu können, in einer Flut von Alliterationen, beschreibend, wie ein ganzer Zoo es anstellt, dem Affen Alfons alphabetisch zum achten Geburtstag zu gratulieren; das galt als ideologisch und erzieherisch irrelevant, mußte also wenn schon nicht kritisiert, dann doch wenigstens ignoriert werden. Inzwischen regt der Kinderbuchverlag ein weiteres Projekt an: Durch die Film-Skizze vorbereitet, erzählt Fühmann den *Reineke Fuchs* neu, und zwar der niederdeutschen Fassung und Karl Simrock folgend. Sein Text und sein Nachwort weisen zwar Spuren politisch-didaktischen Bemühens auf, aber als Ganzes ist das Buch ein überzeugender Beweis für steigende Produktivität, insbesondere für die Fruchtbarkeit der Orientierung an Mustern aus älterer Literatur. Und daß er hier sehr wohl mit dem Blick auf den herausfordernden *Reineke Fuchs* von Goethe schreibt, verrät er auf denkbar sympathische Weise, wenn er den Lesern seiner Adaption prophezeit: »*Später werdet ihr ihn wieder lesen, in der wunderbaren Fassung, die Goethe ihm gegeben hat.*«[135] Auch dieses Buch, mitsamt der Fülle farbiger Illustrationen von Werner Klemke eines seiner schönsten Kinderbücher, erscheint laut Impressum 1964. Franz Fühmann steht nun in der ersten Reihe der umfangreichen Schar von Autoren, mit denen der Kinderbuchverlag Berlin, einer der größten des Landes DDR, eine ungemein nützliche Arbeit leistete. Für ihn wird Fühmann dann auch bald Antikes nacherzählen (1966 erscheint *Androklus und der Löwe)* und nach vier Stücken Shakespeares reizvolle *Shakespeare-Märchen* (1968) schreiben. Mit einem Wort: Lesen und Schreiben verbinden sich zu dieser Zeit in der Tätigkeit auch des Kinderbuchautors Fühmann auf die für ihn charakteristische, den Anspruch an sich selbst und an andere steigernde Art.

Erweiterung der Kenntnisse und des Horizonts, Entwicklung der Maßstäbe und Reifung des Urteilsvermögens werden nicht zuletzt durch Reisen, Bekanntschaften und Freundschaften begünstigt. Einer Fünftagereise durch Rumänien 1958 folgen Fahrten, die mit Aufträgen des Publizisten verbunden sind, 1959 nach Hamburg, im gleichen Jahr aber auch nach Moskau zu Galina Ulanowa, der berühmten Primaballerina, 1961 dann die zweite Nachkriegsreise in die Tschechoslowakei und die erste einer langen, viele Freundschaften stiftenden, für den Leser, Nachdichter und Schriftsteller ganz außerordentlich ertragreichen Reihe von Ungarnreisen. 1963 führt ihn ein Todesfall in der Familie seiner Frau nach Wien, und er nutzt die Gelegenheit für ein Wiedersehen mit seiner einstigen Bildungsstätte in Kalksburg. Der zumindest zeitweilig engen Beziehung zu Friedrich Schult, dem Vertrauten Barlachs, folgt die persönliche Bekanntschaft mit einem der hoffnungsvollsten bildenden Künstler der DDR. Bald nach Abschluß von *Barlach in Güstrow* begegnet Fühmann bei Erich Arendts Geburtstagsfeier dem acht Jahre jüngeren Wieland Förster, und eine für beide Partner wichtige Freundschaft beginnt. Nach dem mühsamen Exkurs in die Welt eines längst verstorbenen Meisters der bildenden Kunst kann Franz Fühmann nun in der Werkstatt eines lebenden, ungemein produktiven Bildkünstlers aufschlußreiche Beobachtungen und Betrachtungen anstellen, die tief in sein Nachdenken über künstlerische Arbeit und den Umgang mit ihren Ergebnissen hineinwirken.

Besondere Bedeutung aber kommt der Einbeziehung Fühmanns in organisierte internationale Arbeit zu. Er wird 1963 Mitglied des Ausschusses für UNESCO-Arbeit und kann neben Hermlin, Strittmatter und anderen an der COMES-Tagung vom 5. bis 9. August 1963 in Leningrad teilnehmen. Diese von vielen namhaften Autoren aus West und Ost besuchte Konferenz der Europäischen Schriftstellervereinigung, angefüllt mit erregenden Disputen und Forum wirklichen Meinungsstreits, beeindruckt Fühmann so stark, daß er in seinem Brief an den Minister Bentzien eigens darauf zu sprechen kommt. Aber die internationale Diskussion hat auch ihren nationalen Kontext, in dem es an Spannungen und Konfliktstoff nicht fehlt. Der Bau der Berliner Mauer, den Fühmann in Übereinstimmung mit Hermlin, Wiens und vielen anderen Künstlern entschieden bejaht hat, übrigens auch in einer Budapester Rede, scheint wirklich vorerst eine Chance für positive Veränderungen in der DDR zu bieten. Würden die neuen Möglichkeiten einer Demokratisierung genutzt, die dogmatischen Behinderungen der geistig-kulturellen Entwicklung abgebaut, die Spielräume künstlerischer Arbeit in der wünschenswerten Weise erweitert?

Mit solchen Fragen scheint schon der Autor von *Barlach in Güstrow* zumindest halb bewußt beschäftigt. Und sie wirken zweifellos in ihm fort, wenngleich oder gerade weil sich die Anzeichen dafür häufen, daß die politisch Verantwortlichen eher in die Gegenrichtung steuern wollen. Es kann Fühmann nicht unberührt lassen, wenn der langjährige Chefredakteur der Zeitschrift »Sinn und Form«, der Lyriker Peter Huchel, rigoros aus seinem Amt gedrängt wird, weil er auf Weltoffenheit und Überwindung dogmatischer Enge hinarbeitet. Das letzte von ihm noch verantwortete Heft enthält unter anderem Jean-Paul Sartres Rede *Die Abrüstung der Kultur,* eine bislang ungedruckte Äußerung Bertolt Brechts über die Widerstandskraft der Vernunft, eine Erzählung des lange verfemten sowjetischen Schriftstellers Isaak Babel und Gedichte des jüdischen, in Frankreich lebenden Rumäniendeutschen Paul Celan, also denkbar schätzenswerte und anregende Beiträge. Belastend und beunruhigend müssen die Folgen einer öffentlichen Veranstaltung der Künste-Akademie wirken. Als Stephan Hermlin im Dezember ungedruckte Texte junger Dichter vorträgt und eine ungewöhnlich freie Diskussion zustande kommt, handelt er sich damit scharfe Kritik ein und wird wenig später als Sekretär der Sektion Literatur und Sprachpflege abgelöst. Bald wirken Vorgänge im befreundeten Ausland in die internen

Konflikte stimulierend hinein. In der ČSSR findet aus Anlaß von Franz Kafkas 80. Geburtstag am 27. und 28. Mai 1963 eine internationale Konferenz statt, auf der einige Redner zu deutlicher Kritik am realen Sozialismus ansetzen. Diese Vorboten des sogenannten Prager Frühlings bekämpft der einflußreiche Alfred Kurella sogleich mit schwerem Geschütz, und der Liedermacher Wolf Biermann repliziert ebenso rasch mit souveränen Spottversen, die dazu beitragen, daß ihm die Möglichkeit genommen wird, öffentlich aufzutreten.

Künstlerschelte hatte auch der VI. Parteitag der SED geübt, nach neun Wochen gefolgt von einer zweitägigen »Beratung des Politbüros des ZK der SED und des Präsidiums des Ministerrats der DDR mit Schriftstellern und Künstlern« am 25. und 26. März 1963. Unter den vielen hundert geladenen Teilnehmern befindet sich auch Franz Fühmann; er zählt aber ebensowenig zu den Rednern der Veranstaltung wie zu den dort ausdrücklich oder vermittelt Kritisierten. Als ein herausragender Schriftsteller seiner Generation, der einer »Blockpartei« angehört, genießt er inzwischen offizielle Anerkennung, vor allem dank seiner fortgesetzten entschiedenen Kritik des Faschismus, der westdeutschen Wiederaufrüstung und landsmannschaftlicher Revanche-Ideen sowie neuerdings auf Grund seines Büchleins *Kabelkran und Blauer Peter*. Gerade diese als schönes Ergebnis des »Bitterfelder Weges« viel gewürdigte Arbeit gibt wohl auch den Ausschlag dafür, daß der Neununddreißigjährige schon im April 1961 zum ordentlichen Mitglied der Akademie der Künste erhoben wird, gleichzeitig mit so namhaften und zumeist älteren Künstlern wie Bruno Apitz, Lea Grundig, Wolfgang Heinz, Wieland Herzfelde, Werner Klemke und Konrad Wolf, dem späteren Akademiepräsidenten. Dieser hohen staatlichen Anerkennung folgen weitere Würdigungen binnen kurzem: die Auszeichnung mit dem Literaturpreis der Gewerkschaften 1962; die Verleihung des Johannes-R.-Becher-Preises durch den Minister für Kultur 1963; die Aufnahme der Erzählung *Böhmen am Meer* in die

Vorschlagsliste für den FDGB-Literaturpreis 1964 und schließlich die abermalige Auszeichnung mit ebendiesem Preis.

Selbst von jenseits der Staatsgrenzen stellten sich allmählich Beweise wachsender Ausstrahlung ein, deutliche Zeichen freundlichen Interesses, sensibler Anerkennung, starker Resonanz. Der Aufbau-Verlag kann Lizenzen in die Tschechoslowakei, nach Polen und Bulgarien vergeben. Der von Fühmann geschriebene Fernsehfilm *Der Schwur des Soldaten Pooley* (U. 1961, Regie Kurt Jung-Alsen) erhält bei einem Fernsehfestival in Alexandria 1963 den ersten Preis. Die Titelerzählung des Zyklus *Das Judenauto,* von dem Münchener Schauspieler Rolf Boysen gelesen, wird am 12. März 1964 vom Norddeutschen Rundfunk ausgestrahlt und hinterläßt bei den Hörern einen tiefen Eindruck. In der sozialdemokratischen Wochenschrift »Vorwärts« spiegelt sich das prägnant wider, wenn es dort heißt: »Wir haben es hier mit einem Schriftsteller zu tun, der ungemein genau die faschistische Mentalität durchforscht und dabei nicht von anderen, sondern von sich ausgeht. Dies bezeugt ein leidendes Bewußtsein der Mitschuld, das erschütternde Ausdruckskraft gewinnt. Franz Fühmann ist eine Stimme aus Ostberlin, die Beachtung verdient.«[136]

Wer ist also jener Fühmann, der im Frühjahr 1964, scheinbar unvermittelt, dem zuständigen Minister einen auffallend kritischen Brief zur Kulturpolitik schreibt und dabei die Öffentlichkeit eher sucht als scheut? Er ist durchaus kein Sensationshascher oder Kritikaster und schon gar kein Dissident, sondern ein ungewöhnlich verantwortungsbewußter, loyaler Staatsbürger, den das ehrliche Bestreben leitet, die Entwicklung einer sozial gerechten, humanen Gesellschaft zu fördern. Er ist ein fleißiger, vielseitiger und ehrgeiziger Autor, der sich durch seine Leistungen verdiente Anerkennung und wachsendes Ansehen verschafft hat und dadurch auch an Mut und Selbstbewußtsein gewinnt. Er ist ein Schriftsteller, der sich als Sozialist versteht und der an die Schwelle der Erkenntnis vordringt, daß sich sein Dienst an der Gesellschaft nicht im Nachvollzug von Vorgaben erbringen läßt, sondern vielmehr in der bestmöglichen Entfaltung des Eigenen verwirklichen muß. Er ist ein Mann, der im Nachdenken über Kunst und Gesellschaft zu lernen beginnt, den Anspruch auf sachbezogene Partnerschaft mit den politisch Führenden zu erheben und dabei womöglich konfliktfähig zu werden. Wie sehr er in der Zukunft auf Konfliktfähigkeit als eine Lebensbedingung angewiesen sein wird, vermag er zu dieser Zeit freilich noch nicht zu ahnen.

(Ende des Exkurses)

Nach Abschluß der Arbeiten für den Sammelband *König Ödipus,* die sich viel länger hinziehen als geplant, darf Fühmann erleichtert sein; wenngleich nicht dem Buchstaben nach, hat er eine überfällige Verpflichtung gegenüber dem Aufbau-Verlag endlich erfüllt. Der Vertrag vom November 1962 sah als Abgabetermin schon März 1963 vor und auch ein Mehr an Inhalt: Die vereinbarten »Schriftsteller-Geschichten« gedeihen über Versuche und Fragmente nicht hinaus. Dem Gefühl der Erleichterung wirkt kräftig entgegen, daß die Arbeit an dem Fühmann sehr wichtigen Erzählprojekt »Verlorene Zeit« (anderer Titel: »Ein verlorener Tag. Ein Beitrag zur Theorie des Absurden«) nicht zum erstrebten Ziel führt. Inzwischen laufen schon die Dreharbeiten für Ralf Kirstens freie Verfilmung der Barlach-Novelle an. Sie geben Fühmann Anlaß zu einer Reise nach Hamburg und Ratzeburg. Während der Tage der sowjetischen Kultur vom 26. Oktober bis 7. November treffen sich Schriftsteller, die im Zweiten Weltkrieg gegeneinander gekämpft haben und nun ihre Freundschaft befestigen; Fühmann und Wassili Subbotin berichten beide in der »National-Zeitung« vom 3. 11. 1965 über *Zwei Wege an einen Tisch.* Bald darauf kommt es dann zu der wohl ersten Lesung des Schriftstellers in der Bundesrepublik. Fühmanns Partei-Blatt meldet: »Mit herzlichem Beifall dankten die Hörer der Volkshochschule Hannover dem DDR-Schriftsteller Parteifreund Franz Fühmann für eine Lesung aus

eigenen Gedichten und Novellen. Diese Dichterlesung er-
öffnete eine Serie von Veranstaltungen, auf denen Autoren aus der DDR mit ihrem Schaffen vertraut machen sollen. Die Volkshochschule erwartet als nächste Gäste u. a.
Bruno Apitz, Erwin Strittmatter, Christa Wolf und Stefan
Heym.«[137]

Vom 19. bis 21. November 1965 nimmt Fühmann – zu-
sammen mit Stephan Hermlin, Günter Kunert, Karl Mickel,
Friedemann Berger und Bernd Jentzsch – an der 27. Tagung
der »Gruppe 47« teil. Hans Werner Richter hat dazu an den
Wannsee nach Westberlin eingeladen. Drei ebenfalls Gela-
denen wurde die Ausreise verweigert: Peter Huchel, Wolf
Biermann und Manfred Bieler. Wenige Tage danach gehört
Fühmann zu den Teilnehmern eines Gesprächs, das der
Staatsratsvorsitzende Walter Ulbricht mit Schriftstellern zu
führen wünscht. Nach dem einleitenden Referat von Max
Walter Schulz sprechen unter anderen Anna Seghers und
Christa Wolf, zu dieser Zeit noch Kandidatin des Zentral-
komitees der SED. Die Veranstaltung vermittelt den An-
schein, als gebe es einen konstruktiven Dialog.

Doch nur drei Wochen später kommt es auf der 11. Plenartagung des Zentralkomitees der SED (15. bis 18. Dezember)
zu einer ebenso massiven wie scharfen Kritik an einer ganzen Reihe von Kunstschaffenden und ihren Arbeiten, die
mit Ulbrichts Referat über den Perspektivplan bis 1970 und
dem von Erich Honecker gegebenen Bericht des Politbüros
beginnt, sich aber auch durch die ganze Diskussion zieht.
Ihr Ausmaß und ihre Folgen sind erschreckend. Künstlerisch
wertvolle Filme werden nach wenigen Aufführungen zu-
rückgezogen oder von vornherein aus den Kinos verbannt,
Fernsehsendungen, Theaterstücke, Prosa und Lyrik verschiedener Autoren als skeptizistisch, schädlich oder gar
feindlich angegriffen. Christa Wolfs an Ort und Stelle un-
ternommener Klärungsversuch wird schroff zurückgewiesen. Die Leitungen der Künstlerverbände werden genötigt,
Erklärungen abzugeben, in denen die von der Parteiführung
vorgetragene Kritik prinzipiell akzeptiert wird; dabei mi-

schen sich im Einzelfall ehrlich bemühtes Verständnis für die politischen Motive der Kritiker mit falsch verstandener Disziplin und pragmatischem Opportunismus. Als »Neues Deutschland« am 14. Januar 1966 die einschlägige Stellungnahme des Schriftstellerverbands veröffentlicht, meldet die Zeitung, der Vorstand des Verbands habe seine Erklärung einstimmig verabschiedet. Franz Fühmann, der die Erklärung nicht zu akzeptieren vermag, gibt seine Mitgliedschaft im Vorstand auf. Wenige Tage nach seinem 44. Geburtstag kursiert die folgende dpa-Meldung: »Aus Protest gegen den neuen kulturpolitischen Kurs der SED ist der in Ost-Berlin lebende Schriftsteller Franz Fühmann vor einigen Tagen auf der Dresdener Tagung des Schriftstellerverbandes der ›DDR‹ aus dem Verbandsvorstand ausgetreten. Gleichzeitig hat Fühmann, welcher der Nationaldemokratischen Partei angehört, eine Erklärung abgegeben, seine Haltung gegenüber der Gesamtpolitik der ›DDR‹ bleibe unverändert positiv. Er soll es aber abgelehnt haben, sich klar und deutlich von Havemann, Heym und Biermann zu distanzieren.«[138]

Fühmanns Entscheidung – übrigens in der Öffentlichkeit der DDR nicht wahrgenommen – ist gewiß kein Votum gegen die generellen Ziele der Staatsführung. Sein Ideal einer Alternative zum Kapitalismus bewahrt er ebenso wie seinen Respekt vor der geschichtlichen Leistung aller Kräfte, die zum Sturz des NS-Regimes beigetragen haben. Seine Faschismuskritik bemüht er sich nun gerade auf neue Weise fortzusetzen. Der Leiter einer Arbeitsgemeinschaft zur Erforschung der deutschen Jugendbewegung, Dr. Jahnke, übermittelte der DEFA bereits am 16. 12. 1965 eine positive Stellungnahme zum Vorhaben der »Gruppe Berlin«, einen Film über die Widerstandsgruppe »Weiße Rose« zu gestalten. Fühmann geht mit großem Eifer und Aufwand daran, das erforderliche Material zu sammeln, zu ordnen, aufzubereiten und in ein Szenarium umzusetzen. Der Arbeitstitel »Jugend im Widerstreit« deutet schon darauf hin, daß der Film sich nicht auf die Geschwister Scholl beschränken sollte. Im Archiv liegen neben den Kopien der Flugblätter lange Listen der im Umfeld der »Weißen Rose« am Widerstand beteiligten Personen und umfangreiches Material zum Alltag an der Universität und in der Stadt München, zu den Themen Gestapo, Volksgerichtshof, Information der Bevölkerung, rechtsoppositionelle und bündische Jugend, katholische Linksopposition und Zeitschrift »Hochland« und vieles andere mehr. Fühmann führt Gespräche mit Zeitzeugen und Ortskundigen wie Ernst Schumacher, Richard Scheringer und Oskar Neumann, treibt Studien in München, sucht und findet Kontakt zu den Hinterbliebenen der Naziopfer. Über ein in Karteiform gebautes Szenarium entsteht ein komplettes Treatment von fast 50 hektographierten Seiten, das dem Vater der Geschwister Scholl vorgelegt wird; der teilt in einem Brief vom 8. Dezember 1966 nach Rücksprache mit den Hinterbliebenen der anderen Beteiligten mit, daß das Projekt ebenso wie etwa zehn ähnliche früher vorgeschlagene Filmpläne abgelehnt wurde.

Ein völlig anderes Unternehmen verläuft glücklicher und wird darüber hinaus noch fruchtbar. Wie Jahre zuvor der Kinderbuchverlag den Autor veranlaßte, die Geschichte von *Reineke Fuchs* neu zu erzählen, so wünscht sich 1966 der für jugendliche Leser produzierende Verlag Neues Leben eine entsprechende Nacherzählung von Homers *Odyssee*. Das Angebot hat für Fühmann unwiderstehliche Reize, wird von ihm gern angenommen und mit zügiger, dabei gründlicher Arbeit beantwortet. Ist ihm schon die von Gustav Schwab übermittelte Welt der antiken Mythen seit der Kindheit lieb und wert, so ist er Homer und dessen Helden Odysseus ganz besonders zugetan.

Die Odyssee neu zu erzählen bedeutet aber natürlich nicht nur eine Gelegenheit, alte Liebe produktiv zu beleben, sondern auch eine beträchtliche Herausforderung. Das in jeder Hinsicht große Epos hat längst große Nachdichtungen erfahren, und entsprechend ist die Dimension der Aufgabe nach Umfang wie Qualität. Fühmann versucht sich erstmals als Mittler zwischen einer sehr fern gerückten Welt und einem jugendlichen Publikum, das weniger auf langwieriges

Lesen als auf kurzweiliges Leben eingestellt ist. Er muß nicht nur eine Sprache finden, die dem weither tradierten Gegenstand angemessen und zugleich dem zeitgenössischen Leser eher anregend als befremdlich scheint, sondern er muß auch sorgsam prüfen, wie weit er der Komposition und dem epischen Rhythmus des Originals folgen darf beziehungsweise muß. Orientierend ist der weise und strikt befolgte Vorsatz, alles Mögliche und Vertretbare zu tun, um dem Leser den Weg zum Original hin zu bahnen. Dabei denkt Fühmann als Realist selbstverständlich nicht an den altgriechischen Text, sondern an dessen wort- oder besser zeilengetreue Nachdichtungen, vor allem an die klassische des Johann Heinrich Voß, die er selbst als Grundlage angibt: »*Ich habe sie frei behandelt, habe weggelassen und an einigen Stellen behutsam hinzugefügt.*« (I 10) Er bewährt sich dabei als zeitgenössischer Poet, dem sich manche Figur, mancher Vorgang zumindest in Nuancen anders darstellt. Odysseus wird zu einem liebenswürdigen Helden, mit dem sich der jugendliche Leser unbedenklich identifizieren kann. Bereits im Proömion wird der König von Ithaka als friedliebender Vater seines Volkes vorgestellt, das mit ihm »*in harter Arbeit und herbem Glück*« lebt. »*Es liebte Odysseus, seinen König, der umsichtig, klug und verständigen Sinnes und wie schon sein Vater Laertes um einen guten Rat nie verlegen war.*« (I 11) Athene, als eine sehr menschliche Göttin gezeichnet, steht ihrem Schützling immer wieder hilfreich zur Seite, doch verdient sich Odysseus diese Hilfe durch eigene Tüchtigkeit. Die Grundstruktur des Epos wird beibehalten und sogar betont; aus Homers 24 Gesängen werden drei Teile von mählich wachsendem Umfang: Der erste, »*Odysseus kommt zu den Phaiaken*«, umfaßt 7 Kapitelchen auf 18 Seiten; der zweite, »*Odysseus erzählt seine Irrfahrt*«, 13 Kapitel auf reichlich 32 Seiten; der dritte, »*Odysseus auf Ithaka*«, schließlich 18 Kapitel auf knapp 45 Seiten, und jedes der Kapitel trägt eine möglichst kurze, aber informative Überschrift. Ohne Substanzverlust wird das ausladende Epos zu einem überschaubaren, durchsichtigen Prosastück. Es ist schon

1   Der Vater Josef Rudolf Fühmann als Soldat

2 Das Geburtshaus, um 1920

3 Rochlitz, um 1930

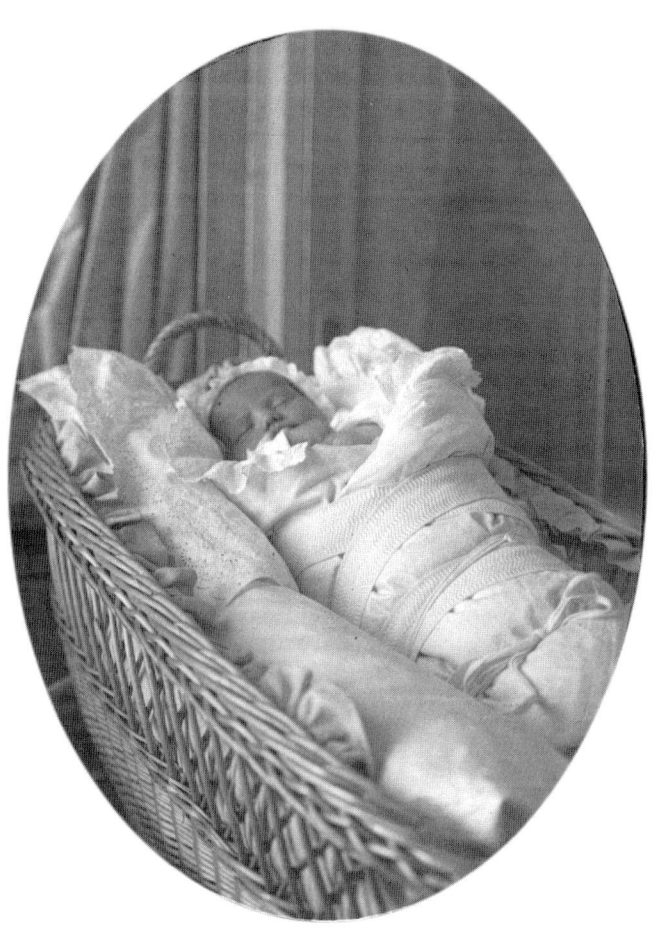

4   Franz Fühmann, März 1922

5 »Peter« und Margarethe im Kinderzimmer, 1925

6   Urlaub mit den Eltern, Venedig 1930

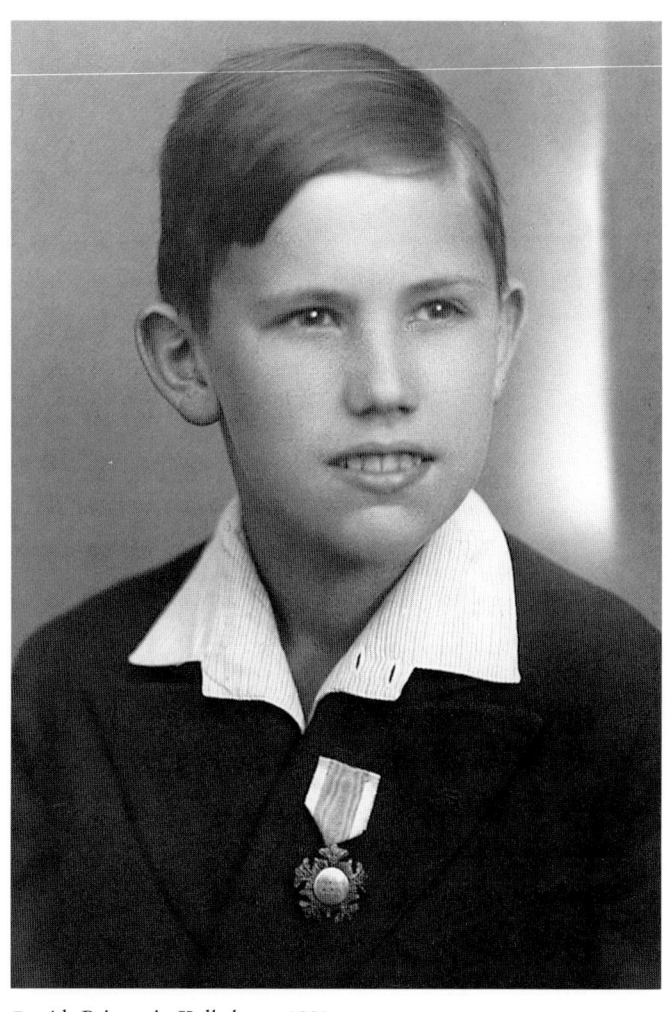

7   Als Primus in Kalksburg, 1935

8   1941

9 Der Gefreite auf Heimaturlaub, 1943, v. l. n. r.: Cousine Gretl mit ihrem Bruder Horst Gabriel, F. F., Schwester Margarethe

10 Mit Ludvík Kundera in Brno, Ende der fünziger Jahre

11 Nach der Verleihung des Johannes-R.-Becher-Preises am 22. Mai 1963, v. l. n. r.: F. F., Tochter Barbara, Frau Ursula, Minister für Kultur Hans Bentzien, Leiter des Aufbau-Verlags Erich Wendt

12 Pressefest in Berlin, 1971

13 VII. Schriftstellerkongreß 1973, v. l. n. r.: Jan Koprowski, F. F.,
    Irmtraud Morgner

14   1975

15 Mit Nuria Quevedo bei der »Prometheus«-Lesung im Rahmen der
    der Woche »Kunst für die Jugend« in der Akademie der Künste
    der DDR am 25. 10. 1974

16 Führmanns Werkstatt: die Garage am Arbeitshäuschen in Märkisch
    Buchholz

17 F. F. in »seiner« Jugendbrigade Siebenhüner vom Thomas-
Müntzer-Schacht Sangerhausen

18 Mit Enkelin Marsha im Berliner Tierpark

19   50. Geburtstag mit Frau Ursula und Verlagsleiter Konrad Reich

20   Mit Sarah Kirsch

21   Im Kreis von Schülern der Bertolt-Brecht-Schule in Schlagenthin-
Genthin am 16. Oktober 1976. Das von der »Deutschen Lehrer-
zeitung« in Auftrag gegebene Foto durfte wegen Fühmanns Beteiligung am Protest gegen die Ausbürgerung Biermanns nicht veröffentlicht werden.

22   Bei einer Lesung im Gohliser Schlößchen Leipzig am 14. März 1977, in der ersten Reihe Hans Marquardt, Christa Wolf, Stephan Hermlin v. l. n. r., dahinter Bernhard Heisig (2. v. l.) und Eike Middell (ganz rechts)

23 F. F. im Gespräch mit Stephan Hermlin, Ilja Fradkin und (von hinten) Erwin und Eva Strittmatter, Leipzig 1978

24   Mai 1981

25   Mit Uwe Kolbe

26   Zusammen mit Behinderten in der Samariteranstalt Fürstenwalde
bei der Betrachtung von HAP Grieshabers Zyklus »Totentanz«

27   Am Grab Georg Trakls auf dem Friedhof Mühlau bei Innsbruck,
Mai 1978

28   Das Grab in Märkisch Bucholz

berechtigt, »in dem wohlausgewogenen Verhältnis von selbständiger Behandlung des Gegenstandes und bewahrender Achtung vor dem Vorgefundenen [...] die wichtigste Leistung Fühmanns« zu sehen.[139]

Autor und Verlag sind selbst überrascht, daß die Adaption keinen größeren Umfang erlangt, und so wird gleich anschließend eine entsprechende Bearbeitung der *Ilias* vereinbart. In einem Brief vom Januar 1967 an den Hinstorff-Cheflektor Dr. Kurt Batt bedankt er sich bei diesem zunächst für dessen Glückwunschschreiben (am 15. hatte Fühmann seinen 45. Geburtstag) und berichtet ihm dann von der neuen Aufgabe. Dabei spricht sich auch seine derzeitige Lesart der *Ilias* aus, wie sie sich in der Nacherzählung umsetzt: Er will Homer als Kritiker des dargestellten Krieger-adels verstehen, der von den Herrschenden den Auftrag habe, sie zu verherrlichen, und dies nur zum Schein tue; in Wahrheit schildere er ihre *»Dummheit, Rohheit [sic!], Kulturlosigkeit, Barbarei, Ungeschlachtheit, Brutalität und Schäbigkeit«*[140]. Fühmann setzt aber auch die Götter als amoralisch und willkürlich handelnde Wesen herab, nicht nur Zeus, der dem Blutvergießen im Trojanischen Krieg voll Behagen zuschaut. Einzig Hephaistos, der Gott der Schmiedekunst, wird als Ausnahme eigens neu aufgenommen; von anderen Göttern verspottet, dient er hier zur Verstärkung der Kritik an den Olympiern. Fühmanns Homer-Adaptionen erscheinen 1968 als geschlossenes Buch mit dem Titel *Das hölzerne Pferd. Die Sage vom Untergang Trojas und von den Irrfahrten des Odysseus, nach Homer und anderen Quellen neu erzählt* und erreichen nicht wenige Leser durch das gleichzeitige Erscheinen einer Lizenzausgabe auch in der Bundesrepublik Deutschland. Damit beginnt in der Wirkungsgeschichte des Fühmannschen Werks ein neues Kapitel, das mit einem Erzählungsband im Zürcher Diogenes-Verlag 1970 seine zögernde Fortsetzung findet, die verlegerische Verbreitung seiner Bücher im deutschen Sprachraum. Als Fühmann den entsprechenden Band der Werkausgabe zusammenstellt, der 1980 erscheint, läßt er die *Ilias*-Adaption allerdings kommentarlos beiseite und beschränkt sich auf das erste und beste Stück, auf *Irrfahrt und Heimkehr des Odysseus*.

Im Juli 1966 führt ihn die bereits erwähnte Reise in den Ort seiner Kindheit, also nach Rokytnice nad Jizerou. Dieses erste eigentliche Wiedersehen mit dem Geburtsort und seiner Umgebung wird verständlicherweise zu einem großen Erlebnis. Die einst mit den Augen des Kindes wahrgenommene und dann als selbstverständlicher Lebensraum benutzte Welt wird vom besuchsweisen Heimkehrer, der längst zum berufsmäßigen Beobachter, zum Eindrücke sammelnden und bearbeitenden Schriftsteller geworden ist, mit wachen Sinnen erinnernd wiedererkannt und doch zugleich neu erfahren. Wie sehr ihm Landschaft und Natur sozusagen als Partner des Menschen gelten, das hat sich selbst in solchen Arbeiten wie *Die Fahrt nach Stalingrad* und *Kameraden* schon unverkennbar ausgeprägt, ganz zu schweigen von Erzählungen wie *Strelch* oder *Barlach in Güstrow*. Die »Reisebilder«, die Franz Fühmann aus seiner angestammten Heimat nach ihrem fast zweiundzwanzigjährigen Verlust mitbringt, stellen dennoch etwas Neues dar. Der Eigenwert der genauen Wahrnehmung und der Drang, dem Augenblick sprachliche Dauer zu verleihen, emanzipieren sich vom Zwang zu traditionellem Erzählen. Oder anders ausgedrückt: Die alte Gewohnheit, analog zum Führen eines Tagebuchs und eines Traumbuchs auf allen Reisen Beobachtungen, Gesehenes und Gehörtes rasch und unverbunden festzuhalten, wird nun zum künstlerischen Prinzip erhoben. Charakteristische Details werden, jedes für sich oder in kleinen Komplexen, mit meist geringem sprachlichem Aufwand, aber dabei möglichst genau beschrieben und zugleich erlebnishaft gedeutet, gleichnishaft genommen, mit Assoziationen verknüpft, so daß das Sichtbare auch etwas Gedachtes, das Natürliche etwas Menschliches wird.

Zwei Beispiele mögen zur Illustration dienen: »*Ein Haus in der Schlinge des Wegs wie von einem Lasso gefangen; davor eine Wiese von solch einem freundlichen Grün, daß man Lust*

bekommt, einen Topf Milch darüber zu gießen. Die rötlich-
weißen Quarzablagerungen im schwarzen fettigen Weg:
durchwachsener Bauernspeck[141] Die Notizen bleiben, ohne
Schlußpunkte, unverbunden hintereinander stehen. Ohne
verbale Verknüpfungen sagt das darbietende Subjekt, was
es sieht und wie es sieht. Bezeichnend Empfindungen der
Freude, der Lust oder zumindest des Behagens, und nur zu
verständlich, daß sich bewußt oder unbewußt Kindheitsre-
miniszenzen einstellen, in Gestalt eines unvermittelt auf-
steigenden Worts wie Lasso oder im ausführlichen Erinnern
von kindlichem Erleben oder in einer Reflexion wie dieser:
»Kein würdigerer Baum als eine freistehende Fichte: ihre Ge-
bärde des Segnens ist ganz patriarchalisch, kein bißchen pfäf-
fisch, und sie wirkt ebenso vertraueneinflößend wie unnah-
bar. Der größte Gegensatz: Die besteig- und skalpierbare
Esche, der eigentliche Kinderbaum«[142] Wer die – bisher leider nur versteckt und offenbar unvollständig veröffentlichten – Reisebilder Fühmanns aus dem Riesengebirge genau
liest, wird allenthalben auf Anzeichen dafür stoßen, daß die
Kindheitswelt diesen Autor immer begleitet hat, nun aber
mit sanfter Gewalt auf neue Weise sein Schaffen zu prägen
beginnt.

Das Wiedersehen mit Rochlitz/Rokytnice gibt natürlich
auch Anlaß, das Bekenntnis zu Deutschland zu prüfen und
womöglich zu bestätigen. Fühmann ist ja nach wie vor nicht
bereit, an die Seite derer überzuwechseln, die das Aussie-
deln der Deutschen aus den böhmischen Randgebieten für
ungerecht und revisionsbedürftig halten. Im intimen Umgang mit seinem alten Heimattal stellen sich aber unweigerlich Reflexe auf den Umstand ein, daß seine Wirkungsstät-
ten in der DDR ihm nicht Heimat im wahrsten Sinne des
Wortes geworden sind. Das spricht sich in den Reisenotizen nur in winzigen Andeutungen und scheinbar scherzhaft, aber dennoch vernehmlich aus. Da heißt es zunächst:
»Das Blau der großen Glockenblumen wie der Klang von
Kirchenglocken tief. Nicht denkbar auf einer preußischen
protestantischen Wiese.«[143] Und einige Seiten weiter läßt er

sich von einem Gedicht Konstantin Biebls, worin dieser seine Liebe zu Weihnachten als den mohammedanischen Feiertagen erklärt, zum Bekenntnis verleiten: »*Böhmen ist näher am Bosporus als an Preußen.*«[144] Das Wort ist, bei aller Kürze, ein vielsagender Kommentar zur andauernden, liebevollen nachdichterischen Immigration in die Dichtungen von Nezval und Halas, von Hajnal, Füst und Vörösmarty, die Fühmann bis in seine letzte Lebenszeit hinein fortsetzen wird.

Nach der Rückkehr aus Rokytnice arbeitet er unvermittelt einen ganz neuen Plan aus, beginnt mit der Ausführung und kommt bald so weit, daß er seinen damaligen Lektor ins Vertrauen zieht. Ihm schickt er den reichlich acht Seiten umfassenden Anfang eines auf neun Gesänge geplanten Großgedichts in Distichen; die Überschrift lautet »Am Grab meines Vaters«. Der seit über zwanzig Jahren nicht mehr am Leben Weilende hätte am 17. April 1966 seinen 80. Geburtstag zu feiern gehabt. Vielleicht gab das überhaupt den letzten Anstoß zur ersten Riesengebirgsreise des Sohnes nach dem Krieg. Jedenfalls ist Rück- und Neubesinnung des Dichters herausgefordert. Er erklärt Günter Caspar: »*[…] ich will mich mit dem Vater über die verschiedensten Dinge unterhalten […]. Viel Landschaft soll hinein, das Riesengebirge, die Iser, die Elbe, die Mark, Bildungserlebnisse, Versuch, das seelisch-ideelle Bild eines jungen Menschen von damals zu geben; Hauptteil der Aussage: Die beiden Deutschland, wobei ich versuchen möchte, […] poetisch zu argumentieren, warum ich da lebe, wo ich lebe. Die Auseinandersetzung am Grab wird bald sehr bitter und heftig, aber sie schließt in einer ehrlichen Ausgesöhntheit: Ich rechne es dem Sozialismus als großes Verdienst an, daß ich ohne Zorn und Groll am Grab des Mannes stehen kann, der mich auf den Weg geführt hat, den ich gegangen bin (ich wollte es als Kind gar nicht).*« Mit dem Weg ist der Beruf des Dichters gemeint, den der Vater für seinen Sohn als den richtigen ansah. Am Ende des Briefes fügt der Autor hinzu: »*Rund um das Ganze sollten dann noch Gedichte stehn: Bittre, böse, melancholi-*

sche, freundliche. Aber das sind alles noch Phanthasien [sic!] *von Böhmen her. Wenn mich Preußen erst endlich wieder-hat –* «[145]

Nun, Preußen wartet nicht sonderlich gierig auf ein solches Unternehmen, zumal es gerade damit beschäftigt ist, die von Rudolf Bahro in der Zeitschrift »Forum« begonnene brisante Lyrikdiskussion durch einen autoritären Artikel von Hans Koch[146] abschließen zu lassen, und so entsteht nur eines der vielen Fragmente von Fühmann. Er versucht ja auch, sich mit hoher staatsbürgerlicher Moral in Preußen zu beheimaten. Das nächste Großprojekt, das er nach einer zweiten Riesengebirgsreise 1967 in Angriff nimmt, trägt den programmatischen Titel »Auf den Spuren Fontanes«. Wanderungen durch die Mark Brandenburg auf ebenden Wegen, die der Preuße Theodor Fontane recht genau ein Jahrhundert zuvor genommen hat, sollen zur literarisch fruchtbaren Form einer ausholenden und gründlichen Aneignung des Stücks Land führen, das der Bürger von Berlin und arbeitende Dauergast von Märkisch Buchholz Franz Fühmann endlich als seine neue Heimat erwiesen wissen will. Vor der Folie Fontanes soll das Gegenwärtige in seiner Andersartigkeit, Neuheit, Positivität plastisch hervortreten. Neue Schritte auf dem »Bitterfelder Weg«? Viel Mühe auch auf bitteren Feldwegen und nicht unnütz, aber ohne das erwünschte und vertraglich vereinbarte Ergebnis.

Er gedenke, am 13. November *»für etwa fünf Wochen nach Neuruppin zu fahren und mit Gewalt in die Fontanespuren einzubrechen«*[147], teilt Fühmann dem Aufbau-Verlag mit, um die nötige Zimmerbestellung zu veranlassen. Mit gewohntem Fleiß sammelt er Materialien verschiedenster Art: Notizen tagebuchartigen Charakters, in denen er Aktivitäten, Beobachtungen, Gespräche festhält; Neu-Ruppiner Bilderbogen; Exzerpte von lokalgeschichtlichem Interesse, zum Beispiel aus dem Ruppiner Anzeiger 1825 ff., aus dem Neuruppiner Kreiskalender von 1913 bis 1929, aus der Wustrauer Schulchronik von 1881 bis 1932; Wanderkarten und anderes mehr. Die Gesprächspartner scheinen sorgfältig so ausgewählt, daß ein vielfältiges Bild von Land und Leuten zu erfragen ist: Da erzählt ein gewisser Otto Rubel von seiner Tätigkeit als Bürgermeister und porträtiert sich dadurch selbst. Da werden die Stadträtin für Kultur, Dr. Schreiber vom Feuerlöschgerätewerk, die Witwe des Widerstandskämpfers Franz Maecker ins Gespräch gezogen, wird der Lehrlingsausbildung für die Forstwirtschaft nachgefragt, kommt ein Schülerkollektiv mit seinem Forschungsauftrag zu Wort, werden kritische Mitteilungen eines Denkmalpflegers aufgenommen und nicht zuletzt Äußerungen eines LPG-Vorsitzenden festgehalten. Fühmann zwingt sich zu geschichtlichen Studien, weil es ihm darum geht, seinen Gegenstand gründlich zu erfassen. Bei der Zwischenbilanz nach der Rückkehr macht sich allerdings gleich starkes Unbehagen bemerkbar. Ihm ist, als sei er nie fortgewesen. Dann: *»Blättere in meinen Aufzeichnungen herum und sehe entsetzt, daß ich zwischen Neuruppin und mich einen Schwall Papier geschoben habe. [...] Wieder Fontane gelesen und ebenfalls mit Entsetzen bemerkt, wie wenig tief ich eingedrungen bin, wie wenig ich weiß, wie viel noch [...] offensteht.«*[148] Und schließlich erinnert er sich an ein Wort aus den *Tag- und Nachtbüchern* von Theodor Haecker, die er bei der Arbeit an dem Geschwister-Scholl-Film für sich entdeckt hat: Wer etwas auslasse, schaffe rettungslosere Unordnung, als wer die Dinge nur durcheinanderbringe. Deutlich zeichnet sich ab, wie unzufrieden Fühmann mit dem Ertrag von reichlich vier Wochen intensiver Arbeit ist und wie zweifelhaft ihm schon jetzt die Aussicht auf ein befriedigendes Ergebnis wird.

Nach einer längeren Pause, während der er unter anderem bei der Eröffnung einer Barlach-Ausstellung in Prag spricht und an der Werkchronik eines Teltower Großbetriebs mitarbeitet, nimmt er einen neuen Anlauf. Vom 4. bis 18. Juni 1968 begibt er sich wieder auf die Spuren Fontanes, diesmal ins Rhinluch. In Wustrau eingemietet, bewegt er sich im Bereich der Orte Protzen, Walchow, Langen, Alt-Friesack, nordwärts bis Karwe am Ruppiner See und südwärts bis

Zietenhorst dicht am Alten Rhin. Wieder spürt er viel historisches Material auf, gewinnt Einblicke in Chroniken verschiedener Ortspfarrer, aber auch in den Alltag der Gegenwart, der nun mit seinem Wunschbild nicht mehr übereingeht. Gleich anfangs trifft Fühmann auf einen Taxifahrer mit ausgesprochener Sympathie für die SS: auf die LAH (= Leibstandarte Adolf Hitler) und die Wiking lasse er nichts kommen. In seiner Unterkunft erlebt er, wie eine Mutter ihr Kind hemmungslos und brutal bedroht (die Schreie, die er notiert, klingen dann im Hörspiel *Von dem Machandelboom* nach): »*Jetzt schlach ich dir aber dot!*« Und »*Ich schlach dich zum Krüppel!*«[149]

Mit Erschrecken wird eine Waldverwüstung registriert, die der Vorbereitung eines Naherholungszentrums dient. Bei einer LPG-Vorstandsberatung gewinnt der Autor den Eindruck, daß dort straffe Leitung und demokratische Diskussion glücklich verbunden sind. Andernorts hingegen streitet man, ob der Kollektivierungsfrühling 1960 in der Methode richtig war oder nicht. Und in Wustrau hört er, daß von den Genossenschaften des Kreises nur ein Viertel floriere, ein Achtel ganz schlecht sei und die übrigen sich gerade so durchschlagen. Am Samstag, dem 8. Juni, wird »das große Besäufnis der Dorfjugend von Alt-Friesack«[150] zu Protokoll genommen, am Sonntag darauf Kritisches über die öffentlichen Anlagen von Neuruppin vermerkt. Mit Sympathie wird vom Bürgermeister Kujot aus Langen berichtet oder von einer Hauptbuchhalterin, ledige Mutter eines Kindes, die ihren Status mit dem schönen Satz erklärt: »*Wenn ich maln* [sic!] *Glas Milch trinken will, kauf ich mir ja auch keine Kuh.*«[151] Aber die gewachsene Aufmerksamkeit für offensichtliche Mängel und die Bereitschaft, sie festzuhalten, fallen zumindest als deutlich neuer Zug bei Fühmann auf, sofern sie nicht gar als hauptsächliche Komponente der Aufzeichnungen aus dem Juni 1968 angesehen werden müssen.

Wird Fühmanns Sicht auf den DDR-Alltag beeinflußt von den Vorgängen in der Tschechoslowakei, wo gerade die ihm nahe literarische Intelligenz das wachsende Streben nach einem demokratischen Sozialismus fördert und trägt? Natürlich verfolgt er aufmerksam die dortige Entwicklung und kann die Mitteilungen und Kommentare dazu nicht befriedigend finden. Ernste politische Differenzen und Konflikte beginnen aufzubrechen; doch davon schlägt sich in den Manuskripten für das Projekt *Auf den Spuren Fontanes* vorerst kaum etwas nieder. Daß die Arbeit entgegen dem Vertrag mit dem Aufbau-Verlag abgebrochen wird, folgt aus den Einsichten, die Fühmann am Ende seines Entwurfs auf etwa drei Seiten in wechselnden Tonarten entwickelt; lachend, sarkastisch, zornig, selbstironisch weist er seinen Plan als völlig verfehlt ab: Er habe ein großes Thema gefunden, die *»Verbrecherkolonie Zietenhorst«* – *»für die Schreibtischschublade«*[152]; aber noch nach zehn Jahren weiteren Studiums werde er über dieses Land, das er als das seine entdecken wollte, kein Buch schreiben können. Am Ende versachlicht sich die Diktion: *»Ich bin von der Theorie eines Heimatfindens ausgegangen. Sie hat sich als eine Fiktion erwiesen [...]. Ich weiß jetzt mehr denn je, daß meine Heimat Böhmen ist [...]. Ich will dankbar sein, ehrlich dankbar. Die Reisen nach Preußens Schoß haben mir deutlich gemacht, was ich eigentlich bin: Ein österreichischer Schriftsteller in einem Land, dem dankbar zu sein ich genaue politisch-historische Gründe habe. Aber damit werde ich nun einmal nicht zu einem Eingesessenen. Hiermit möchte ich mich verabschieden.«*[153]

Daß das Land DDR, dem er sich dankbar verpflichtet fühlt, schon ein paar Wochen später, getreu der Breshnew-Doktrin, daran teilnimmt, die befürchtete Konterrevolution in der Tschechoslowakei zu schlagen, kann die innere Befindlichkeit des Böhmen Fühmann in Preußen allerdings nicht günstig gestalten. Seine Tochter verweigert in der Schule die Unterschrift unter eine verordnete Zustimmungserklärung zum Einmarsch der Truppen ins Nachbarland. Der zur Rede gestellte Vater bekennt sich zur Haltung seiner Tochter, er kann deren Relegation von der Schule nicht verhindern und bekommt selbst erheblichen Ärger mit seiner Partei. Viel später, im Trakl-Essay, wird er offen bekennen, daß ihn die *»Ereignisse des Sommers 1968«* an die *»Grenze des Zerbrechens«* (VF 180) brachten und er, wenn er sich nicht aufgeben wollte, die Kraft aufbringen mußte, *»mit dem wei-ßen Magier zu brechen, dem süßen Rauschgift zerbrannter Saaten, in dessen Bann«* (VF 181) er sich mehr und mehr be-geben hatte. Eine Entziehungskur in der Rostocker psy-chiatrischen Klinik läßt ihn vom Alkohol unabhängig wer-den und Möglichkeiten eines neuen Lebens gewinnen. Und das heißt natürlich nichts anderes als: neue schriftstelleri-sche Möglichkeiten.

Fortwährender Gerichtstag
eines besessenen Schreibers
1968–1976

Erst im Nachlaßband *Das Ohr des Dionysios* wird ein kleiner Text veröffentlicht, der schon im Frühjahr 1968 vorliegt und Aufmerksamkeit verdient, weil er Fühmann wieder einmal auf der Suche nach neuen Wegen zeigt. *Erzvater und Satan* heißt das kurze Prosastück, das gerade neun mäßig dicht bedruckte Seiten füllt, aber das spezifische Gewicht eines weiterführenden Experiments besitzt. Mit der Widmung »Für Erich Arendt« versehen, der am 15. April 1968 seinen 65. Geburtstag feierte, macht es sich bereits durch diese Adressierung an einen verehrten Kollegen eines besonderen Anspruchs verdächtig. Gewiß, Franz Fühmann hat längst und immer wieder auf Tradiertes, auf Märchen und Mythen schreibend Bezug genommen und dabei jüngst mit *König Ödipus* eine neue Stufe erklommen. Hier aber nimmt er nun zum ersten Male eine alte Mythe ohne jegliche Vermittlung als ausschließlichen Stoff und nicht, um sie annehmbar weiterzureichen, sondern um sie nach seinen eigenen Intentionen umzugestalten. Er begnügt sich nicht damit, möglichst getreu nachzuerzählen und das Überlieferte nur so weit zu ändern, als es nötig scheint, um es dem heutigen Leser nahezubringen. Er beschränkt sich auch nicht auf eine psychologische Modernisierung der handelnden Figuren, sondern greift entscheidend in die ganze Dramaturgie, in Motivationen und Motivik ein, so daß eine gründlich neue Lesart entsteht, jedoch ohne daß dabei die Legitimität des Rückbezugs verlorenginge. Was Fühmann ganz eigenen Sinnes erzählt, ist doch immer noch die alte, über Jahrhunderte hin vielfach gestaltete Geschichte von Abraham, der auf Geheiß Gottes sich anschickt, seinen einzigen Sohn Isaak zu opfern.

Erzvater Abraham wird in den beiden ersten Sätzen der Fühmannschen Geschichte gleich dreifach gekennzeichnet; zum einen als »*Gebieter über tausend Kamele, Knechte und Weiber*« (Ohr 7); zum anderen durch die Feststellung, daß er Gott gegenüber »*unbedingten Gehorsam gewohnt*« ist; und drittens dadurch, daß er seinem Sohn – den er, wie der Erzähler sagt, »*schlachten*« soll – »*eine Wanderung nach einem wunderbaren Berg*« verspricht, »*der auch jetzt schon, mitten im Winter, von Blütenschnee überquelle*« (Ohr 7). Die verlockende Zielangabe, die zunächst als simple Täuschung erscheint, wird als Leitmotiv genutzt, immer bedeutsamer gemacht und schließlich als entlarvende Metapher gedeutet: Die schönste Blüte dieser Welt sei der blinde Gehorsam, stellen Vater und Sohn am Zielort des Opfergangs übereinstimmend fest.

Der größte Teil der Erzählung schildert den Weg von Vater und Sohn durch die Wüste, wobei kräftige Einsprengsel die Landschaft und die Tageszeit einbeziehen. Nach Stunden begegnet ihnen Satan, um sie zur Umkehr zu verleiten. Doch Anfechtungen kommen schon vorher aus menschlichen Regungen heraus, die von beiden aber zurückgedrängt werden. Der Sohn, Schlimmes ahnend, spielt mit dem Gedanken, zu den Heiden in Morija zu fliehen; dann jedoch, den Auftrag des Vaters begreifend, spürt er Mitleid mit ihm und entwickelt eine immer festere Bereitschaft, gehorsam zu sein. Abraham, zwischendurch unsicher, gewinnt in der Reaktion auf den anfangs unerkannten Satan immer mehr an Entschlossenheit, dem Gebot des Allmächtigen strikt zu folgen. Er begegnet dem Verführer mit dem bezeichnenden Bekenntnis: »*[...] er ist der Herr und ich bin sein Knecht!*« (Ohr 10) und verstopft sich dann die Ohren. Als er erfährt, daß sich der Sohn über sein Schicksal im klaren ist, fordert er erschüttert zur Umkehr auf; freilich vergebens. Fühmann läßt den Satan daraufhin bei Abrahams Leuten Alarm schlagen, um die Opferung zu verhindern. Man rüstet zum eiligen Aufbruch; die Hausherrin Sara aber ordnet die völlige Demobilisierung an, denn was der Herr tue, das sei wohlgetan. Das ist zwar ihr letztes Wort, aber nicht ihre letzte Handlung. Der Erzähler, mit den Metamorphosen des Satans schon weit von der Überlieferung entfernt, erlaubt sich nun erst die kühnsten Abweichungen von der biblischen Fassung der Mythe. Während das Alte Testament den Widerruf und das Ende der Prüfung Abrahams durch einen Engel verkünden läßt, verschafft sich hier der Satan für Augenblicke den Stimmklang Gottes und ruft selber das erlösende »Halt ein!«. Der vermeintliche Sinneswandel Gottes – dieser schüttelt inzwischen »voll Wut betrogen die Fäuste« (Ohr 15) – gibt Abraham Anlaß zur allerletzten Deutung des Leitmotivs; erst jetzt begreife er es ganz: Gottes Gnade, »sie ist der Blütenschnee, von dem der Hügel auch im Winter überquillt und zum himmelragenden Berg« (Ohr 16) werde. Vater und Sohn kehren heim. Doch wo die Bibel mitzuteilen weiß, daß Sara, ganz unabhängig von diesem Geschehen, im Alter von 127 Jahren gestorben ist, dort provoziert und schockiert Fühmann mit einem tragischen Schluß, der das Unmenschliche des blinden Gehorsams mächtig herauskehrt: »Aber Sara [...] konnte sich nicht mehr freuen. Sie hatte sich nach der Beschwichtigung des hilfreichen Volkes [...] vor Gram ob des Tods ihres einzigen [...] Sohnes aus dem Leben genommen, und da sie solches Weggehen als heimlichen Ungehorsam vor dem Höchsten, ja als verdeckten Aufruhr und also als äußerst schändlich empfand, hatte sie es nach der Art getan, wie Sklaven dazu gezwungen und wie Opfer dargebracht werden: ein Messer aus Stein bis ans hölzerne Schaft in die Scham eingehauen und dann den Leib aufgeschlitzt bis zu jener Höhle, darin das unbotmäßige Herz hockt.« (Ohr 16 f.)

Was in der Bibel als bestens bestandene Prüfung durch Gott gedeutet, gefeiert und als Grund gezeigt wird, des Patriarchen gesamtes Geschlecht mit Gottes Segen und mit einer glücklichen Zukunft auszustatten, das denunziert Franz Fühmann insgesamt und besonders abschließend als eine böse Frucht der Botmäßigkeit. Er entläßt seinen Leser, den der Tod Saras erschüttern soll, mit starker Sympathie für das »*unbotmäßige Herz*« (Ohr 17). Das Lob des Ungehorsams, das sich ein Jahrzehnt zuvor in dem so betitelten Gedicht (vgl. RM 142) recht heiter aussprach (es benutzte die Mär vom Wolf und den sieben Geißlein), erscheint hier aufs neue, aber gründlich verwandelt: als die tragisch gesteigerte Kritik des blinden Gehorsams. Der Griff in das erste Buch Mose ermöglicht, daß der Autor keinerlei autobiographisches Material heranzuziehen braucht und dennoch eigene Lebenserfahrung wahrnehmbar artikulieren kann. Das Stichwort Schlachtbank, durch das Verb »schlachten« in der Luther-Bibel[154] durchaus gedeckt, assoziiert mörderisches Kriegsgeschehen, wie Fühmann es als moralisch tief verwundeter Kriegsteilnehmer immer wieder entschieden verurteilt hat. Und die Kritik des blinden Gehorsams, eines die Würde des Menschen zerstörenden Prinzips, erwächst ebenfalls aus persönlichen Erfahrungen, wie er sie im Kalksburger Konvikt der Jesuiten, als Mitglied von NS-Organisationen und als Soldat gesammelt hat. Ausnahmsweise nicht an den eigenen Lebensstoff gebunden, sieht er sich in einem neuartig freien Umgang mit vorgefundenem und vorgeformtem Material in der schönen Lage, seine geübte Phantasie spielen zu lassen und mit kühnen Abwandlungen aufzuwerten. Der Christengott wird vom Autor, der gerade den Homer nacherzählt hat, in die Nachbarschaft der griechischen Götter gerückt: Der Allmächtige ist eben doch nicht so ganz allmächtig; sein Widersacher vermag ihn bei Gelegenheit zu überlisten, und an den dadurch geschaffenen Tatsachen kann dann auch der Himmelsherr nichts ändern, dem nur noch bleibt, nach Menschenart Wut zu äußern.

Besonderen Genuß muß es dem Dichter bereiten, der als Kind entsetzliche Ängste vor Hölle und Teufel ausgestanden hat, nun souverän mit der Gestalt des Satans spielen zu können. An diesem Spiel ist wohl die (schon als Schulkind gewonnene) intime Vertrautheit mit Goethes Faust und Mephisto beteiligt. Der Herr der Hölle darf sich als ein glänzender Verführer bewähren und dazu seine Verwandlungskünste in reichem Maße einsetzen. Doch der Erzähler macht aus dem Teufel nicht etwa einen Wohltäter, sondern läßt ihn einen nicht geheuren Dämon bleiben. Er erzählt nur eine Begebenheit, die dem Satan die Chance bietet, seinem sonst überlegenen Gegner eins auszuwischen, zwar zugunsten eines Menschenlebens, aber ohne Interesse daran, daß ein anderes schließlich dabei zum tragischen Ende getrieben wird.

Für den Autor gilt die Erzählung von Abraham und Isaak zunächst als das erste Stück eines neuen Zyklus, dem er den aufschlußreichen Gesamttitel zudenkt »*Von der Manipulierbarkeit des Menschen zur Unmenschlichkeit gegen sich selbst und seinesgleichen*«[155]. Daß die Fragment gebliebene Geschichte vom Hethiter Uria[156], deren Stoff Fühmann im 11. Kapitel des 2. Buchs Samuelis gefunden hat, ein weiterer Bestandteil des Zyklus sein sollte, läßt sich gegenwärtig nur begründet vermuten. Denn was König David dem Uria antut, das will unser Erzähler als Willkür verurteilen, die der davon Betroffene nur deshalb geschehen läßt, weil er sich gegen den Verdacht schützen muß, nicht als Volksgenosse zu fühlen. Auch er findet sich also an einen Gehorsam gebunden, der ihm zum Schaden gereicht. Wegen Davids Ehebruch mit Urias Frau Bathseba hätte diese Geschichte die erste ausgesprochen erotische Erzählung Fühmanns werden müssen, und das könnte zumindest einer der Gründe für ihr Scheitern sein. Doch warum läßt der Autor auch die bereits fertige Geschichte vom Patriarchen Abraham und dem Satan unveröffentlicht liegen? Diese Frage erledigt sich, wenn man verfolgt, wie Fühmann dem Problem der Manipulierbarkeit des Menschen weiter gestalterisch nachgeht: Er wählt wieder modernen Stoff, um in größere psychische Tiefen eindringen zu können, und er konzentriert sich ganz auf die erzählerische Erforschung des frühen Kindesalters, um an die Ursprünge der verhängnisvollen Entwicklungen heranzukommen. So greift er doch wieder auf die eigene Kindheit zurück und setzt zu neuer Selbsterforschung an. Als der Zyklus 1970 erscheint, enthält er vier Erzählungen, die alle eminent autobiographischen Charakters sind. Biblische Geschichten hätten sich da weder stofflich noch methodisch-technisch und stilistisch eingefügt.

In dem nunmehr *Der Jongleur im Kino oder Die Insel der Träume* betitelten Buch bemüht sich Fühmann allerdings von vornherein und mit allen möglichen Mitteln, dem Eindruck entgegenzuwirken, er erzähle nur Selbsterlebtes. Schon der Untertitel fordert nachdrücklich auf, im Besonderen das Allgemeine zu entdecken; er lautet allen Ernstes wie die Überschrift einer Sammlung wissenschaftlicher Aufsätze: »Studien zur bürgerlichen Gesellschaft«. Im Zyklus *Das Judenauto* begnügte sich der Verfasser damit, den Namen des Heimatorts umzumodeln, und gestattete es dem Leser im übrigen, alles für authentische Auskünfte Fühmanns über sich selbst zu nehmen. Hier nun steht die apodiktische Erklärung voran: *»Die Geschichten sind sämtlich erfunden. Ihre Personen haben keine Vorbilder im Leben.«*[157] Um diese Sätze halbwegs zu verifizieren, gibt er seinem Ich-Erzähler zunächst den Familiennamen Hübner, sich selber den Namen Josef (der Kaplan in *Indianergesang* redet ihn als Pepperl und Peppi an) und auch der Mutter sowie weiteren Verwandten fremde Vornamen. Der Wohnort des Ich-Erzählers bleibt ungenannt. Der Vater ist in der Geschichte *Die Austreibung der Großmutter* von Beruf Notar, während er in der Titelgeschichte als Arzt mit eigener Praxis fungiert. Also sucht der Autor auch den Ich-Erzähler gleichsam zu verdoppeln und dadurch von der eigenen Person wegzurücken. Zum einen hat all das eine von Schriftstellern häufig genutzte Schutzfunktion. (Nicht zuletzt fürchtet Fühmann, daß seine Mutter sich durch das Buch öffentlich bloßgestellt finden könnte.) Zum anderen arbeitet er ja ganz bewußt darauf hin, daß sich seine Geschichten nicht als tatsächliche, einmalige und womöglich ausnahmsweise stattgefundene Begebenheiten, sondern als exemplarische Studien darbieten, die Überpersönliches, in verschiedensten Varianten immer wieder Geschehendes, gleichsam Gesetzmäßiges sichtbar machen.

Nicht von ungefähr liefert Fühmann in seinem Begleit-

255

schreiben zur zuletzt abgeschlossenen Erzählung, *Die Austreibung der Großmutter*, seinem Lektor einen entsprechenden Kommentar mit. Nun werde der Bogen, auf den es ihm ankomme, erst richtig deutlich: »*Großmutter: Der Held will naiv kämpfen und wird besiegt; Jongleur: Der Held könnte naiv kämpfen und will besiegt werden; Flug: Der Held überwindet die Naivität und siegt mit den Waffen der andern.*«[158] Nachdem Kurt Batt die Lektüre abgeschlossen und außerdem noch die später entstandene Erzählung *Die Gewitterblume* gelesen hat, reagiert er mit Äußerungen, die Fühmann ungewöhnlich große Freude und Genugtuung bringen: Aufs Ganze gesehen, sei das wichtigste an diesen neuen Erzählungen, »daß in einem Reservat des elementar Poetischen, der Kindheit nämlich, dessen höchst vertrackte Zerstörung dingfest gemacht wird«. Man habe, so fährt er fort, in der Literatur bislang »die Kindheit pseudopoetisch gepriesen« oder »psychoanalytisch als Gruselstunde reproduziert«, wobei er auf nicht unbedeutende Namen verweist, um dann als spezifische Leistung hervorzuheben: »Kindheit wird bei Ihnen zum Ort, wo Prosa und Poesie aufeinanderstoßen, und zwar tragisch.«[159] Solche Verallgemeinerungen werden nicht jedem Leser ohne weiteres einleuchtend sein. Daß sie eine den Intentionen des Autors sehr gemäße Lesart nahelegen, läßt sich jedoch nicht bestreiten.

Die Austreibung der Großmutter, beinahe ebensolang wie die drei anderen Erzählungen zusammengenommen, exponiert sehr genau die kleine Welt des erinnerten Zehnjährigen: das Elternhaus, das soziale Milieu, die krisenhafte familiäre Atmosphäre sowie die Anlagen und Gewohnheiten des kindlichen Helden, der vorzugsweise allein spielt, tagträumerisch versunken, sehr sensitiv und mit ausgeprägtem Beobachtungsvermögen ausgestattet. Diese letzte Eigenschaft braucht der Ich-Erzähler zur Motivation der Genauigkeit, ja Umständlichkeit, mit der er selbst die Vorgeschichte und die Austreibung der Großmutter schildert.

Zunächst werden die drei Jahre überschaut, in deren Verlauf die Mutter des Kindesvaters mehr und mehr zur geduldeten, überflüssigen, lästigen, in die Isolierung gedrängten, von der Schwiegertochter insgeheim gehaßten Dachstubenbewohnerin wird. Im Hauptteil der Erzählung wird das traumverloren Krieg spielende Kind zum Zeugen des ausbrechenden Familienkriegs. Seine Mutter ringt ihrem Mann die Zustimmung dazu ab, die Schwiegermutter von heute auf morgen zur Rückkehr an ihren früheren Wohnort zu bewegen. Den Anlaß dazu findet sie, als das Kind die vorbeigehende Alte für sein Spiel interessieren will, dabei aber aus Furcht, die Großmutter könne mit ihrem Stock etwas zerstören, einen leisen Schrei ausstößt. Sich als Hüterin ihres Kindes aufspielend, entfesselt die Jüngere nun einen Kampf mit der Alten, den das Kind voller rasch wechselnder gegensätzlicher Gefühle verfolgt. Mit deren eindringlicher und ausgiebiger Schilderung hält der Autor seinen Leser zu sorgsam wägendem Werten an. Fühmann läßt die beiden Frauen einerseits als *»lächerlich keifende Weiber«* (E 434) erscheinen, andererseits legt er den Vergleich mit einem Streit von Königinnen nahe (der kundige Leser spürt die Anspielung auf die Szene zwischen Kriemhild und Brünhild vor dem Dom zu Worms). Der Vater wird einbezogen, das Geschrei verliert sich im Haus, das Kind fällt in sein stilles Kriegsspiel zurück, sieht dann aber den Vater ohne Hut und Mantel davonlaufen und erfährt nun das Geschrei der Mutter als etwas Grundhäßliches, Mörderisches, Unerträgliches. Indem Fühmann seinen Helden erleben läßt, wie die schon ausgetriebene alte Frau verängstigt zurückgeschlichen kommt, auf die Benutzung der Toilette dringend angewiesen, und ihn um Schutz vor der Entdeckung durch seine Mutter bittet, schafft er die letzten Motive für die Erschütterung, die schon im ersten Satz der Geschichte angekündigt wird: *»[...] da zerriß ein namenloser Jammer mein Herz. Es war die nahe Ahnung, von welch unerhörter Gemeinheit und Qual und Bedrängnis die Welt, in die ich hineinwuchs, erfüllt sein mußte«* (E 443); der Autor läßt ihn *»in hilfloser Ohnmacht«* spüren, *»wie alles in diesem Haus von Schrecken und Niedertracht strotzte und randvoll erfüllt war*

*von Haß und Neid und Angst und spukhaften Dunkelhei-
ten*« (E 444). Beinahe von Verzweiflung überwältigt, fühlt er
aber plötzlich die Kraft und Lust, der Gemeinheit zu widerstehen; er will jetzt »*sehen und kämpfen und siegen*« (E 446),
und das vermittelt ein Glücksgefühl, das die Mutter auf ihre
Weise interpretiert: Er sei nun wohl glücklich, fragt sie, und
denkt an die endliche Austreibung der Großmutter. Und
das Kind »*nickte lächelnd ein Ja und strahlte, und sie schaute
lächelnd zurück und strahlte auch*« (ebd.). Die lange und
komplizierte, hier geradezu sträflich vereinfachte Geschichte
schließt also mit einer ähnlichen Pointe wie die Titelerzählung des *Judenautos*: mit der selbstbetrügerischen Anpassung an das Vorgegebene.

In *Indianergesang* variiert und ergänzt der Erzähler den
sublimen Vorgang auf eine drastische Weise. Mit Schule
und Kirche bringt er weitere prägende Umweltfaktoren ins
Spiel. Die Vorbereitungen des Missionsfests trennen Jungen, Mädchen und Kleinste in »Indianer«, »Chinesen« und
»Neger«. Beim Einüben eines einschlägigen Gesangs macht
der kindliche Held, zunächst unbewußt, einen minimalen
Fehler, der vom gestrengen Herrn Kaplan moniert, von
dem Kritisierten aber nicht korrigiert und dann sogar verteidigt wird, »*der Eifer besseren Wissens*« beseelt ihn »*wie
einen Heiligen*« (D 402), und deshalb hält er sein TSCHAL-
LAWEI für schöner als das SCHALAWEI in dem vom Erz-
bischof bestätigten Gesangbuch. Der Kaplan züchtigt ihn
daraufhin. Als die Mädchen und die Kleinsten dazwischen-
kommen, macht er sich zu neuem Widerstand stark: Er begreift sich ganz als »*ein Indianer [...] am Marterpfahl*« und
will »*die große Prüfung vor aller Welt in Ehren bestehen*«
(E 404), doch mißlingt ihm das unter neuer Folter. Die
nachfolgende mitleidig-empörte Äußerung eines Mädchens,
der Kaplan sei ein gemeiner Kerl, muß der junge Held aber
entschieden zurückweisen, um seine Überlegenheit über
diese »Chinesin«, deren kleiner Bruder gar nur ein »Neger«
ist, würdig zum Ausdruck zu bringen. Der Kaplan habe ganz
recht, und er müsse so streng sein, erklärt er mit Effekt: Sie

schaut ihn mit großen Augen an, und er kann, den Kopf stolz erhoben, »*über die stumme Prärie in den Himmel*« schauen, »*der seinen Glanz spannte über uns Indianer und auch noch über die anderen Völker der Welt*« (E 407). Gegen das ursprüngliche spontane Gefühl werden Macht und Gewalt anerkannt, wenn sich daraus letztlich Gewinn für ein höheres Selbstbewußtsein ziehen läßt. Die psychologische Studie hat ihren politischen Sinn. Im Gespräch mit Peter Gugisch äußert Fühmann Freude darüber, daß sein Interviewer *Indianergesang* als »Studie zum Nationalismus«[160] empfindet.

Die Titelerzählung zeigt den Helden im vielschichtigen Konflikt zwischen Gehorsam und Ungehorsam, angestammter Realität und gegenläufiger Utopie, Vaterhaus und Insel der Träume, unbestimmter Sehnsucht nach einem ganz anderen Leben und Anpassung ans Gegebene. Dabei, und das versteht sich nun schon von selbst, führt Fühmann keine einfache Wendung vom einen zum anderen oder ein zweimaliges Hin und Her vor, sondern der Ich-Erzähler rekonstruiert mit größter Akribie einen wechselvollen Vorgang, der sich nur andeutungsweise umreißen läßt. Die Handlung setzt zur Mittagszeit ein. Statt der gewohnten hungrigen Bettler kommt ein Bittsteller besonderer Art. Der Junge, allein zu Haus, läßt ihn verbotenerweise ein. Aufkommende Todesangst schlägt in Bewunderung um, als der Fremde scheinbar meisterhaft mit vier Bällen jongliert. Vom Hausherrn will er die Gunst erflehen, abends im neuen Kino vor der ersten Filmvorführung auftreten und sich dadurch etwas Geld für seine weitere Karriere verschaffen zu dürfen. Der gutgelaunt heimkehrende Vater erläßt dem Jungen die eigentlich fällige Strafe und beglückt ihn durch die Entscheidung, sie wollten dem Mann eine Chance geben. Als dieser dann am Abend kläglich versagt, erntet er den Spott des Publikums und das Mitgefühl des Kindes, das für Augenblicke am liebsten mit dem von dannen Ziehenden mitginge, sich dann aber dankbar des Privilegs erfreut, als einziges aller Kinder des Ortes den ersten Akt des Films zu genießen, der ihn scheinhaft »*über ein noch nie geschautes Südmeer hin zu einem Strand aus Blütenkränzen und Korallen*« (E 394) trägt. Wenn in einer Rezension zu lesen ist, daß »Fühmann fast proustisch sensibel kindliche Irritationen und Erfahrungsschocks fixiert«[161], dann gilt das nicht zuletzt für diese Geschichte. Die Präzision und Überzeugungskraft, mit der Fühmann beschreibt, wie sein Held aus einer Verfassung in die andere gerät, wie verschiedene Eigenschaften und Handlungsantriebe in raschem Wechsel Dominanz gewinnen, wie unterschiedlichste Empfindungen einander ablösen, durchdringen oder ineinander umschlagen, ist von anderen DDR-Schriftstellern kaum übertroffen worden.

Den Höhepunkt des Zyklus bildet allerdings, mit ihren Überhöhungen und ihrer thematischen Reichweite, die kunstvolle Erzählung *Mein letzter Flug*. Das Titelmotiv wird bereits im ersten Satz erhellend angeboten. Mit schöner Selbstverständlichkeit, sogleich ein ganzes Reich kindlicher Phantasie aufschließend, lautet er: »*Als ich ein Kind war, konnte ich fliegen.*« (E 449) Diese imaginierte Fähigkeit, mit der sich das erzählte Ich allen Erwachsenen überlegen fühlt, sogar denen im vielbewunderten Deutschen Reich, sichert ihm zugleich das Vermögen, ganze Welten zwischen dem ewigen Eis und dem gelobten Land Abrahams im Nu zu schauen. Nur das REICH (rund zwei dutzendmal eingesetztes Leitmotiv) ist vorerst ein weißer Fleck geblieben, obzwar es dicht nebenan liegt, weil es ihm nach all dem Gehörten »*in seiner Herrlichkeit einfach unvorstellbar sein*« (E 450) muß. Als nun von dort ein ihm bisher unbekannter Onkel mit seiner Frau zu Besuch kommt, beginnt es endlich sichtbar zu werden. Sein erster Blick auf den Onkel nimmt ihn aber sofort gegen diesen ein, während ihn die Tante fasziniert; für sie, für den Führer, für das Reich auf der Stelle zu sterben, ist er bedingungslos bereit. Da er sich vom Abgott der Deutschen bislang kein Bild machen wollte, kann er in dem Hitlerbild, das ihm die Tante freudig als Geschenk hinstellt, in blinder, unbewußter Eifersucht ein Foto des Nazi-Onkels Eduard sehen, so daß er es augenblick-

lich vom Tisch fegt. Die Folge ist eine Szene voller Turbu-
lenz und rasanter Verwandlungen, übrigens im Kontrast zu
vielen Dehnungen äußerst gerafft erzählt. Als das Kind
sein »*ungeheuerliches Verbrechen*« (E 456) begreift, weiß es
nur eine Rettung: Es verrät sein Geheimnis, fliegen zu können, verkündet laut, nun ins REICH zu fliegen. Der Junge
schwingt sich im Treppenhaus in die Luft, wie schon oft,
nur nimmt er diesmal die stützende Hand vom Geländer,
und so endet der gedachte Flug, den Fühmann durch eine
visionäre abschreckende Begegnung mit dem als Unmenschen erlebten Hitler dehnt, in einem jähen Sturz. Nachts
mit dumpfen Schmerzen erwachend, sieht er die besorgte
Mutter an seinem Bett knien und vernimmt ihren Dank
dafür, daß der Sohn sie endgültig von der Versuchung be-
freit habe, dem Antichrist und Urbösen zu folgen. Das dadurch gewonnene Gefühl seiner Macht über die Erwachsenen treibt ihn unversehens zu ihrem Gebrauch; er hebt das
Führerbild »*wie eine Monstranz*« (E 460) und suggeriert der
entrückten Mutter das genaue Gegenteil des von ihr Einbe-
kannten. Fühmanns schocktherapeutische Darstellung dieser
schrecklichen Perversion gipfelt in dem Schlußsatz, bei dem
der Sohn seiner Mutter, »*fest ins Auge*« schaut: »*Ja, du hast
recht […], man muß alle vernichten, die unseren herrlichen
Führer nicht lieben wollen!*« (E 460)

Damit rundet sich der Zyklus. Die Schlußkonstellation
der ersten Geschichte erscheint am Ende der letzten in ver-
blüffender Verkehrung. Dort hatte sich der Sohn der Mutter angepaßt oder untergeordnet. Hier hingegen wird sie
zum Objekt seiner, des Manipulierten, eigener Manipula-
tion. Dabei spezifiziert sich Fühmanns Analyse bürgerli-
cher Sozialisation in für ihn bezeichnender Weise zur scharfen, warnenden Faschismuskritik. Als ein unverzichtbares
Grundanliegen setzt sie sich grell durch, obwohl der Autor
hier vorsätzlich vermeiden wollte, sich unter das Gebot politischer Belehrung zu stellen. In einem ungemein langen
Brief an Kurt Batt betont er: »*Es sind dies die ersten meiner
Geschichten (von Prosa vor 45 abgesehen), die ausschließ-*

lich mit dem Blick auf literarische Schlüssigkeit und nicht auf politische Didaktik geschrieben sind.«[162] Das Neue seiner jüngsten Erzählungen will er überhaupt darin sehen, daß sie nicht mehr nach einem vorab fixierten Plan gearbeitet sind, sondern ihren Verlauf und Ausgang mehr und mehr erst im Schreibprozeß finden. Tatsächlich bahnt sich bei Gelegenheit der meisten dieser Texte eine derartige Veränderung seiner Schaffensweise an. Im großen Stil wird sie sich dann bei der Herstellung des fiktiven Diariums *Zweiundzwanzig Tage oder Die Hälfte des Lebens* durchsetzen.

Wenngleich die Vorbereitung dieses Tagebuchs unbewußt längst im Gange ist, vor allem durch die wiederholten Ungarnreisen und die damit verbundenen ideellen Vorgänge, so liegen doch vor der eigentlichen Arbeit daran noch ganz andere, recht verschiedenartige Werke und Versuche. Stofflich, erlebnismäßig und methodisch schließt sich dem Jongleur-Zyklus am engsten die ebenso kurze wie dichte Geschichte *Die Gewitterblume* an. Am 27. Januar 1971 abgeschlossen, kann sie bereits im Sommer erscheinen.[163]

Sie ist ebenfalls in Fühmanns Heimatlandschaft angesiedelt und wird von einem beteiligten Ich-Erzähler dargeboten, der eine Begebenheit aus etwas späteren Kinderjahren minutiös rekonstruiert. Geschildert wird, wie »*eine große und schwierige Liebe*« (E 464) zwischen der Seilermeisterstocher Mariechen Wiesterschyl und dem frühen Ich des Erzählers »*durch eine schreckliche Prüfung*« (ebd.) geht und ein katastrophales Ende findet. Eine erste erotische Fühmann-Erzählung mit modernem Stoff also? Ja, nach dem heutigen Publikationsstand sogar die einzige abgeschlossene Liebesgeschichte aus dem autobiographischen Fundus. Nur daß die Partner, mit deren Hilfe hier eine Geschlechterbeziehung modellhaft durchgespielt wird, noch eine Art »*vorpubertäre Sexualität*«[164] demonstrieren. Die Liebespraxis der Kinder beschränkt sich darauf, sich mit Wasser vollzupumpen, in eine Decke zu wickeln »*und stundenlang stumm und dicht aneinander und den gleichen Himmel vor Augen mit qualvoller Verzückung*« (E 464) zu fühlen, wie das

Wasser den Bauch spannt, bis beide sich, jedes in seinem Gebüsch, entleeren müssen, gleichzeitig, um das Spiel gemeinsam von neuem zu beginnen. Eines Tages nun springt Mariechen eher aus der Decke und beschimpft den Partner zornig als elenden Betrüger; er hat ihrer Meinung nach zuwenig Wasser getrunken. Der Beschuldigte ist reinen Gewissens, doch wird ihm trotzdem »*das schrecklichste Schmähwort der Welt ins Gesicht*« (E 465) geschleudert, und so kommt es zum erbitterten, unversöhnlichen Kampf zwischen beiden. Fühmann schildert ihn mit Hilfe seines nunmehr hochkultivierten (schon im *Jongleur*-Zyklus stellenweise manieriert wirkenden) Sekundenstils bis zum bitteren und paradoxen Ende: Der Junge, besiegt, sieht das Mädchen davongehen, fühlt eine größere Liebe zu ihr als je zuvor, ergreift einen Stein, zielt sorgsam, wirft und sieht sein Geschoß »*langsam und schwer genau ins Gold ihres Scheitels flattern und wußte, daß er sie nicht treffen konnte, nicht treffen, nicht treffen, nicht treff*« (E 472).

Wenn diese seltsame Kindergeschichte eine in ihrer Art durchaus große Geschichte von Liebe und Tod aus der Feder Fühmanns werden konnte, ist das dem bisher ausgeklammerten Umstand zu danken, daß hier mit Natur und Zauber, mit der Gewitterblume und dem Glauben an magische Möglichkeiten gearbeitet wird. Mit anderen Worten: Franz Fühmann befindet sich so recht eigentlich in seinem ursprünglichen Element. Er kann sich in das rätselhafte Spiel irrationaler Triebe und naturhafter Mächte vertiefen, und zwar nicht auf dem Umweg über mühsame Erfindung, sondern gerade durch befreiend steigernde Reproduktion von früh Erlebtem und Geglaubtem. Auf den Spuren Fontanes die Gewitterblume findend, notierte er am 16. 6. 1968: »*[...] wir glaubten, daß ein Gewitter ausbreche, wenn man sie pflücke, und da einmal tatsächlich ein Gewitter ausbrach, kurz nachdem ich eins dieser Blümlein mit mystischer Scheu ausgerissen, habe ich lange Zeit nicht gewagt, dieses Blau auch nur zu berühren. Nun pflück ich eins ab, ich will es beschreiben, da grollts schon vom Himmel: Grau hat sich im*

Nu zusammengezogen, die Sonne erstickt, ein böser Wind-
stoß peitscht die nahen Eichen und aus dem Gewölk dröhnt
eine strafende Stimme. Als ich zuhause ankomme, zischen
die ersten Blitze nieder.«[165]

Als Kurt Batt meint, in *Gewitterblume* werde, anders als
im *Jongleur,* »die Szenerie einer handfesten Wirklichkeit
entrückt« und bekomme »ein mythenhaft-märchenhaftes
Gepräge, das rational offenbar nur mit Hilfe der Tiefenpsychologie dingfest zu machen wäre (Fragen des Tabus
usw.)«[166], widerspricht ihm der Autor mit großem Nachdruck und Aufwand; die Geschichte komme »*aus Selbst-
erlebtem, und zwar insgesamt wohl am meisten von allen
meinen Geschichten*«. Er könne ihm in Rochlitz »*alles zeigen:
den schräg ansteigenden Garten, den Stein vorm Kirchen-
wäldchen, den Kuhkopf mit der kahlen Stelle (er heißt bloß
anders), den Brunnen und natürlich auch die Gewitterblume,
veronica hederifolia, efeublättriger Ehrenpreis, der einzige
Einblütler unter den Ehrenpreisen, Liebhaber von steinigem
und feuchtem Gelände, der Stengel von der Last der Tabus
zu Boden gedrückt, und es wäre wohl für uns Kinder damals
ein anheimelnderes Abenteuer gewesen, nachts allein bei einer
Leiche in der Totenkammer zu wachen, als die Gewitterblume anzurühren.*«[167] Anschließend beschreibt der Mann
aus dem Riesengebirge, wie dort ein Gewitter kommt, wie
lange es wirken und was es bewirken kann (ähnlich schon
in den *Reisebildern* vom Juli 1966). Dem wiederum folgt
eine ausführliche Schilderung infantiler »*Freude an sichtba-
ren und mitteilbaren Leistungen des eigenen Körpers*«[168],
wie sie bei Kindern zu beobachten sei, aber auch unter Männern beim Kommiß oder im formalisierten Sport.

Dann endlich kommt Fühmann auf den wesentlichen
Vorgang seiner Geschichte zu sprechen. Der Junge versucht
sich durch Drohungen mit der Gewitterblume zum Sieger
über das Mädchen zu machen, dabei selber von Todesangst
erfüllt. Mariechen aber behauptet völlig unangefochten, »*sie
habe einen Zauber, daß ihr der Blitz nichts antun könne*«,
nur ihm, und streckt dabei auch »*die Hand nach einer Ge-*

witterblume aus«. (E 470) Ihr Gegner schreit »*Lüge!*« (E 471) und wird doch vom Zweifel gestreift, aus dem dann seine Niederlage folgt. Der »*Magierwettkampf*«, den Fühmann vorführt, ist nach seiner eigenen Deutung die zur letzten Konsequenz getriebene, überhöhte »*Weiterführung kindlicher Kämpfe*«[169], bei denen für gewöhnlich solche Waffen wie Drohungen mit dem großen Bruder oder dem lieben Gott eingesetzt würden. Mariechen aber entdecke eben das wirkungsvollste, weil nicht kontrollierbare Mittel: »*die imaginäre Kraft eines Zaubers*«[170]. Eine Geschichte auf dieses Ziel hin zu erzählen setzt freilich beim Erzähler voraus, daß der Zauber auch auf ihn selbst wirkt. Diese Erzählung verrät, wie stark Fühmanns Hang zum Magischen ist, wie sehr es ihm als geheimnisvolle Kraft gesteigerten Lebens gilt, wie tief es an seinem Erleben teilhat, wie untrennbar für ihn Poesie und Magie verbunden sind. Weitere Zeugnisse dafür wird er nicht schuldig bleiben. Schon bald schreibt er, von Sarah Kirschs Gedichtband *Zaubersprüche* (1973) restlos eingenommen, in seinem *Vademecum für Leser von Zaubersprüchen* (1975) mit einer nur scheinhaft ironischen Begeisterung einladend: »*Eine Warnung: Wir betreten Zaubergelände. Der Wanderer wappne sich gegen Magie!*« (EGA 148) Und muß denn vollends sein Trakl-Essay *Vor Feuerschlünden* nicht etwa als eine leidenschaftliche Verteidigung der Poesie = Magie gelesen werden?

Doch halten wir uns, so schwer es auch fallen wird, im Rahmen des Möglichen an die Chronologie. Dabei besteht freilich die Schwierigkeit, und zwar gerade in den Jahren zwischen 1968 und 1976, daß sich die Entstehungsgeschichten der verschiedenen Texte nicht in klarer Scheidung aneinanderreihen, sondern sich verzahnen und überlagern, bedrängen oder gar einander verdrängen. Die Arbeit an dem Zyklus *Der Jongleur im Kino* ist noch keineswegs abgeschlossen, da befaßt sich der Autor bereits mit völlig anders gearteten, dabei aber auch untereinander nur bedingt harmonierenden Plänen und Projekten. Der Kinderbuchverlag will alte Sagen der Weltliteratur neu erzählen lassen. Franz

265

Fühmann, der sich auf diesem Felde bereits bewährt hat, fühlt sich von mehreren Möglichkeiten angezogen. Neben der Prometheussage, für die er sich lebhaft interessiert, reizt ihn auch die biblische Geschichte von David und Goliath; Gelegenheit zu einer für ihn neuartigen »Beschreibung eines Kampfes«. Mächtiger zieht ihn dann aber doch die großartige Gestalt der Libussa an; wer unter den Schriftstellern der DDR sollte sich auch mehr herausgefordert fühlen, die alte, schon von Brentano, Musäus und Grillparzer aufgenommene Stammessage der Tschechen den Kindern von heute angemessen nahezubringen?

Wie immer treibt er gründliche Vorstudien, und schon am 10. Januar 1969 liegt ein entsprechendes Exposé vor. Nach schneller Begutachtung kann der Vertrag im April 1969 abgeschlossen werden; als Termin für die Manuskriptabgabe sieht er den 30. Oktober 1970 vor. Wenn schon ein Hugo von Hofmannsthal die Libussa Grillparzers als eine der großen politischen Figuren versteht, an der jener die Themen Herrschen, Beherrschtwerden und Gerechtigkeit abwandelte[171], dann kann Fühmann erst recht in der böhmischen Sagengestalt Möglichkeiten entdecken, am überlieferten Stoff aktuelle gesellschaftliche Fragen in einer zugleich exemplarischen wie zugänglichen Weise zu entwickeln. Er sieht Libussa als eine Verfechterin alter Volksrechte, als Verfechterin des Matriarchats, klug und mutig, wenn auch vorerst vergeblich wirksam für das Gemeinwohl und die Freiheit der kleinen Leute. Bald jedoch verdrängt Prometheus die Böhmin; für längere Zeit zurückgestellt, wird sie dann im Herbst und Winter 1973/74 bevorzugt behandelt. Anfang September bricht Fühmann eigens ihretwegen zu einer mehrwöchigen Reise nach Prag, Tábor und in den Böhmerwald auf, wo er sich Libussas Landschaft vor Augen bringen kann und an Ort und Stelle weiterschreibt. Doch als er im Sommer 1974 in den Bann des Bergbaus gerät und vordem schon in den E.T.A. Hoffmanns, folgen daraus neue Plankorrekturen. Hatte er im Dezember 1973 Regina Hänsel, seiner Lektorin im Kinderbuchverlag, noch geschrieben, er freue sich auf Libussa, beginnt er seinen Brief an den Hinstorff-Cheflektor ein halbes Jahr später lakonisch und entschieden so: »*Lieber Herr Dr. Batt, mit der L. habe ich jetzt Schluß gemacht. Lehrgeld.*«[172] Eine Aktennotiz im Lektorat des Kinderbuchverlags vom 10. November 1976 hält zwar noch eine Äußerung fest, wonach er die »Libussa« Anfang 1977 fertigschreiben wolle. Aber dazu kommt es nicht mehr. Vielleicht fehlte es dem Autor nur am kühlen Mut, Frau Hänsel den endgültigen Abbruch des von ihr lebhaft empfohlenen und gewünschten Unternehmens mitzuteilen.

Die Geschichte des Prometheus-Vorhabens verlief auf andere Weise sehr unplanmäßig. Ursprünglich war an eine Darstellung von etwa dreißig Seiten gedacht worden. Fühmann, der sich kurz vorher die griechische Mythologie als großen, komplexen Fundus erneut und deutend-belebend wie noch nie zuvor herangeholt hatte, kommt sehr bald zu der Überzeugung, daß er die Geschichte seines Helden aus den tiefsten Tiefen, aus der Vor- und Frühgeschichte der griechischen Götter herleiten muß, und so entsteht der Plan eines Romans, der dann auch recht zügig – eben auf Kosten der »Libussa« – ausgeführt wird, dabei aber weiter wächst. Als Ende 1974 das Kinderbuch *Prometheus* mit kraftvollen Illustrationen von Nuria Quevedo erscheint, ist das im Verständnis des Autors nur der erste von mehreren Bänden. In einem sieben Seiten langen undatierten Brief an den Verlag entwirft er ein recht detailliertes Programm bis einschließlich Band IV, in dem aber so viel auszuarbeiten bleibe, daß er »*vorsorglich einen Band V mit einplane*«[173]. Es scheint, der Novellist und Geschichtenerzähler sieht hier wenigstens eine Zeitlang die Chance, einen in jeder Hinsicht großen, also auch umfangreichen Roman zu schreiben.

Wie ernst es ihm mit den fünf Bänden tatsächlich ist, wird über die inhaltlichen Angaben hinaus durch zweierlei deutlich. Zum einen stellt er Überlegungen an, wie bei der Herausgabe zu verfahren sei; ob man Band für Band je nach Manuskriptabschluß herausgeben, ein Vorkaufsrecht einführen oder gar warten sollte, bis alles beisammen sei (!). Zum an-

deren erklärt er sich zugunsten des Romans bereit, Vor-
schüsse von Hinstorff für das »Bergwerksprojekt« zurück-
zuzahlen. Als ein Interviewer meint, Fühmann sei der Autor, der »einen wirklich bedeutenden Roman über die
Gegenwart in der DDR schreiben könnte«[174], unterläuft in
dessen abwehrender Antwort auch die Wendung, die man
dann beim Abdruck des Gesprächs im »Deutschland Archiv« zur Überschrift macht: *»Ein Roman ist die Krönung
für jeden Schriftsteller [...]«*[175] Vielleicht klingt da doch ein
Motiv an, das den Gedanken an eine Ausweitung des Pro-
metheus-Romans auf fünf Bände stark genährt hat? Die
Vermutung wird durch einen Brief an Kurt Batt gestützt,
worin mit gebändigtem Stolz geschrieben steht: *»Mit dem
Prometheus bin ich fertig, ich kann es noch kaum fassen,
aber ich bin fertig. D. h. das erste Buch ist es erst, aber immerhin, bitteschön, gut und gern 280 Seiten Roman, das ist fast
nicht zu glauben.«*[176]

Fühmanns *Prometheus* erscheint mit dem Untertitel »Die
Titanenschlacht«. Der kann wohl leicht die Neugier von
Kindern wecken und also werbend wirken, doch verrät er
weit weniger, als wirklich darin erzählt wird. Der Autor beschwört nahezu den ganzen griechischen Götterhimmel –
und noch mehr. Er spannt in seinem Buch, das aus drei – im
Umfang jeweils sprunghaft wachsenden – Teilen besteht,
einen gewaltigen Bogen von den Anfängen des Millionen
Jahre bestehenden Titanenreichs bis zur Erschaffung des
Menschen durch Prometheus. Fühmann folgt dabei, wie er
selbst angibt, *»Aischylos, Hesiod, Homer, Apollodoros und
anderen Quellen«* (I 111) und macht mithin notwendigerweise – denn die Auskünfte all dieser Quellen decken sich
ja keineswegs – und einfallsreich von seiner dichterischen
Freiheit Gebrauch. Teil I führt nicht nur »Das Reich der Titanen« in seinen kosmischen Dimensionen und mit seinem
selbstzufriedenen und machtbewußten Alleinherrscher
Kronos vor, der jedes Neugeborene seiner Frau Rhea zu
verschlingen gedenkt, da sie es nach seiner Meinung nirgends *»besser haben als ewig in ihres Vaters Brust!«* (I 130).

Vielmehr werden schon im zweiten Kapitel Gaia, die Erd-
mutter, und Prometheus, der Titelheld, gemeinsam eingeführt. Gaia, allwissend und viel vermögend, verleiht dem
unternehmungslustigen und wahrnehmungsfreudigen Prometheus die Fähigkeit, alles Irdische in seiner unerschöpflichen Vielfalt, mit seinen Schönheiten wie mit seinem
Schrecknis Tod, staunend zu erleben. Sie läßt ihn sogar bis
zu den im Innern eingeschlossenen, für den späteren Kampf
mit Kronos wichtigen Hundertarmigen vordringen, und sie
verleiht ihm die Fähigkeit, in die Zukunft schauen zu können, jeweils gerade bis dahin, wo das Weitere von seinen
eigenen Entscheidungen und Taten abhängt. Daß dem auf
ewige Herrschaft bedachten Kronos in Prometheus ein
Opponent entgegenwächst, läßt Fühmann schon im ersten
Teil dadurch leise ahnen, daß er seinen sympathischen Helden, zentrale Identifikationsfigur für den kindlichen Leser,
mit der Anlage ausstattet, auf eine menschlich ansprechende
Weise ungehorsam zu sein. Mythologie hin, Geschichts-
philosophie her – der *Prometheus*-Roman ist auch insofern
ein ganz Fühmannsches Buch, als es sich wieder durchweg
mit der Fragwürdigkeit des Gehorsams und mit der möglichen Moral des Ungehorsams beschäftigt.

Teil II (»Der Sturz der Titanen«) setzt viele tausend Jahre
später ein. Rhea will nun wenigstens ihr sechstes Kind vor
dem Schicksal der anderen bewahren. Es gelingt, Kronos zu
überlisten und den kleinen Zeus in Gaias Obhut zu geben.
Fühmann läßt seinen Helden entscheidend dazu beitragen.
Von der Ziege Amalthea gesäugt, erfährt der heranwachsende Zeus seine Herkunft und den Verbleib der Geschwister, die ja, unsterblich wie sie sind, immerzu im Leib ihres
Vaters stecken. Nach langem Schweigen äußert er in großen
Worten: »*Ich werde meine Geschwister befreien! Ich werde
den Frevler verstoßen! Ich werde ein besseres Reich errich-
ten!*« (I 146) Dem erfindungsreichen Erzähler ist es recht,
daß das leichter gesagt als getan ist: Es bedarf vieler Einfälle,
Listen und Vorkehrungen, um die Titanen zu stürzen. Ganz
wesentlich hilft Gaia, indem sie Zeus die Fähigkeit verleiht,

sich jederzeit beliebig verwandeln zu können. Als Freund der Magie findet der Erzähler Führmann hier ein reiches Betätigungsfeld. Wo die griechischen Quellen spärlich fließen, erdenkt er einleuchtende Zutaten. Die eigentliche Titanenschlacht füllt immerhin fast vierzehn Seiten.

Die erfolgreiche Auflehnung gegen die Titanen setzt das Bündnis zwischen Zeus und Prometheus voraus. Führmann deutet aber schon beizeiten an, wie im rebellierenden Sohn des Alleinherrschers Kronos, in Zeus, das Streben aufzukeimen beginnt, sich nach dem Sturz des Vaters selbst zum obersten und unumschränkt herrschenden Gott zu erheben. Der Erzähler folgt nun freilich dem Mythos, in dem der neuen Götterherrschaft eine kollektive Anlage eignet: Der Jüngste, Zeus, hat in seinen befreiten fünf Geschwistern zunächst Ebenbürtige neben sich. Doch Führmann entlarvt ihn sehr rasch sozusagen als geschickten Kabinettspolitiker, der die anderen mit befriedigenden Ressorts ausstattet, um sich dann den erstrebten ersten Platz zu sichern; auf Knien müssen ihm alle anderen Gehorsam schwören, nur Prometheus bleibt von vornherein draußen. »Des Zeus erste Taten« (so die Kapitelüberschrift) werden entschieden kritisch ausgestellt; der Leser bekommt da einen zu sehen, der fast rauschhaft das Gefühl genießt, der Mächtigste zu sein.

An dieser Stelle kann der Autor einen Vorgang nicht aussparen, den er bislang in keinem seiner gedruckten Texte beschreiben mochte, der hier nun aber sogar im Kinderbuch in Worte gebracht werden muß: einen Coitus. In der Nacherzählung *Reineke Fuchs* vermied er noch, dem Original gemäß zu erzählen, daß der Fuchs seine Exkremente als Kampfmittel einsetzt, die im Eis haftende Frau des Isegrim notzüchtigt und dem Wolf selbst im verzweifelten Duell die Hoden zerquetscht.[177] Um den gewaltsamen Beischlaf des Zeus mit Metis kommt Führmann jedoch nicht herum, weil er dessen Folgen unbedingt für seine Geschichte braucht, und so widmet er sich der Aufgabe, diesen Coitus als eine neue, überwältigende Erfahrung des Vollziehenden zu schildern, das Naturgesetzliche daran unverstellt und doch dem kindlichen Lesepublikum zumutbar kenntlich zu machen. Weitere Liebesakte aus dem reichhaltigen Repertoire des Zeus haben keinen Platz. Doch daß er die klagende Metis in seinem Inneren verschwinden läßt, wo die Schwangere dann ihre Tochter austrägt, stiftet ein wichtiges Stück der Fabel. Ehe die Metistochter Athene dank Hephaistos endlich dem Haupt des Zeus entweichen kann, leidet dieser unter so quälenden Kopfschmerzen, daß er den anderen Göttern immer unerträglicher wird und vor allem seine Frau eine Opposition gegen ihn aufzubringen versucht.

Fühmann denunziert und aktualisiert die Herrschergestalt besonders treffend, indem er das in der Theogonie von Hesiod und bei Aischylos auftretende Brüderpaar Kratos und Bia als williges Vollzugsorgan der Macht vorführt; sie sind gleichermaßen Büttel und Spione, und ihre Bestrafung müssen sie, wenn ihr Herr sie anordnet, wechselseitig selbst vornehmen; »Kratos und Bia bestrafen einander« heißt ein ganzes Kapitel. Eine große Rolle erhält Hephaistos. Kaum geboren, wird der mißachtete Nachkomme von Vater Zeus zur Erde hinuntergeworfen, wobei er beträchtlichen Schaden nimmt. Von Gaia ermuntert, lernt er aber, seine körperlichen Mängel auszugleichen, und entwickelt sich zu einem erfindungsreichen Schmied, von dem Zeus dann die Herstellung der schärfsten denkbaren Waffe fordert. Hephaistos schafft sie ihm auch: den Blitz, der in Fühmanns geschickter Darstellung eine Art atomarer Panzerfaust von enormer Reichweite wird. Der Besitz der Waffe verführt zum unbeherrschten Gebrauch, der einen verheerenden Brand der nordafrikanischen Wälder verursacht. Unaufdringlich macht Fühmann aktuelle Gefahren gewaltiger Vernichtung durch machtbesessenes Spiel mit dem Feuer bewußt. Der Titelheld gerät indessen relativ lange aus dem Blickfeld. Doch den inzwischen zum jagdsüchtigen Fleischfresser gewordenen Zeus läßt er dann hart mit dem tierfreundlichen Prometheus zusammenprallen. Von dem durch Kratos und Bia überwältigten einstigen Bundesgenossen im Kampf gegen die Titanen fordert der Tyrann des Olymps jetzt den

Schwur, nicht an seine Macht zu rühren. Zeus immer noch hoffnungsvoll als Bruder anredend, gelobt Prometheus nicht unterwürfig Gehorsam, aber ehrlichen Herzens Frieden. Doch bleibt er für alle Zeit vom Olymp und aus dessen weitem Umkreis verbannt. Von allen isoliert, wird er dann durch Gaia – die an Geisterchöre aus Goethes *Faust* erinnernde Sprüche murmelt – zur Erschaffung des Menschen inspiriert. Mit Hilfe des findigen Gottes Hermes und der guten Ziege Amalthea gelingt ihm dies Unterfangen, nicht ohne Mühe und Aufregung.

Als Franz Fühmann die Schlußsätze seines ersten und letzten Buches von Prometheus schreibt, fällt es ihm noch leicht, das Glücksempfinden und die Zuversicht seines Helden und Schöpfers der Menschen auszudrücken, das durch die ironischen Beifügungen eher verstärkt als abgeschwächt wird: *»Es wird schon was aus ihnen werden! Ich glaube an sie. Ach, Amalthea, ich glaube an sie, diese Lehmklöße, diese Erdklumpen, diese Schlammklopse, diese Tonkugeln, diese Pampebatzen, diese Wundergeschöpfe! [...] Ach, Amalthea, wie bin ich glücklich! Unzählige Sonnen und Sterne und Monde kreisen, aber nur auf diesem einen lebt er, dem das Weltall gehören wird: Unser Mensch!«* (I 327) Die angeredete Ziege wiegelt erst einmal mit »*Na, na!*« (ebd.) ab und bietet dem Menschmann mit angemessenem Realismus ihr Euter zum Trinken an, ehe er wieder zu brüllen beginne. Aber das Schöpferglück des Prometheus soll damit nicht negiert werden; in ihm kommt ja auch die Freude des Autors darüber zum Ausdruck, daß er bis zu diesem Punkt seiner großen Erzählung gekommen ist.

Noch ehe das Buch erscheint, beginnt man schon damit, seinen geschichtsphilosophischen Gehalt zu diskutieren. Vom Leiter des Kinderbuchverlags, dem Verleger und erfolgreichen Autor Fred Rodrian, aufgefordert, schreibt Prof. Dr. Hans Koch als parteioffiziöser Gutachter einen langen Brief, der den Druck des Manuskripts und die Fortsetzung des Unternehmens wärmstens befürwortet. Koch plädiert aber auch dafür, womöglich doch »die Problematik der Macht tiefer als Entwicklungsform der Geschichte zu diskutieren«[178], und er lobt wohl ein wenig an dem Roman und Kinderbuch vorbei, wenn er schreibt, Fühmann demonstriere »fast auf jeder Seite, wie stark und spannend er Philosophie erzählen kann«[179]. Immerhin geht Hans Koch aufmerksamer als mancher spätere Betrachter auf einige bemerkenswerte Qualitäten des Fühmannschen *Prometheus* ein, an dem eben nicht nur zu rühmen ist, daß darin eine ganze Theogonie aufgerollt und eine sinnfällige Genealogie der Macht dargeboten wird. Koch erwähnt die bemerkenswerten sinnvollen Sprachspiele und nennt den Roman schlechthin ein großes »Sprachkunstwerk«[180], benutzt also ein in der damaligen DDR-Kritik kaum gebräuchliches Wort. Einige Szenen gehörten zum Besten, was er je gelesen habe. Mit Recht hebt er die Gaia-Gestalt hervor, die als wichtige Partnerin des Helden auch die des Lesers wird, dank ihrer schlichten zuverlässigen Menschlichkeit, ihrer Weisheit und Erfahrung, ihrer immer wieder überraschenden Vielgestaltigkeit, in der sich der Reichtum der natürlichen Welt offenbart.

Fühmanns wissende Liebe zu Flora und Fauna kommt hier streckenweise so konzentriert und rein zum Ausdruck wie in kaum einer früheren Arbeit. Die Ökologie ist zwar für den Autor noch kein bewußt und direkt wahrgenommenes Thema, aber er regt den sensiblen Leser immer wieder lebhaft an, alles, was da fleucht und kreucht, in seiner Eigenart und Schönheit wahrzunehmen, wo nicht gar zu bewundern. Und wenn auch das große Gewicht der geschichtlich und ethisch belangvollen Motive nachdrücklich hervorzuheben ist, so darf doch darüber die Leistung nicht vergessen werden, daß ein Schriftsteller denkbar große und ernste Menschen- und Menschheitsfragen mit Witz und Humor zu behandeln und selbst dem anspruchsvollen kindlichen Leser anhaltenden Spaß zu bereiten weiß. Der Held Prometheus, in der Weltliteratur immer wieder neu geformt, wird von Fühmann auf so gewinnende Weise vermenschlicht, daß er sich als eine der reichsten und schönsten Figuren in der Kinderliteratur der DDR präsentiert: jedem Kind ein denkbarer und wünschbarer Gefährte, dabei aber mit »Gott und der Welt« in wachsendem Maße vertraut; mit traumhaften übermenschlichen Eigenschaften ausgestattet (Er ist unsterblich! Er kann fliegen!), aber kein überirdisches Wesen, sondern immer dicht am Menschenmöglichen; kein Abenteurer und Tausendsassa, aber tapfer und klug, neugierig und tatenlustig; keiner, der von Pein und Not, von Enttäuschung und Einsamkeit verschont bliebe, aber einer, der nicht klein beigibt; kein Selbstgerechter, aber ein Selbstbewußter; kein Glückspilz, aber einer, der sich Glücksgefühl erringt; kein Tugendbold und ausgeklügeltes Vorbild, aber anregend und gelegentlich bewundernswert. All das steckt schon im Mythos; aber die Figur, wie sie nun leibt und lebt, ist doch ganz und gar eine Fühmannsche Gestalt und eine für seine liebsten Leser zumal: für die Kinder und alle, die sich den ursprünglichen Sinn des Kindes für Poesie bewahrt haben.

Weniger für Kinder als für Jugendliche gedacht ist eine Arbeit, die, wiederum vom Verlag Neues Leben angeregt, ziemlich schnell und noch vor *Prometheus* entsteht: *Das Nibelungenlied,* bereits 1971 ein fertiges Buch. Erlaubte, ja erforderte die Arbeit an *Prometheus* neben weitläufigen Studien ein hohes Maß an spielerisch entfaltender und kombinierender Phantasie, so gilt es hier vorerst, ähnlich wie im Falle von *Odyssee* und *Ilias,* dem heutigen Leser vor allem den Weg zum Überlieferten zu bahnen und es also entsprechend getreu zu erschließen. Auf Helmut de Boors Edition des mittelhochdeutschen Epos, auf dessen eigene Übertragung sowie auf eine Prosawiedergabe von Manfred Bierwisch und Uwe Johnson gestützt, erzählt Fühmann das größte deutsche Heldenepos nach und unterzieht sich damit einer heiklen Aufgabe. Er weiß gut, welchen verheerenden Mißbrauch nationalistisch gestimmte Intellektuelle und schließlich nicht wenige dem Faschismus ergebene Germanisten, Lehrer und andere Kräfte mit der germanischen Heldensage getrieben haben, so daß sie in der DDR für Jahrzehnte als unbrauchbares Erbe erschien. Sein eigenes Gedicht *Der Nibelunge Not*, das die Gestalten der Sage heraufbeschwört, um die deutschen Unheilsbringer poetisch zu verurteilen, bestätigt das zwar mittelbar, aber doch nachdrücklich. Der Zwang ist demnach groß, Treue zum Original durch das Streben nach einer Vermittlung zu sichern, die möglichst vollkommen ausschließt, daß alte Fehldeutungen, chauvinistisch oder gar nazistisch geprägte Figurenbilder und Lesarten Spielräume finden können. Fühmann preßt seinen neuhochdeutschen Text nicht in die Form der Nibelungenstrophe. Dadurch hätte er sich nicht nur vieler Möglichkeiten eines leserfreundlichen Neu-Erzählens beraubt, sondern auch zum Nachteil des Ganzen sklavisch an die seinem Zeitgenossen fremde Erzählweise und deren Zeitmaß gebunden. Er folgt zwar nun dem Gang des Epos Schritt für Schritt, Aventiure für Aventiure, übernimmt also die Darstellung des Handlungsverlaufs ohne Sprünge, Umstellungen oder ähnliche Eingriffe. Er beschränkt sich auf viele kleine, für sich genommen jeweils unbeträchtliche Änderungen, um die dargestellte ferne Welt dem heutigen Leser näherzubringen. Einige der Aventiuren reduziert er sehr geschickt um mehr als die Hälfte. In anderen Fällen entfaltet er das im Epos Erzählte so, daß sich beträchtliche Erweiterungen ergeben. Wer etwa Bierwischs Prosafassung mit Fühmanns Neu-Erzählung vergleicht, wird eine Fülle von Stellen entdecken, an denen der Dichter dem Philologen folgt, ihn aber dennoch übertrifft. Nicht selten geben winzige Einfügungen, einzelne Sätze, dem Erzählten viel zusätzliche Farbe und Atmosphäre, die dem Vorstellungsvermögen des Lesers aufhelfen. Um dem neu Erzählten die Aura des Alten mitzugeben, wird das Original zitiert: Jedes Kapitel beginnt mit der Anfangsstrophe der entsprechenden Aventiure. Der aufmerksame Leser kann die ersten Prosasätze Fühmanns also jeweils mit dem davor abgedruckten mittelhochdeutschen Text vergleichen.

Bei allem Bemühen um originalgetreues Erzählen kommt Fühmann allerdings nicht umhin, sich eine bestimmte Lesart des Epos zu erarbeiten, zumal dieses ja eine aus verschiedenen Überlieferungsschichten zusammengezogene und dann auch noch in abweichenden Handschriften überkommene Dichtung ist. Wer wie Franz Fühmann den Zweiten Weltkrieg mit seinen Folgen bewußt erlitten und verarbeitet hat, wird nicht zögern, das Heldenepos als eine Volksdichtung zu lesen, die Mord, Totschlag und Krieg verurteilt. Wer möglichst tiefgründig erforschen will, welche Motive das Handeln der Menschen lenken, muß sich natürlich hier vor allem mit der Gestalt der Kriemhild auseinandersetzen. Fühmann begreift sie »*als die große burgundische Prinzessin, die genau weiß, was Macht ist, [...] die genau weiß, was Politik und Staatsdenken erfordert, und die danach handelt – zum Teil sogar auch gegen sich selbst, gegen ein Stück ihres Ich*«[181].

Er begreift sie als Siegfried überlegene, selbstbewußte Frau, die in den Verstrickungen der Politik als leidendes Objekt und schuldhaftes Subjekt tragisch zugrunde geht, den Tod vieler anderer verursachend. Ungeachtet mancher Einwände gegen Fühmanns Sicht betont der Altgermanist Rolf Bräuer nachdrücklich, wir verdankten Franz Fühmanns Nacherzählung »nicht zuletzt die Neuentdeckung der achthundert Jahre alten Kriemhildgestalt als der bedeutendsten politisch aktiv handelnden und durch die Verstrickung von persönlichem und gesellschaftlichem Schicksal zugleich tragischsten weiblichen Figur der deutschen Literaturgeschichte«[182].

Es mag weitere Gründe dafür geben, aber sicher ist nicht zuletzt die Anziehungskraft dieser Frauengestalt schuld daran, daß Fühmann schon bald an einer Filmvorlage zu arbeiten beginnt, die ihm mehr Freiheiten im Umgang mit dem alten Epos läßt. Ein entsprechender Vertrag mit der DEFA wird am 2. Juni 1971 abgeschlossen, die hauptsächliche Arbeit folgt aber wohl erst nach Beendigung des *Prometheus* und zieht sich mindestens bis 1973 hin. Das Drehbuch gliedert die ganz auf Kriemhild konzentrierten Vorgänge in drei Teile, die nicht chronologisch angeordnet sind. Der Film soll mit dem 13. Jahrestag von Siegfrieds Ermordung beginnen und zunächst zeigen, wie Kriemhild einerseits und der Burgundenkronrat andererseits Etzels Werbung um Siegfrieds Witwe aufnehmen. Ein großer zweiter Akt bietet dann den Rückblick auf die ganze Vorgeschichte von Siegfrieds Eintreffen in Worms bis zu dessen Ermordung. Als Filmautor kann Fühmann die inneren Konflikte seiner tragischen Heldin sehr viel genauer und deutlicher herausarbeiten. Auch sonst nutzt er die bei der Umsetzung in eine Filmballade gegebenen Möglichkeiten freierer Nacherzählung. Das gilt insbesondere für den dritten Teil. Während er im ersten die christliche Verbrämung des machtorientierten Burgundenhofes auffällig werden ließ, zeigt er nun das Reich des Hunnenkönigs Etzel als eine freundliche Alternative, wo heidnische Herrschaft durchaus Toleranz und Raum für Pluralismus läßt, wo selbst ungebetene Gäste noch mit nachsichtiger Freundlichkeit behandelt werden. Fühmann gewinnt damit eine farbige Folie für seine eindringlich anklagende Warnung vor unbedingtem Machtstreben und erbarmungslosem Rachedurst mit ihren verhängnisvollen, für viele tödlichen Konsequenzen. Dem blutigen Ende des Nibelungenzugs in das Hunnenreich soll als Filmschluß freilich ein Blick auf das friedlich »*blühende Land*« (SS 311) folgen, akustisch ergänzt durch die letzte Strophe des Heldenepos, die sich Fühmann mittelhochdeutsch gesungen denkt und zugleich in Neuhochdeutsch auf die Leinwand projiziert wünscht; auch hier also ist er noch um die Heranführung des Zeitgenossen an das Original bemüht.

Nachzutragen bleibt, daß sich diese nacherzählerische Arbeit Fühmanns noch mit einem älteren Filmprojekt zeitlich berührt, das thematisch eher mit dem *Jongleur*-Zyklus zusammenhängt, freilich nur sehr lose und für den Eingeweihten kenntlich. Schon 1969 ergibt sich im Gespräch mit dem Fernsehdramaturgen Dr. Albrecht Börner die Idee, Goethes *Wilhelm Meisters Lehrjahre* für das Fernsehen zu adaptieren. Nach den nötigen Vorarbeiten und Konsultationen mit zwei namhaften Germanisten kommt ein »Fahrplan« zustande, dessen reifste Fassung auf 23 Seiten skizziert, wie die sorgsam adaptierte Romanhandlung in einen siebenteiligen Fernsehfilm umgesetzt werden soll. Auch in diesem Fall möchte der Autor dem Original neue Leser zuführen. Er kommt jedoch bei den äußeren und inneren Dimensionen des Goetheschen Buchs nicht ohne erhebliche Eingriffe aus.

Ebenso bezeichnend wie folgenreich ist Fühmanns Entscheidung, den Helden gleichsam zum Gegenstand einer Erzieherwette zu machen. Angeregt durch Jarnos Streit mit dem Abbé (vgl. 8. Buch, 5. Kapitel) und sicher unter dem anhaltenden Einfluß seiner alten, engen Beziehung zu *Faust,* ist gleich eingangs eine lebhafte Auseinandersetzung zwischen dem Abbé und Jarno geplant, die den jungen Helden und die Gestaltung seines Lebenswegs betrifft. *»Es ist eine Art methodologischer Gott-Mephisto-Wette um diesen sich in einer unbestimmten Sehnsucht nach der vollen Entfaltung seiner Persönlichkeit verzehrenden jungen Faust«*[183], schreibt Fühmann in seinem »Fahrplan«, der dann auch entsprechend ausgeführt wird. In einem sorgfältig erarbeiteten Brief an den Fernsehfunk verdeutlicht er sein Anliegen so unmißverständlich wie möglich, weil er zugleich eine verbindliche Bestätigung des Projekts herausfordern will. Indem er die konträren Ansichten Jarnos und des Abbés gegenüberstellt, macht er auch die politische Brisanz des Vorhabens deutlich. Für Jarno heiße Menschenführung *»Abstecken einer geraden Bahn zu dem gewünschten Ziel, am willkommensten mit der Methode des Befehls, der Weisung oder der Nötigung und unter Verbauung aller Um- und Fehlwege als zeit- und kraftraubende Irrtümer«*[184].

Daß der Briefschreiber hier als Vater einer inzwischen herangewachsenen, mit dem Vormund Staat in Konflikt geratenen Tochter und aus seinen Erfahrungen als Schriftsteller nach dem Restriktionsjahr 1968 ein um ihn herum herrschendes Prinzip der Menschenführung benennt, läßt sich wohl nur sehr schwer verkennen. Seine polemische Absicht wird vollends deutlich, wenn man die aufwendigere Beschreibung des Erziehungskonzepts hinzunimmt, das der Abbé vertritt (und dessen Überlegenheit dann eben durch die Filmhandlung erwiesen wird): »*Menschenführung heißt maximale Entwicklung von Eigenerfahrungen des Geführten unter Einschluß seiner Erfahrung mit Irr- und Abwegen, am willkommensten mit der Methode der Provokation zum Widerspruch durch Bestärkung seiner jeweiligen Vorsätze und unter der Maxime, daß ›der Irrtum nur durch das Irren geheilt werden kann‹, d. h., daß man einen als irrend Erkannten noch weiter, und zwar so tief und so lange in seinen Irrtum stoßen müsse, bis auch er sich als Irrender erkennt und sich aus eigenem Existenzinteresse bemüht, seinen Irrtum zu überwinden.*«[185]

Der Film ist freilich nicht als Illustration eines Prinzipienstreits angelegt, sondern soll möglichst viel vom Reichtum des Goetheschen Romans erfassen. Doch Fühmann erhält die Zustimmung zu seinem Projekt nicht in rechtswirksamer Verbindlichkeit und verzichtet auf weitere Bemühungen darum, denn er will nicht Zeit und Kraft in ein Unternehmen investieren, das am Ende womöglich im Keller verschwindet.

Desto zuversichtlicher arbeitet er eben dann an dem Film *Der Nibelunge Not,* den er für unverfänglich und doch gewichtig halten kann und für den sich bald ein bedeutender Regisseur interessiert. Schon im Sommer 1973 schreibt Fühmann an Kurt Batt, zu seiner »*tollen Freude macht Heiner Carow die Nibelungen, wie es aussieht, geht er sofort jetzt dran*«[186]. Doch diese Freude kommt zu früh. Und trotzdem nimmt er schon einen neuen gewaltigen Anlauf zu Filmplänen für die DEFA, genährt durch die inzwischen wachsende Begeisterung für E.T.A. Hoffmann und durch dessen umfassendes Studium. *Möglichkeiten einer filmischen Aneignung von Werk und Leben E.T.A. Hoffmanns* heißt die erste Frucht dieses Studiums, im April 1974 abgefaßt, nicht zur Veröffentlichung bestimmt, sondern als vorläufige Summe gründlicher Lektüre von Primär- und Sekundärliteratur, als Ergebnis intensiven Nachdenkens und in der

Absicht, das Filmstudio mit seinem lebhaften Interesse anzustecken und mit praktikablen Vorschlägen herausfordernd zu bedienen. DEFA-Filme werden der Studie nicht folgen, wohl aber Fühmannsche Hoffmann-Essays hohen Ranges. Je unheimlicher ihm die DDR werden würde, desto heimlicher sollte Fühmann dann Ernst Theodor Amadeus Hoffmann sein.

Zuvor aber entsteht erst einmal das Buch, von dem der Autor später sagen wird, es bedeute seinen eigentlichen Eintritt in die Literatur, das fiktive Diarium *Zweiundzwanzig Tage oder Die Hälfte des Lebens* (1973). Der Arbeitstitel »Budapester Tagebuch« scheint fürs erste genauere Auskunft zu geben, jedenfalls teilt er die Formentscheidung unmißverständlich mit, über die sich Autor und Verlag von vornherein einig sind, und er verweist auf die ungarische Hauptstadt als den lokalen Fixpunkt. Aber das geplante Büchlein loser, bunter Reisenotizen entwickelt sich – übrigens binnen kurzem – zu einem Hauptwerk, dessen Horizont weder mit dem Ortsnamen treffend bezeichnet noch mit dem Wort Tagebuch weit genug umrissen ist. Der endgültige Titel benennt nicht nur exakt den zeitlichen Rahmen der Aufzeichnungen, die mit dem 14. 10. beginnen und mit dem 4. 11. aufhören, sondern deutet, die Überschrift eines der berühmtesten Hölderlin-Gedichte nutzend, in seinem zweiten Teil darauf hin, daß hier eine bilanzierende Betrachtung erwartet werden kann. Eine zusätzliche Information ergibt sich aus der Spannung zwischen dem zuerst genannten Zeitraum von drei Wochen und dem dann folgenden Bezug auf ein ganzes Menschenleben. Der leicht paradox klingende Titel mag so schon zu einem Denken in Widersprüchen einladen. Und er läßt einen Kunstwillen ahnen, der sich nicht mit einem spontanen Protokoll von alltäglichen Beliebigkeiten und Zufällen begnügt. Freilich hat Fühmann jahraus, jahrein die Praxis geübt, täglich Material fixierendes, Ereignisse festhaltendes, also Gedächtnis stützendes und womöglich Fingerübungen förderndes Tagebuch zu führen. Und gelegentlich hat er auch bereits versucht, dieses Verfahren so bewußt und anspruchsvoll anzuwenden, daß dabei Veröffentlichungswürdiges zustande kommt. Die Reisenotizen aus dem Rochlitzer Sommer 1966 und aus dem Manuskript »Auf den Spuren Fontanes« sind Beispiele dafür. Ungarn-Impressionen von 1970 schon ermutigten den Hinstorff-Verlag zu der Mitteilung, sie würden 1972 erscheinen. Doch als Fühmann im Herbst 1971 mindestens zum fünften Male nach Ungarn fährt, bahnt sich ein Unternehmen neuer Qualität an. Unter den Gründen dafür nicht zuletzt der, daß sein fünfzigster Geburtstag am 15. Januar 1972 dem ehrgeizigen Schriftsteller die Frage nahelegt: »*Was habe ich eigentlich vorzuweisen?*« (J 356) Es scheint ihm dringend geboten, Bilanz zu ziehen, seine Geschichte, seinen Standort, seine Möglichkeiten neu zu überdenken. Dazu regt Mißlungenes wie Gelungenes der letzten Jahre an, beispielsweise der gescheiterte Versuch, die Mark Brandenburg als Heimat zu entdecken, ebenso wie die erneute künstlerische Verarbeitung der Kindheitsgeschichte und das glücklich begonnene *Prometheus*-Buch.

Die Überwindung der Alkoholabhängigkeit erhöht ihm die Schaffenskraft wie den Schaffensmut. Hinzu kommen Veränderungen im politischen und kulturpolitischen Leben, die wie bei vielen anderen zweifellos auch bei Fühmann Hoffnungen auf eine freiere geistig-kulturelle Entwicklung hervorrufen und bestärken. Erich Honecker, seit Mai 1971 Erster Sekretär des Zentralkomitees der Sozialistischen Einheitspartei Deutschlands, erklärt im Dezember des gleichen Jahres, also wenige Wochen nach Fühmanns Rückkehr aus Ungarn: »Wenn man von den festen Positionen des Sozialismus ausgeht, kann es meines Erachtens auf dem Gebiet von Kunst und Literatur keine Tabus geben. Das betrifft sowohl die Fragen der inhaltlichen Gestaltung als auch des Stils.«[187] Und das Grundsatzreferat Kurt Hagers auf dem 6. ZK-Plenum der SED am 6. Juli 1972, das weithin als Dokument einer Erneuerung der Kulturpolitik verstanden und begrüßt wird, kann Fühmann in der letzten Phase der Arbeit an seinem Manuskript in wichtigen Punkten als Bestätigung und Ermutigung verstehen; werden doch darin die Unersetzbarkeit von Kunst und Literatur, die gleiche Wertigkeit aller Künste, Gattungen und Handschriften, die Notwendigkeit künstlerischen Erfassens aller Lebensbereiche betont. Die offizielle Kulturpolitik scheint damit auf eine verheißungsvolle Weise der Eigenart der Künste gerecht werden und den gesellschaftlichen Umgang mit Kunst und Literatur tiefgreifend verbessern zu wollen. Das bedeutet für das Werk selbst, erst recht aber für das Übereinkommen zwischen dem Autor, dem Verlag und dem für die Druckgenehmigung zuständigen Ministerium ein günstiges Klima. Noch kurze Zeit zuvor hätte sich das Buch kaum so schreiben und noch weniger so veröffentlichen lassen, wie es nun möglich ist.

Zu den Voraussetzungen gehört allerdings auch ein starkes Lektüre-Erlebnis, das im unmittelbaren Vorfeld liegt und ebenso herausfordernd wie bestärkend wirkt. Franz Fühmann studiert sogleich nach ihrem Erscheinen die Briefe Ernst Barlachs, 1968/69 von Friedrich Droß herausgegeben, um für eine vom Hinstorff-Verlag geplante Auswahl ein Nachwort zu schreiben. Diesen Auftrag gibt er zwar im Juli 1970 zurück, aber das Bemühen um seine Erledigung bringt ihm wichtige Anregungen und Erkenntnisse. Er kenne keinen anderen Fall, schreibt er am 1. Januar 1969 an den Verlagsdirektor Konrad Reich, wo ein Künstler der Moderne so direkte und unfrisierte Einblicke in seine Werkstatt gebe. Und im Exposé für sein Nachwort hält er nicht wenige Gedanken Barlachs fest, die in seine eigene Selbstverständigung über Kunst, Künstler und künstlerisches Schaffen eingehen. Einiges davon führt geradenwegs auf das Tagebuch hin, so die folgende Passage: *»Barlachs Wahrhaftigkeit: Schonungslosigkeit und Schonung. Barlachs Wahrhaftigkeit bei aller Kraßheit nie peinlich. Wahrhaftigkeit und Scham; ihre gemeinsame Wurzel: Die Ehrfurcht vor dem Menschen.«*[188] Im nachgelassenen Fragment »Der Briefschreiber Ernst Barlach« werden diese Motive variierend zusammengezogen und als Leitwerte gesetzt: *»[…] was die Lektüre dieser Briefe so*

unvergleichlich erfrischend und was auch ihre rigorose Ar-
beitsethik bis zum Willen zur Nachfolge hin so glaubhaft
macht, ist die Ehrlichkeit gegen sich selbst (aber auch gegen
jeden andern) ohne das geringste Ärgernis des Peinlichen.«[189]
An anderer Stelle des Fragments betont er, daß Barlach »je-
den Schein eines Scheins zu vermeiden« strebt; das »*Maß der*
Schärfe im Erkennen entspricht immer dem der Scham im
Darstellen, und beide [...] haben ihre Wurzeln im Willen zur
Wahrheit«[190].

Aufschlußreich sind – neben Versuchen, treffende Aussagen über Wesenszüge Barlachs zu formulieren – auch die
Exzerpte Fühmanns aus dessen Briefen, ihre Themen und
Motive, ihre Methode und Diktion. Der Briefschreiber Barlach zieht den Leser immer wieder in seine eindringliche
Denkarbeit hinein, äußert sich fragend und ausrufend, nicht
selten sentenziös und aphoristisch; und indem Fühmann besonders prägnante Stellen aus den Briefen herauslöst und
unverbunden aufreiht, probt er ein Verfahren, das er dann
im Tagebuch beim Umgang mit eigenem Material anwendet.

Aufrichtig und freimütig zu sein gelte Barlach von Anfang
an fast als »*das Größte, was ein Mensch sein kann*«[191], hält
Fühmann fest, rückhaltlos zustimmend und zu praktischen
Konsequenzen bereit, die sich im Tagebuch deutlich zeigen
werden. Sie sind aber auch schon in dem auffallend mitteil-
samen Interview von 1971 zu erkennen[192], und sie prägen
sich noch deutlicher aus in der Antwort, die er mit dem Datum des 19. Juni 1971 den Gymnasiasten aus dem hessischen
Butzbach erteilt, befragt, wie er selbst seine Stellung in der
Gesellschaft einschätze, wofür er sich engagiere oder wie
frei er sich als freier Schriftsteller fühle. In vielen Biographien, so schreiben die Obersekundaner, hätten sie darüber
keine oder ungenügende Informationen gefunden und obendrein den Eindruck gewonnen, daß vielfach »beschönigt,
verklärt oder aber auch übertrieben wurde« (EGA 29). Fühmann gibt den Schülern nun eine genaue Auskunft von großer Aufrichtigkeit und erstaunlichem Freimut. Seine NS-

Vergangenheit weist er in Stichworten, aber sehr detailliert und ganz unbeschönigt vor; die Hauptgründe seiner »*Lebenswende*« (EGA 30) benennt er klar; daß er der sozialistischen Gesellschaft in der DDR dienen will, bezeugt er ausdrücklich und uneingeschränkt, allerdings ergänzt durch den wichtigen Hinweis, daß dieses Dienen-Wollen »*seine spezifische Problematik und seine spezifische innere Widersprüchlichkeit hat*« (EGA 32). Kann ein so gewissenhafter und verantwortungsbewußter Autor wie Fühmann aber nun ohne Rücksicht auf diese Fragen weiterschreiben? Kann er sich mit der den jungen Menschen erteilten Antwort zufriedengeben? Kann er der Öffentlichkeit vorenthalten, was er im Brief an die hessischen Gymnasiasten an Selbstkritik und aktueller Positionsbestimmung geleistet hat? Das alles vermag ein Franz Fühmann eben nicht. Im Gegenteil: Er muß sich veranlaßt fühlen, das damit Begonnene gründlich und öffentlich weiterzuführen. Das ohnehin geplante Reisebüchlein bietet wenige Monate später dazu eine wenn nicht zwingende, dann doch wenigstens günstige Gelegenheit.

Man mag das Buch *Zweiundzwanzig Tage oder Die Hälfte des Lebens,* das vom Herbst 1971 bis Sommer 1972 in Arbeit ist, getrost ein Ungarn-Tagebuch nennen, ohne es dadurch zu verfehlen; denn es weiß wirklich eine ganze Menge von der Hauptstadt, dem Land, seiner Geschichte, Sprache, Kultur und Literatur, von seinen Leuten und deren Lebens-, Geistes- und Gemütsart zu sagen. Von Ungarn fasziniert, ohne es unkritisch zu sehen, bringt Fühmann dieses Land dem Leser nahe: indem er die menschliche Atmosphäre, das zugleich öffentlichere und intimere Leben, das geistige Klima, die Weltoffenheit, die Kultur des kontroversen Disputs und der Toleranz, seine Eindrücke von Landschaft und Natur, Stadt und Land schildert; indem er mitteilt, was ihm alles auffällt und begegnet, was er auf Straßen und Plätzen, im Café und im Beisl, in Kinos und in der Markthalle mit wachen Sinnen wahrnimmt; was er aus einer Chronik, einem alten Reiseführer und – beileibe nicht zuletzt – aus den Gedichten und Geschichten der ungarischen Schriftsteller erfährt. Fühmann ist aber auch redlich und selbstkritisch genug, um ausdrücklich zu sagen, wie begrenzt sein Bild bleibt, weil es ihm an Einblicken in die Welt der einfachen Leute mangelt. Als Gast des PEN-Clubs, als Schriftsteller und Nachdichter, dem Ungarisch ein Studienobjekt, aber kein Verständigungsmittel ist, pflegt er notwendigerweise nur Umgang mit Angehörigen der literarischen und wissenschaftlichen Intelligenz.

Sein Buch nimmt dadurch aber nicht den mindesten Schaden, will es doch keine Reisebeschreibung sein, geschweige denn ein rundes Ungarnbild vorspiegeln. Bei aller Vielfalt der Beobachtungen, bei aller Präzision der Beschreibungen ist es ja wirklich nichts anderes als eine chronologische Folge datierter Notizen aus dem Leben und aus der Sicht einer ganz bestimmten Person, über die es vor allem Auskünfte gibt. Der eigenwillige Arno Schmidt hat die Form des Tagebuchs apodiktisch als Ab-Ort der Literatur und Alibi der Wirrköpfe denunziert[193]; damit mag er denkbare Fehlleistungen treffen. Aber generell läßt sich der Form des Diariums keineswegs nachsagen, daß sie zwangsläufig ins Formlose ausarte und zu Belanglosigkeit oder Beliebigkeit verführe. Für Fühmann ist sie am Anfang der siebziger Jahre gerade die geeignetste Form einer fruchtbringenden Befreiung von lange Zeit eingehaltenen Beschränkungen. In den zehn Jahren seit seinem Verstummen als Lyriker hat er sich zwar als Ich-Erzähler und womöglich als handelnde Figur in seine Texte einbeziehen können, aber dabei doch nicht die Möglichkeit gewonnen, seine Subjektivität frei zu entfalten. Als Erzähler verstand sich das Ich zumeist nur als eine Funktion und blieb durch Scham, Rücksichten und Regeln eingeengt. Es sah sich gehalten, der herrschenden Konvention realistischen Erzählens zu folgen, also schlüssige und geschlossene Handlungsverläufe sozusagen objektiv darzustellen. Es fühlte sich verpflichtet, Satz an Satz fügend, ohne Sprünge und Würfe eine fertige Abbildung von Wirklichkeit vor das geistige Auge des Lesers zu bauen. Es bemühte sich redlich, jeweils eine vorbedachte und praktikable

Botschaft zu übermitteln. Obzwar schreibend immer wieder mit sich selbst beschäftigt, trachtete Fühmann als Dichter im Dienst danach, das eigene Ich zu stilisieren, zu verwandeln oder gar zu verstecken. Die authentische Person des Autors wurde von ihm auf eine Rolle reduziert, ehe er sie in seine Texte einließ; dafür tauchte sie dann unbeabsichtigt in anderer Gestalt auf. Der in *Kabelkran und Blauer Peter* agierende Fühmann verrät über den Autor weniger als der Titelheld von *Barlach in Güstrow*. Seine Kriegserzählungen erwiesen sich als Strafgerichte über schuldbeladene Werkzeuge des Faschismus, der Richter aber blieb unsichtbar; seine Bereitschaft und Fähigkeit zu entsprechender Selbstkritik kam nicht zum Vorschein. Und der autobiographische Zyklus *Das Judenauto* rekonstruierte eher ein irregeführtes, korrekturbedürftiges und am Ende glücklich korrigiertes Ich als ein schuldig gewordenes. Die Darstellung zielte mehr auf die Notwendigkeit und Möglichkeit der Lebenswende als auf die radikale Selbstanalyse. Gerade sie aber erfolgt nun – um ein Lieblingswort des Autors zu gebrauchen – »plötzlich« im Ungarn-Tagebuch.

»[…] ich war Faschist« (J 299), heißt es da, und die Betonung liegt nicht etwa auf dem zweiten, sondern auf dem dritten Wort. Die schockierende Schonungslosigkeit ist in der gesamten Literatur der DDR ohne Beispiel, obgleich es sehr wohl Schriftsteller mit vergleichbaren Lebensgeschichten gibt. Aber damit beginnt die Selbstanalyse erst. Der Autor fragt sich, ab wann er eigentlich Faschist war, wie es mit ihm in diesem und jenem Punkt gestanden habe, und unterzieht sich schließlich der schärfsten denkbaren Prüfung. »*Die Vergangenheit bewältigen heißt, die Frage nach jeder Möglichkeit und also auch nach der äußersten stellen*« (J 476), sagt Fühmann, und er fragt sich, wie er sich verhalten hätte, wenn er nach Auschwitz kommandiert worden wäre, und bekennt, er hätte dort »*vor der Gaskammer genau so funktioniert*« (J 474) wie andernorts hinter seinem Fernschreiber. Er folgert weiter: »*Also Gleichheitszeichen zwischen dir und Kaduk? Ja. – Die Graduierung der Schuld ist*

*eine juristische Frage; deine Einsicht aber lautet: Auch du
hättest Kaduk werden können ... Du hast im Faschismus
nicht gemordet, man hat dich nicht zum Tode verurteilen
müssen [...] aber du hast den, der du gewesen bist, zum Tode
verurteilen müssen, sonst hättest du nicht weiterleben können.«* (J 477)

Das rücksichtslose Selbstgericht setzt die gründliche
Wandlung dessen, der es öffentlich veranstaltet, zweifellos
schon voraus; zugleich aber ist dieses erst ihre letzte Be-
glaubigung. Und sein Sinn erschöpft sich keineswegs im Bezug auf die Vergangenheit; es bildet vielmehr das Kernstück
einer umfassenden Selbstreflexion, durch die das Subjekt
eine neue Souveränität im Umgang mit sich und der Welt
gewinnt. Wandlung ist ein Generalthema und Leitmotiv des
bilanzierenden Buches, wird darin vielfältig definiert, diskutiert und problematisiert; Wandlung ist aber auch vor den
Augen der Leser geleistete Arbeit des Tagebuchschreibers.
Fühmann räumt hier die Reste des schlechten Gewissens
aus, mit dem er als ehemaliger Faschist nach der Lebenswende lange belastet war. Inzwischen hat er sich die Möglichkeit erkämpft, aus der Rolle des Rädchens im Getriebe
des sozialistisch gedachten Gesellschaftsfortschritts heraus-
zutreten, in die er sich reuig und dienstwillig hineinge-
zwängt hatte. Der wesentliche Zusammenhang zwischen
seiner rückgreifenden Selbstkritik und der auf Gegenwart
und Zukunft zielenden Selbstverständigung offenbart sich
deutlich, wenn es gegen Ende heißt: *»Die neue Gesellschafts-
ordnung war zu Auschwitz das Andere, über die Gaskammer
bin ich zu ihr gekommen und hatte es als den Vollzug meiner
Wandlung angesehen, mich ihr mit ausgelöschtem Willen als
Werkzeug zur Verfügung zu stellen, anstatt ihr Mitgestalter
mit eben dem Beitrag, den nur ich leisten könnte, zu sein.«*
(J 478) Damit schlägt er den Bogen von seiner notwendigen
Selbstverurteilung als Faschist über die Kritik am gutge-
meinten, aber unangemessenen Dienstverständnis des ein-
passungswilligen Sozialisten zum Anspruch auf autonome
Partnerschaft bei der Gestaltung der neuen Gesellschaft.

Das Buch ist nicht nur ein Aufbruch zu neuen Ufern, sondern probt sozusagen schon verschiedenste Fahrten dorthin samt Landemanövern an Ort und Stelle. Die scharfe Selbstreinigung schafft dem Autor die Möglichkeit, sich nun ausdrücklich als einen Moralisten zu verstehen, der seine Grundposition mit dem gewichtigen Satz umschreiben kann: »*Das moralische Element in der Literatur scheint mir all das zu sein, was auf die Demokratisierung der Gesellschaft zielt.*« (J 350)

Nicht wenige Gedanken und Bemerkungen sind in den Umkreis dieser Kernaussage einzuordnen, so etwa die entschiedene Klage darüber, daß es im Lande des Autors nicht einmal Ansätze zur Kritik und zur Öffentlichkeit gebe (vgl. J 437). Direkte kritische Reflexe auf das politische oder literarische Leben in der DDR finden sich im Rahmen des Ungarn-Tagebuchs verständlicherweise kaum. Aber es hat natürlich eine prinzipielle Bedeutung, daß der Autor einen seiner Gesprächspartner über das unter Rákosi entstandene Mißverhältnis zwischen Partei und Bevölkerung zitiert. »*Wenn nur einer redet und vom andern nur die Bestätigung dessen hören will, was er gesagt hat, so ist das kein Gespräch mehr*« (J 407), heißt es da, und damit ist offenkundig eine weithin gültige Kritik an der politischen Praxis des »realen Sozialismus«, auch der DDR, ausgesprochen. Indirekt kritisiert er sein Land im Grunde mit dem gesamten Tagebuch, wenn er das ganz andersartige Leben im Magyarenlande zwar nicht romantisch verklärend, aber mit lebhafter Sympathie reflektiert und dabei vor allem das ganz Unpreußische Ungarns auffällig macht. Und seine Bewunderung für jenes Land schließt nicht selten eine Herausforderung für das eigene ein, etwa in diesem Falle: »*Was Ungarns Geschichte, was Ungarns Literatur lehren können: Die Kraft schonungsloser Selbstkritik, die Verbindung von Wahrheit und Würde.*« (J 417)

Zu den wichtigsten politischen Akzenten gehört schließlich ein nicht ganz buchstabengetreues Wort aus dem *Manifest der Kommunistischen Partei,* das ihm dazu dient, sein inzwischen gewonnenes Verständnis der sozialistischen Gesellschaft zu artikulieren: Er begreift sie programmatisch als eine *»Gemeinschaft, in der die freie Entwicklung eines jeden die Vorbedingung der freien Entwicklung aller ist«* (J 478). Eine solche Zielstellung – wahrlich keine Apologie des sogenannten real existierenden Sozialismus – erklärt wohl auch, warum Fühmann noch weit in die Zukunft hinein nicht daran denken mag, seine sozialistische Grundeinstellung aufzugeben.

Das Zentrum seiner Selbstverständigung als Schriftsteller bildet die Frage nach der eigenen *»Teilfunktion«*[194]. So unschön das von Benn geliehene Stichwort auch klingt, so hilfreich ist schon sein bloßes Nennen für die entschiedene Zurückweisung solcher gängigen Totalitätsforderungen an die Autoren, wie er sie bereits 1964 in seinem Brief an den Kulturminister abzuwehren versucht hatte. Mit der Besinnung auf das gerade und vielleicht allein ihm literarisch Mögliche fördert und fordert er sich zuallererst selber, greift er aber auch zugleich in die Selbstverständigung der DDR-Schriftsteller ein, die eben in diesen ersten siebziger Jahren einen weiten Umfang und einen großen theoretischen wie praktischen Wert gewinnt. Fühmann behandelt es in seinem Tagebuch als Pflicht des Schriftstellers, entsprechend seinen individuellen Möglichkeiten zu schreiben, und tritt dabei keineswegs für eine selbstzufriedene Bescheidung des einzelnen Talents ein, sondern ganz im Gegenteil für dessen weitestgehende Entwicklung und Entfaltung. Deshalb bezeichnet er es ja als *»Fluch, keine Kritik zu haben, die uns zum Äußersten unserer literarischen Möglichkeiten zwingt…«* (J 467). Das darf freilich nicht zu dem Fehlschluß verleiten, Fühmann warte nur darauf, kritisiert zu werden; an Belegen für seine große Empfindlichkeit mangelt es durchaus nicht. Als Anwalt von entfalteter individueller Subjektivität spricht er sich auch *»gegen alle Gesetze zur Regelung ästhetischer Praktiken und Probleme«* (J 327) aus, fordert vom Dichter allerdings gleichzeitig, daß er sich den Zwängen strenger Form stellt, ehe er sich alle Freiheiten gönnt.

Überhaupt diskutiert Fühmann vor allem die subjektiven Behinderungen literarischer Arbeit; als wichtige Themen kristallisieren sich heraus: Selbstzensur, Tabu, Scham, aber auch Grenzen und Mängel der eigenen Sprache. Anstatt sich, wie das noch im Brief an den Kulturminister geschah, mit linear gezogenen Traditionslinien und selektiven Normierungen des kulturellen Erbes auseinanderzusetzen, pflegt Fühmann hier mit Selbstverständlichkeit einen uneingeschränkten, regen geistigen Verkehr mit Schriftstellern und Philosophen aller Zeiten und Richtungen. Im Vordergrund stehen dabei natürlich solche Dichter, die ihm in Budapest persönlich begegnen, wie Gábor Hajnal und Iván Mándy, beziehungsweise solche, die gerade Gegenstand seiner nachdichterischen Arbeit waren oder sind, also besonders Miklós Radnóti und Attila József, gefolgt von vielen anderen Ungarn wie Ady, Babits, Füst, Ágnes Nemes Nagy, Molnár und Móricz, Madách, Petöfi und Vörösmarty. Insgesamt sind es aber weit über hundert Persönlichkeiten der Weltkultur, die in Fühmanns Tagebuch ihre mehr oder minder deutlichen Spuren hinterlassen. Ihre Reihen reichen von Aischylos bis Peter Weiss, von Homer bis Joyce, von Catull bis Kunert, von Grass bis Bobrowski, von Swift bis Bulgakow, von Plato bis Lenin, von Augustinus bis Haecker, von Nietzsche und Freud bis Wittgenstein. Dabei prunkt der Tagebuchschreiber nicht mit Bildungsgut; seine enorme Belesenheit entdeckt sich dem Leser gleichsam beiläufig, einfach dadurch, daß er die weiten Spielräume seines Diariums voll nutzt und nichts von den vielfältigen Mitteln und Wegen seines Umgangs mit der Umwelt ausläßt. Der Leser wird sich dadurch nicht beschämt fühlen, sondern eher belebt und angeregt, wenn er sich überhaupt auf den Mitvollzug der vorgeführten Denktätigkeit einstellen mag.

Anreize dazu bietet der Text allenthalben, schon durch seine stoffliche Buntheit, durch seine lockere, vielgliedrige Darbietungsweise, durch seinen spürbar lustbetonten Charakter, der eben gleich verrät, daß hier jemand dabei ist, aufzubrechen oder gar auszubrechen, Grenzen zu überschreiten. Bereits winzigste Einzelheiten stimmen darauf ein. Die anderthalb Dutzend Eintragungen vom Hinreisetag, mit denen das Buch eröffnet wird, weisen extrem verschiedene Längen auf, bleiben durchweg ohne ein abschließendes Satzzeichen und locken den Leser gleichsam in offene Räume; dies bleibt durchgehendes Prinzip. Impressionen, Gedankensplitter, Bilder, Sentenzen reihen sich scheinbar zufällig; doch näheres Hinsehen lehrt, daß da ein höherer Ordnungssinn spielerisch waltet. Nahes und Fernes, Sichtbares und Hörbares, Gegenwärtiges und Vergangenes fügen sich zum losen Mosaik. Wenige Vokabeln genügen, kündigen unauffällig an, was im folgenden alles vorkommen könnte: höchst Geistiges und ganz Sinnliches, Götter und Geschlechtswerkzeug, verschiedenste Mythen und Materie, Menschen in komischen und tragischen Momenten – also: das Leben, Bruchstücke und Bilder davon, Gedanken darüber. Mit vollen Zügen genießt der Autor die Freiheit vom Zwang zu linearem Fabulieren und lädt den Leser zur Fahrt ins Weite ein. Und das Weite, das ist nicht etwa nur Ungarn, vertreten durch die Hauptstadt, durch ein bißchen Szeged und noch weniger Dömös, Freunde, Bekannte und Unbekannte, die ungarische Literatur und Geschichte. Das Weite ist der Horizont des Autors, seine Subjektivität, sein Sehen und Denken, Beschreiben und Vergleichen, Spielen und Probieren.

Vergangenheit drängt sich ihm immer wieder auf, bislang ungenutzte oder bewußt beiseite gelassene biographische Einzelheiten kommen zum Vorschein: die verlogenen Weihnachtsabende im Elternhaus, der Zauber von Vaters Medikamentenbuch, die extrem keusche Badepraxis im Jesuitenkonvikt, Filmerlebnisse, die den jugendlichen Leser von Kriegsliteratur magisch anlockende »*Macht gerade der krassesten Schilderungen von Schlachten und Greueln*« (J 429) und manches andere. Seine bisherigen schriftstellerischen Arbeiten bleiben dagegen so gut wie ganz außer Betracht. Ein Widerspruch? Gewiß, und doch auch wieder nicht: Das Tagebuch ist ihre Negation, und seine Rückgriffe in die

Vergangenheit gehen an ihnen vorbei, weil sie ja dem Zweck dienen, dem schreibenden Ich seine neue Authentizität und Identität geben zu helfen. Alles, was in den alten Texten bloß andeutungsweise oder überhaupt nicht möglich war, sucht nun hier Raum zur Erprobung und Entfaltung.

Als Diarist kann der Autor seinen Wirklichkeitssinn gleichsam grenzenlos schweifen lassen. Wie in keinem bisherigen Text wird die Sicht frei auf alle Interessenfelder und Wissensgebiete, die ihm wichtig sind; zu ihnen gehören neben Literatur und Kunst, Geschichte und Politik, Philosophie und Psychologie auch Sprachwissenschaft, Mathematik und Spieltheorie. Als Diarist kann er sich wirklich in Aktion zeigen: Er stellt sich Fragen, gibt Antworten, kommt durch sie zu weiteren Fragen, und so immer fort. Er schreibt und reflektiert das Geschriebene zugleich; er formuliert und kritisiert und korrigiert schon im nächsten Moment, gegebenenfalls noch im gleichen Satz, die gerade notierte Formulierung. Er darf und muß sich als genauer Beobachter bewähren, alle Register seiner Beschreibungskunst ziehen, größte Präzision bei aller Konzentration und kunstgemäßen Redundanz anstreben. Er kann sich vielerlei Gegenständen zuwenden und dabei immer seine ganz subjektive Sicht anbieten. Er vermag ständig neue Gelegenheiten zu finden, seinen Metaphernschatz ins Spiel zu bringen, ihn immer weiter auszubauen und mit allerlei Kühnheiten zu schmücken. Als Autor eines Tagebuchs nutzt Fühmann das Recht, Notizen verschiedenster Art zwanglos zu reihen, alles Gesehene, Gehörte, Gelesene und Gedachte nach Belieben und Vermögen verkürzt, fragmentarisch oder ausführlich festzuhalten. Dabei entfaltet er seine Fähigkeit zum Pointieren, trainiert er Aphorismen. Karl Corino findet diesen Zug so prägend, daß er das Buch sogar einen »Roman in Aphorismen«[195] nennt. Fühmann bezieht aber auch Anekdotisches, Witze und spielerisch produzierte »konkrete Poesie« ein: Das Tagebuch bewährt sich als ein elastisches Gefäß anderer Gattungen.

Eine von ihnen, als Genre gemeinhin noch gar nicht erkannt und anerkannt, liegt Fühmann ganz besonders am

Herzen, so daß er sie fortan ebenso hartnäckig wie liebevoll kultivieren wird: die Traumerzählung. In den persönlichen Aufzeichnungen hat er längst auch seine Träume notiert, und zeitweilig führt er sogar spezielle Traumtagebücher, aber erst im fiktiven Diarium wagt er endlich den Versuch, mit diesem Material öffentlich zu arbeiten. Den Eintragungen vom 16., 18., 23., 25., 27. 10. und vom 5. 11. ordnet er jeweils einen topographisch hervorgehobenen Traumtext zu. Nach Stoffen und Motiven, Art und Umfang recht unterschiedlich, teilweise mit den übrigen Tagebuchnotizen verknüpft, werden diese Texte an anderen Stellen noch durch weitere Traum-Andeutungen ergänzt. Der Umgang mit dem Traum ist doppelt motiviert. Zum einen erschließt er dem Diarium eine zusätzliche Dimension; der Autor demonstriert am eigenen Beispiel, daß und wie der Traum »*zur Totalität des menschlichen Daseins*«[196] gehört, er dringt zu einem tieferen und komplexeren Selbstverständnis vor, korrigiert und komplettiert sein Menschenbild. Zum anderen schafft er sich neue künstlerische Möglichkeiten; über ein rationalistisch-zweckhaftes Schreiben hinaus entwickelt er ein Erzählen, das Verdrängungen aufhebt, das mittels Verdichtung, Verschiebung, Verbildlichung von Sprachlichem einen neuen Typ vieldeutig-bedeutsamer Prosa hervorbringt. Bezeichnend, daß schon innerhalb des Tagebuchs ein entsprechender Plan angedeutet wird; die Idee, Jean Pauls großes Fragment *Der Komet* zu Ende zu bringen, wird durch das bescheidenere Projekt »*ein Bändchen Träume*« (J 347) ersetzt, und tatsächlich legt Fühmann bald nach Abschluß des Tagebuchs seinem Verlag den Entwurf eines solchen Bändchens mit einundzwanzig ausgeführten Traumerzählungen vor (vgl. UP 77 ff.).

Neben diesen ersten Versuchen auf dem Neuland der Traumerzählung bleiben die kräftigen Keime für Fühmanns nachfolgende Essayistik hervorzuheben, die im Tagebuch angelegt sind. Berücksichtigt man alle Stichworte und Motive, die in den Fühmannschen Essays wiederkehren, dann gibt es solche Keime in Hülle und Fülle. Den gewichtigsten

Komplex bilden da ohne allen Zweifel die erörternden Bemerkungen zum Thema Märchen und Mythos, in dichter Folge kurz vor dem Ende des Tagebuchs dargeboten. Diese Partie wirkt wie eine große Kadenz, noch verstärkt durch den Umstand, daß das generelle Leitmotiv der Wandlung in sie hereinkommt. Was der Autor hier über Märchen und Mythos zu sagen weiß, ist das Resultat jahrzehntelangen Umgangs mit dem Material sowie jüngster Studien und gedanklicher Anstrengungen im geistigen Austausch mit Kurt Batt und weiteren Partnern. Das Austragen immer neuer kontrastierender Vergleiche und pointiertes Gegenüberstellen von Märchen und Mythos erhellen das Verhältnis beider zueinander und dabei zugleich jedes für sich. Seine alte Liebe zum Märchen wird nicht nur kritisch einbekannt, sondern auch noch dokumentiert: Fühmann schaltet eine Montage kurzer Auszüge aus Wendungen und Episoden Grimmscher Märchen ein, von denen er sich seinerzeit besonders stark betroffen fühlte (vgl. J 482–484). Zitiert werden unter anderen *Der Froschkönig*, *Der Eisenhans*, *Das Mädchen ohne Hände*, *Die sieben Raben*, *Der Teufel mit den drei goldenen Haaren*, *Marienkind*, *Der goldene Vogel*, *Der Frieder und das Katherlieschen*, *Das Bürle* und *Daumesdick*. Aber bei allem Bemühen, dem Märchen sein Recht, seine Größe und Schönheit zuzuerkennen, gelangt Fühmann nun doch zu einer entschiedenen Favorisierung des Mythos als des Älteren, Ursprünglicheren, an Dimensionen Reicheren: »*Mythen sind Menschheitserfahrungen; Märchen sind Aufbereitungen von Mythenmotiven. Der Mythos schöpft aus der vollen Realität, das Märchen aus Bruchstücken der Mythen. Der Mythos ist erste, das Märchen zweite Hand.*« (J 468)

Wie allgemeingültig die definitorischen Sätze sind, das ist in diesem Zusammenhang kaum von Interesse; wesentlich sind die von ihnen festgehaltenen Gründe für Fühmanns Hinwendung zum Mythos. »*Im Mythos ist immer der ganze Mensch da, auch als Geschlechts-, auch als Naturwesen*« (J 489), das hilft dem Autor, mit seiner Schamhaftigkeit fertig zu werden und alles Menschliche unbeschönigt und uneingeschränkt wahrzunehmen. Märchen seien »*Wunsch-träume auf Mythengrund*«, der Mythos hingegen »*frei von jedem Wunschdenken*« (J 487) und also schonungslose Wirklichkeitserkundung. »*Im Mythos [...] herrscht die Dialektik von Wandlung und Identität, die ich im Märchen immer vermißte*«, macht Fühmann sich bewußt. »*Vom Märchen zum Mythos heißt: zum vollen Leben, zum ganzen Menschen, zur dialektischen Realität*« (J 491), zieht er programmatisch das Fazit. Zuvor aber hat er einen Satz formuliert, der schon direkt auf seinen kommenden großen Essay *Das mythische Element in der Literatur* verweist: »*Das mythische Element ist eben das, das den Realismus über den Naturalismus hebt und das Gestalten über das Illustrieren.*« (J 488 f.)

Der praktische Sinn der theoretischen Anstrengung läßt sich hier mit Händen greifen: Es geht um einen neuen, höheren Anspruch an die eigene literarische Leistung; es geht um die Emanzipation von ideologischer Bevormundung und rationalistischer Einengung. Auch insofern arbeitet das Tagebuch ein neues Verständnis der eigenen Aufgabe heraus, die der Autor künftighin zu lösen trachten soll. Die Schlußwendung des Diariums ist also nur spielerisch-rhetorische Pointe, keine echte Alternativfrage: »*Anfangen? Oder: Aufhören?*« (J 506)

Der Verfasser von *Zweiundzwanzig Tage oder Die Hälfte des Lebens* hat sich auch eingehend wie nie zuvor dem öffentlichen Nachdenken über Möglichkeiten und Grenzen von Sprache gewidmet, nachhaltig angeregt durch die Beschäftigung mit dem Werk Ludwig Wittgensteins. Im Sinnieren und Probieren ist ihm manches beigekommen, was schon auf sein bedeutsames Kinderbuch *Die dampfenden Hälse der Pferde im Turm von Babel* hinführt; doch dieses Buch voller Sprachspiele erscheint erst 1978.

Vorerst, nach den Arbeiten am Ungarn-Tagebuch, amüsiert er sich selbst mit einem Sprachspiel. Dessen Grundlage ist das alte Reimlexikon von Willy Steputat, das jedem beflissenen Verseschmied sein schweres Handwerk erleichtert, indem es alle erfindlichen deutschen Endreime in bester alphabetischer Ordnung aufzählt. Aus der Fülle zeilenweis gereihter Reime spürt Fühmann nun solche Gruppen heraus, die nur noch einer synthetisierenden, sinngebenden Überschrift bedürfen, um schon je ein Kleinstgedicht darzustellen. *Urworte Deutsch* (1972) nennt der findige und fündige Fühmann diese Reimgruppen, die er lakonisch oder weitschweifig betitelt. Die zweihundert Kleinstgedichte haben natürlich kein großes Gewicht; manche sind einfach neckisch oder gar läppisch, aber Spaß ist jedenfalls immer im Spiele, und mitunter tritt auch bitterer Ernst im spaßigen Gewande auf: Das Erinnern faschistischer Untaten ist Fühmann selbst hier noch ein unverzichtbares Anliegen. Seine Belesenheit schlägt sich ebenfalls auf Schritt und Tritt nieder. Neben unverbindlich Komischem steht Ironisches oder Polemisches; hierfür ein Beispiel:

Porträt eines Widerwärtigen

> Die Glattheit!
> Die Mattheit!!
> Die Plattheit!!!
> Die Sattheit!!!![197]

Der Fall demonstriert auch gleich die bescheidenen Freiheiten, die sich Fühmann im Umgang mit dem Original erlaubt: Er fügt gegebenenfalls Akzente und Satzzeichen ein; ansonsten beläßt er die von Steputat getroffene Anordnung. Bemerkenswert ist aber unbedingt, daß ein großer Teil dieser Minigedichte pikante Anspielungen bietet, wie sie vordem bei Fühmann keinesfalls anzutreffen waren. Gewiß: im Tagebuch hatte sich schon eine Liste von Genitalien finden lassen, aber doch nur als Bestandteil des Erinnerns an einen Aufklärungsfilm über Geschlechtskrankheiten. Im übrigen war viel von Tabus und Scham die Rede. Hier nun, wo scheinbar nur ein steriles Lexikon zitiert wird, kommt es zu ausgesprochen zahlreichen Bezugnahmen auf Erotisches und Sexuelles. Sie verteilen sich über ein Viertel der kleinen

Texte, und in manchen Fällen geraten sie sogar ziemlich kraß. Wenigstens ein Beispiel soll erkennen lassen, zu welcher Unbefangenheit der Autor plötzlich fähig ist, wenn er sich im Rahmen eines harmlosen und unverfänglichen Spiels mit scheinbar puren Zitaten aus dem Reimlexikon Steputats bewegen kann:

Pornographie

Ich besame
die Dame.
Ich erlahme ...[198]

Seine kuriose Sammlung mit einem als Vorwort gedachten selbstbewußt kommentierenden Schreiben vom 13. Oktober 1972 überreicht der Autor seinem Verleger Konrad Reich in der Meinung, man könne das alsbald veröffentlichen. Der Verlag aber läßt es noch lange liegen. Als nächste Publikation nach dem gewichtigen Ungarnbuch konnten sich die *Urworte Deutsch* auch kaum empfehlen. Es mußte unklug erscheinen, die starke Ausstrahlung der *Zweiundzwanzig Tage* durch ganz Ungleichwertiges zu beeinträchtigen.

Wichtigere Neuerungen im Gefolge des Tagebuchs zeigen sich in der Erzählprosa mit Gegenwartsstoffen. Sehr deutlich ablesbar wird das bereits an Fühmanns Beitrag zu der Anthologie *Tage für Jahre,* die dem 25. Jahrestag der DDR gewidmet werden sollte, an der Erzählung *Bagatelle, rundum positiv.* Er liefert sie schon im August 1973 ab, und die NDL druckt sie im April 1974 vorab. Es ist die erste eigentliche Schriftstellergeschichte Fühmanns, dargeboten von einem Ich-Erzähler, der gleich einleitend Probleme seiner »*Berufsausübung*« (E 475) reflektiert und dessen Reflexionen auch wesentlicher Bestandteil des Textes bleiben. Der Erzähler berichtet von der Suche nach einem positiven Helden, über den er beeindruckt in der Zeitung gelesen hatte. Jener soll unter Einbuße eines Viertels oder gar eines Drittels von seinem Einkommen die Leitung einer heruntergewirtschafteten Brigade übernommen haben. »*Welch ein*

Stoff; was für Konflikte; was für Kämpfe!« (E 476) Bei der
Betriebsleitung, die der Erzähler baldigst aufsucht, wird
ihm neben der Versicherung, man werde ihn voll und ganz
unterstützen, ein düsteres Bild des abberufenen Brigadiers
vermittelt. Doch wie und unter welchen Bedingungen es gelungen ist, den Neuen zur Übernahme der schlechten Brigade zu bewegen, ist auf Anhieb nicht zu erfahren. Der Brigadier selbst soll erst eine Woche später zu sprechen sein.
Freudig und zuversichtlich teilt der Schriftsteller inzwischen in einem Zeitungsartikel mit, welchen Stoff er da gefunden und welche Menschen er zu zeigen vorhat. Sein Artikel ist im Werk bekannt, als er dort zum zweiten Male
eintrifft und mit dem vermeintlichen Neuen ins mühsame
Gespräch kommt. Tatsächlich aber ist sein wortkarger Gesprächspartner der abgesetzte Brigadier. Unter gänzlich anderen Umständen macht der erzählende Schriftsteller nun
in dieser sorgsam entfalteten Situation ein ähnliches Wechselbad der Gefühle durch, wie wir es an früheren Figuren
Fühmanns wiederholt beobachtet haben: Selbstgewißheit
schlägt in Unsicherheit um, Bestürzung, Ärger und Scham,
Stolz und Gerührtheit lösen einander in rascher Folge ab.
Denn statt zu hören, wie es denn nun wirklich gewesen ist,
erhält er höchst lakonische und durchaus nicht harmonische
Auskünfte des Betroffenen, die alle möglichen Vermutun-
gen zulassen, nur keine Klarheit schaffen. Da greift wie ein
Deus ex machina die Werkleitung ein, indem sie den Fehl-
gegangenen zu einer anderen Brigade bringen läßt, wo sich
im Prinzip ein Gleiches ereignet habe. Nur flüchtig angefochten, zieht der Erzähler der Geschichte, der den erwarteten Helden nicht gefunden hat, über jene sprichwörtliche
Straße, auf der die goldhaltigen Stoffe liegen sollen, zur nächsten Station weiter …

Im Brief an den Kulturminister vor der 2. Bitterfelder Konferenz hatte Fühmann erklärt, er könne, entgegen bestimmten Erwartungen, keinen Betriebsroman schreiben, weil ihm
die darzustellende Lebenswirklichkeit auf Grund seiner eigenen Biographie viel zuwenig vertraut und auch durch nach-

trägliches Bemühen nicht hinreichend erschließbar sei. Keine zehn Jahre später liefert er nun ein poetisches Gegenstück zu dieser Aussage, als Bagatelle deklariert, aber als eine gründlich sondierende Fallstudie ausgeführt und mit ganz neuen Akzenten versehen. Mittels differenzierter Ironie wird der scheinbar geringfügige Vorgang zum vielschichtigen und beziehungsreichen Beispiel. Die bescheidene Fabel läßt sich als Parodie eines Märchens lesen, das nur nicht recht aufgehen will, doch nach dem Willen maßgeblicher Leute aufgehen soll: als Märchen von einem, der auszog, einen bestimmten Helden zu finden, aber an dessen Gegenbild, einen als Versager denunzierten Menschen, gerät und darüber selber zum mehr komischen als tragischen Helden wird. Die Geschichte läßt sich auch als Bekräftigung der alten Volksweisheit lesen, wonach blinder Eifer nur schadet; denn die Beflissenheit, mit der sich der Ich-Erzähler auf ein Stück gefilterter Wirklichkeit stürzt, trägt nur dazu bei, daß Vorurteile befestigt und verbreitet werden und er selber in Konflikte kommt. Aber diese Lesarten erfassen bei weitem nicht, was alles dem nachdenklichen Leser an Anregungen und Einsichten nahegebracht wird. Fühmann liefert dem kritischen Blick aus, was den kleinen Vorgang auslöst, ermöglicht, kennzeichnet und exemplarisch macht: verbreitetes Wunschdenken, ein allzu borniertes Verständnis des gesellschaftlich Nützlichen, die irrige Vorstellung von der generellen Verfügbarkeit belangvoller literarischer Stoffe, ein bloß nationalistisches, funktionalistisches Literaturmodell, die eilfertige Bildung von Urteilen über Menschen, der Glaube an die Anstiftung vorbildlichen Verhaltens durch das Ausstellen von Vorbildern, eine kampagnenhafte ideologische Arbeit und nicht zuletzt die Ansicht, das wahre Leben sei nur an ganz bestimmten Orten, am ehesten im Großbetrieb zu finden.

Es charakterisiert den Moralisten Fühmann, daß er eine ihm selbst nahe Schriftstellerfigur ins Zentrum rückt und in seine Kritik vorbehaltlos einbezieht. Er zeigt in dem Ich-Erzähler eine Gestalt, angetrieben von dem redlichen Willen, der Gesellschaft zu nützen, dabei aber in der Gefahr, sich manipulieren zu lassen und einem anderen Unrecht zu tun. Fühmann offeriert keine definitiv bewertete Figur und auch keinen Wandlungshelden, der aus dem offenbar gewordenen Fehlverhalten sogleich Konsequenzen zöge. Er erzählt eine formal gerundete, aber der Sache nach dennoch *offene* Geschichte, mit deren Schluß sich der wache Leser keinesfalls beruhigen kann. Er präsentiert nicht eine fertige Wahrheit als praktikable Botschaft zum Mitnehmen, sondern fordert zur Wahrheitssuche heraus. Diese Herausforderung wird recht deutlich artikuliert und führt direkt zu der hochgradig verallgemeinernden Frage, »*ob da etwa ein einzelner in den Kreuzungspunkt zweier Interessen geraten oder gar dorthin laviert worden sei und wo die Zentren solcher Ausstrahlungen [...] lägen, im Betriebsbereich, oder höher, oder noch höher*« (E 484).

Und es geht beileibe nicht lediglich um Angelegenheiten des Schriftstellers und der Literatur, wenn Fühmann seinen Erzähler ironischerweise mutmaßen läßt, daß »*Nützlichkeit im Großen und handgreifliche Wahrheit im Kleinen einander durchaus nicht bedingen*« (E 489) müssen. Aber der Autor von *Zweiundzwanzig Tage oder Die Hälfte des Lebens* hatte gerade erst für »*starke und ehrliche Literatur*« plädiert, weil sie nach seiner Meinung »*allein schon eine soziale Tat ist*« (J 345), und er wird fortan immer energischer dafür eintreten. Als Erzähler tut er das eben bereits mit *Bagatelle, rundum positiv* wie mit den dicht angrenzenden Texten *Drei nackte Männer* und *Spiegelgeschichte*, nur daß der Ich-Erzähler in den beiden anderen Geschichten aus dem Zentrum der dargestellten Vorgänge wieder herausrückt und in der Rolle des kaum beteiligten, aber dafür scharfsichtig kritischen Beobachters agiert.

»*Die Literatur, die Gesellschaft und sogar die Kritik sollten lernen, Kritik zu ertragen – vielleicht anfangs als ein Übel, dann vielleicht als ein notwendiges, und dann später, vielleicht, schon nicht als ein Übel mehr*« (EGA 81), so schließt Franz Fühmann seinen Vortrag zum Thema *Literatur und Kritik* am 15. November 1973 vor einer Arbeitsgruppe des VII. Schriftstellerkongresses. Nur vierzehn Tage später testet er vor dem anspruchsvollen Publikum des ungarischen PEN eine neue, noch ungedruckte Geschichte, die dem Geist seiner Forderung ganz gemäß ist; er liest in Budapest die Erzählung *Drei nackte Männer* und kann mit dem Effekt zufrieden sein. Der Text geht bald darauf an die Redaktion von »Sinn und Form« und wird im Heft 4/1974 veröffentlicht. Obwohl er noch offensichtlicher werden läßt, daß da ein neuer Fühmann zum Vorschein kommt, gibt es in der Öffentlichkeit jahrelang keine Resonanz. Der künstlerische Rang und die politische Brisanz der Erzählung erfahren aber wenigstens ein reichliches Jahrzehnt später eine öffentliche Bestätigung dadurch, daß Volker Braun sich in seiner großen Sozialismus-Satire *Hinze-Kunze-Roman* ausdrücklich darauf bezieht, um die eine seiner beiden Titelgestalten anschaulich zu machen. Braun schreibt: »Bei Personen, die wie Kunze im Verborgenen, im Apparat arbeiten und ihr Gemüt nicht weiter ausbreiten, ist eine Beschreibung ratsam, die möglichst dicht am nackten Körper bleibt. Es kommt mir daher gelegen, daß mein Freund F., ein bekannter Literat, den Stämmigen neulich in der Sauna beobachtet hat, die Literatur schreckt ja vor nichts mehr zurück; ich zitiere aus seinem Bericht.«[199] Und tatsächlich läßt Braun dann eine leicht gekürzte Passage aus Fühmanns Erzählung wörtlich folgen, die im Original anderthalb eng bedruckte Seiten umfaßt.

Fühmann bietet bei aller Ironie und kritischen Schärfe keine ausgemachte Satire. Wenn sich sein Text vom Satiriker dennoch so gut nutzen läßt, dann liegt das daran, daß er die Hauptfigur(en) sowohl buchstäblich als auch im übertragenen Sinne nackt zeigt, also in einer exzeptionellen Situation, durch die das Ganze einen verfremdenden, stilisierenden Charakter erhält. Dem entspricht es, wenn der Ich-Erzähler berichtet, er habe die drei Männer nur ein paarmal in der Sauna gesehen, könne sie aber dennoch genau beschreiben, und sie würden sich gewiß noch nach Jahren im

Kommen und Gehen ebenso bewegen, »*selbst wenn es dann gar nicht dieselben drei nackten Männer mehr wären*« (E 511). Fühmann bringt damit gleich eingangs unmißverständlich zum Ausdruck, daß das Beobachtete nichts Zufälliges, sondern etwas Überpersönliches und von festen Gegebenheiten Geprägtes ist. Betont wird das noch dadurch, daß der Erzähler bald kommentierend von Riten spricht, nach denen sich die drei strikt verhalten, und ihre Herkunft direkt benennt: »*[...] die Natur der Gesellschaft drückt sich darin aus.*« (E 513) Die genaue Beschreibung der drei Männer führt den Leser sehr bald zu der Erkenntnis, daß zwei von ihnen nur des einen wegen da sind, der eine herausgehobene Position innehaben muß und offensichtlich einen ständigen persönlichen Schutz genießt. Er wird nicht ausdrücklich als Träger erheblicher Macht bezeichnet, aber als ein solcher doch einigermaßen verdächtig gemacht, bis sich gegen Ende immer eindeutiger herausstellt, daß er mit besonderen Weisungsrechten und Befugnissen ausgestattet sein muß. Schließlich begegnet der Ich-Erzähler den dreien eines Tages auf der Straße, und dabei bestätigt sich dieser Befund: Hinter dem Fahrer und dem schutzbeauftragten Beifahrer sitzt der Stämmige in einer schwarzen Limousine, die sich plötzlich von der Straße abhebt und »*durch die Luft in ein lautlos von innen sich öffnendes Fenster eines fünften oder sechsten Stockes des Hochhauses am Markte*« (E 522) steigt. Diese phantastische Schlußwendung der Geschichte läßt ganz sinnfällig werden, daß die namenlose Hauptfigur in den höheren, machtbefugten Rängen der Gesellschaft angesiedelt ist; und zugleich erinnert der Schluß noch einmal daran, daß es sich nicht um einen Einzel-, sondern vielmehr um einen Modellfall handelt. Es ist deshalb ein Mißverständnis, wenn Erich Loest letztlich zu Lasten Fühmanns mutmaßt, der Chefredakteur von »Sinn und Form« habe dem Autor einen Schluß abverlangt, der den Leser abwiegeln könne: »Ist doch alles nicht ganz ernst? Ist doch ein Traum?«[200] Volker Braun hat sich da als der bessere Leser erwiesen.

Zur ästhetischen Qualität dieser Erzählung gehört übrigens neben der durchgängigen Präzision des Beobachtens und Beschreibens die Fähigkeit des Erzählers, bei aller kritischen Distanz offenzubleiben für die Wahrnehmung dessen, was bei den drei nackten Männern an Persönlichem, Menschlichem, vom Rituellen Unabhängigem zu sehen ist. Die Figuren werden nicht als Karikaturen gezeigt, sondern als Menschen, deren Menschsein allerdings durch das prägende Rollenverhalten eingeschränkt wird. In gewisser Hinsicht liefert Fühmann hier ein delikates Gegenstück zu Gottfried Kellers Spiel mit dem alten Sprichwort, wonach Kleider Leute machen; hier machen Rollen Leute, und das wird ohne alle Kleider kenntlich. Eine Voraussetzung für den differenzierten Umgang mit den kritisch beobachteten Figuren ist der Charakter des Ich-Erzählers, der seinerseits mit leiser Ironie dargestellt und nicht als eine absolute Instanz aufgebaut wird. Er ist eine eigenständige Figur, ausgezeichnet durch eine hochentwickelte Fähigkeit zur Wahrnehmung von »Formnotwendigkeiten« (E 521), als Mitglied oder Gast »des Verbandes der Freunde ästhetischer Forschung« (ebd.) derzeit mit einem Vergleich thematisch verwandter Sonette von Gryphius und Geibel beschäftigt, für die Unterscheidung »zwischen lebendiger und erstarrter Form« (E 513) also speziell programmiert und dadurch für sein Beobachten ganz besonders disponiert. Im chronologisch erzählten Vorgang wird das Objekt immer genauer erfaßt, beginnend mit dem bloßen Aussehen des Haupthelden über das Zeremoniell des Eintretens zu dritt und das Verhalten in den einzelnen Etappen der Sauna-Nutzung (Schwitzraum, Tauchbecken, Ruheraum).

Kernstück ist die sinnfällige Darstellung der leicht variablen und desto auffälligeren Abstände, die zwischen dem Stämmigen, seinen Begleitern und den übrigen Besuchern der Sauna bestehen. Als der Ich-Erzähler im Augenblick gleichzeitiger, scheinbar verbindender Benutzung des Tauchbeckens spontan dazu neigt, den Höhergestellten wie seinesgleichen zu nehmen, spürt er sofort im Nacken (!) den bannenden Wächterblick. Die beiden Begleiter aber sind ihrerseits gehalten, sich grundsätzlich zu subordinieren, wodurch ihnen erst die Gnade zuteil werden kann, gelegentlich höhergewinkt zu werden und als Gesprächspartner oder Redeadressaten zu dienen. Der Stämmige entscheidet mit selbstverständlicher Willkür, ob er die Anwesenden ignorieren, rücksichtslos mustern oder etwa zu einer Akklamation herausfordern will. Dies letzte geschieht nur ein einziges Mal zur Probe, als desto aufschlußreicherer Ausnahmefall. Der alberne Witz, den der zentrale Mann plötzlich allen zu Gehör bringt, sowie die Art und Weise seines Reagierens auf das Ausbleiben der erwünschten und erwarteten Publikumsreaktion machen sein Herrenbewußtsein, seine Selbstgefälligkeit und seine Borniertheit mit einem Schlage ganz deutlich. Daß die zwei Untergeordneten, obwohl ihnen der triviale Witz schon vertraut ist, als einzige Zuhörer in das als Ovation erwartete Gelächter ausbrechen und es voll ausspielen, demonstriert auf einer neuen Stufe ihre rollengerechte Botmäßigkeit. Immerhin begreift ihr Vorgesetzter, daß das Rollenspiel seiner Begleiter nun auch allen als solches kenntlich geworden ist. Er empfindet seine Verlegenheit als eine Niederlage, aus der er Konsequenzen zieht. Nachdem er das Defizit von einigen Grad Wärme im Schwitzraum bemängelt, eine entsprechende Verbesserung angewiesen und dadurch die zeitweilige Schließung der Sauna veranlaßt hat, erscheint er dort nie wieder. Deutlich wird jedoch: Der Typ ist damit nicht aus der Welt, sondern existiert in zahlreichen Exemplaren als ein Muster von kritischem Wert, als ein Produkt und Produzent den Menschen deformierender Strukturen.

Spiegelgeschichte, die dritte Erzählung Franz Fühmanns in dieser neuen Reihe entschieden kritischer Arbeiten mit Gegenwartsstoff, handelt abermals scheinbar von einer Bagatelle, nämlich von einem als Ehrung gedachten Arbeiterveteranenempfang am Rande eines Betriebsjubiläums. Abermals wird die Handlung von einem in ihr anwesenden Ich-Erzähler dargeboten, der sich diesmal allerdings kaum vom Autor unterscheiden läßt; er stellt sich als Schriftsteller vor, der in einem thüringischen Salzbergwerk studienhalber einfährt (was der Autor im Oktober 1974 erstmals tut). Ort des Geschehens ist der Kulturraum des Bergwerks. Auch dieser Ich-Erzähler bewährt sich als äußerst scharfsichtiger Beobachter. Für seine Recherchen stehen ihm zusätzliche Mittel zur Verfügung, auf die der Titel bereits aufmerksam macht. Neben einem Taschenspiegel, den er zwischendurch ins Spiel bringt, wird ein großer Spiegel am Saaleingang als Wahrnehmungs- und Erkenntnismittel sowie als semantisch belangvolles Leitmotiv wichtig, schon im Verlauf der Exposition, aber auch späterhin und am Schluß. (»Spiegel« ist sogar das letzte Wort der Geschichte.) Zu solch auffälliger Verwendung des Motivs wird Fühmann ohne Zweifel durch romantische Literatur angeregt. Gerade in der von ihm besonders geschätzten Hoffmannschen Erzählung *Das öde Haus* spielt ein Taschenspiegel eine magische Rolle. Verglichen mit dem dortigen poetischen Einsatz des Motivs mag Fühmanns Umgang damit einigermaßen vordergründig und simpel erscheinen. Trotz der unbestreitbaren Differenz bleibt aber zu bemerken, daß sich die Spiegel bei Fühmann nicht in ihrer physikalisch-technischen Funktion erschöpfen. Sie haben einen unausgesprochen polemischen Bezug zum allgegenwärtigen Postulat einer realistischen Widerspiegelung, wie es von einer vulgärmarxistischen Ästhetik anhaltend verfochten wird. Und sie sind Werkzeuge einer kunstvoll entwickelten Verfremdungstechnik, die den Vorgang zu einem Schauspiel stilisiert, die wahrgenommene Wirklichkeit als ein Stück transparenten Theaters behandelt, den scheinbar singulären Fall zum Modellfall erhebt. Voll wirksam wird dieser Effekt freilich erst dadurch, daß der Erzähler sein scharfes Beobachten mit einem forschenden Fragen, einem kritisch urteilenden Nachdenken verbindet, so daß sich ein dichtes Geflecht von Wertungsimpulsen und ausdrücklichen Wertungen herausbildet.

Was in der einen Stunde erzählter Zeit vor sich geht, läßt

sich deshalb kaum von der gedanklichen und emotionalen Beteiligung des Erzählers loslösen. Während die von einem harten Arbeitsleben im Salz gezeichneten Veteranen schon längst versammelt sind, kommt der Parteisekretär, wie nur dem Erzähler durch den Spiegel deutlich wird, gelassen und vorsätzlich verspätet, um dann mit dem künstlich erzeugten Anschein eines Überbeschäftigten und Abgehetzten den Raum zu betreten, wo er sofort ratlos innehält, weil er wider Erwarten den zuständigen Gewerkschaftsfunktionär und den Betriebsleiter noch nicht anwesend findet. Statt nun mit den Arbeitern ein freundschaftliches Gespräch zu beginnen, setzt er sich stumm wartend abseits, bis er die wirklich gehetzt eintreffenden zwei Kollegen mit selbstherrlicher Kritik vor den Kopf stoßen kann: »*Ihr traut euch ja was! Die Partei warten zu lassen.*« (E 503) Seiner verbalen Anmaßung folgt eine praktische; er nimmt den mittleren der drei Präsidiumsplätze ein, auf dem bei diesem Anlaß der Gewerkschaftsmann zu sitzen hätte, wehrt dessen schüchternen Korrekturversuch harsch ab und fragt ihn schließlich noch halb scherzhaft, halb grob, ob er »*denn nicht endlich anfangen wolle*« (E 505). Der Leser sieht die Veranstaltung, die nun ihren Gang geht, aber nicht ausführlich beschrieben wird, mit den Augen des Ich-Erzählers, der vor allem den Parteisekretär studiert. Seinen schönen Worten widerspricht im Kopf des Erzählers »*der furchtbare Zweifel, ob es ihm wirklich je um die Sache ginge, was immer auch die Sache je wäre: Veteranenempfang, Kulturkonferenz, Kadernachwuchs, Produktionsberatung*« (E 507).

Entsprechend ironisch gestaltet sich das Schlußtableau: Nachdem »*der, der die Partei war*« (E 508), flankiert von Gewerkschafter und Direktor, den Schriftsteller jovial begrüßt und ihm mitgeteilt hat, daß er hier »*Stoff in Hülle und Fülle*« (ebd.) fände, legt er den Arm um einen der Veteranen, so daß eine Fünfergruppe zustande kommt, die scheinbar vollkommen übereinstimmend mit den Köpfen nickt. Fühmann parodiert treffend die gestellten Pressefotos von Konferenzen und ähnlichen Gelegenheiten des organisierten gesellschaftlichen Lebens. Aber für die letzte Pointe nutzt er das große Foto von dem Bergwerksbetrieb, das jeder der Veteranen als Erinnerungsgeschenk erhalten hat; als der hinzugezogene Verdiente Bergmann sein Foto anhebt, sehen Erzähler und Leser, was da im Spiegel als »die Rückwand des Fotos« erscheint: nichts als »weißer Karton« (ebd.).

Die prägnante Schlußszene als unverkennbare Negation eines Happy-End ist nicht zuletzt dadurch bemerkenswert, daß sich der Ich-Erzähler selbst in sie hineinstellt und mithin auch von der Ironie des Bildes eingefärbt wird. Untersucht man von da aus zurückblickend die Anlage des Erzählers, erweist er sich als nicht restlos stimmig gebaut. Über die Hälfte der Geschichte ist schon erzählt, das Porträt eines kritikwürdigen Funktionärs längst fest umrissen, da erklärt der Ich-Erzähler plötzlich: »*Es war nicht mein Amt, das Plus und das Minus in seinem Benehmen abzuwägen, ich war als Gast vom Zufall in ein Schauspiel geweht, das zu genießen [...] ich fest entschlossen war.*« (E 502)

Der damit erhobene Anspruch, eine hedonistische und nicht eine moralisch-kritische Betrachtungsweise zu üben, läßt sich mit der von Anfang an scharfen Kritik keineswegs vereinbaren. Andererseits bleibt jedoch ein in diesen Geschichten neuer Vorzug des Ich-Erzählers, daß er auf vielfältige Weise aktiv wirkt, sich deutlich zu seinem Publikum wendet und immer wieder mit Fragen operiert, die ein kritisches Mit- und Nachdenken anregen, urteilsbildend wirken, ohne ihrer Form nach definitive Urteile zu setzen. Übrigens beziehen sich solche Fragen nicht nur auf den Helden, sondern sie greifen gelegentlich auch weit über ihn hinaus und tragen zur künstlerischen Verallgemeinerung des einzelnen Falls bei. Im voraus und mittelbar wird die kritische Wertung des Parteisekretärs noch dadurch verstärkt, daß der Ich-Erzähler die wartenden Veteranen mit sensibler Sympathie wahrnimmt und kundig ins Bild bringt. Ohne viel Worte macht er die Härte des Arbeitslebens bewußt, das sie hinter sich haben und das manchem sichtbare Schäden brachte. Spürbar beeindruckt stellt er sie vor: »*Sie waren*

*Legenden, unaustauschbar geprägt und doch schwer zu unter-
scheiden, und gänzlich aus den Bildnissen ablesbar.«* (E 494)
Doch das Treffen, das – wenngleich routinemäßig – zu ihren
Ehren anberaumt ist, wird dann für den Parteisekretär zur
Gelegenheit, sich selbst als die beherrschende Autorität und
als Personifikation der Partei zu präsentieren.

Man darf dem Autor zu dieser Zeit kaum die Absicht un-
terstellen, mit seiner Erzählung einen Angriff auf die SED
vortragen zu wollen. *Spiegelgeschichte* bietet jedoch eine
derart gezielte und scharfe Funktionärskritik, daß sie als ein
solcher Angriff eingeschätzt werden konnte, wie es in den
sechziger Jahren schon in weniger prekären Fällen geschehen war. Bezeichnenderweise wird Fühmanns Erzählung
nicht einmal von der Zeitschrift »Sinn und Form« zum
Druck angenommen; sie kann erst in der gleichsam schüt-
zenden Gesellschaft vieler älterer Texte, nämlich in dem
Band *Erzählungen 1955–1975,* erscheinen, mit dem 1977 die
Rostocker Ausgabe gesammelter Werke beginnt. Hans-
Georg Werner versteht sie 1980 als »Symptom-Kritik«[201],
die er strikt von Gesellschaftskritik unterscheidet; das hat
gewiß seine guten und nicht nur taktischen Gründe. Heute
läßt sich aber nicht verkennen, daß hier der Text sozusagen
klüger ist als sein Autor: Diese Geschichte demonstriert im
exemplarischen, durch die Stilisierung symbolkräftigen Fall,
wie der generelle Führungsanspruch einer Partei dem einzelnen Funktionsträger zumindest die verführerische Möglichkeit bietet, sich über alle anderen Menschen in seinem
Wirkungsbereich zu stellen. Die unbestechliche Kritik an
dem Parteisekretär, der sich nicht als Teilhaber einer auf
Gewinn an Menschlichkeit gerichteten Bewegung, sondern
als Verkörperung einer unanfechtbar, selbstgefällig Macht
ausübenden Organisation versteht, trifft nicht die Schwäche
eines einzelnen Menschen, sondern einen Krebsschaden des
Systems. Mit der Erzählung löst Fühmann beispielgebend
das indirekte Versprechen ein, das er in seinem Ungarn-
Tagebuch gegeben hat, als er sich dort zum Moralisten erklärte und als das moralische Element in der Literatur das

bezeichnete, »*was auf die Demokratisierung der Gesellschaft zielt*« (J 350).

Durch ihren Schauplatz ist *Spiegelgeschichte* bereits unverkennbar mit dem neuen großen Erlebnis-, Studien- und Arbeitsfeld verbunden, das sich der Autor seit 1973, seit einer Lesung in der Bibliothek des Thomas-Müntzer-Schachts im Mansfelder Revier, systematisch zu erschließen trachtet. Erste Einfahrten in den Berg im Frühjahr 1974 bewirken eine Faszination, die schnell einen weitgreifenden Plan nach sich zieht. Wichtigen Partnern werden sofort entsprechende Zeichen gegeben. Seiner Lektorin im Kinderbuchverlag teilt er am 3. Juni mit, er habe hier im Mansfeldischen das Thema seines Lebensrests gefunden. An Kurt Batt schreibt er: »*[...] ich glaube, ich habe für die kommenden 7 Jahre meinen Stoff gefunden: In den Berg!*«[202] Bei seinem Hausarzt, der ihm das erforderliche Gesundheitsattest ausgestellt hatte, meldet er sich heil zurück mit dem Bekenntnis: »*[...] es war eines der nachhaltigsten Erlebnisse meines Erdenwandels.*«[203]

Der Enthusiasmus ist so groß, daß er gleich verarbeitet sein will; bereits am 1. Juli 1974 berichtet Fühmann dem Hinstorff-Cheflektor: »*Die Bergwerksgeschichte nimmt ungestüm Gestalt an; ich habe dem Verlagsleiter schon geschrieben. Ich glaube, ich habe da was packen können. Aber nun nicht mehr davon reden, sonst verschreien wir's.*«[204] Im Herbst folgt die erste Einfahrt in ein Salzbergwerk. Um im Kupferbergwerk wirklich heimisch werden und ohne ständigen Begleiter sein zu können, erwirkt Fühmann seine Integration in eine Brigade, mit der er einen Vertrag schließt. Das mit größtem Ernst betriebene Abenteuer des Eindringens in eine ganz andere Welt beglückt ihn. Dazu gehört auch für geraume Zeit das Gefühl freundschaftlicher Verbundenheit mit jenen Arbeitern, deren stolzes Wort er nun tief begreifen lernt: »*ICH BIN BERGMANN, WER IST MEHR!*« (J 514) Das erste und letzte abgeschlossene Zeugnis dieses Erlebnisses erscheint im »Sonntag« vom 4. Juli 1976; es ist der »seiner« Brigade zum Tag des Bergmanns gewidmete Aufsatz *Schieferbrechen und Schreiben,* der lebhaft und kenntnisreich Kunde gibt von den Beobachtungen, Erfahrungen und Einsichten eines Schriftstellers, der die Grube als *seinen* Ort begreift. Schieferbrechen und Schreiben erscheinen ihm als ausgesprochen vergleichbare Arbeiten, wegen ihrer Härte und Schwierigkeit wie wegen des Mißverhältnisses zwischen mühevollem Aufwand und (scheinbar) geringem Ertrag. Fühmann erinnert zunächst zitierend an seinen Vorgänger Majakowski, der in dem berühmten Gedicht *Gespräch mit dem Steuerinspektor über Dichtkunst* bekanntlich gefunden hat, dichten sei dasselbe wie Radium gewinnen: »*Arbeit: Ein Jahr. Ausbeute: Ein Gramm. / Man braucht, um ein einziges Wort zu ersinnen, / Tausend Tonnen Schutt oder Schlamm.*« (J 509)

Doch der Vergleich zwischen Bergmann und Schriftsteller wird von Fühmann noch weiter geführt und tiefer ausgeschöpft. Beide versteht er als »*Fortsetzer des Werks von Jahrtausenden*« (J 512) und will damit herauskehren, in welch vielfältigen, von weither reichenden Bedingtheiten sich ihre Arbeit vollzieht. Warum ihm die Grube zur großen Metapher werden kann, die ihm in seiner Selbstverständigung forthilft, wird in dem Gedankengang deutlich, »*auch die Literatur sei ein Bergwerk, durch Jahrtausende Generationen befahren, und jeder Schriftsteller selbst sei eine Grube, und das Flöz, drin er haue, sei seine Erfahrung, Sediment seiner und eben seiner Jahre, und mir fiel ein, daß ein Metall namens Nickel jahrhundertelang verworfen wurde, weil man es für nutzlos hielt und als Ärgernis ansah, wo es auftrat*« (J 515). Unpolemischer und sinnfälliger lassen sich kulturpolitischer Dirigismus, ideologische Gängelei und dogmatische Abweisung bestimmter Autoren oder Werke nicht widerlegen. Bescheidener lassen sich das Recht und der Stolz des Schriftstellers auf das ganz Eigene nicht ausdrücken.

Schieferbrechen und Schreiben ist mithin keine beiläufige Reportage eines neugierigen Bergwerksbesuchers. Übrigens kann das selbst der flüchtige Betrachter schon angesichts der auffällig einmontierten Textstücke aus dem Buch Hiob und Ludwig Tiecks *Der Alte vom Berge* ahnen. Der Aufsatz dokumentiert vielmehr das forschende Unterwegssein des Autors, wichtige Ansätze zu Neuerungen und Weiterungen seines Schaffens und letztlich sogar den neuerlichen Versuch einer Art Beheimatung (nicht zuletzt durch das Verhältnis zu »seiner« Brigade, die ihn zu ihrem Ehrenmitglied ernannt hat). Der Aufsatz baut das Selbstverständnis aus, das Fühmann braucht, um seine »*Teilfunktion*« freier, energischer, womöglich auch noch illusionsloser als bisher ausfüllen zu können. Nicht nur der Keim des großen Bergwerk-Projekts ist nun gelegt. Bereits seit Juli 1975 liegt ein neuartiger Text vor, *Die Ohnmacht* betitelt, der im Verbund mit *Bagatelle, rundum positiv, Die Gewitterblume, Drei nackte Männer,* einem knappen Dutzend Traumerzählungen und der noch in Arbeit befindlichen Titelgeschichte den Zyklus »Parna« bilden soll (vgl. UP 134). Und der Trakl-Essay *Vor Feuerschlünden,* der das Flöz der eigenen Erfahrung mit neuer Radikalität aufschließen wird, bahnt sich im verborgenen mächtig an, wenn auch oder gerade weil das geplante Nachwort zu seiner Trakl-Auswahl für Reclams Universalbibliothek[205] nicht zustande gekommen ist und Stephan Hermlin einspringen mußte. Es mag paradox scheinen: Derselbe Autor, der innerhalb weniger Jahre eine ganze Reihe essayistischer Arbeiten von hohem Rang vorzulegen vermag (1975 als Sammlung *Erfahrungen und Widersprüche*), scheitert an der Aufgabe, seiner kleinen Trakl-Auswahl ein eigenes kleines Nachwort mitzugeben. (Hermlins Nachwort füllt knapp fünf Seiten.) Tatsächlich aber kommt darin nur die achtbare Unfähigkeit des Franz Fühmann zum Ausdruck, in ihm selbst vorhandene Hindernisse zu umgehen, die sich nur durch eine gründliche Auseinandersetzung mit dem anderen Dichter, mit Georg Trakl, wie mit sich selber abbauen lassen: Statt des kleinen Nachworts entsteht, freilich Jahre später, schließlich Fühmanns letztes vollendetes Hauptwerk, in dem sich seine reife Kunst des Erzählens und sein potenziertes Vermögen essayistischer Reflexion wechselseitig durchdringen und bereichern.

Hundert Monate oder ein Siebtel des Lebens

Biographischer Nachtrag

1968–1976

Das Leben Franz Fühmanns bleibt in keiner Phase frei von Schatten und Beschwernissen. Ist diese nicht eine der glücklichsten? Vielleicht. Doch schon hinter den Eckdaten steckt schwer Belastendes: 1968 das bittere Ende des Prager Frühlings, 1976 die Ausbürgerung des Dichters und Sängers Wolf Biermann, Zeichen und Faktor verhängnisvoller Fehlentwicklungen im kulturellen und politischen Leben der DDR. Die Zeit dazwischen verläuft für Fühmann ohne Katastrophen; sie bringt bedeutende Erfolge, aber auch manches kleinere oder größere Ärgernis. Der Vorschlag der Akademie der Künste, Franz Fühmann im DDR-Jubiläumsjahr 1969 mit einem Nationalpreis auszuzeichnen, wird von der dazu befragten Spitze seiner eigenen Partei nicht unterstützt, da es dem Kandidaten an einer eindeutigen politischen Haltung mangele. Prof. Heinrich Homann, Parteichef der NDPD, und Alexander Abusch, derzeit Stellvertretender Ministerpräsident, sind sich in dieser Sache ganz einig. Immer wieder gibt es im Führungsgremium seiner Partei borniert dogmatische Reaktionen auf Äußerungen und Leistungen Fühmanns, so daß er zum Jahresende 1972 die Konsequenz zieht: Er beantragt die Streichung aus der Liste der Mitglieder, was an seinem Bekenntnis zur DDR als der – mehr erhofften als gelungenen – Alternative zum kapitalistischen Deutschland nichts ändert. Mit Unbehagen sieht er immer wieder Anzeichen und Wirkungen eines unangemessenen oder gar willkürlich rigorosen Umgangs mit Kunst und Künstlern. Doch immer entschiedener übt er nun auch die für nötig erachtete Kritik daran.

Als günstige Gelegenheit dafür erweist sich der VII. Schriftstellerkongreß im November 1973, wo Franz Fühmann als Referent vor der Arbeitsgruppe »Literatur und Kritik« öffentlich, nachdrücklich und mit nahezu einhelliger Zustimmung seiner Kollegen gegen hinderliche Theoreme und schädliche Praktiken polemisiert. Die Souveränität, mit der er dabei auftritt, ist Ertrag angestrengter gedanklicher und schriftstellerischer Arbeit, deren jüngste Ergebnisse weithin Aufmerksamkeit finden; das gilt für die Neu-Erzählung des Nibelungenlieds, den Zyklus *Der Jongleur im Kino,* vor allem aber für das eben erschienene Buch *Zweiundzwanzig Tage oder Die Hälfte des Lebens.* Im besonderen erwächst jene Souveränität aus dem sicheren Gefühl, einen neuen Anfang geschafft zu haben. (Zwei charakteristische Belege dafür: Fühmann spricht öffentlich davon, daß sich seine Arbeitsmethode geändert habe.[206] Und im Mai teilt er den zuständigen Mitarbeitern der Akademie der Künste die Absicht mit, seine dort befindlichen Manuskripte um dreißigtausend Blatt reduzieren zu wollen, was natürlich verhindert wird.)

Zu beachten bleiben aber auch die zumindest zeitweiligen Versuche, die eigene Lebensführung zu korrigieren. Ein Gichtanfall 1967 hatte schon das Bemühen provoziert, sich auf vegetarische Kost umzustellen. Das Gelingen seiner Alkoholentziehungskur gegen Ende 1968 ermuntert ihn zu weiteren Disziplinierungen. Vom Hausarzt auf die möglichen Folgen seiner übermäßigen Leibesfülle hingewiesen, bringt er es zuwege, sich innerhalb eines Jahres (vom Frühjahr 1972 bis zum Frühjahr 1973) um vierundvierzig Pfund zu erleichtern und in den folgenden Monaten noch weiter abzunehmen. Vor allem möchte er sich selbst im engsten Streb »seines« Bergwerks noch richtig bewegen können. Diesem Zweck dient unter anderem starke körperliche Belastung auf seinem Grundstück in Märkisch Buchholz. Nicht wenigen Teilnehmern des VII. Schriftstellerkongresses fällt es dann sehr schwer, in dem schlanken, ja hageren Mann, der wie ein Fremder aussieht, Franz Fühmann zu erkennen. Der gewandelte Anwalt einer selbstbewußten, anspruchsvollen DDR-

Literatur läßt sich nun auch wieder in den Vorstand des Schriftstellerverbands wählen.

Kritik und Vorschläge für die geistig-kulturelle Entwicklung des Landes bringt Fühmann vorrangig als Mitglied der Akademie der Künste ein. Als die Sektion Literatur und Sprachpflege sich am 14. März 1974 auf eine Beratung mit der Akademie der Pädagogischen Wissenschaften zu Problemen der musischen Bildung vorbereitet, unterstützt Fühmann nicht nur Dieter Nolls Entwurf eines scharf kritischen Briefs, sondern er moniert zugleich ausdrücklich, daß es in den Lehrplänen für den Deutschunterricht nicht »*das Gewissen einer eigenen Meinung*«[207] gibt. Statt dessen findet er darin etwas, was er mit spürbarer Bitterkeit benennt: »*Ein Prinzip der katholischen Erziehung: Erst mal beten, dann glaubst du auch.*«[208]

Nach dem Erscheinen der lange erwarteten Darstellung *Literatur der Deutschen Demokratischen Republik (Geschichte der deutschen Literatur von den Anfängen bis zur Gegenwart*, Bd. 11, Berlin 1976) wendet er sich mit einer kritischen Rückfrage an den Leiter des Autorenkollektivs; dessen Antwort, die ihn nicht befriedigen kann, schickt er mit entsprechend hartem Kommentar an weitere Adressen (an Adolf Endler und an die Redaktion »Sinn und Form«), um die Kritik zu impulsieren. Der Diskussion des Buches in der Akademie-Sektion wirkt er entgegen; er äußert sich brieflich mit den Worten: »*Ich halte diesen Band 11 für indiskutabel, weil er darauf angelegt ist, um Erfahrungen zu betrügen, das ist ein Verfahren, das ich perfid nenne.*«[209] Verständlicherweise besteht Fühmann darauf, die Geschichte der DDR-Literatur so zu sehen, wie er sie selbst erlebt hat.

Wach und verantwortungsbewußt begegnet er den Jüngeren. Prägnant und eindrucksvoll bezeugt das sein *Wort an künftige Kollegen*.[210] Der Fünfzigjährige warnt die Nachwachsenden vor leichtfertiger Anpassung an Gewünschtes und Gängiges und mahnt sie eindringlich: »*Ein Buch, das man nicht schreiben muß, das soll man ungeschrieben lassen.*« (EGA 47)

Er gibt zu erkennen, daß er von solchen Einrichtungen wie »Poetensprechstunde« in der Tageszeitung »Junge Welt« und von dem »Poetenseminar«, das die Freie Deutsche Jugend seit 1970 alljährlich in Schwerin veranstaltet, nichts hält; offenbar sieht er darin keine Hilfen für echte Talente. Eben weil er vordem selbst die Literatur als ein Instrument zur Erziehung verstand, betont er nun mit Nachdruck, was er sich in den letzten Jahren bewußtgemacht hat: »*Instrumentalcharakter von Literatur*« bedeutet »*Reduzierung auf Publizistik oder Didaktik, und das wieder heißt für die Literatur, der Gesellschaft statt durch Reichtum und Stärke durch Verarmung und Schwäche dienen zu sollen.*« (EGA 50) Nicht von ungefähr wird gerade Fühmann im Laufe der siebziger Jahre mehr und mehr zum Vertrauensmann und Fürsprecher jüngerer und junger Autoren (während die Autorinnen sich eher an Christa Wolf halten). Auf ein Talent wie Uwe Kolbe macht er schon 1975 aufmerksam.

Welche Autorität Fühmann durch seine jüngsten Arbeiten, sein hilfsbereites verantwortungsbewußtes Wirken und seine Solidarität gewinnt, belegt besonders sinnfällig die Tatsache, daß Volker Braun ihm das Manuskript seiner brisanten *Unvollendeten Geschichte* mit der Bitte um sein Urteil zu lesen gibt. Fühmann ist es dann auch, der bei »Sinn und Form« für die Publikation der Erzählung plädiert. Ob ihres unerschrockenen Umgangs mit tabuisierten politischen Fragen wird dadurch auf höchster Ebene große Aufregung gestiftet, in deren Gefolge es am 10. Dezember 1975 im Plenum der Akademie der Künste zu einer Aussprache kommt. Die einleitende Rede hält der Minister für Kultur (im Protokoll als streng vertraulich deklariert), und als erster spricht Fühmann zur Diskussion, der nicht ohne Stolz bekennt, das Manuskript der Redaktion überbracht zu haben. Sein Bemühen, den Stimmen Begabter Gehör zu verschaffen, wenngleich sie befremdlich oder unerwünscht sind, wird er auch künftig beispielgebend fortsetzen.

Zu den glücklichen Ereignissen in seinem persönlichen Leben dieser Jahre gehört ohne Zweifel die Geburt eines

Enkelkinds. Sie wird bei der ersten besten Gelegenheit auch im Werk auf heitere Weise angezeigt. »*Ungarische Höflichkeit: Da ich István vom Kind meiner Tochter (die er kennt) berichte, sagt er: ›Ei, da sind Sie ja beinah fast Großpapa‹*« (J 444), heißt es in *Zweiundzwanzig Tage*, wo am Ende unter den aufgezählten Mitbringseln des Heimreisenden noch »*ein Püppchen für Marsha*« (J 506) registriert wird. Aber was ihm das einzige Enkelkind, die geliebte Tochter seiner geliebten Tochter, wirklich bedeutet, kommt erst darin zum vollen Ausdruck, daß er ihr seinen – als mehrbändiges Hauptwerk gedachten – *Prometheus*-Roman widmet: »*Meinem Enkelkind Marsha*« (I 110). (In diesem Augenblick ist noch nichts von dem schmerzlichen Umstand zu ahnen, daß ihm die Enkelin schon ein paar Jahre später verlorengehen wird, nämlich durch die Ehescheidung der Eltern und die Übertragung des Sorgerechts auf den Vater.)

Längst geschlossenen Freundschaften wie denen mit Gábor Hajnal, Ludvík Kundera, Sergej Lwow und Wieland Förster reihen sich neue an. Zu den wichtigsten wird nachmals die bei einem Buchbasar in Rostock im Sommer 1973 beginnende mit Margarete Hannsmann und HAP Grieshaber gehören. Erfreulich und förderlich gestaltet sich Fühmanns Arbeitskontakt mit Dr. Kurt Batt. In ihm hat er nicht nur einen sensiblen und fähigen Lektor, sondern auch einen verständnisvoll kritischen Begleiter seines Schaffens und interessierten Teilnehmer seiner geistigen Anstrengungen gefunden, wie er ihn zuvor kaum je an seiner Seite hatte. Was Kurt Batt für Fühmann besonders wichtig macht, ist neben dessen Einfühlungsvermögen die gediegene literaturwissenschaftliche und theoretische Bildung; ihm verdankt er auch wesentliche Anregungen zu essayistischem Bemühen. Schon 1964 hatte Batt anläßlich des Briefs an den Kulturminister geäußert, wenn Hans Mayer behaupte, Fühmann könne keine Essays schreiben, möchte er dem nach der Lektüre besagten Briefs widersprechen.[211] Auch für die essayistische Anreicherung des Ungarn-Tagebuchs hat der Autor seinem Lektor zu danken. Bei der Vorbereitung seines Referats für

den VII. Schriftstellerkongreß über »Literatur und Kritik«
zieht er ihn ins Vertrauen. Überhaupt ist die Kommunikation der beiden, die im Laufe der Jahre immer intensiver und
ergiebiger wird, für Fühmann ungemein stützend und anregend. Er liest nun Bloch, Benjamin (sehr kritikfreudig),
Adorno, Hegel und Kant und tauscht sich darüber aus. Kurt
Batts Bemerkungen zu Texten des Schriftstellers veranlassen diesen zu wichtigen Selbstaussagen, zum Beispiel über
sein Grunderlebnis der jähen Veränderung, des plötzlichen
Wechsels von Wahrnehmungen und Situationen. Nicht von
ungefähr entwickelt sich aus dem regen und steten geistigen
Verkehr beider der Plan eines theoretisch anspruchsvollen
Interviews. Themen sollen nach einem schriftlichen Vorschlag Batts unter anderem sein: der Erzähler Fühmann, der
nicht-instrumentale Charakter des Kunstwerks, der Mythos, Fragen der »Aneignung, Ver- und Bearbeitung des Erbes«, »Wandlung, ›Umdrehen‹; Ganzheit des Œuvres oder
Brüche« und nicht zuletzt die modische »Adoration Benja-
mins«[212]. Kurt Batt ist wohl auch der Partner, der die in-
timsten Auskünfte über Ausmaß und Motive des starken,
ebenso tief wie nachhaltig wirksamen Hoffmann-Erlebnis-
ses erhält. Ihm berichtet Franz Fühmann: *»Ich habe in den
letzten Wochen nichts als ETA Hoffmann gelesen (außer
dem Schreiben natürlich); ich glaube, hier habe ich nun den
Meister gefunden, dessen treuer Knappe ich sein könnte. Bei
all denen, mit denen ich mich beschäftigt habe: Barlach, Jean
Paul, Flaubert, Hesiod, sogar Th. Mann – es war nicht ganz
das, es war immer so etwas wie Pflichtaufgabe damit verbunden.«*[213]
Diese Hinwendung zu Hoffmann begründet er aber nicht
etwa mit den Qualitäten, die er in seinen späteren Aufsätzen über Hoffmanns Erzählen herausarbeitet, sondern mit
*»Übereinstimmungen zwischen dem 22 Gestorbenen und
dem 22 Geborenen«[!]*, also mit biographischen Korrespon-
denzen. Ist es bloß scherzhafte Übertreibung, wenn er angibt, zwischen sich und dem Romantiker *»insgesamt 37 Gemeinsamkeiten«* entdeckt zu haben? Immerhin zählt er acht

davon sogleich auf; darunter sind: beider Hochschätzung des Traums als wesenhafter Wirklichkeit; daß beide im Alter von 33 Jahren ihre erste Novelle veröffentlichen; daß beide »*ein schlesisches Weib hatten, beide aus ihrem Dienst flogen, beide Säufer waren, beide den Alkohol überwanden*«[214]. Die Aufzählung verrät eine ausgeprägte Identifikationslust und Freude am Ähnlichsein, die sich dann auch umgehend auswirken. Es ist verblüffend zu sehen, wie eifrig Franz Fühmann, beginnend mit *Bagatelle, rundum positiv* und bis in die kürzesten Traumerzählungen hinein, den gliedernden Hoffmannschen Gedankenstrich in seine Texte einführt.

Doch zurück zu seinem Verhältnis zu Kurt Batt. Ihr gutes Einvernehmen äußert sich schließlich sogar im Plan einer gemeinsamen Zeitschrift, die der Lektor leiten soll. Fühmann, der sich gerade mit Christian Morgenstern beschäftigt, entdeckt bei diesem einen schönen Titel für das geplante Journal, mit dem zugleich dessen maliziös-ironische Wendung gegen Zensur und Gängelei angedeutet wird: »Der Dürfer«[215]. Doch die fruchtbare Freundschaft endet bald: Am 20. Februar 1975 stirbt Kurt Batt im Alter von 43 Jahren. Was das für Fühmann bedeutet, weiß er in seinem Nachruf *Ich habe meinen Lektor verloren* ebenso schlicht wie ergreifend zu sagen. Andererseits kennzeichnet es den Menschen Franz Fühmann, wenn er dem aus der Kulturredaktion der SED-Zeitung »Neues Deutschland« kommenden, sehr ungleichen Batt-Nachfolger Dr. Horst Simon das Hineinwachsen in sein neues Amt erleichtert.[216]

Dabei spielt allerdings auch der Umstand mit, daß er sich im Hause Hinstorff als Autor inzwischen gut untergebracht fühlt und dort nach dem Bruch mit dem Aufbau-Verlag seine feste verlegerische Heimat gefunden hat. Fühmann weiß das Bemühen des zunächst noch von Konrad Reich geleiteten Unternehmens um eine würdige und ansprechende Präsentation seiner Werke zu schätzen. Aus Anlaß seines 50. Geburtstages gestaltet der Verlag den halbjährlich erscheinenden Haus-Almanach »trajekt« als eine originelle

Festschrift aus, an der sich unter anderen der Dichter Erich Arendt, der Filmregisseur Kurt Jung-Alsen und die bildenden Künstler Werner Klemke, Harald Metzkes und Johanna Rubin beteiligen. Neben Proben aus ungedruckten Fühmann-Texten und aufschlußreichen Fotodokumenten bietet das Büchlein auch eine erste Auswahlbibliographie der Primär- wie der Sekundärliteratur. Wertvolle Beiträge stammen von Regina Hänsel, die den Kinderbuchautor charakterisiert, und von dem Kunstwissenschaftler Lothar Lang, dessen dichter Bericht von einem Besuch bei Fühmann ein Bild davon vermittelt, mit welchen Werken der Kunst und Literatur der Jubilar in diesen Jahren gerade umgeht. Lang weiß, daß Fühmann an die Atelier-Türen der Böttcher, Mörstedt, Metzkes, Uhlig, Goltzsche, Sell und vieler anderer klopft; er sieht Grafiken von Carl Hofer, Otto Müller und Alfred Kubin, von Chagall, Hegenbarth und Käthe Kollwitz hängen; er erfährt, daß der Schriftsteller auch mit der jüngeren Grafiker-Generation der DDR vertraut ist: »[…] von Altenbourg bis Zickelbein, er kennt sie alle.«[217] Als Lang noch »die literarischen Hausgötter Fühmanns zu erkunden« sucht, hört er die Namen Hašek, Roda Roda, Jacob und Wilhelm Grimm, Alfred Jarry, Joseph Roth, allerdings mit der Einschränkung *»naja, eben jetzt, und: die Reihe könnte noch weitergehen.«*[218] Der Beitrag endet mit einer sehr treffenden und bezeichnenden Momentaufnahme Fühmanns, für die jeder Biograph dankbar sein muß: »Zum Schluß gibt er, sehr jung lächelnd, noch einen Namen preis: Ich hab jetzt den Mombert entdeckt, den kennt kein Mensch. Nächstens wird er mir einen anderen Dichter nennen, ich bin dessen ganz sicher.«[219]

Eine weitere wichtige Würdigung des Jubilars gestalten die Literaturarchive der Künste-Akademie. Sie zeigen in Berlin und danach in Görlitz eine Fühmann-Ausstellung, die neben Ausgaben seiner Werke manchen Einblick in seine Werkstatt bietet und durch die Einbeziehung von Kinderzeichnungen sinnfällig Auskunft gibt über die regen Wechselbeziehungen zwischen dem Autor und seinem engagierten Publikum in den Kindereinrichtungen und Schulen. Es ist eben kein Zufall, daß sich gerade unter den Fühmann betreffenden Bildbeigaben des Literaturgeschichtsbandes 11 auch eine Kinderzeichnung befindet. Und es ist ein Glücksfall, daß Dr. Albrecht Börner wenige Jahre später einen kleinen Film bewerkstelligen kann, der unter dem Titel *Prometheus in Märkisch Buchholz* die unübertreffliche Fähigkeit Franz Fühmanns dokumentiert, Kinder anzusprechen und zu schöpferischer Zusammenarbeit zu befähigen. Der Film, leider nur ein einziges Mal gesendet, verdiente wiederentdeckt und sowohl theoretisch wie praktisch ausgewertet zu werden.

Im Jahr seines 50. Geburtstags wird Fühmann mit dem Lion-Feuchtwanger-Preis der Akademie der Künste ausgezeichnet. Damit finden insbesondere die Neu-Erzählungen Homers und des Nibelungenlieds eine angemessene Würdigung. 1974, also nach dem Erscheinen des Ungarnbuchs und des *Prometheus*-Romans, erkennt die DDR-Regierung dank erneuertem Antrag des Akademie-Präsidiums Franz Fühmann einen Nationalpreis zu. Er empfängt den Preis (II. Klasse) am 4. Oktober gleichzeitig mit solchen Kunstschaffenden wie Ruth Berghaus, Benno Besson, Peter Hacks, Wolfgang Mattheuer, Otto Niemeyer-Holstein, Werner Tübke und anderen. Kann er ihn noch als echte Anerkennung seiner erfolgreichen Arbeit verstehen oder gar als ein ermutigendes Zeichen politischen Willens der Staatsführung, der künstlerischen Kultur die dringend nötigen Spielräume wieder zu erweitern?

Die offizielle Anerkennung korrespondiert mit der Entwicklung seines öffentlichen Wirkens, das gerade in diesem Lebensabschnitt auf günstige Entfaltungsmöglichkeiten trifft. Immer rationeller muß Fühmann nun seine Jahrespläne und darin die Lesereisen organisieren, um möglichst zahlreichen Einladungen ohne zu großen Zeitaufwand folgen zu können. Es häufen sich die Wünsche von Bibliotheken, Klubs, Gesellschaften, Universitäten und Hochschulen, ihn als Gast lesen oder reden zu hören und als anregenden Gesprächspartner erleben zu können. Wiederholt nimmt er an der Serie »Dialog am Abend« der Künste-Akademie teil, so am 22. Juni 1971, als Benno Bessons Volksbühneninszenierung der *Räuber* von Schiller diskutiert wird. Im Disput mit den Professoren Heise, Kaufmann, Schumacher, Thalheim, mit Konrad Wolf, Karge, Kohlhaase und Thomas Langhoff gibt er seiner Überzeugung Ausdruck, die Künstler müßten das Erbe um jeden Preis wirksam machen, dies sei der erste Schritt, und jeder andere bleibe sonst sinnlos und nutzlos; Aktualität sei eine Eigenschaft des Realismus, und wenn etwas realistische Qualität habe, dann besitze es auch die Potenz, aktuell zu sein. Im »Dialog am Abend« des 28. Februar 1973 steht er selbst mit seiner Nacherzählung des Nibelungenlieds zur Diskussion, an der sich Experten wie Manfred Bierwisch und Peter Göhler beteiligen. Aus der Fülle der Lesungen seien wenigstens noch zwei für diese Jahre besonders charakteristische herausgehoben: die Studioaufzeichnung eines blendenden Vortrags aus dem Diarium *Zweiundzwanzig Tage oder Die Hälfte des Lebens,* ausgestrahlt vom Fernsehen der DDR im Umfeld des VII. Schriftstellerkongresses, und die *Prometheus*-Lesung vor Kindern in der Künste-Akademie, ein Bestandteil der Woche »Kunst für die Jugend« im Oktober 1974.

Das öffentliche Wirken Fühmanns und die Entfaltung seiner Essayistik vollziehen sich nun im Wechselspiel. Für die postume Verleihung des F.-C.-Weiskopf-Preises an den im Vorjahr verstorbenen Georg Maurer braucht die Akademie der Künste einen Laudator; Fühmann stellt sich dieser Aufgabe mit emphatischem Engagement, schreibt eine treffende und würdige Lobrede auf den ihm nahen älteren Kollegen. Am 28. April 1972 gehalten, erscheint sie sogleich im nächstmöglichen Heft von »Sinn und Form« und geht dann in seinen Essayband *Erfahrungen und Widersprüche* ein. Vergleichbares geschieht im Herbst des folgenden Jahres. An früherer Stelle war schon davon die Rede: Für den VII. Schriftstellerkongreß wird ein anspruchsvoller Text über das Thema »Literatur und Kritik« erarbeitet, der entsprechenden Arbeitsgruppe mit Überzeugungskraft vorgetra-

321

gen, in der Verbandszeitschrift sowie im Kongreßprotokoll veröffentlicht und ebenfalls in die Sammlung der Essays aufgenommen, die 1974 im Manuskript abgeschlossen wird. Im Vergleich zur Maurer-Laudatio ist dieser Text allerdings theoretisch wie kulturpolitisch-praktisch von größerem Gewicht und erheblicher Brisanz.

Bald nach dem Kongreß folgt aber bereits der nächste Schritt und mit ihm auch die nächste Steigerung. Von den Germanisten der Berliner Humboldt-Universität zu einem Gastvortrag eingeladen, der den Auftakt und Beginn einer ganzen Reihe von fruchtbaren Begegnungen zwischen Schriftstellern und Literaturwissenschaftlern bilden soll, verlangt sich Fühmann eine Vorlesung über grundsätzliche Fragen des Literaturverständnisses ab. Was er nach intensiver Vorbereitung zu sagen hat, nennt er zwar bescheiden einen Versuch, sich »*nach Art redlicher Handwerker bestimmter Phänomene und Merkwürdigkeiten der eigenen Arbeit und deren Wirkung klarzumachen*« (EGA 83), doch fordert er, der nie ein regelrechtes Studium absolvieren konnte, die akademischen Fachleute und deren Schüler auf höchst anspruchsvolle Weise heraus. Er unterbreitet ein geistig stark mobilisierendes Angebot, mit dem er sich seinem Publikum als Provokateur und Partner empfiehlt. In angestrengter Nacharbeit entwickelt er den Redetext zu seinem größten, grundsätzlichsten Essay: *Das mythische Element in der Literatur.*

Dabei beflügelt ihn das Erfolgserlebnis, das er sich mit der Gastvorlesung am 28. Februar 1974 geschaffen hat. Stolz und Freude darüber klingen im sofortigen Bericht an Kurt Batt deutlich an; zugleich aber bezeugt das Schreiben, wie sehr es Fühmann auch hier wieder um die Sache zu tun ist: »*Es war offenbar ein sehr großer Erfolg, und was mich gefreut hat, war einmal doch der Mut von Frau Dr. Grosse* [sic!] *die jetzt Löffler heißt, dieses Beginnen zu tradieren und als Nächste Claudius und Hermlin zu holen, und dann die beinahe rührende Gier der jungen Menschen nach ein bißchen Bewegung jenseits des abgesteckten Geländes.*«[220]

Solche gewinnbringende geistige Bewegung führt Fühmann in seinem Vortrag in reichem Maße vor, ohne sich dabei etwa besonders kalkulierter Mittel oder sensationeller Effekte zu bedienen. Sein bekenntnishafter Umgang mit dem Begriff des Mythos ist freilich schon an und für sich etwas die meisten Hörer Überraschendes und ihnen Ungewohntes. C. G. Jungs Vorstellung vom »kollektiven Unbewußten« kommt ausdrücklich zur Sprache, und Fühmann findet erstmals Gelegenheit, öffentlich zu erklären: »*Ich kann mich der Überzeugungskraft dieser Theorie nur schwer entziehen, und wenn Robert Weimann in seiner ›Literaturgeschichte und Mythologie‹ [...] sein Erstaunen darüber ausgedrückt hat, daß so viele Schriftsteller unserer Zeit sich zu dieser Archetypus-Lehre bekennen, so fühle ich mich durchaus in diese Zahl eingeschlossen.*« (EGA 105 f.)

Franz Fühmanns wachsende Wirkung auf jüngere Generationen künstlerisch Interessierter und Tätiger erwächst jedoch nicht wesentlich aus solchen zweifellos wichtigen Einzelheiten, sondern letztlich aus seinem überzeugenden Vermögen, fernab von aller Dogmatisierung die Literatur – »Kunst im Medium Wort« (EGA 131) – als ein Sublimat von Erfahrung zu erklären, das den Menschen auf magische Weise in ein kathartisches Verhältnis zur menschlichen Gattung zu setzen vermag. Seine starke Ausstrahlung erhält aber erst der vom Leser, Schreiber und Redner sozusagen vorgelebte, in reiches Leben umgesetzte Gedanke.

Die Neuerungen und Weiterungen in seinem Schaffen erneuern und weiten auch seine Wirkungsmöglichkeiten. Fühmann wird nunmehr zum fortan stark gefragten Interviewpartner. Der Chefredakteur der NDL führt mit ihm ein Arbeitsgespräch über die Neu-Erzählung des Nibelungenlieds, das im Dezemberheft 1970 abgedruckt wird. Anfang 1971 bringt der »Sonntag« ein ganzseitiges Interview Peter Gugischs mit dem Autor des Zyklus *Der Jongleur im Kino oder Die Insel der Träume*. Wenig später veröffentlicht die Zeitschrift »Weimarer Beiträge« (1971, H 1) ein umfassendes Interview, das Weg und Werk Franz Fühmanns insgesamt zum Gegenstand hat. Bald folgen Interviews in den

Zeitungen und Zeitschriften »Wochenpost« (1972, Nr. 2), »Neues Deutschland« (12. 8. 1972), »Budapester Rundschau« (1972, Nr. 50) und »Neue Zeit« (2. 3. 1974). Weitere Interviews mit Gisela Schöne von »Sinn und Form« sowie mit Anneliese Große (Löffler) werden in Angriff genommen, gedeihen aber nicht zur Druckreife und werden schließlich im Archiv abgelegt. Im »Neuen Deutschland« folgt hingegen am 2. Januar 1975 ein weiteres Interview, und ein vermutlich erstes für eine westdeutsche Radiostation, den Hessischen Rundfunk, von Karl Corino geführt, erscheint im Märzheft 1975 der Zeitschrift »Deutschland Archiv«. Der DDR-Rundfunk schenkt Fühmann wachsende Aufmerksamkeit. Radio DDR II sendet im Januar 1975 ein ausführliches Gespräch zwischen Wieland Förster, Franz Fühmann und Luise Köpp, das als ein Dialog über ein Werk Försters und das daran zu erprobende Kunstverständnis angelegt ist.

Zugleich beginnt Fühmanns Werk auch im Westen zu wirken. Gleichzeitig mit der Homer-Nacherzählung im Verlag Neues Leben erscheint *Das hölzerne Pferd* im Paulus-Verlag Recklinghausen. Kriegserzählungen bringt der Diogenes-Verlag in Zürich unter dem Titel *Die Elite* 1970 heraus. Der Zyklus *Der Jongleur im Kino,* dessen Rostocker Erstauflage 1970 erscheint, wird 1971 vom Luchterhand-Verlag ediert. Das Jahr 1972, an dessen Ende der Grundlagenvertrag zwischen der DDR und der Bundesrepublik zustande kommt, beschert dem fünfzigjährigen Fühmann die Aufnahme in das Taschenbuchprogramm eines führenden westdeutschen Verlags: Erzählungen aus den Jahren 1954 bis 1965 erscheinen unter dem Titel *König Ödipus* in der Fischer-Bücherei. *Zweiundzwanzig Tage oder Die Hälfte des Lebens* kann synchron bei Hinstorff und Suhrkamp erscheinen. Auch die Essaysammlung *Erfahrungen und Widersprüche* kommt nahezu gleichzeitig in beiden Verlagen heraus (1975 bzw. 1976), und zwar in Frankfurt am Main gleich als Taschenbuch. Zwischendurch holt 1975 der Goldmann-Verlag München den *Reineke Fuchs* in seiner Jugend-Taschenbücher-Reihe nach, während der anspruchsvolle

Prometheus noch Jahre warten muß, ehe er von einem Stuttgarter Verlag übernommen wird. Man sieht: Anders als andere namhafte Schriftsteller der DDR findet Fühmann vorerst nicht *seinen* Verlag in der Bundesrepublik; doch immerhin werden in der ersten Hälfte der siebziger Jahre wesentliche Werke endlich angeboten.

Dies bedingt eine rasch wachsende Beachtung des Autors durch die westliche Kritik, die allerdings nicht immer sonderlich verständnisvoll und sensibel reagiert. Neben deutlich abwertenden und abwehrenden Gesten, deren Gründe noch im Kalten Krieg zu suchen sind, gibt es manches Mißverstehen und oberflächliche Urteil, doch auch treffende kritische Worte. Verletzen sie ihn, schiebt er sie beiseite; oder fordern sie ihn zu Besserem und Neuem heraus? Sofern er die Beiträge überhaupt zur Kenntnis bekommt, werden wohl alle Reaktionsweisen in wechselnder Mischung zusammenwirken. In der Vielzahl der westlichen Kritiker fällt einer durch besondere Klarheit und Präzision auf. Es ist der aus Prag stammende Peter Demetz, dessen umfassender Aufsatz vom September 1976 sich fast wie ein Schlußwort zur ausgehenden Periode liest. Demetz verfährt beileibe nicht unkritisch mit seinem Landsmann, aber aus intimer Kenntnis und mit tiefgehendem Verständnis.

Zunächst sich der Enttäuschung erinnernd, die er als berührter Leser von Fühmanns ersten gedruckten Gedichten erlebte, da der vermeintlich nicht-faschistische Obergefreite sich brieflich als Nazi entpuppte, überschaut Demetz den weiteren Weg des Dichters erstaunlich scharfsichtig. »Als entschiedener Moralist, fortwährend Gerichtstag haltend über sich selbst, wie Peter Weiss, war auch Fühmann ein Manichäer ohne Gott und Teufel, fühlend und denkend in gespannten Polaritäten und lange unwillens, das Relative, Halbe, Graue und Wiederholbare des Alltags zu sehen oder gar darüber zu schreiben. Es war immer alles auf die Spitze und zu schicksalsträchtigen Konfrontationen fortgetrieben«, schreibt Demetz rückblickend, bemerkt jedoch nach der erneuten Lektüre des Ungarn-Tagebuchs desto aufmerksamer, daß der Autor jetzt »aus der alten Rolle bricht und sich selbst wie im Sprung zu erneuern sucht«. Geradezu prophetisch aber formuliert er: »Der Mythos (wie anderen die Psychoanalyse) gibt diesem schamhaftesten aller Autoren die Chance, die Scham zu überwinden.« Sein letztes Wort ist eine Ermutigung ohnegleichen: »Fühmann, ein Schriftsteller ersten Ranges, wenn er nur will, hat eben erst zu schreiben begonnen.«[221]

Ja, dies fühlt Franz Fühmann wohl selbst so, und er nutzt alles, was seinen Willen und seine Kraft stärken kann. Das sind solche Herausforderungen, wie sie sich zum Beispiel in der Aufgabe äußern, der Akademie der Künste als Festredner anläßlich von Hoffmanns 200. Geburtstag zu dienen, oder in der Einladung nach Frankfurt am Main zu einem fast olympischen Treffen aus Anlaß von Rainer Maria Rilkes 100. Geburtstag, das Fühmann am 6. Dezember 1975 mit Autoren zusammenführt wie Nicolas Born, Hilde Domin, Pierre Emmanuel, Eugen Gomringer, Helmut Heißenbüttel, Walter Höllerer, Zbigniew Herbert, Peter Huchel, Karl Krolow, Marian Sorescu, Sándor Weöres und Andrej Wosnessenski. Das sind aber auch die immer neuen Begegnungen mit den großen und kleinen Lesern und nicht zuletzt die vielen Stunden gemeinsamen Arbeitslebens mit der Häuerbrigade Siebenhüner im Mansfelder Revier: die Abenteuer im Berg. Von dort wieder einmal heimgekehrt, meldet er seinem Hausarzt: *»[…] ich bin nun heil & gesund aus dem Bergwerk zurück, und ich bin ganz stolz, daß ich dort Anstrengungen standgehalten habe (Temperatur, Kriechen, Kälte, Schwerarbeit), die manchem Jüngeren zu schaffen gemacht hätten.«*[222]

Demetz läßt sich variieren: Fühmann betreibt sein Leben in gespannten Polaritäten und unwillens, das Halbe, Graue, Wiederholbare des Alltags hinzunehmen; er sucht seine Leistungsfähigkeit auf die Spitze zu treiben. Darum nimmt er aber auch den harten, grauen, wiederholbaren Alltag in der märkischen Klausur auf sich. »Trachte ich denn nach *Glücke*? Ich trachte nach meinem *Werke*!«[223] Also sprach Zarathustra, und also hält es Franz Fühmann.

»Die dampfenden Hälse der Pferde
im Turm von Babel«

Ein angestrebtes Bändchen Gegenwartserzählungen[224] kommt vorerst nicht zustande. Auch der neue Zyklus-Plan »Parna« geht nicht auf; die Titelerzählung bleibt Fragment. Ein erster Anlauf zur Verwirklichung des »Bergwerk«-Projekts muß bald wieder abgebrochen werden; dem befreundeten Kumpel in Sangerhausen erklärt er: *»[...] ich weiß noch viel zuwenig, und ich stoße allerorten auf Lücken.«*[225] Einem anderen Briefpartner teilt er am 28. Juni 1976 mit, er müsse hundert neue Seiten »Prometheus II« wegwerfen.[226] Den mythologischen Roman mehrbändig weiterzuführen erweist sich als allzu kühn gedacht; was den Anfang einer neuen Welt machen sollte, die Erschaffung des Menschen, bildet nun ein für alle Mal den Schluß des Buches. »Libussa« bleibt ein umfänglicher Torso. Ein mit *Die Ohnmacht* im Sommer 1975 plötzlich angebahnter Weg zum späten Zyklus *Saiäns-Fiktschen* wird vorläufig nicht weiter beschritten und noch nicht einmal als Weg erkannt; nichts Anschließendes oder Weiterführendes drängt heran.

Doch dafür gedeiht manches andere in diesen mittleren siebziger Jahren, in allererster Linie die Essayistik, nunmehr und bis zu seinem Ende ein zentrales Feld seines Schaffens. Wenig auffällig, gleichsam nebenher wächst ein Werk ganz eigener Art heran, das sein letztes, reichstes und wichtigstes Kinderbuch werden sollte. Hervorragend illustriert und ausgestattet, wird es im Herbst 1978 vom Kinderbuchverlag Berlin vorgelegt (1982 von der Büchergilde Gutenberg und 1984 vom Luchterhand-Verlag übernommen). Der komisch-befremdliche Titel, der kaum jemandem sichere Auskunft über den Inhalt des Buches vermitteln dürfte, kann dennoch als sehr gelungen gelten: Er verknüpft die ersten Worte aus dem legendären Wettstreit zwischen Hesiod und Homer mit dem Motiv des Turmbaus von Babylon und verweist damit auf thematisch Wichtiges, freilich in äußerst verkürzter Form. Deshalb folgt sogleich ein spielerisch aufschließender Untertitel, der den Leser auf ein »Spielbuch in Sachen Sprache«, ein »Sachbuch der Sprachspiele«, ein »Sprachbuch voll Spielsachen« einstimmt. Ein deutlicher Verdacht, daß hier mehr vorliegen könnte als »nur« ein Kinderbuch, wird keineswegs erregt. »Für Leser von 13 Jahren an«, so lautet der übliche Eignungsvermerk des Verlags, und der ist gewiß wohlbedacht. Doch manche lustige Einzelheit läßt sich sogar schon aufgeweckten Vorschulkindern mit Erfolg vortragen; und eine Elfjährige begegnet dem Zweifel daran, daß sie das Buch wirklich von A bis Z gelesen haben könnte, fast empört: »Das mußte und das konnte ich bis zu Ende lesen, das ging ja gar nicht anders bei Herrn Fühmann.«[227] Andererseits mag mancher Erwachsene, dem es an Übung im Lesen, Denken und Spielen mangelt, das Buch stellenweise recht schwierig finden. Jedenfalls aber zählt es vornan zu jenen Werken der DDR-Kinderliteratur, die auch für Erwachsene von ganz beträchtlichem Wert sind oder zumindest sein können.

Bereits die Rahmenerzählung, die alles schlüssig integriert, ist bei weitem nicht so simpel, wie sie zu beginnen scheint: Nicht enden wollender Regen erzeugt bei fünf zwölfjährigen Kindern, da alle Arten des Zeitvertreibs erschöpft scheinen, eine lähmende Langeweile, bis einer plötzlich die Möglichkeit entdeckt, mit Wörtern, mit Lauten, mit Sprache zu spielen, und sich daraus amüsante gesellige Beschäftigungen die Menge entwickeln. Was bei Boccaccio die Pest ist, das ist hier eine Regenzeit mitten in den Ferien, und statt einander Novellen zu erzählen, wirft man sich die Bälle immer neuer Wort- und Sprachspiele zu, auch solche in Geschichtenform. Statt der zehn jungen Menschen, wie sie im *Decamerone* beisammensitzen, bietet Fühmann fünf Kinder auf, denen dann weitere Figuren beigegeben werden. Aber nicht allein das klassische Muster des Novellenzyklus von Boccaccio schimmert hier durch, auch das von Giambattista Basiles *Pentameron;* denn es ist ebenfalls ein »Fünftagewerk«, wenngleich unser Autor nicht wie der Neapolitaner zehn alte Frauen dazu versammelt, sondern eben jene fünf Kinder: den ortsansässigen Jens Habermilch, dessen Mutter beim Kulturbund arbeitet, sowie die Urlauberkinder Emmanuel Schmidt, der von Anfang an durch einschlägige Begabung auffällt, Caroline Lehmann, deren Vater vor kurzem zum Leiter einer Planungsabteilung aufgestiegen ist, die Staatsanwaltstochter Monica Meier und die Klempnermeisterstochter Gabi Müller. (Fühmann verzichtet keineswegs darauf, seine kindlichen Helden mit individuellen Profilen auszustatten.)

Mit der Elterngeneration haben die Kinder ausgesprochen wenig vor; sie pflegen vielmehr regen Umgang mit drei Geistern, was sie selbstverständlich vor ihren Eltern streng geheimhalten. Den ersten und für den Gang der Dinge allerwichtigsten dieser drei erfindet Fühmann, das spannenlange Geistlein Küslübürtün, einen blitzgescheiten und polyglotten Türken, der über weite Strecken als Spiritus rector wirken, den Autor im Text vertreten und dann beizeiten den zweiten Geist vorstellen kann, das gleichformatige Greislein Arthur Schopenhauer. Der würdige Philosoph wird natürlich auch sprachlich integriert und adaptiert: die Kinder dürfen ihn Atze oder Schoppi nennen. Der dritte erscheint, ganz seinem authentischen Namen gemäß, zunächst als helles Gestirn am noch dämmrigen Himmel, um dem Jens, der die ganze Nacht vor dem dritten Tag vergeblich eine Geschichte zu ersinnen versucht hat, freundlich zu verkünden: »*Ich bin der Morgenstern, und ich will dir helfen, denn ich mag Kinder, denen lustige Geschichten Spaß machen.*« (DdH 91)

Alltagswirklichkeit, geistiges Erbe und Möglichkeiten des Phantastischen werden überzeugend verschmolzen. Mit Hilfe von Küslübürtün und dessen Beihelfern Arthur Schopenhauer und Christian Morgenstern vermag Fühmann eine erstaunliche Menge von Kenntnissen und Einsichten in seinen Text hineinzunehmen, ohne ihn didaktisch zu überlasten. In Gestalt seiner Geister, hauptsächlich des Türken, mengt sich der Autor unauffällig selbst ins Gespräch mit den Kindern, von denen er erzählt, die er ihrerseits zum Erzählen bringt und für die er erzählt. Ein besonders fruchtbarer Einfall ist das Blaubuch, das die drei Geister sozusagen in seinem Auftrag für die an der Rahmenhandlung beteiligten Kinder anlegen. Es dient dazu, manches Ungesagte aufzunehmen, das wissenswert ist und jederzeit nachlesbar sein soll. Die Geister bewirken aber auch, daß das blaue Buch alle Gespräche, Spiele und Geschichten der Kinder speichert. So entsteht ein Buch im Buch, das dem Autor erleichtert, die Fülle und Vielfalt des disparaten Materials einleuchtend und übersichtlich darzubieten, zwischen kunstgemäßer Buntheit und sachgerechter Ordnung zu vermitteln.

Und was weiß Franz Fühmann in seinem außerordentlichen Opus nicht alles zu bieten! Am Anfang steht Emmanuels freudige Entdeckung der situationsbedingten und zugleich erlösenden Wortgruppe »*Regenwetter – regelrecht ekelerregend*« (DdH 5): In lediglich drei Wörtern kommt zwölfmal das e vor, aber kein einziger anderer Vokal. Am Ende des Buches dann hören die Kinder – ehe Emmanuel aus einem vorgegebenen Satz seine lustige Schlußgeschichte herausspinnt – sozusagen letzte Weisheiten aus Geistermund zu den thematischen Haupt-Wörtern des Werks, Gedanken über die sprachlichen Zeichen, das Wort, das Sprechen, die Sprache. Dazwischen aber liegen wahrhaftig kaum zählbare Texte und Textchen verschiedenster Art, Beispiele und Anregungen, Hinweise und Informationen zum Themenkreis. All das ergibt zusammen – soweit dergleichen überhaupt möglich ist – eine einzige Verführung zum sinnlich erlebenden und geistig durchdringenden, zum begreifenden und gestaltenden, zum zielgerichteten und zum spielerisch freien, jedoch stets lustvollen Umgang mit dem Wort und der Sprache.

Heiteres Staunen, vom Autor den beteiligten Kindern wie den gedachten Lesern als ein glücklich gemischtes Grundgefühl mitgegeben und durchweg nachvollziehbar gemacht, bildet die zuverlässige Gewähr dafür, daß alles dem Buch eingeschriebene Denken und Wissen grundsätzlich willkommen sein kann und nicht als lustmindernde Last empfunden werden muß, obzwar sich nicht jegliche Mühe erübrigt. Wenn gelegentlich eine dichte, abstrakte Unterrichtung fällig wird, schaltet der Autor eine entsprechende Passage ein, die er ehrlich als »*Belehrung*« (vgl. DdH 93) überschreibt, so daß sich der ganz auf lustbetonte Lektüre eingestellte Leser nicht betrogen fühlen muß, sondern weiß, daß er sich nur für einen Moment umzustellen hat. Gerät der Anspruch eines der vielen einmontierten Texte übermäßig hoch, dann wird auch das warnend angekündigt und dazu ermutigt, nötigenfalls das allzu schwierige Stück zu überspringen. Jene »*Eintragungen im Blaubuch*«, deren Überschriften mit dem massiven Imperativ »*Lernt!*« einsetzen, zielen immer nur auf ein amüsantes praktisches Kennenlernen, nicht etwa auf ein braves Pauken. Und wenn einmal »*Aufgaben*« formuliert werden, dann meint das keinesfalls ein Abarbeiten von Pflichtübungen, sondern ein kreatives Probieren. Mit einem Wort: Fühmann bekennt sich zwar offen zur Funktion des Pädagogen, aber er ist auch in der Tat einer von hohem Range. Übrigens besitzt er inzwischen sogar die Souveränität, sexualpädagogisch zu wirken, indem er unmißverständlich auf die Schwierigkeiten der deutschen Sprache eingeht, die Geschlechtsorgane und ihren Gebrauch so zu benennen, wie es wirklich angemessen wäre (vgl. DdH 146 f.).

Fühmann führt nicht nur schier unerschöpfliche Möglichkeiten vor, mit Lauten, Worten und Sprache zu spielen, so daß der Leser das Palindrom, das Anagramm, das Homonym, die Scharade, diverse weitere Rätselarten und anderes mehr kennenlernt. Unversehens macht er auch mit verschiedensten Ausdrucksformen und Textsorten bekannt, vom alten Abzählreim bis zum Morgensternschen Galgenlied, vom Orakel bis zum Aphorismus, von der alten Mythe bis zum modernen Zukunftsroman, vom wissenschaftlichen Text bis zur Sportreportage. (Der Bericht eines Fußballreporters wird durch hartnäckiges Wörtlichnehmen seines bilderreichen Jargons äußerst komisch verfremdet.) Sogar solche Phänomene wie die Ironie und das Paradoxon bleiben nicht ausgespart – vom Stabreim, von Lautmalerei und dergleichen gar nicht erst zu reden.

Der Autor verwendet viel Selbstfabuliertes, das er geschickt unter seine Figuren aufteilt. Er läßt sie gar manche Geschichte erzählen wie die *Am Schneesee*, in deren Verlauf ein Wort mit sechzehn e heranwächst, *Die Geschichte vom Ball, der ein Ball werden wollte*, worin mit der großen Bedeutungsdifferenz zwischen Ball und Ball, dem Spielzeug und dem Fest, fabulierend gespaßt wird, *Die Geschichte vom kleinen und*, *Die Geschichte von der Maus und dem Hund*, wobei das Motiv der vertauschten Köpfe auf die Anfangsbuchstaben der Wörter angewendet wird usw. usf. Die Erzählung *Wie das alte Nashorn das Blau kennenlernte* läßt die allenthalben zu beobachtende Liebe des Autors zu den Farben auf ungewohnte Weise in Erscheinung treten und macht erlebbar, wie ein und dasselbe Farbwort auf die unterschiedlichsten Gegenstände zutrifft oder was Blau alles sein kann. Schließlich bleibt zu erwähnen, daß Fühmann mit Rechtschreibung und Interpunktion besonders einfallsreich und erheiternd umgeht.

Der belesene und vermittlungsfreudige Autor greift natürlich in reichem Maße auch nach Angeboten anderer, nach Texten aus alten Quellen und von bedeutenden Schriftstellern. Er weckt den Sinn für die Leistung, die Homer in dem legendären Wettstreit mit Hesiod vollbringt. Er zitiert eine assyrische Mythe und Herodot und – um des Turms von Babel willen – das 11. Kapitel aus dem 1. Buch Mose. Er zieht Verse heran aus *Des Knaben Wunderhorn*, von Goethe und Schiller, von Bürger und Rückert, von Eichendorff, Victor Hugo und František Halas, von Morgenstern und Uwe Greßmann, nicht zuletzt die Alphabete von Wilhelm Busch und Bertolt Brecht. Er schreckt nicht davor zurück, Rimbauds berühmtes Gedicht *Vokale (Voyelles)* wenigstens in einer reduzierten Form, sozusagen propädeutisch, vorzustellen. Und er traut sich zu, Brechts *Erinnerung an die Marie A.* selbst dem kindlichen Leser als hohe Schule des Erfahrens von Poesie einladend zu machen. Man sieht, er handelt genau nach der in der DDR immer gern beschworenen und doch nicht hinreichend befolgten Devise, für die Kinder sei das Beste gerade gut genug. Und darum baut er auch noch Auszüge aus theoretischen Schriften ein, die tiefe und schwierige Gedanken über Geschichte, Gesetze und Gebrauch von Sprache enthalten: von Herder und Wilhelm von Humboldt, von Schopenhauer, von Marx und Engels, von Franz Nikolaus Finck.

So treffend der Untertitel des Buches auch sein mag, so wenig reicht er doch als stichwortartige Beschreibung des Inhalts aus. Denn der Autor führt seinen Leser nicht nur auf vielen Wegen und Pfaden durch die weite Welt des Worts und der Sprache(n). Er leistet zugleich allenthalben beispielhafte ästhetische Erziehung, aber eben nicht durch dogmatische Setzung von festen Maßstäben, sondern gerade umgekehrt durch das Heranziehen, Mischen und Gegenüberstellen vielfältigster, unterschiedlichster Arten des gestaltenden Umgangs mit Sprache, durch das Aufweisen der enormen Weite literarischer Möglichkeiten und nicht zuletzt dadurch, daß er im Dialog der Rahmenhandlung Rezeptionsprobleme und Meinungsbildungsprozesse modelliert. Besonders bedeutsam ist in dieser Hinsicht das Gespräch über Gedichte im ersten Teil des 9. Kapitels. Fühmann läßt es mit Monicas verständnisloser Ablehnung von Greßmanns Gedichten beginnen: Das Zeug sei doch blöde, erklärt sie spontan. Indem ihrem Widerspruch widersprochen wird (seitens des sensiblen Emmanuel), entsteht eine Kommunikation der Kinder, die sie dem poetischen Angebot näherbringt.

Fühmann führt seine Leser aber auch noch ans Philosophieren heran. Er vermittelt ihnen Einsichten in das Werden des Menschen, in die unauflöslichen Zusammenhänge zwischen Arbeit, Sprache und Denken und weckt nachdenkliches Interesse an den Wegen und Erfahrungen der Menschheit.

Wenn er seinen toleranten Türken aus der Bibel zitieren läßt, dann gibt das Gelegenheit, das Alte Testament als bedeutsames geschichtliches Zeugnis vorzustellen, das exemplarisch »*Herkunft, Wanderschaft, Kämpfe und Schlachten, Naturkatastrophen, Drangsale, Hoffnung, Grausamkeit, Nöte, Verirrungen, Treue, Liebe, Opfermut, Schändlichkeit, Aufstieg, Triumph und Absturz und alle Regungen menschlicher Seele in Legenden, Chroniken, Geschichten und Liedern*« (DdH 100) abbilde.

Damit ist natürlich nicht nur etwas über das Buch der Bücher gesagt, sondern vor allem auch etwas für ein realistisches, unbeschönigtes, lebensnahes Bild des Menschen geleistet. Mit besonderer Eindringlichkeit wirbt Fühmann für das Verständnis des Widerspruchs als einer fundamentalen und überall waltenden Lebenstatsache. Als klugen Mittler setzt er dafür seinen Türken Küslübürtün ein, so daß die Kinder von ihm sagen können: »*Du bist wirklich der Fan der Widersprüche!*« (DdH 142) Großen Wert legt der Autor auch auf die Einsicht, daß es ein Wissenschafts-Wahres und ein Kunst-Wahres gibt und beides keinesfalls durcheinandergebracht werden dürfe. Andererseits versäumt er aber nicht, die in seiner gesellschaftlichen Umgebung übliche Praxis, Wahrheit zu teilen, zu relativieren und einzuschränken, ganz entschieden abzuwehren. Seinen Liebling Emmanuel führt er zu der Erkenntnis, die er sich selber im Kampf gegen eigene frühere Irrtümer erarbeitet hat und deren schmerzliche Konsequenzen er in der Folgezeit zunehmend stärker empfinden und nachdrücklicher artikulieren wird: »*[...] die Wahrheit ist immer dieselbe und immer eine!*« (DdH 261)

Damit kommt nun endlich eine semantische Ebene des Buches zum Vorschein, die man durchaus politisch nennen darf. Das darin modellierte Zusammenspiel der fünf Kinder untereinander gibt ein Beispiel für Streitkultur und Toleranz, für Behauptung von Individualität und Gestaltung von Miteinander. Und der Verkehr zwischen den Kindern und den drei überlegenen Geistern Küslübürtün, Schopenhauer und Morgenstern steht ganz im Zeichen freimütiger Partnerschaft. Die Autoritäten haben es nicht nötig, sich autoritär zu geben; und die Kinder wollen und müssen weder Duckmäuser sein noch die Rolle von Objekten annehmen, nur dazu da, behandelt und geformt zu werden. Fühmann entwirft eine Art pädagogischer Provinz, aus der die Eltern heiter verabschiedet werden und die nicht nur als Gegenentwurf zum Volksbildungskonzept des zuständigen DDR-Ministeriums einen politischen Sinn hat, sondern auch als Demokratiemodell schlechthin. Das Buch *Die dampfenden Hälse der Pferde im Turm von Babel* ist als Ganzes ein einziges Spiel, »*[...] und das Spiel ist doch das Reich der vollkommensten Gerechtigkeit, in dem Gebote für alle gelten*« (DdH 340).

Bleibt nur noch ausdrücklich anzumerken: Dieses Kinderbuch, das eben mehr als nur ein Kinderbuch ist, hat nichts von einer beiläufigen Gelegenheitsarbeit an sich. Es bezeugt unabweisbar die vollkommene Identität des Schriftstellers Fühmann, der für Kinder wie für Erwachsene schreibt, und läßt jeden, der seine Bemühungen um die Kinderliteratur für suspekt halten möchte, selbst als suspekt erscheinen. Und mehr noch: Bei genauem Hinsehen läßt sich erkennen, in welchem hohen Grade das, was den flüchtigen Betrachter nur Zutat, Zwischenspiel oder Unterbrechung des eigentlichen literarischen Schaffens dünken muß, dessen legitimer, ja notwendiger Bestandteil ist. Keime, Ansätze und Vorstöße aus dem Ungarn-Tagebuch wie aus den nachfolgenden Essays erfahren hier Entfaltung, Fortsetzung, Anwendung. Daß Literatur in Ideologie nicht aufgeht, wird an keiner Stelle gesagt, aber durchgängig praktisch demonstriert. Als milder Stellvertreter bornierter Kulturpolitiker und Literaturbürokraten wird Herr Leipzig eingeführt, ein Bibliothekar, der von Belletristik praktischen Nutzen erwartet und den Kindern manches Schöne vorenthalten will.

Neben dem Thema des Verhältnisses von Kunst und Wissenschaft wird das Thema Mythe und Märchen aufgenommen. Karl Kraus wird nicht eigens zitiert (wie in *Zweiund-*

zwanzig Tage), aber seine These, minimale Veränderungen an Rhythmik oder Wortbestand könnten ein ganzes Gedicht zerstören, wird anschaulich verfochten. Fühmann läßt die Kinder von ihren Träumen schwärmen. Er zeigt ihnen, wie man eine Sprache fingieren oder simulieren kann. Und vor allem läßt er der eigenen Lust am Wort- und Sprachspiel die Zügel schießen, der Freude am freien Fabulieren, am Phantasieren, am Einsatz phantastischer Mittel, am Verflechten von Wirklichem und Wunderbarem. Das ist wohl überhaupt das letzte Geheimnis dieses Buches und der Grund seiner starken Wirkungspotenz: Hier fühlt sich Fühmann ganz Mensch und Dichter, hier darf er's sein!

»Unter Dornenbogen«

Leben nach dem November 1976

Von Texten aus den späten siebziger und ersten achtziger Jahren wird im nächsten Kapitel zu sprechen sein. Hier muß zunächst zur Sprache kommen, wie sich Fühmanns Lebens- und Arbeitsbedingungen entwickeln, nachdem er zusammen mit Stephan Hermlin, Stefan Heym, Heiner Müller, Christa Wolf und anderen jenen Brief unterzeichnet hat, der die DDR-Führungsspitze aufforderte, die am 17. November 1976 veröffentlichte Entscheidung gegen den Dichter und Liedermacher Wolf Biermann zu überdenken. Der ebenso maßvoll wie unmißverständlich geäußerte Protest gegen die Ausbürgerung eines Mannes, dessen Vater von den deutschen Faschisten ermordet wurde und der sich selbst, wenngleich inzwischen von der SED getrennt, als Kommunist versteht, findet bei nicht wenigen Intellektuellen und Jugendlichen ein zustimmendes Echo, das stellenweise sogar laut wird. Denn trotz langjährigem Auftrittsverbot und fehlender Publikationsmöglichkeit im Inland war Biermann mit seinen frech kritischen, musikalisch kunstfertig gestalteten Liedern und Balladen als effektvoll singender und spielender Liedermacher lange ein origineller, in der DDR konkurrenzloser Künstler.

Die SED-Propaganda organisiert nun zwar eine Welle von Stellungnahmen, möglichst von namhaften Kulturschaffenden, die Biermanns Ausbürgerung bejahen oder wenigstens Distanzierungen von der Person des inkriminierten Sängers beziehungsweise von solchen Liedern und Äußerungen bekunden, die als Angriffe auf die DDR oder ihre Führung gelten. »Neues Deutschland« kann am 20./21. und 22. November eine stattliche Anzahl solcher Kundgaben veröffent-

lichen, die das – in der DDR überhaupt nicht veröffentlichte –
Protestschreiben bei weitem aufzuwiegen und die öffentliche Meinung zu bestimmen scheinen. In Wahrheit jedoch
ist die Biermann-Affäre auf eine ebenso drastische wie
nachhaltige Weise die Widerlegung der offiziellen These, in
der DDR habe sich die Einheit von Geist und Macht hergestellt.

Fühmann, der seinerzeit selbst zu den gläubigen Verkün-
dern dieser Behauptung gehört hatte, erleidet fortan immer
peinigender einen tragischen Konflikt: Nicht willens, seine
sozialistischen Ideale aufzugeben und seine Grundentscheidung für die Deutsche Demokratische Republik als das antifaschistische, sozial gerechter angelegte und demzufolge im
Prinzip bessere Deutschland zurückzunehmen, gerät er un-
aufhaltsam in ein Mißverhältnis zur gesamten Praxis des sogenannten realen Sozialismus in seinem Lande. Angetreten in
dem ehrlichen Bemühen, seiner Gesellschaft nach Kräften zu
dienen, sieht er sich jetzt einerseits immer mehr zu einer entschieden kritischen Einwirkung auf das gesellschaftliche Leben herausgefordert, andererseits aber eben daran in wachsendem Maße gehindert, ja aus diesem Leben sogar weitgehend
ausgeschlossen. Er muß erfahren, daß er gerade als ein redlich
sich sorgender Partner mit seriösen warnenden und korrigie-
renden Gedanken unerwünscht ist und durch organisierte öffentliche Nichtachtung gestraft werden soll.

Im gleichen Augenblick, da die Ausbürgerung Biermanns
beschlossen wird, erscheint Fühmanns Aufsatz *Schneewittchen: Ein paar Gedanken zu zwei jungen Dichtern*[228], in dem
er sich vor aller Welt als überzeugter Anwalt solcher jungen
Dichtertalente erweist, die nicht den gängigen Mustern und
Erwartungen entsprechen. Er beschränkt sich in seinem
Beitrag keineswegs darauf, um Verständnis für die Lyriker
Uwe Kolbe und Frank-Wolf Matthies zu werben, von de-
nen im selben Heft der Zeitschrift »Sinn und Form« einige
Proben abgedruckt werden; er trägt vielmehr grundsätz-
liche Überlegungen vor, deren bemerkenswerte politische
Brisanz gerade durch die Bezugnahme auf das Märchen zu-

stande kommt: Fühmann erinnert daran, daß in der Urfassung das Schneewittchen leibliches Kind der Königin ist, die Mutter also die eigene Tochter getötet wissen will, um selber die Schönste zu bleiben. Dann erklärt er (und die Wir-Form seiner Aussage bezeugt seine Solidarität mit der kritisierten Gesellschaft): *»Wir wollen unsre Jugend klug und kenntnisreich, doch wenn sie uns dann Fragen stellt, die uns unbequem sind, werfen wir ihr Undankbarkeit vor.«*[229] Später gerät das Wir durch den Gebrauch des Wortes »böse« in beklemmende Nachbarschaft der mordbereiten Märchenkönigin: *»Wir haben ein sehr weites Herz für die Jugend und werden rasch böse, wenn sie da nicht einzieht.«*[230]

Diese unmißverständlichen Hinweise auf gravierende Differenzen im Generationsgefüge bestätigen, daß es sich bei dem annähernd gleichzeitigen Votum gegen die Ausbürgerung Wolf Biermanns nicht um eine spontane Äußerung in einer singulären Angelegenheit handelt, sondern um eine ihm notwendige Reaktion auf eine symptomatische Fehlentscheidung.

An den folgenden, sensationell aufgemachten, teilweise auch noch von persönlichen Feindseligkeiten durchsetzten Diskussionen von und mit DDR-Schriftstellern in den Medien der Bundesrepublik beteiligt sich Fühmann mit keinem Wort. Sein Bemühen, dem politischen Gemeinwesen, dem er sich seit langem verbunden und verpflichtet fühlt, mit Anstand die Treue zu halten, verbindet er mit dem angestrengten und – soweit ich sehe – einzigartigen Versuch, in der DDR selbst den erforderlichen Austausch und Streit der Meinungen herbeizuführen. Daß es Bestrebungen gibt, ihn nun aus der Öffentlichkeit zu verdrängen, bleibt ihm bald nicht mehr verborgen. Er nimmt jedoch auch entgegengesetzte Tendenzen wahr. Man verabfolge ihm jetzt *»eine Fülle von Wechselbädern«,* schreibt er seinem vertrauten Hausarzt und verweist darauf, daß sein Berliner Trakl-Abend vor großem Publikum stattfand, während er in Halle hintertrieben wurde, daß er zum IX. Kulturbundkongreß (vom 22. bis 24. September 1977 in Berlin) als Ehrengast geladen war, ihm aber zugleich »*merkwürdig hartnäckige Schwierigkeiten in Verlagen*«[231] entstehen.

Als nun der für Literatur zuständige Stellvertretende Kulturminister Klaus Höpcke ihm seinen Beitrag *Lust an der Wahrheit*[232] mit der Bitte um Meinungsäußerung übersendet, nimmt er das zum Anlaß, einen offenen Brief auszuarbeiten, der geeignet wäre, der gefährlichen Verdrängung wachsenden Konfliktstoffs aus dem öffentlichen Bewußtsein ein Ende zu setzen. In wochenlanger Arbeit entsteht ein Schreiben, das mit größter kritischer Präzision auf Höpckes Aufsatz eingeht und dadurch ein hochpolitisches Dokument wird. Klaus Höpcke hatte gegen einen Ungenannten polemisiert, der in der Hamburger »Zeit« den Schriftstellern das Wahrheitsmonopol zugeschrieben habe. Auf Grund seiner reichen Erfahrung mit der Politik der SED-Spitze und besonders angesichts der akuten Verschärfungen nach der Biermann-Affäre sieht Fühmann sich zu einer Feststellung herausgefordert, die an und für sich selbstverständlich klingen mag, jedoch unter den gegebenen Bedingungen eine ungeheuerliche Ketzerei bedeutet: »*Weder ein Einzelner, noch ein Berufsstand, noch irgendeine soziale Organisation oder politische Gruppierung ist im alleinigen Besitz der Wahrheit und dürfte es auch nicht im Privileg von Mitteln sein, sie finden zu können, dürfte es nicht sein um der Wahrheit willen, die nur von allen gefunden werden kann.*«

Fühmann bejaht die Unterdrückung von Lüge (er deutet auf Faschismus, Rassenhetze und Kriegspropaganda), die nötigenfalls durch die Staatsmacht, »*vor allem aber durch die Macht der Öffentlichkeit*« zu sichern sei. Damit aber erreicht er den Punkt, an dem er seine schon wiederholt erhobene Klage über das Fehlen von Öffentlichkeit in der DDR durch das Nennen der Bedingungen dafür entfalten kann und muß: »*Information, sich aus den Quellen, nicht nur aus Kommentaren, eine Meinung zu bilden; Gelegenheit, diese Meinung auch mitzuteilen […], und schließlich eine begründete Aussicht auf eine, natürlich proportionale, Wirkungsmöglichkeit dieser Meinung.*«[233]

Die extrem anders geartete DDR-Praxis demonstriert Fühmann am exemplarischen Beispiel: Der öffentlich verschwiegene Weggang Sarah Kirschs in die BRD belege ein Versagen zuständiger Institutionen; der Schriftstellerverband habe verabsäumt, »*die uns Verlassende nach ihren Gründen [...] auch nur zu fragen*«[234]. Mit tapferer Konsequenz stellt der Autor der von Höpcke tendenziös proklamierten Lust an der Wahrheit das allenthalben wachsende Unbehagen gegenüber, das in Resignation umzuschlagen drohe, Resultat der »*bitteren Erfahrung [...], ständig nur als Objekt und nicht auch als Subjekt von Politik und Kulturpolitik, nicht als Mitberater und Mitbestimmer, sondern ausschließlich als Durchführer und Umsetzer von Programmen betrachtet und behandelt zu werden*«[235]. Und sein Hinweis auf die Schmerzen beim Suchen und Finden von Wahrheit verbindet sich mit der Kritik an der Unterdrückung von Arbeiten solcher Autoren wie Stefan Heym, Thomas Brasch, Volker Braun, Jurek Becker und anderen. Abschließend bekennt Fühmann, er habe Angst; nicht vor der Wahrheit, sondern vor »*einer Entwicklung, die im Namen von Wahrheit Wahrheit zurückdrängt und letztlich allseits ungewollte irreversible Entscheidungen erzwingt*«[236].

Die herben Enttäuschungen, die Fühmann zu seinen freimütigen Äußerungen treiben, potenzieren sich, als er erfahren muß, daß es nicht möglich ist, seinen offenen Brief, ein produktives Zeugnis seines hohen Verantwortungsbewußtseins, in die DDR-Öffentlichkeit zu bringen. Auch die geplante nachträgliche Publikation im Rahmen der Werkausgabe durfte noch 1983 nicht erfolgen.

Bei aller Bitterkeit verschmäht es Fühmann, den Brief an Höpcke, den er für eine rückhaltlose Debatte *innerhalb* der DDR verfaßt hat, *außerhalb* ihrer Grenzen in Umlauf zu bringen. Nichts wäre leichter als das. Doch er vermeidet sogar, in westlichen Medien direkt über den Brief und seine Verhinderung zu sprechen. Befragt, ob er Diskussionen nicht mehr für sinnvoll halte, antwortet er nur in allgemeiner Form: »*Daß diese Diskussion hier nicht zustande*

*kommen kann, daß unser Bemühen darum immer wieder
scheitert, verstört allmählich bis zur Resignation. Ich halte
es für etwas ganz Widersinniges, daß eine Diskussion über
Wesensprobleme unserer Literatur in der Presse und in den
Medien Ihres Landes geführt wird anstatt bei uns, wo sie
hingehört.«*[237]

Im persönlichen Umgang mit Vertrauten vermag er freilich seine Enttäuschungen nicht in Abstraktionen zu ver-
hüllen. Bei einem Besuch in Innsbruck im Mai 1978 teilt er
sich seinem Begleiter Dr. Renoldner auf einem Spaziergang
durch die Berge offen und ausführlich mit.[238] Wochen zuvor hat er bereits in einem langen Brief an Manfred Steingans seine Überzeugung geäußert, man hätte den Weggang
Sarah Kirschs verhindern können, der Schriftstellerverband
habe jedoch das von ihr erwartete Gespräch bewußt ver-
mieden. Er wolle nicht, wie schon 1966, aus dem Vorstand
austreten, werde aber nicht mehr mitarbeiten, solange die
derzeitige Führung im Verband herrsche. Er stehe jetzt vor
der Entscheidung, sich *»entweder in den abgesteckten Bahnen zu bewegen«* und ein hochdekorierter Autor zweiten
Ranges zu werden, der bald nach seinem Tode vergessen ist,
oder sich *»voll zu entwickeln«;* dann könne er *»wirklich in
der Literatur etwas leisten«,* freilich abseits dieser Bahnen und
im Bewußtsein dessen, *»was das für Konsequenzen hat«*[239].

Ohne etwa aus der DDR weggehen zu wollen, ist Fühmann allen Widrigkeiten zum Trotz entschlossen, sich das
ihm Mögliche abzuverlangen; Auszeichnungen für seine
Leistungen aber kommen ausnahmslos von außen: Er erhält
den Kritikerpreis 1977 des Westberliner Verbands deutscher
Kritiker (und damit Gelegenheit zu der schönen Rede *Toleranz – ein deutsches Fremdwort*); im Spätherbst 1978 verleiht
ihm der ungarische Staat für seine Leistungen als Nachdichter den Verdienstorden der Arbeit; nach dem Erscheinen des Trakl-Essays wird Fühmann der Preis der Bestenliste des Südwestfunk-Literaturmagazins zuerkannt; und
schließlich empfängt er den von ihm mit vollem Recht als
eine ganz besonders ehrenvolle Auszeichnung empfunde-

nen Geschwister-Scholl-Preis. Drei Tage vorher freilich hatte die »Süddeutsche Zeitung« dem aus Reichenberg (Liberec) stammenden Wahlbayern, einstigen Tennischampion und nunmehrigen Schriftsteller Roderich Menzel breiten Raum für eine böse Herabwürdigung des Auszuzeichnenden zur Verfügung gestellt.

Offizielle Anerkennungen von seiten des Staates, als dessen Bürger sich Franz Fühmann sogar in seiner Dankrede im Münchener Rathaus am 22. November 1982 ausdrücklich bekennt, bleiben aber bis zu seinem Tode völlig aus. Zu seinem 60. Geburtstag am 15. Januar 1982 bringt die maßgebliche Zeitung der DDR, das SED-Zentralorgan »Neues Deutschland«, lediglich ein unangemessenes Artikelchen, gezeichnet von einem (anscheinend pseudonymen) Unbekannten, meldet allerdings am nächsten Tag, daß die Akademie der Künste für den Jubilar eine Gratulationscour veranstaltet hat, bei der Konrad Wolf als Akademiepräsident und Hermann Kant als Präsident des Schriftstellerverbands der DDR Glückwünsche überbrachten. Übrigens wird noch der Nekrolog, den die Zeitung bringt, – bei aller Redlichkeit des Verfassers – von dem Auftrag geprägt sein, Leistung und Rang des Verstorbenen nur nicht allzu bedeutend erscheinen zu lassen.

Doch zurück in die Chronologie dieser letzten Jahre. Über das Ausbleiben offizieller Anerkennung im eigenen Lande hinaus wirkt sich die fortschreitende Reduktion der Möglichkeiten, nach Belieben seinem Publikum begegnen zu können, immer bedrückender und quälender aus. Die Jahre zuvor als eine beglückende Einrichtung erlebte Kinderbibliothek Suhl, der er sein Buch *Die dampfenden Hälse der Pferde im Turm von Babel* widmet, kann die verabredete Buchpremiere im Herbst 1978 nur in einer peinlich beschränkten Weise gestalten, die den erwartungsfrohen Autor bitter enttäuscht. Schlimmer noch und dauerhaft belastend wirkt freilich die Erkenntnis, wehrlos der Observation und Willkür durch die Staatssicherheit ausgeliefert zu sein. Indigniert sucht er im Rahmen des Möglichen wenigstens begreiflich zu machen, daß er dieses Treiben durchschaut; als sich Manfred Steingans beklagt, daß Fühmann nicht geschrieben habe, antwortet dieser am 28. 2. 1979: *»Ich hatte Dir geschrieben, ich weiß bis jetzt von 10 Stück Post, die nicht angekommen sind, entweder nicht von mir an andere, oder nicht von anderen an mich. Nun, wahrscheinlich ist es der Schnee gewesen, und die Kälte, und was Post in oder von der BRD angeht, so weiß man ja, daß dort der Nachrichtendienst alles durchliest, dabei wird dann wohl auch was verschwinden.«*

Als sich in der Form neuen Devisenrechts, das sogleich gegen Stefan Heym angewandt wird, verstärkte Repressionen der Staatsführung gegenüber Künstlern ankündigen, greift Franz Fühmann zu einem für ihn äußersten Mittel. Am 17. Mai 1979 stellt er in einem Schreiben an den Vorsitzenden des Staatsrates offensiv fest, jene Maßnahmen richteten sich gegen *»das Entstehen einer Literatur [...], die nicht von den jeweils geltenden Begriffen politisch-ideologischer Nützlichkeit oder Schädlichkeit ausgeht, sondern von der ungeteilten Erfahrung des Volkes der DDR, von dem wir Schriftsteller ja ein Teil sind.«* Nachdem er darauf verwiesen hat, daß zunächst als schädlich oder feindlich verurteilte Kunstwerke inzwischen anerkannt sind, benennt er unverblümt das böse, unter Umständen *tödlich* wirkende Dilemma der Künstler: entweder sich an das zu halten, was *»die führende Kraft dieser unsrer Gesellschaft ihnen als verpflichtend [...] aufgab, oder ihrer Erfahrung und ihrem künstlerischen Gewissen zu folgen«.* Dem Land und seiner Entwicklung zu dienen, das vermöchte Literatur *»nicht mit einem schönen Schein«,* sondern *»einzig [...] mit der Wahrheit, der ganzen und unteilbaren Wahrheit«*[240]. Eine Kopie seines Briefs an Erich Honecker fügt Fühmann dann auch dem Schreiben bei, mit dem er den Berliner Bezirksverband am 10. Juni des gleichen Jahres bittet, Heym, Endler, Schlesinger und die anderen sechs Kollegen, der Leitungsempfehlung zuwider, keinesfalls auszuschließen.

Auch sein Engagement für politisch nicht konforme, literarisch eigenwillige Talente bringt ihn bei den offiziellen

Stellen in den verheerenden Ruf, konterrevolutionäre Bestrebungen zu fördern, was bei den entsprechend Benachrichtigten zur Folge hat, daß Fühmann-Veranstaltungen mit allen Mitteln verhindert werden. Kirchliche Einrichtungen und Gruppen können ihn in ihre eigenen Räume einladen; öffentliche Klubveranstaltungen aber werden zum seltenen Ausnahmefall dort, wo lokale Funktionäre mutig genug oder aber zu nachlässig sind, um vereitelnd einzugreifen. Ein bezeichnender Vorgang spielt sich am 19. Oktober 1982 in Jena ab. Der ahnungslose Leiter der Ernst-Abbe-Bücherei hat Franz Fühmann frühzeitig zu einer Lesung eingeladen und kurz vorher für deren öffentliche Ankündigung gesorgt. Als der Autor das Haus betritt, wo sich längst ein zahlreiches Publikum versammelt hatte, war unter Hinweis auf einige künstliche Pfützen verkündet worden, wegen eines Rohrbruchs könne die Veranstaltung nicht stattfinden. Solche Methoden der Behinderung, jeweils vom Apparat der SED inspiriert oder erzwungen, kann der Betroffene nicht anfechten, sondern allenfalls bei Klaus Höpcke anzeigen, ohne dadurch einen Effekt zu erzielen.

Mehr als für sich selbst kämpft er für andere; unbeirrt tritt er dafür ein, daß die künstlerischen Strebungen der Jungen öffentlich wahrgenommen werden können. Wohlgemerkt: Seine Aktivitäten sind weit davon entfernt, politische Opposition zu organisieren, sie zielen gerade umgekehrt auf Integration: *»[…] unsere Gesellschaft ist pluralistisch […], bloß offiziell will man das eben nicht wahrhaben.«*[241] Im nachgelassenen Fragment einer Rede für die Akademietagung zum Thema »Kunst und Gesellschaft im Jahr 2000« (12. bis 16. März 1981) stellt er die rhetorische und doch geradezu tödlich ernst gemeinte Frage: *»Will man Literatur und Kunst als das, was sie ihrem Wesen nach sind: als das Unbequeme, als das Salz auf die Wunde, als das Aussprechen dessen, was ist, als Beunruhigung, als Mahnung, als schlechtes Gewissen, als Störenfried, als Unruhestifter, als Skandalon, als Empörendes, als Vorlautes, als Maßloses, als Überschreiten von Grenzen, als Infragestellen von Etabliertem, als Zweifel, als Irrlicht?«*[242]

345

Obwohl sich Gründe und Anlässe zur Resignation häufen, weigert sich Fühmann, kampflos aufzugeben. Die schriftliche Darstellung des völlig unangemessenen Umgangs mit einem Schulaufsatz, im Juni 1981 durch den Pfarrer Rudi Pahnke dokumentiert, bewegt Fühmann erneut zu einem Versuch, das Problembewußtsein der Gesellschaft herauszufordern und zu fördern. Er beginnt abermals, einen offenen Brief auszuarbeiten, mit dem er sogar einen ganzen Zyklus zu eröffnen gedenkt. Der Deutschlehrerin, die den Aufsatz einer Schülerin erst nach mehr als vier Monaten mit der Note 5 für den Inhalt (bei den Noten 1 für Grammatik/Orthographie und Form) zurückgibt und nach entschiedenem Protest die 5 zu einer 4 mildert, demonstriert der Schriftsteller mit der ihm eigenen schlüssigen Argumentation die ganze Widersprüchlichkeit ihres Vorgehens. Doch wo will er solche Briefe publizieren? Er denkt an die NDL, nimmt aber mit Recht sogleich an, daß die Texte dort nicht unterzubringen sein werden. (In dieser Zeitschrift erscheint ab Heft 12/1976 bis zu seinem Tode nichts mehr aus Fühmanns Feder.) Daß er den Plan eines Zyklus offener Briefe gleich anderen mitteilt, so der Ästhetikprofessorin Karin Hirdina und der Lektorin Ingrid Prignitz, verdeutlicht die Dringlichkeit seines Anliegens, soll ihm wohl aber auch ermutigenden Zuspruch verschaffen.

Denn allein angesichts der politischen Entwicklung im Innern wie im Äußeren läßt sich leicht begreifen, daß die Kraftreserven des im Übermaß Angestrengten spürbar schrumpfen. Er sei am Ende, schreibt Franz Fühmann bereits am 8. Februar 1980 an den Präsidenten der Akademie der Künste der DDR, um die Rücknahme seiner Zusage für einen Vortrag zu begründen. Konrad Wolfs Film *Solo Sunny* zollt er bei dieser Gelegenheit Anerkennung, allerdings mit den Vorbehalten, der »Prenzlberg« (der Ostberliner Wohnbezirk Prenzlauer Berg mit seinen Verfallserscheinungen) erscheine darin fast als eine Idylle, und das Fehlen der »Mauer« falle in so einem Berlin-Film auf. Wenngleich er, mit der allzu folgenlosen Arbeit der Akademie unzufrieden, schon

346

im Sommer 1979 erwägt, seine Mitgliedschaft einfrieren zu lassen (er will nicht austreten, aber die finanzielle Zuwendung nicht mehr in Anspruch nehmen), sucht er 1981 noch einmal mit großem Einsatz, als Akademiemitglied zugunsten junger Dichter und Künstler zu wirken.

Zusammen mit Uwe Kolbe und Sascha Anderson arbeitet er auf die Publikation einer umfangreichen Auswahl hin, die im Rahmen der von der Künste-Akademie herausgegebenen »Arbeitshefte« erscheinen und dadurch wenigstens eine begrenzte Öffentlichkeit erreichen soll. Im August liegt das Manuskript fertig vor, im September übermittelt er es Konrad Wolf mit der dringenden Bitte, die Anthologie unbedingt zu lesen. Er hofft, daß Wolf das Unternehmen unterstützen oder doch passieren lassen wird. Es hänge *»sehr viel daran, an Hoffnungen, an Erwartungen, vielleicht an letzten Möglichkeiten«*[243], schreibt er ihm. Das sind keine Übertreibungen; mit Schmerz und großer Sorge beobachtet er, daß sich immer mehr kreative junge Leute auf das Verlassen der DDR einstellen, in der sie sich nicht entfalten können und zum Teil auf erschreckende Weise behindert, gedemütigt und unterdrückt werden. Das geplante »Arbeitsheft« wird vereitelt, ein schriftlicher Protest von siebzehn beteiligten Autoren beim Kulturminister bleibt wirkungslos. Aus dem Manuskript entwickelt sich später die Anthologie *Berührung ist nur eine Randerscheinung,* die 1985 bei Kiepenheuer & Witsch in Köln herauskommt. Etliche der Autoren sind zu diesem Zeitpunkt schon nicht mehr Bürger der DDR, und Fühmann selbst zählt nicht mehr zu den Lebenden.

Eines seiner letzten Worte in dieser Sache aber, wieder an Konrad Wolf gerichtet, ist als ein verzweifelt mahnender Kassandra-Ruf verhallt: *»Wohin gehn wir, wohin geht das?«*[244] Nur anderthalb Jahre danach antwortet der aller Illusionen ledige Dichter in seinem Testament selber, wenn er darin unter anderem die bittere Einsicht niederlegt, gescheitert zu sein mit *»der Hoffnung auf eine Gesellschaft, wie wir sie alle einmal erträumten«*[245].

»Der Wahrheit nachsinnen – Viel Schmerz«
Arbeiten 1977–1982

»*Dichter sein, heißt aufs Ganze aussein.*« (EGA 463) Dieses
Wort Fühmanns findet sich in dem Essay *Praxis und Dialektik der Abwesenheit. Eine imaginäre Rede,* entstanden
im Sommer 1980 als ein energischer Versuch, dem bis dahin
in der DDR ungedruckten Wolfgang Hilbig zu Öffentlichkeit zu verhelfen. Der Text, zugunsten eines hochbegabten
schreibenden Arbeiters verfaßt, enthält in sublimer Form
grundsätzliche Bekenntnisse und Zielvorstellungen des Autors. Franz Fühmann versteht es auch als seine eigene Sache,
aufs Ganze auszusein, was meint: den ganzen Menschen unvoreingenommen und uneingeschränkt mit all seinen Möglichkeiten und Problemen, Eigenschaften und Konflikten,
Fähigkeiten und Gefährdungen zu entdecken, nur der Wahrheit und deshalb zur unentwegten Wahrheitssuche verpflichtet. Aber vermag er denn ohne alle Rücksicht auf die
»*abgesteckten Bahnen*«[246] zu schreiben, die er als hinderlich
empfindet, wenn er Autor der DDR bleiben und auch in diesem Land gedruckt werden will? Die Frage verweist auf
einen permanenten Widerspruch, der sich ständig verschärft
und dem der Betroffene weder ausweichen kann noch will;
er zwingt sich vielmehr mit bewunderungswürdiger moralischer Konsequenz, ihn auszuhalten. Gerade in diesen
schweren Jahren ist er bewußter und entschiedener als je zuvor »aufs Ganze« aus und bahnt sich dabei neue künstlerische Wege, die nur dem oberflächlichen Betrachter als Um-
und Abwege, als ein Zurückweichen vor den Schwierigkeiten und Gefahren unvermittelter Gegenwartsdarstellung
und trotziger Selbstbehauptung erscheinen.

Das eigenartige Krisenprodukt *Die Ohnmacht* wird als

Anfang eines neuen Zyklus genutzt, der die geläufig gewordene Gattung Science-fiction eigenwillig parodistisch für das epische Skizzieren eines grotesk schreckenden Welt-Bilds nutzt. Der völlig freie Umgang mit antiken und biblischen Mythen wird zum weiterführenden, das Werk bedeutsam bereichernden Ereignis: Weit über all seine psychologischen Fallstudien hinausgehend, versteht der Verfasser, mit Hilfe der Mythen erzählend zu philosophieren, vermag er mit wachsendem Freimut von sich selbst zu sprechen, ohne über sich reden zu müssen. Die als Nachwort einer überfälligen Trakl-Ausgabe für die DDR geplante Arbeit wächst sich zu einem wahren Hauptwerk aus (dem leider letzten vollendeten), worin leidenschaftliche Aneignung des Fremden in tiefgründige Offenbarung des Eigenen umschlägt, worin die unsentimentale Klage über das »unlebbare Leben« (VF 161) zum Hymnus auf den Leben steigernden Zauber der Dichtung wird. Und mit dem im Trakl-Essay *Vor Feuerschlünden* zentral entfalteten Konflikt zwischen Doktrin und Dichtung stiftet Franz Fühmann nicht nur ein großes autobiographisches Zeichen, sondern auch ein poetisches Prisma, in dem sich DDR-Geschichte und Epochengeschichte brechen.

Anverwandelte Mythen aus der Antike

Schon bis Ende 1977 liegen vier kurze Erzählungen vor, in denen der Autor griechische Mythen auf neue Weise nutzt. Drei davon erscheinen 1978 zusammen in bibliophiler Ausstattung: *Der Geliebte der Morgenröte*. Neben der Titelerzählung enthält das Bändchen *Hera und Zeus* und *Marsyas*. *Das Netz des Hephaistos,* motivisch eng mit dem »Bergwerk«-Komplex verknüpft, bleibt vorerst beiseite. Vom Suhrkamp-Verlag sähe Fühmann allerdings die vier Geschichten gern zusammen ediert, doch findet sein Angebot dort keine Gegenliebe; man fürchtet wohl allzu geringes Leserinteresse, zumal Fühmann auch nach den bisherigen Lizenzausgaben auf dem westlichen Markt weder weithin bekannt noch gefragt ist. Das Argument, er entferne sich befremdlich weit von seinen antiken Quellen, veranlaßt ihn zu dem aufschlußreichen Bekenntnis: »*Ich habe die Mythen, die mich beschäftigen, meinethalben quälen, so gebraucht, wie man Mythen zu gebrauchen hat: Ich habe sie als die meinen genommen, um meine Probleme darin auszudrücken, meine Fragen, meine Nöte, Ängste, Obsessionen.*«[247]

Die Äußerung korrespondiert mit den während und nach der Arbeit an *Prometheus* entstandenen Essays *Das mythische Element in der Literatur* und über E.T.A. Hoffmann, in denen sich Fühmann bis hin zu letzter begrifflicher Klarheit bewußtgemacht hat, was als die wesentliche Aufgabe des Schriftstellers zu verstehen sei: Modelle von »*Menschheits- und Menschenerfahrung*« (EGA 220) zu schaffen; dementsprechend greift er jetzt aus dem Fundus der griechischen Mythologie solche Sujets auf, in denen er Menschheitserfahrung so gespeichert und geformt sieht, daß ihm ein überpersönliches Modellieren eigener Erfahrung ermöglicht oder erleichtert wird. Das darf nun allerdings nicht so verstanden werden, als nutze er die Götterwelt, um darin seine Biographie und Umwelt zu verstecken oder zu entdecken. Schon gar nicht handelt es sich etwa darum, daß vorgefaßte Thesen illustriert oder konstruierte Modelle vorgeführt würden, auch wenn sich gelegentlich Reflexionen sentenziös und vielleicht sogar tendenziös aus dem epischen Text herausheben, wie dieser Erzählerkommentar: »*Denn auch die Macht der Mächtigsten ist nicht allmächtig, sie sind in ihren eigenen Plänen und Verstrickungen, die sie bereiten, gefangen gleich Spinnen im eigenen Netz.*« (I 351) Nein, Fühmanns bewundernde Liebe zu Hoffmanns Erzählungen gründet sich ja nicht zuletzt gerade darauf, daß sie sich rationaler Eindeutigkeit enthalten und im besten Falle mehrere schlüssige, aber einander ausschließende Lesarten zulassen. Dichterisches Formen von Modellen schließt für ihn Beziehungsvielfalt und Vielschichtigkeit ein und meint kein noch so gut verdecktes rationales Informieren. »*Das Modell ist aus dem Werk selbst überhaupt nicht abstrahierbar, es ist identisch mit dem Werk selbst, weshalb die kürzeste und einzig zutreffende Inhaltsangabe eines Stücks Epik nur dies Stück im Ganzen ist«* (EGA 221), so Fühmann in der Rede zu Hoffmanns 200. Geburtstag am 24. Januar 1976. Aber das will er natürlich nicht nur seinen Hörern und Lesern gesagt haben, sondern auch sich selber.

Der Geliebte der Morgenröte, Held der gleichnamigen Geschichte, ist der trojanische Prinz Tithonos. Der Autor folgt dabei einer Passage aus dem Homerischen Hymnos auf Aphrodite, nutzt aber auch andere Quellen und Überlieferungen. Weniger die Abweichungen vom Tradierten als die motivischen Anreicherungen und Entfaltungen müssen die Aufmerksamkeit des Lesers beanspruchen. Wenn Fühmann die Göttin der Morgenröte am Ende als »*Himmelshure*« (I 338) bezeichnet, dann scheint das nicht ganz moralinfrei zu sein. Aber dialektisch denkend, nennt er den von Aphrodite aus Eifersucht strafweise gegen Eos ausgesprochenen *Fluch,* unaufhörlich die Liebe sterblicher Männer begehren zu müssen, zugleich eine *Gnade.* Unbegrenzt und also unvorstellbar extensiv lebend, kennen die Unsterblichen, so wird hier vorgegeben, bei sich selbst nicht das Liebesglück der Menschen. Gerade deren »*Unreinheit macht sie begehrenswert*« (I 333) für die Götter. Von den Menschen heißt es: »*Die Kürze ihrer armen Leben drängt ihre Leidenschaften zusammen und macht sie erfinderisch im Genuß des Vergehenden: Sie sind zärtlicher als die Unsterblichen. Und sie müssen sich ihrer selbst immer wieder versichern, das ist rührend und hinreißend zugleich.*« (ebd.) Wenn Fühmann auch von Scham und Schande der Eos spricht, so erklärt und bejaht er doch den Drang, sich immer wieder von einem Sterblichen lieben zu lassen, der dann diese Liebe natürlich als Beglückung erfährt.

Die Liebe zu Tithonos wird als eine lange glückliche Episode im Dasein der Eos vorgestellt. Als Realist verschmäht der Autor allerdings, der Göttin für diese Zeit den völligen Verzicht auf Partnerwechsel anzudichten. Vielmehr macht er den späteren Zeus-Mundschenk zum Lieblingsbruder des Titelhelden und erfindet das harmonischste Dreiecksverhältnis, das es in der Literatur aller Zeiten und Völker geben dürfte. Von Morgen zu Morgen kann Eos in schöner Regelmäßigkeit zwischen den einander neidlos zugetanen Brüdern wechseln und muß sich nicht wie sonst als arge Liebesdiebin schämen. Als Ganymed ihr durch Zeus entzogen wird, entdeckt sie sogar die Schönheiten der Liebe zu einem einzigen Menschen, den sie nun für immer behalten will, und so bewegt sie den Herrn des Olymps, ihrem Geliebten Unsterblichkeit zu verleihen. Auch Tithonos geht ganz in seiner Liebe auf; der Trojanische Krieg findet für ihn nicht statt: »*Er liebte Morgenröte, das war Werk genug.*« (I 334) Aber da Eos versäumt hat, ihm auch ewige Jugend zu verschaffen, dauert ihre Liebe nur, bis ihn das Alter zu überkommen beginnt. Diese Heimsuchung beschreibt der Autor ausführlich und mit aller Härte: Tithonos verliert seine Liebesfähigkeit, gerät zum Gegenstand von Gespött oder Grauen der Götter, zu einem ekelhaften Ding, das niemand mehr ertragen mag und das allmählich Unheil um sich verbreitet. Fühmann scheut kein krasses Mittel, um den folgenschweren Widersinn der Unsterblichkeit eines Sterblichen anschaulich zu machen: »*Die stinkende Früh brachte Fieber und Seuchen und schlimmere Verwirrung: Mütter verrieten ihre Kinder, Brüder meuchelten einander, der Gastgeber schlug den Gastfreund tot. Selbst unter den Göttern begann Pest umzugehen.*« (I 337)

Zeus, der die einmal verliehene Unsterblichkeit nicht selbst zurücknehmen kann, erwirkt von den Moiren für Tithonos die erlösende Möglichkeit des Sterbens; nur muß dieser selbst seinen Tod wünschen. Tithonos will ihn im Liebesgenuß erleiden: ein letztes Mal bei Eos liegen und unter ihrem Kuß scheiden. Doch der Ekel bannt die Göttin. Als einziger Ausweg bleibt die Verwandlung in ein Tier: Zwergenkleine Zikade, erfährt Tithonos fortan in jeder Frühe einen Hauch der Schönheit von Morgenröte; Eos aber liegt mal bei diesem, mal bei jenem Sterblichen, der dann vor dem morgendlichen Erwachen »*den rosigsten Traum seines Lebens*« träumt, was dem Autor Anlaß zur abschließenden Warnung gibt: »*[...] doch er hüte sich vor der Unsterblichkeit.*« (I 338)

Als gläubiges katholisches Kind mit der Vorstellung eines Weiterlebens nach dem Tode aufgewachsen, kann sich Fühmann mit der Tatsache der Sterblichkeit des Menschen nicht ohne immer neue geistige und emotionale Mühen abfinden. Und das Altern, den unverkennbaren Anfang vom unwiderruflichen Ende, empfindet er als ein Drohendes und Gefährdendes, das man weder gelassen hinnehmen noch krampfhaft verdrängen kann. Es beschäftigt ihn spätestens seit Mitte der siebziger Jahre als etwas ihn akut Betreffendes; dafür gibt es indirekte Zeugnisse – etwa die Passage im Essay über František Halas (vgl. EGA 267–269) –, aber auch direkte Mitteilungen an seinen Arzt. Die drastisch entfaltete Geschichte des Tithonos ordnet sich in diesen biographischen Zusammenhang ein als epischer Versuch, das unerbittliche Naturgesetz in seiner ganzen Härte gestalterisch anzunehmen.

Die Erzählung modelliert ein kathartisches Bild des Kampfes zwischen – um mit Freud zu reden – Lustprinzip und Realitätsprinzip. Sie kreist um die großen thematischen Motive Eros und Thanatos. In deren ewiges Spannungsfeld zeigt der Dichter das Individuum gestellt. Darüber hinaus nutzt er den symbolischen Ort Troja für ein durchgängiges Anspielen auf existentielle Fragen der Menschheit. Fühmanns Geschichte gewinnt dadurch eine große zeitliche Dimension, daß er von dem *einen* Troja schrittweise fort bis zu einem *zehnten* zählt, auf dessen Trümmern dann die um den verwandelten Tithonos vermehrten Zikaden ihren Gesang veranstalten. Diese Art poetischer Geschichtsschreibung ist als warnende Kritik an der chronischen Kriegswut der Menschen zu verstehen, von der allzu viele Trümmer beredtes Zeugnis ablegen. In ihren letzten Gründen jedoch läßt sich die Geschichte des Tithonos wohl als Versuch lesen, das Gesetz der Vergänglichkeit durch künstlerische Bejahung scheinbar aufzuheben: Die Erzählung mengt sich gleichsam in den Zikadengesang, dem die Götter ganz gern lauschen und der gelegentlich sogar bis an das Ohr der Moiren dringt …

Der widersprüchlichen Geschichte der Liebe zwischen einer Göttin und einem Erdenbewohner folgt die Umgestaltung einer großen Episode aus der konfliktreichen Ehe zwischen dem obersten Griechengott und seiner Gattin: In *Hera und Zeus* hält sich der Autor in vielem ganz eng an die Vorgaben Homers. Wie in der *Ilias* führt eine Art erneuter Hochzeit von Zeus und Hera die entscheidende Wende im Trojanischen Krieg herbei, und wie dort entspricht das genau der Absicht der Frau, die im Gegensatz zu ihrem Mann wünscht, das Kriegsglück möge doch noch den Griechen zufallen. Wie bei Homer bedient sich Hera der Hilfe Aphrodites und des Schlafgotts, der Zeus nach der möglichst erschöpfenden Begegnung mit der Gattin für einen ausreichenden Zeitraum handlungsunfähig machen soll. Weitere Übereinstimmungen mit dem altgriechischen Epos wären aufzuweisen, und dennoch erzählt unser zeitgenössischer Autor eine wesentlich andere Geschichte.

Fühmann durchdringt das Handeln der Figuren als scharfsinniger Psychologe und Dialektiker. Die enorme Verführungskraft der Hera wird hier nicht von Aphrodites magischem Gürtel abgeleitet, den sie freilich anlegt, sondern vielmehr im Verlauf ihrer zielklaren Vorbereitungen entwickelt, während deren sie ein ungemein starkes Selbstwertgefühl gewinnt; ihre Stärke ist die *»Erkenntnisgewißheit, als das Wesen, das man ist, unwiderstehlich zu sein«* (I 343). Mit Hilfe dieser Kraft gelingt nicht einfach ein plötzlicher Sieg der Gattin über den Gatten. Vielmehr stellt Fühmann einen sehr differenzierten, in sich widersprüchlichen Prozeß dar, worin Erinnern und Vergessen beider Partner durcheinanderwirken; als eine Folge erfüllter Augenblicke *»im ewigen Zweikampf«* (I 350), die wiederum als Augenblicke höchsten Liebesgenusses ewig scheinen und wunderbar bestätigen, daß es immer das *»Andre«* ist, *»durch das sich jedes Selbst erst vollzieht«* (ebd.).

Macht es gerade Homer endlich möglich? Zum ersten Male jedenfalls schildert der Erzähler Führmann hier einen lustvollen, mehrfach wiederholten Geschlechtsakt, gleichermaßen weit entfernt von verschämter Undeutlichkeit wie naturalistischer Peinlichkeit. Die ohnehin im hohen Stil gehaltene Prosa steigert sich streckenweise in hymnische Höhen und wird mitunter noch philosophisch aufgeladen. Bewußt nimmt Führmann die Gelegenheit wahr, Eros und Sexus als eine Einheit zu feiern, die sich im Mit- und Gegeneinander von beiden herstellt und dadurch beglückend wirkt, daß sich dabei der eine Mensch ganz im anderen und durch den anderen erfüllt. Er macht die Kostbarkeit dieses Glücks sinnfällig, indem er es als einen Augenblick faßt, der im Erleben seine gewaltige Weite gewinnt, in der Relation zur Dauer des Daseins aber nur allzu flüchtig bleibt. Gerade weil er sie als einen Moment einer heillosen Ehe zeigt, feiert er die Liebe als Zauber, der den Menschen über sich selbst hinausheben kann. Der Erzähler demonstriert aber auch, wie rasch die erhebende Wirkung dieses Zaubers verfliegen und ins Gegenteil umschlagen kann. Der gleiche Zeus, der die Absicht Heras durchaus nicht verkannte und sich dennoch in Liebe mit ihr vereinigte, wird unmittelbar danach von aggressiver Wut gepackt, als er gewahr wird, den eigenen Willen durchkreuzt zu haben: Es ist allenthalben der Widerspruch Mensch, den der reife Führmann gestaltend entdeckt. Und die Episode aus der *Ilias* weiß er zwingend abzuschließen: Zeus kann das Geschehene nicht ungeschehen machen, aber als machtbewußter Mächtiger den Anschein erwecken, als ob wirklich sein Wille geschehe. Hera, die es besser weiß, sitzt stumm und gebeugten Hauptes dabei. Unerkannte Siegerin? Man mag finden, daß in ihrer Gestalt »eine menschliche Kraft aus der Zeit des Matriarchats aufscheint, die für die Zukunft Hoffnung weckt«[248]. Insgesamt ist die Erzählung jedenfalls eine große Apotheose des Weiblichen. Lassen wir es Führmanns Geheimnis bleiben, warum er das Modell für diese starke weibliche Persönlichkeit erst so spät und nur am Götterhimmel der Griechen findet.

Die dritte Erzählung der Gruppe, die Geschichte vom besiegten und geschundenen Silen Marsyas, ist als einzige mit einer Widmung versehen: »*Für Heinrich Böll [/] 17. Oktober 1977*« (I 354). Gewiß drückt sie den Respekt aus, den der Autor gegenüber seinem berühmten Kölner Kollegen empfindet, doch erschöpft sich ihr Sinn keineswegs darin; Fühmann ist, bei aller selbstkritischen Bescheidenheit, zu stolz, um ein bloßes Kompliment zu machen. Das hinzugesetzte Datum deutet auf den politischen Anlaß der Widmung und gibt ihr den Charakter einer Solidaritätsbekundung: Der DDR-Schriftsteller, seit seinem Protest im Fall Biermann von Staats wegen behelligt und bedrängt, stellt sich demonstrativ an die Seite des BRD-Autors, der als Sympathisant der RAF-Terroristen diffamiert und nach einer wochenlangen Kampagne der Springer-Presse gerade an jenem Tag in einem Memorandum öffentlich beschuldigt wird, einer der Wegbereiter des Terrorismus zu sein.

Während dies geschieht, ist Franz Fühmann gerade damit beschäftigt, zur Romantik-Konferenz der Berliner Humboldt-Universität nach Frankfurt/Oder aufzubrechen, wo er mit einem Beitrag über E.T.A. Hoffmanns »Klein Zaches« im Programm steht. In diesem Essay, seinem Nachwort zu einer Separatausgabe im Insel-Verlag Leipzig, spricht er von der Hoffmannschen Erzählung als einer »*unausschöpflichen und nie zu Ende deutbaren Dichtung*« (EGA 327), und er flicht den Gedanken ein, der künftighin als bedeutsame Einsicht auch Konsequenzen fordert: »*Man ist Künstler nicht, weil man malt oder dichtet, sondern weil man nicht anders kann.*« (EGA 321) Mit *Marsyas* hofft er selber eine unausschöpfliche Erzählung geschaffen zu haben, in die viel eigene Erfahrung eingegangen ist. Jedenfalls ermöglicht ihm die tradierte Gestalt des Silens, die Schicksalhaftigkeit von Künstlertum in einer äußerst drastischen und dabei doch denkbar differenzierten Weise vorzuführen.

Für Friedrich Nietzsche ist der in Wort und Bild vielfach gestaltete Wettkampf zwischen Apoll und Marsyas eines der eindeutigen Exempel für »*das schreckliche Gegenein-*

ander der zwei Mächte, die nie miteinander kämpfen dürfen, von Mensch und Gott«[249]. Fühmann zeigt freilich auch ein Gegeneinander, das schrecklich genug ist und äußerst kraß und ausgiebig vorgeführt wird; nicht von ungefähr lautet der Arbeitstitel »Die Schindung des Marsyas«. Doch nichts liegt ihm ferner, als die reiche Mythe auf ein einsinniges Muster zu reduzieren; ganz im Gegenteil: Er versäumt nichts, was ihren vorgegebenen Beziehungsreichtum zur Geltung bringen und erweitern kann. Sogar im Text polemisiert er ausdrücklich mit den Chronisten, die sich gemüht hätten, »*eine Durchdringung gegensätzlicher Sphären erklärend einsträhnig zu entwickeln*« (I 360).

Das hindert den auf das notwendige Erkennen und Annehmen von Widersprüchen längst Versessenen andererseits nicht, den Leser durch eine konzentrierte Aufzählung zu genauem Wahrnehmen der wirkenden Gegensätze herauszufordern; »*Heiles und Verfluchtes, Kosmos und Chaos, Feste und Sumpf, Lyra und Flöte*« (I 361) sind da absichtsvoll kontrastierend aufeinander bezogen. Die beiden ungleichen Partner des Wettstreits werden aber keineswegs schematisiert, sondern mit der ihnen eigenen Vielfalt ausgestattet. Der strahlende Gott Apollon, der »eine Hymne auf das allwirkende Licht« singt, ein »Preislied auf das Walten der Himmlischen« (ebd.), hat gleich neben sich die ihm dienstbaren rauhen und kalten Skythen, die den Silen kopfüber hängen und enthäuten, und er selbst scheidet schließlich als Wolf. Den Marsyas wiederum zählt Fühmann nicht wie Nietzsche einfach zu den Menschen, sondern macht ihn zu einem gleichsam Unsterblichen, ohne ihn im mindesten zu verklären; er beläßt ihm seine menschlichen und tierischen Attribute, versieht ihn mit einem Schmerbauch, zeigt ihn als arg- und harmloses Wesen, das Mühe hat zu begreifen, was ihm geschieht, und sich eher jämmerlich als heldenhaft benimmt. Auch weidet sich der Gott nicht als hochmütiger Sieger am Leiden des Unterlegenen. Und dem Naturgesetz zum Trotz bedeutet die Häutung ja auch nicht die Tötung. Der Silen beeindruckt sogar die Apollon zugeordneten Musen stark;

sie können sich seiner Musik selbstverständlich nicht hingeben, empfinden sie aber immerhin auch als schön, als »*süß und abscheulich*« (I 360) zugleich. (Wo immer er kann, weist Fühmann den Widerspruch als ein waltendes Prinzip auf.) Stehen die Musen notwendig auf der Seite Apollons, so hat der Silen die Nymphen völlig auf der seinen und obendrein Kybele, das phrygische Widerspiel zum griechischen Gott.

Handelt es sich also nicht doch wesentlich um das Gegeneinander von – nach Nietzsche – Apollinischem und Dionysischem? Es ist hier fraglos im Spiele, läßt sich aber mit derlei Begriffen nicht fassen; die dargestellte Welt ist sehr viel komplexer und will sich nicht rational auflösen lassen. Da Athene die Flöte verflucht hat, verstößt der Silen durch ihren genußvollen Gebrauch gegen eine göttliche »*Ordnung*« (I 361). Ja, Marsyas ist eine bacchantische Natur, die den Wein liebt und nicht gerade mäßig genießt. Und die Flöte ist seinem Wesen ebenso gemäß; wo der Erzähler die Silene als »*lustige Saufkumpane*« (I 356) bezeichnet, wird mit wunderbar poetischer Klarheit ausgedrückt, wie Marsyas den Klang seines Instruments erlebt: »*Die Luft voll von Wein!*« (ebd.) Und seine Art, sich des Flötenspiels zu erfreuen, entspricht der Mentalität eines ganzen Volks: Das »*nach der Schleifung Trojas in die Höhlen der Berge*« geflüchtete Phrygien kommt unter der Wirkung der magischen Klänge wieder »*an den Tag*« gekrochen und beginnt »*zu tanzen*«, und die Göttin Kybele ist »*mit nackter Brust*« (ebd.) dabei und findet das Spiel des Marsyas schöner als das des Apollon.

Damit stiftet sie nach dem Fluch der Athene die zweite Prämisse der ganzen Geschichte; denn durch ihr Urteil gewinnt der Silen das naiv siegesbewußte Selbstvertrauen, um den Gott mit der Lyra zum Wettstreit herauszufordern. Dieser musische Kampf wird zum Sinnbild und Beginn eines Streits zweier Welten, die nicht in Harmonie zu bringen sind, sich aber auch nicht auf abstrakte und beziehungslose Prinzipien reduzieren lassen. Auf der einen Seite beglückt Erlebtes gilt auf der anderen Seite als »*Unerhörtes*« (I 360) (im Doppelsinn des Wortes). Was der Erzähler als einen Kommentar zum Verhalten der Musen formuliert, betrifft ja nicht nur sie, sondern gilt als Gesetz des Handelns aller, die trotz ihrer Widersprüchlichkeit unauflöslich miteinander verbunden sind: »*Es gibt keine Wahl gegen das eigene Sein.*« (I 360) Diese Überzeugung hat sich Fühmann auf langen Wegen und mit Mühe erarbeitet; er wird sie im Trakl-Essay ausführlich und mit gewachsenem Pathos entwickeln.

Aber ist damit jegliche Wandlungsmöglichkeit geleugnet? »*Könne der Silen denn nicht aus seiner Haut?*« (I 363), läßt der Erzähler Apollon fragen. Mittels seiner dienstwilligen Leute verursacht der Gott dem unterworfenen Marsyas fürchterliche Schmerzen, doch reißt er ihn dadurch aus seiner dumpf-sinnlichen Existenzweise heraus. Was sich als grausame Folter darstellt, ist nichts anderes als der »*Zwang, daß sich die Gottheit offenbare*« (I 365), und die zunächst zynisch klingende Ankündigung Apollons, er »*werde den Ort seiner Seele suchen*« (I 359), wird vom Erzähler positiv aufgenommen und gesteigert, wenn er sagt: »*Der, den Apollon ergründet, erkennt sich selbst, in seinen Grenzen und nach seinen Maßen.*« (I 362) Nachdem das im Dialog zwischen dem Gott und den Musen nochmals beglaubigt worden ist, kann die jähe Peripetie einsetzen: Während Kybele durch den Wald braust, geschieht die wundersame Resurrektion des Geschundenen – plötzlich ist er wieder ganz da, und die Flöte ertönt.

Die Kadenz seiner Erzählung gestaltet Fühmann mit einem Blick in das weitere Schicksal Phyrgiens, wo der Balg des Marsyas stückweise vielfältig weiterwirkt, dann aber wieder als »*unverwüstliche Haut*« (I 367) zum großen symbolischen Zeichen wird, umkämpftes Objekt in den Auseinandersetzungen zwischen Rebellen und Hütern der »*Ordnung*« (ebd.). Dieser Schluß läßt weitgreifende Assoziationen zu; der Leser mag sich der phrygischen Herkunft der Jakobinermütze erinnern und Kybele mit der nackten Brust als eine Ahnin der Zentralgestalt in Delacroix' Bild *Die Freiheit führt das Volk* verstehen, doch darf er sich nicht auf eine vordergründig politische Lesart versteifen. Fraglos symbolisiert Franz Fühmann in der Marsyas-Gestalt seinen Glauben an die unverwüstliche subversive Kraft einer Kunst, die aus dem *ganzen* Menschen (und nicht nur aus seinem Kopf) kommt, also einer rechenhaften Ordnung fremd oder gar feindlich sein muß.

Dennoch wäre es ein völliges Verfehlen des Werks, es als Camouflage aktuell-politischer Polemik zu lesen. Der denkbar unheroische Held erlaubt dem Dichter, zugleich mit Selbstironie und großem Pathos viel von dem zu sagen, was er seit langem erlitten hat und immer wieder erleidet. Das ist zunächst, ganz simpel gesagt, das schmerzliche Gefühl, nicht aus seiner Haut zu können, im Ungarn-Tagebuch schon ausgesprochen und dort bereits kenntlicher Anfang der Arbeit am Marsyas-Mythos (vgl. I 468 f.), dann aber die generelle Schwierigkeit der »*Selbstfindung*«, die er sein »*Hauptproblem*« (EGA 447) nennt und nicht bewältigen zu können meint. Und das ist drittens die Qual des extrem Schamhaften, dem öffentliches Preisgeben zum beruflichen Zwang wurde. Gerade darüber äußert sich der Autor im Gespräch mit Margarete Hannsmann in aller Deutlichkeit: »*Marsyas ist die Problematik des Sich-Entblößens; wenn man schreibt, [...] wird einem die Haut abgezogen [...]. Nun gibt's exhibitionistische Naturen, denen das Lust bereiten mag; ich gehöre nicht zu ihnen, für mich ist es qualvoll, von mir zu reden, doch ich muß es tun.*« (EGA 450) Natürlich – so räumt er ein – spiele »*auch Quälendes hinein, das von der Gesellschaft herkommt*«, doch im Zentrum seiner Erzählung stehe »*die Erfahrung von Künstlerproblematik*« (ebd.), die ihn bedrängt.

Sie beherrscht auch die vierte Geschichte, wenngleich auf wesentlich andere Art. Fühmann wählt ein Sujet aus dem Vortrag des blinden Sängers Demodokos, den Odysseus als unfreiwilliger Gast der Phäaken zu hören bekommt. Das *Netz des Hephaistos* ist eine Geschichte von Liebe und List, von Ehebruch und Eifersucht, von einem gelungenen Kunststück und seiner Verkennung, vom Drang zu gewaltiger Empörung und vom gehorsamen Gang in die Dienste der Macht. Die gut hundert Verse aus dem 8. Gesang der *Odys-*

see bieten dem Erzähler viel Stoff, und er nimmt ihn auch ganz und gar an, um das Vorgegebene einfallsreich auszudeuten und dadurch für seine, unsere Erfahrung auszuweiten. Hephaistos wird von Fühmann nachdrücklich mit seinen körperlichen Mängeln vorgestellt. Die *»Krümmung der Sohlen wie der Zehen nach innen«* ist so stark, *»daß die Nägel zur Ferse zeigen«* (I 371) und der Gott des Feuers und der Schmiedekunst also mühsam hinken, humpeln und watscheln muß. Kein Wunder, daß seine Frau Aphrodite, die Göttin der Liebe und Schönheit, den bestechend wohlgestalten Kriegsgott Ares bevorzugt. Den Erzähler, der schon längst an sein Bergwerk-Projekt denkt, interessiert der erdkundige Hephaistos nun als der von Natur aus Benachteiligte, der seine Schwächen durch außerordentliche Leistungen zu kompensieren versteht. Während Marsyas nur als ganz naiver, spontaner, sinnlich begabter Finder der beglückenden Flöte Künstlerproblematik verkörpert, interpretiert Fühmann die Erfindung und Ausführung des Netzes von Hephaistos als typischen Fall einer Künstlerschaft aus innerer Not. Fast allzu deutlich destilliert er aus dem Erzählten eine These, die sich unverkennbar sowohl gegen alte Vorstellungen vom Glück künstlerischer Begabung wie gegen das neue Theorem vom gesellschaftlichen Auftrag richtet und ein Akt sarkastischer Selbstbehauptung ist: daß *»alle Werke der Kunst nur von der Schande ihrer Schöpfer zeugen, ihrem Unvermögen, den Andern zu gleichen, da sie nichts als nur die Kunstfertigen sind«* (I 378).

Die These wird klugerweise nicht vorschnell gesetzt, sondern gründlich hergeleitet, viel geht ihr vorauf: Der jähe Wunsch des Betrogenen, den erfolgreichen (aber unsterblichen!) Rivalen Ares zu töten, verwandelt sich in ein Gespinst von Rachegedanken und wird schließlich zu einer feingesponnenen List, die das ganze bergkundliche Wissen und handwerklich-künstlerische Vermögen des Hephaistos herausfordert. Er weiß ein seltenes Metall mit den nötigen Eigenschaften und weiß es derart vollendet zu bearbeiten, daß im Verlauf vieler Arbeitsgänge jenes Netz entstehen kann, mit dem er die ahnungslosen Ehebrecher in flagranti festhalten kann. Was bei Homer innerhalb von wenigen Hexametern entsteht, das bekommt bei Fühmann, dem besessenen Arbeiter und Künstler, seine spannende, phantasievoll ins technische und technologische Detail gehende Geschichte, die den Hephaistos als einen Meister seiner Kunst erlebbar macht. Ihm gelingt ein unvorstellbar feines und dabei völlig unzerreißbares Netz, so sichtbar oder so unsichtbar wie *»lächelnde Luft«* (I 374). Beinahe ein anderer Pygmalion, ist er im Augenblick der Vollendung von seinem Produkt selbst begeistert: *»Entzückendes Nichts: die Stärke des Stoffs erschien als reine Schönheit. – Der Schmied, hingerissen, vergaß den Anlaß. Er küßte das Netz.«* (ebd.)

Retardierendes und zusätzlich motivierendes Moment der Fabel ist eine erfundene kleine Episode: zwei Tage und (liebeleere) Nächte Ehealltag des aus der Werkstatt heimgekehrten Meisters, der die Falle schließlich unbemerkt installiert und sich zurückzieht. Dann findet das große Schauspiel statt. Aphrodite und Ares sind nackt im Netz vereinigt gefangen, Hephaistos ruft alle Götter als Zeugen herbei, und das berühmte homerische Gelächter bricht aus, man weidet sich am Anblick des fixierten Liebespaars. Fühmann malt das weiter aus als Homer und betont die schwere Enttäuschung des Künstlers Hephaistos. Der wollte den andern doch vor allem sein Meisterwerk demonstrieren, das sich nur dank seiner außerordentlichen Kunstfertigkeit bewährt und ihn nach seinem Verständnis zum Sieger gemacht hat. Doch die Situation macht ihn begreifen, daß sie alle das Netz zwar sehen, aber *»ohne seiner eben mehr zu achten als eines ihnen unnötigen Stücks List, mit der der Krüppel sein Krüppelsein ausgleicht«* (I 377). Die laute Klage des Schmieds darüber und die mit Neid und Gier durchsetzte laute Bewunderung der Schönen und des Starken durch die anderen erneuern – so will es der Psychologe Fühmann – nur die Lust des gefangenen Paares, und so steigert sich die Ironie der Geschichte: *»Schamlose Stärke; schamlose Schönheit. – Sie trieben es vor den Augen des Ehemanns.«* (I 378)

Obschon weitere Motive Homers nutzend, geht Fühmann im Schlußteil eigene Wege. Dabei nähert er sich wieder dem alten Muster seiner konfliktbezogenen psychologischen Fallstudien, in denen die Helden von rasch wechselnden und oft extrem widersprüchlichen Gefühlen, Gedanken und Handlungsimpulsen bewegt sind. Thematisch aber steigert er Aktualität und Brisanz der ihn bedrängenden Künstlerproblematik. Er erzählt von Hephaistos dem Empörer, der sich maßlos gegen den Vater und obersten Gott auflehnt, der sogar mit dem Gedanken spielt, die gesamte Göttergesellschaft in sein unzerreißbares Netz einzuschnüren, um sie los zu sein »*und seine Werke nur für sich selbst zu schaffen*« (I 379); und er erzählt von ihm als dem gehorsamen Diener, der seinem Herrn schon ehedem mit Erfindergeist und seiner Hände Kunst zu Macht und Reichtum verholfen hat, der nun den Prometheus an den Kaukasus schmieden muß (das Netz wird zur Freundesfessel umgeschaffen!), der an der goldenen Tafel gelegentlich aufwarten darf, zynisch angehalten, mit dem Thronenden mitlachen zu wollen. Homerisches Gelächter anderer Art, vom bitter gewordenen Fühmann polemisch aktualisiert, setzt der Erzählung ihr vielsagendes Ende.

Summen von Erfahrung:
»Vor Feuerschlünden« oder »Der Sturz des Engels«

Läßt sich mit Sicherheit sagen, der Trakl-Essay *Vor Feuerschlünden* sei zwischen Jahresbeginn 1977 und August 1979 entstanden? Es scheint so; denn Ende Februar 1979 berichtet Fühmann dem befreundeten Kumpel in Sangerhausen, er arbeite »*seit nunmehr zwei Jahren*«[250] an einem Aufsatz über Georg Trakl, und im August des gleichen Jahres teilt er seiner Mutter freudig mit: »*Mein neues Buch ist fertiggeworden, ich kann es noch gar nicht fassen.*«[251] Die im Essay selbst dargestellte Wiederbegegnung mit der Vaterstadt des österreichischen Dichters im April 1977 (vgl. VF 191–196) zählt zwar zu den Vorbedingungen seiner essayistischen Studie, ist aber ihrerseits schon gründlich vorbereitet; Klemens Renoldner hat bezeugt, wie beeindruckt er als ortskundiger Österreicher vom erstaunlichen Reichtum an Kenntnissen war, mit denen der Besucher aus der DDR schon in Trakls Geburtsstadt Salzburg ankam.[252] Aber das legt bereits den Schluß nahe, daß die Genesis des ungemein reichen, vielschichtigen Essays sehr viel früher beginnt.

Erste Voraussetzung ist eben nichts anderes als die Entdeckung von Trakls Gedichten durch den Dreiundzwanzigjährigen mit ihrer anhaltend faszinierenden Wirkung. Sie zeigt sich sogar in den Gedichten der frühen fünfziger Jahre und wird über die Zeiten hin eher stärker als schwächer; vielleicht gerade weil es das offizielle und von Fühmann lange verinnerlichte Verdikt gegen die sogenannte Dekadenz gibt, vermag sich magische Anziehungskraft doch durch Verbot und Verdrängung noch zu verstärken. Tragende Vorgeschichte ist aber, weit darüber hinaus, alles erzählende oder reflektierende Nachdenken über die Irrungen und Wirrungen des eigenen Lebens sowie essayistisches Erforschen und nachdichterisch gezieltes Erschließen anderer Kunst, schließlich jede Einsicht in elementare Gegebenheiten menschlichen Daseins und Wesenseigenschaften von Dichtung. All das schwingt mit, wenn Franz Fühmann die Vorrede seines Buchs mit dem Eingeständnis schließt, es habe sehr lange gedauert, bis er endlich »*schmerzhaft zu begreifen begann, daß ein Dichter auch ein Mensch ist, und nicht nur ein Mund*«, und daß diese Erkenntnis »*eine Summe von Erfahrung*« (VF 10) erfordere, von der er eben erzählen wolle.

So tief das Buch über »Erfahrung mit Georg Trakls Gedicht« im gesamten Leben und Streben des Autors wurzelt, so eng ist es doch auch mit wichtigen aktuellen Literaturprozessen verbunden. Während er sein Manuskript erarbeitet, entfaltet sich gerade die öffentliche, grenzüberschreitende Rezeption von Christa Wolfs neuester Erzählung *Kein Ort. Nirgends* (1979), in der Erfahrung aus unmittelbarer Gegenwart und analogisierend heraufgerufener Vergangenheit konfliktgeladen gebündelt ist. Die Verfasserin liest inzwischen Fühmanns Essayband *Fräulein Veronika Paulmann aus der Pirnaer Vorstadt oder Etwas über das Schauerliche bei E. T. A. Hoffmann* (1979), den der Autor ihr zugeschickt hat, und bekennt in einem langen Brief vom 27. Juni 1979, sein Buch habe in ihr »einen ganzen Schwarm von Gedanken«[253] aufgestört, weil er ihren eigenen aktuellen Denkmotiven aufs unmittelbarste nahekommt.

Gleichzeitig erscheint das äußerst kontrovers aufgenommene Heft 7 der Zeitschrift »Weimarer Beiträge«, das den Verantwortlichen harsche Kritik aus dem SED-Apparat einträgt, weil es ängstlich aus dem öffentlichen Bewußtsein Verdrängtes mit einiger Deutlichkeit sichtbar macht: die Diskrepanzen zwischen den herrschenden Konventionen in Sachen Kunst und Literatur und den Bedürfnissen, Interessen, Angeboten vieler nachwachsenden Autoren. Wenige Monate später liegt dann Stephan Hermlins *Abendlicht* (1979) vor, eine Lebensbilanz völlig anderer Art, die dem gerade im Manuskript fertiggestellten Trakl-Essay Fühmanns auf eine fast verblüffende Weise verwandt ist: sosehr es die politische Grundposition des Autors bekräftigt, so unmißverständlich kündigt es alle der Kunst schädlichen dogmatischen Theoreme auf. Aber während Hermlins Buch trotz der unverstellten Konflikthaftigkeit im Ton einer harmonisch abgeklärten, über Schmerz und Bitterkeit hinausgereiften Gelassenheit gehalten ist, dominiert bei Fühmann die ohnehin für ihn charakteristische Dramatik des Vortrags, eine Expressivität, die emotionale und geistige Hochspannung sowohl zeigen wie herausfordern will. *Vor Feuerschlünden* muß mithin als ein Beitrag von vielen zu der immer breiter und tiefer gewordenen Auseinandersetzung der DDR-Schriftsteller mit den gesellschaftlichen und individuellen Widersprüchen, den Möglichkeiten und Grenzen des künstlerischen Schaffens verstanden werden.

Aus der Fülle dieser Beiträge ragt der Trakl-Essay heraus durch die Leidenschaftlichkeit und die Rücksichtslosigkeit, mit denen Fühmann gegen alle Beschönigung angeht, mit

denen er selbst bitterste Wahrheiten in ihr Recht einzusetzen trachtet, mit denen er die Poesie gegen rationalistische
Beschränktheit verteidigt. Die aktuellen Ursachen für dieses
Pathos sind leicht zu fassen: Aus bitterer Erfahrung gewonnene, längst gereifte Gedanken, bislang immer nur mahnend
angedeutet, unter den Bedingungen bedrohlicher Einschrän-
kungen gesellschaftlicher Selbstkritik nunmehr höchst dringlich geworden, müssen endlich offensiv artikuliert werden.
Nicht zuletzt geht es dabei um die lebensnotwendige Selbstbehauptung gegen arge äußere Anfechtungen, zugleich aber
um die Abwehr der Neigung zu Resignation und Selbstauf-
gabe. Ohne sich vordergründig-beschränkt und in Textsorten, die sich innerhalb der DDR weniger denn je veröffentlichen lassen, zugunsten Biermanns oder anderer vom Machtmißbrauch betroffener Künstler zu äußern, kann er mit dem
Trakl-Essay ein ebenso kunstvoll-konkretes wie prinzipiell
gültiges Plädoyer für die uneingeschränkte Annahme jeder
aus sich heraus notwendigen künstlerischen Subjektivität
vortragen. Was als Nachwort zu der ersten großen Trakl-
Ausgabe für die DDR angelegt ist, wächst sich zu einer viel-
stelligen Summe von Erfahrung aus, zu einer Art geistigen
Romans mit zwei authentischen Hauptgestalten: Georg
Trakl und Franz Fühmann. Damit der Verlag den Text wirklich als Nachwort verwenden kann, muß er auf etwa die
Hälfte zurückgeschnitten werden, und selbst in dieser reduzierten Form macht er einen eigenen Band 2 der in Kassette
publizierten Trakl-Edition *Der Wahrheit nachsinnen – Viel
Schmerz* (1981) aus. Das ungekürzte Manuskript erscheint
gesondert bei Hinstorff in Rostock und unter anderem Titel
bei Hoffmann & Campe in Hamburg 1982.

Auch der vollständige Text *Vor Feuerschlünden* beziehungsweise *Der Sturz des Engels* läßt sich freilich als eine
aufschlußreiche Einführung in die poetische Welt und in
das Leben des unglücklichen Salzburger Dichters lesen.
Fühmann arbeitet durchweg dicht an dessen Lyrik, vertieft
sich immer wieder in einzelne exemplarische Gedichte, demonstriert stilistische Eigenarten und charakteristische Ver-

366

fahren, stellt sie vergleichend in größere lyrikgeschichtliche Zusammenhänge. Er bietet vielfältiges Material auf, um Biographie und Persönlichkeit Trakls zu dokumentieren; er zitiert Briefe sowie einschlägige Tagebücher, Erinnerungen, Berichte und Akten. Er geht auch auf literaturwissenschaftliche Arbeiten ein, die er gewissenhaft studiert hat, und versagt sich nicht die Polemik mit jenen, die sich befugt glauben, Trakl als christlichen Dichter deklarieren zu können. Weit davon entfernt, sich als Literaturwissenschaftler zu gerieren, handelt Fühmann von Georg Trakl als dem Schöpfer einer Dichtung, die ihn persönlich fasziniert und beschäftigt, und zwar Jahrzehnte hindurch und mit immer erneuter Macht; sein Nachdenken über diesen Dichter und dessen Gedicht wird zum Nachdenken über seine jahrzehntelange Erfahrung mit Trakl, mit Dichtung überhaupt und mit sich selbst.

Wie zwingend sich das ergibt, läßt sich bereits an dem ersten der acht Kapitel genau beobachten. Die beiden letzten Zeilen des Gedichts *Untergang* werden als poetische Deutung der historischen Stunde erlebt, die der Soldat Fühmann, wenige Tage vor der Kapitulation der Hitlerwehrmacht, noch nicht begriffen hat. Ahnungslos im Vaterhaus sitzend, erfährt er, wo er sich eigentlich befindet und was ihm geschieht: »*Unter Dornenbogen/O mein Bruder klimmen wir blinde Zeiger gen Mitternacht.*« (VF 11) Traklsche Poesie als Zitat, autobiographisches Erinnern und heutige Sicht sind von vornherein in wechselseitigem Zusammenhang da. Das Gedicht assoziiert aber auch ein Kindheitserlebnis, dem der Autor Raum gibt, um dann wieder ins Jahr 1945 zurückzukehren und sich daraufhin reflektierend zu unterbrechen: Er verständigt sich mit dem Leser über dessen mögliche Bedenken und setzt neu an, nämlich mit einem Exkurs über Trakls »Vorliebe für Farben« (VF 14), der wiederum Gelegenheit für die Mitteilung grundlegender Gedanken bietet; Fühmann verrät seine Neigung, »*das Wesen des dichterischen Wortes als Einheit von Gegensätzen zu fassen*« (ebd.), und während er konkrete Einblicke in poetische

Arbeit vermittelt (indem er vier verworfene Fassungen eines Verses vorführt), arbeitet er auf die Sentenz hin: »*Poesie ist die andere Art der Wirklichkeit, die vorwegnehmende, und es ist das Verhängnis des poetischen Bildes, daß es sich einmal realisiert.*« (VF 16)

Den Schlußteil bildet eine Art Genreszene: Sohn und Vater Fühmann sitzen in dessen Arbeitszimmer bei denkbar verschiedener Lektüre, bis der Vater auf den Namen Georg Trakl reagiert, weil er 1914, im Bereich der Festung Przemyśl, in der Sanitätskolonne mit einem Heeresapotheker gleichen Namens zusammen war, einem spinnerten Kerl, den man »*mit seinen Gedichten aufgezogen habe*« (VF 18), weil »*solch einen Schmarrn [...] wirklich kein gesunder Menschenverstand verstehen*« (VF 19) könne. Das Kapitel endet ähnlich, wie es begonnen hat, mit den letzten Versen des Gedichts *Untergang*.

Damit ist der gesamte Essay auf eine geradezu ideale Weise eröffnet. Alle seine wesentlichen Themen und Ebenen, Mittel und Bezugsfelder sind hier bereits ausgeprägt oder doch in kenntlichen Andeutungen zu finden. Da sind Trakls Verse und ihr Schöpfer; da sind Kennzeichen und Bestimmungen von Poesie schlechthin; da sind Erzählen, Erörtern, Zitieren und Definieren, Erinnern und Deuten; da sind der Verfasser des Essays (samt dem implizierten Leser) und sein Vater, beider Verwandtschaft, Verschiedenheit und Mißverhältnis, beider historischer Raum mit zwei Weltkriegen (am Ende des Zweiten stellt sich Erinnerung an den Anfang des Ersten ein). Der Horizont einer »*Menschheit vor Feuerschlünden aufgestellt*« (VF 240) beginnt sich abzuzeichnen. Vollends sichtbar wird er freilich erst im Verlauf des ganzen Buches, das sich dem empfänglichen Leser als ein spannungsreicher, bei allen Sprüngen und Würfen durchweg zwingender mehrgliedriger Prozeß darbietet. Zum einen führt es den Autor gleichsam in ständiger Bewegung als Trakl-Leser vor, der sich einem Gedicht, einer Zeile, einem Bild zuwendet und kundtut, was er dabei sieht, spürt, erinnert, denkt. Zum anderen führt es in wechselndem Rhythmus in das Leben und Sterben und schließlich in die Stadt Georg Trakls hinein. Zum dritten aber bedingt das Mitteilen der eigenen Erfahrung mit Trakls Gedicht eine ganze Folge von Auskünften Führmanns über sich selbst. Der Autor erzählt aus seinem Leben, freilich auf prägnante Punkte konzentriert, eher raffend als ausmalend.

Dabei ist manch stoffliches Detail aus älteren Erzählungen Führmanns wiederzuerkennen, auch wenn es vordem anders aussah. Und es kommen bisher nicht kundgetane biographische Einzelheiten hinzu, vor allem aus der Zeit der Kriegsgefangenschaft, einiges aus den Jahren im Apparat der NDPD, Reflexe auf den XX. Parteitag der KPdSU sowie auf das Ende des Prager Frühlings 1968, das Eingeständnis der langen Trunksucht, Andeutungen über die Entziehungskur und manches mehr. Jedoch wird das alles lediglich so weit einbezogen, wie es für die Darstellung der inneren Biographie erforderlich oder belangvoll ist: Der Essay zeichnet geistige Entwicklungsprozesse Führmanns nach. Was im Ungarn-Tagebuch thematisiert wurde, die Frage nach der weltanschaulich-ideologischen Wandlung des Hitleranhängers zum Verfechter der Ideen von Marx und Lenin, wird hier neu beleuchtet und problematisiert. Jahrzehnte des Umgangs mit Trakls Gedicht werden durchforscht als eine Zeit des Erleidens, Verdrängens und Austragens mächtiger Widersprüche. Bedeutet das Betroffensein von Traklscher Poesie zuallererst einen Schritt aus dem »geistigen Niemandsland eines Wahnes, der nichts mehr hoffte und alles glaubte« (VF 11), wird es bald in das Selbstmitleid des enttäuschten Gefangenen hineingemengt, bis der sich als Hörer suggestiv wirkender Lektionen seines Dozenten auf der Antifaschule in der Sowjetunion zum begeisterten Anhänger des Sozialismus entwickelt, der sich als Dichter wie als Richter über Dichtung auf ein politisch-ästhetisches Gut-Böse-Schema einschwört und dadurch unfähig macht, sich seine Liebe zu Trakls Poesie, wiewohl sie ihm unverzichtbar ist, bedenkenlos zu gestatten.

Anders ausgedrückt: Führmann nutzt den Stoff des eigenen

Lebens und Erlebens, um den unversöhnlichen Widerspruch zwischen vulgärmarxistischen ästhetischen Dogmen und echter, notwendiger Poesie mit aller Schärfe, sinnfällig, emotional und bekenntnishaft vorführen zu können. Lange begnügte er sich damit, eine relative Eigenständigkeit der Dichtung gegen absolute Führungsansprüche von außen zu behaupten, indem er zu bedenken gab: *»Literatur geht in Ideologie nicht völlig auf.«* (EGA 75) Der entschlossene Kampf darum, Trakls Gedicht als große Poesie voll und ganz in ihr Recht zu setzen, treibt ihn zwangsläufig weit über die vorsichtige These hinaus. Mißlungene Versuche, das Werk dieses Dichters in einen unangemessenen, engstirnigen Deutungsrahmen zu pressen, läßt Franz Fühmann nun hinter sich. Mit neuer Besessenheit räumt er alle ideologischen Barrieren beiseite, die den freien, unvoreingenommenen Zugang zu Trakls Poesie einschränken könnten. Er weist auch den *»Interpretenwahn«* ab, dem die Frage *»wie habe der Dichter selbst es gemeint?«* (VF 22) sinnvoll oder gar nötig scheint.

Als Fürsprecher Traklscher Dichtung mit all ihren Geheimnissen und Dunkelheiten sieht er sich zu Aussagen herausgefordert und legitimiert, die zumindest außerhalb ihres Zusammenhangs ausgesprochen kühn, wenn nicht gar überspitzt wirken. So behauptet er beispielsweise wiederholt: *»Gedichte sind eine andere Art Träume.«* (VF 16, 79 f.) Ein solcher Gedanke kommt dem Autor nicht nur in den Sinn und aus dem Herzen, weil er die poetische Welt Trakls rechtfertigen und rühmen will, sondern weil er längst daran arbeitet, eigene Traum-Erzählungen als Prosa-Gedichte zyklisch zu reihen und zum Druck zu befördern. Mit allen Mitteln und auf allen Ebenen geht Fühmann gegen das Mißverständnis an, Dichtung müsse sich dem Maß gedanklicher Vorgaben unterordnen. Aber so grimmig er gegen die Abbildtheoreme einer vorgeblich marxistischen, realiter die Dialektik des Widerspruchs ausklammernden Ästhetik schlägt, so eng sieht er zugleich Poesie an menschliches Dasein gebunden: *»[...] was sich in Wahrheit immer im Dunkel* *großer Dichtung verbirgt«*, seien eben *»Geheimnisse menschlichen Existierens«*, und *»ein Geheimnis dauert, wieviel an Erhellung ihm auch widerfährt«* (VF 64), während sich ein Rätsel auflösen läßt. Diese Reflexionen bedeuten Abwehr der Auflösung von Poesie ins nur Rationale, und sie deuten auf das Dunkel der Daseinsgründe, das sich eben im exemplarischen Falle Trakl als unbestreitbare Realität offenbart.

Dort liegen auch wohl letzte Ursachen für die magische Wirkung von Trakls Gedicht auf Franz Fühmann. Wenngleich er sagt, er habe sich anfangs kein Bild von diesem Menschen machen wollen, so spricht doch die Genauigkeit, mit der er dann Trakls Leben dokumentiert und durchdenkt, eine andere Sprache: Sua res agitur. Nicht daß es im Detail allzu viele Entsprechungen zwischen den Lebensumständen und -bedingungen Trakls und Fühmanns gäbe. Aber die Praxis des Dichtens als eine andere Art des Träumens verbindet beide ebenso, wie es sie von ihrer jeweiligen Umwelt trennt: In Vater Fühmanns Erzählen von der gelegentlichen Verspottung des *»spinnerten«* Trakl Schorschl durch seine Kameraden artikuliert sich schon die aktuale Erfahrung des Sohnes, der erleben muß, wie die von ihm erträumte sozialistische Gesellschaft zum Ort mißrät, an dem gerade der neuartige, originelle Dichter Gefahr läuft, unverstanden zu bleiben oder gar unerwünscht zu sein und unterdrückt zu werden. Wie der bedrohliche Zustand der Welt im ganzen, so verdüstert die innere Entwicklung in der DDR Fühmanns Bild vom Menschen und seinem Dasein. Aus Hermlins Nachwort zu seiner kleinen Trakl-Auswahl übernimmt er eine Feststellung, die dort in eine dichte Folge von Auskünften über das Leben des österreichischen Dichters hineingestellt ist: *»Es war nicht lebbar.«*[254] Fühmann vertieft und verallgemeinert das; er sieht in der Geschichte der modernen Kunst viele *»unlebbare Leben«* und erklärt darüber hinaus die *»Unlebbarkeit«* zu einem *»Zug, der den Menschen vom Tier unterscheidet«*, und von dem er meint, *»daß jedes Leben ihn aufweist, auch wenn ihn sein Träger gar nicht bemerkt oder sich über ihn hinwegtäuscht«* (VF 161).

Diese Gedanken haben ihre Funktion in der Argumentation gegen das Dekadenz-Verdikt, das der Autor noch während der Arbeit an seinem Essay in der 2. Auflage des *Kulturpolitischen Wörterbuchs* (1978) erneuert findet. Sie sind aber auch ein Bestandteil der Selbstverständigung über das eigene Leben und dessen Unlebbarkeit. Da wird unauffällig von diskretem Unrecht gesprochen, das DDR-Sicherheitsorgane an einem Kollegen vollziehen. Da wird ein SED-Spitzenfunktionär modellhaft zitiert, der Arnold Zweig in Sachen Kunst belehrte. Da wird berichtet, wie ein »Hochgestellter« auf die Mitteilung Fühmanns reagiert, daß er eines Tages beinahe sein Exemplar Trakl-Gedichte verbrannt hätte, um dem Verdammungsurteil über die sogenannte Dekadenzliteratur zu genügen: *»Ja, wenn Sie das alles auch so ernst nehmen!«* (VF 95) Da wird schließlich sogar das lange unterdrückte Thema des Heimatverlusts in den Text eingelassen. Als der Trakl lesende Fühmann 1951 im möblierten Zimmer in der Berliner Linienstraße dem verlorenen Kindheitsparadies nachsinnt, wendet sich der marxistische Neophyt gegen sich selbst: *»Ich wütete gegen diese Träume, meine Heimat war die neue Gesellschaft.«* (VF 94) Aber die Einsicht stellt sich ein, *»daß man gezwungen sein kann, an einer ungeliebten Stelle sein Dasein verbringen zu müssen«* (VF 40), und das Mißlingen der neuen Gesellschaft läßt dann vollends das Bewußtsein von Heimatlosigkeit entstehen. (Bezeichnenderweise bringt Fühmann es nun auch endlich über sich, in der begrenzten Öffentlichkeit einer Akademietagung im März 1981 ausdrücklich zu bekennen, daß er unter dem Trauma leide, keine Heimat zu haben.[255])

All das besagt nicht, daß der Autor etwa im Versteck seines Buches über einen anderen Dichter seine bis vor kurzem immer wieder ausdrücklich bestätigte Option für den Sozialismus zurücknimmt. Sein Essay gibt gerade die bislang genaueste Darstellung der geistigen Wandlung, die er als sowjetischer Kriegsgefangener vollzogen hat. Und zu den Leitmotiven gehört neben den Bildern von den im Krieg barbarisch Gehenkten auch der symbolische Judenvernichtungsort Auschwitz, ein Topos, dessen bloße Nennung schon an die alte Bekenntnisformel Fühmanns erinnert, er habe »Auschwitz verteidigt« und sei »*über Auschwitz zum Sozialismus gekommen*« (J 431). Nein, Fühmanns Buch ist kein Widerruf. Er verabschiedet allerdings eine Art von Parteilichkeit, die dazu verpflichtet, unerwünschte Wahrheiten zu verdrängen, bittere Realitäten zu beschönigen oder gar zu leugnen, Erstrebtes für Erreichtes auszugeben. In diesem Buch sperrt er sich gegen allen Dogmatismus, der im Namen von Marx und Lenin das Bild vom Menschen und seiner Geschichte auf eine geradezu gefährliche Weise simplifiziert und verzerrt. Es wendet sich gegen einen widersinnigen, schädlichen Zweckoptimismus und gegen die Verabsolutierung einer instrumentellen Vernunft wie gegen die Entzauberung der Kunst. An seiner Grundentscheidung für die Suche nach Wegen zu einer sozial gerechten, das Wohl aller Menschen sichernden Gesellschaft aber hält Fühmann fest, wenn er auch den Weg, den die DDR nimmt, mehr und mehr für verfehlt halten muß.

Unbestreitbar enthält der Trakl-Essay die bis dahin tiefste Kritik Fühmanns am sogenannten realen Sozialismus, wenngleich in sehr sublimierter Form. Doch das Buch bestätigt auch wiederum das beispielhafte Ethos seines Autors, etwa wenn es im gewichtigen vorletzten Kapitel heißt: »*Der Konflikt zwischen Dichtung und Doktrin war unvermeidlich; beide waren in mir verwurzelt, und beide nahm ich existentiell. Es war mir ernst mit der Doktrin, hinter der ich auch noch durch die verzerrtesten Züge das Gesicht der Befreier von Auschwitz sah, und es war mir ernst mit der Dichtung, in der ich jenes Andere ahnte, das den Menschen auch nach Auschwitz nicht aufgab, weil es immer das Andere zu Auschwitz ist. – Ein Ernstnehmen wog das andere auf. – Von ›Verführung‹ ist da keine Rede; dieses Wort setzt nicht nur die Dichtung, es setzt auch die Doktrin herab – will sagen: das, was hinter ihr steht. Mein Konflikt brach von innen aus, nicht von außen, also war er nicht vermeidbar. Sein Ende ist noch nicht abzusehen.*« (VF 180)

Der letzte Satz dieses Zitats sowie der Schluß des Buches und weitere Textstellen lassen den Essay als eine Arbeit erscheinen, die vorsätzlich offenbleibt; sie zeigt den Autor, obschon der seine festen Überzeugungen hat, sozusagen unterwegs. Als Werk jedoch bietet es sich dem Leser durchaus nicht als etwas Fragmentarisches, Unvollkommenes dar, sondern in schöner Geschlossenheit; es faßt eine Fülle von Erfahrung in reifen, dichten Formulierungen zusammen und überzeugt auch dadurch, daß es nicht vorspiegelt, erschöpfend zu sein. Seine ganzheitliche Wirkung gewinnt es wesentlich aus dem ständig spürbaren Walten der integren Autorpersönlichkeit, die über eine Vielfalt von Mitteln verfügt, den Leser anzusprechen, ihn zu informieren und zu inspirieren.

Das läßt sich hier leider nicht im Detail vorführen. Unverzichtbar aber scheint mir, noch auf einige ideelle Momente des Essays einzugehen. Vorrangige Beachtung verdient da die allenthalben wirksame philosophische (aber auch philologische) Aufmerksamkeit für den Widerspruch. *»Der Widerspruch als Wort und im Wort zeugt den Widerspruch im Leser«* (VF 15), heißt es schon im ersten Kapitel; und eine solch konzentriert-aphoristische Prägung macht bewußt, welche elementare Bedeutung diese Kategorie im weltanschaulichen wie im ästhetisch-theoretischen Denken Franz Fühmanns besitzt. Bestätigt wird das durch sein längst herangereiftes Verständnis vom Menschen, das er nicht zufällig gerade in dem vom Inzest der Trakl-Geschwister Georg und Grete handelnden sechsten Kapitel mit einer neuartigen Prägnanz und Gültigkeit formuliert: *Das Menschliche, das ist der Mensch ganz: in seinen Siegen und Triumphen wie in seinen Nöten und Niederlagen, in seinen Anfechtungen und Besessenheiten, in Glanz und Kot, in Zwängen und Freiheit, in dem, worin er ein Zeichen der Würde, wie in dem, darin uns vor ihm schaudert!* (VF 163)

Fühmann begründet damit speziell seinen Protest gegen jegliches Selektieren und Retuschieren von Werken und Biographien; doch zugleich bieten seine Worte objektiv einen unversöhnlichen Gegenentwurf zum offiziell propagierten

Menschenbild, das die Herrschenden von der Kunst ihres Landes möglichst genau bestätigt haben wollen. Er aber reklamiert gerade umgekehrt Literatur und Kunst als die authentischen Mitteilungen über den Menschen und die Menschheit. So wie er meint, *»alle Gedichte Trakls«* bildeten *»im Grunde ein einziges, sich ständig variierendes Gedicht von ineinander überfließenden, auseinander sich entfaltenden und in der wechselnden Wiederkehr des stets anders Gleichen einander mit einem Höchstmaß an Sinn wie Geheimnis beladenden Versen, Bildern und Worten«* (VF 62), so überzeugt er den Leser, die Poesie der Moderne sei *»ein einziges großes Gedichtganzes [...], die Summe unserer Epoche, darin die Menschheit gezwungen ist, sich als Menschheit zu konstituieren, und eine Brüderschaft der Dichtung und Kunst geht ihr voran.«* (VF 114)

Bemerkenswert, wie die einst übernommene rigoros klassenmäßige Differenzierung der Literatur nun vom abermals gewandelten Fühmann durch die gegenläufige Vorstellung von einem utopischen Potential korrigiert wird, das die unterschiedlichsten Werke der modernen Kunst und Literatur als eine Einheit begreifbar macht. Aber der Autor geht darüber schließlich noch hinaus, wenn er ohne jede zeitliche, stofflich-thematische, ideelle oder formale Einschränkung feststellt: *»Aller Zeiten Dichtung und Kunst zusammen stiften ein bleibendes Zeugnis des Menschentums in seinen Möglich-wie Wirklichkeiten.«* (VF 162) Gewiß wirken solche Sätze an Ort und Stelle, im jeweiligen Zusammenhang, weniger absolut. Aber Fühmann nutzt wohl sehr bewußt die Chance der Gattung, um seinen Text mit derartigen Sentenzen anzureichern, die sich durch Zuspitzung unweigerlich ins Nachdenken des aufmerksamen Lesers hineindrängen und ihn herausfordern.

Zur qualitativen Neuheit des Trakl-Essays gehört: Da läuft unter den Augen des Lesers ein sinnlich-konkreter Arbeits- und Denkvorgang ab, vielschichtig, spannungsreich und denkbar Heterogenes vereinigend, ob in unmerklichen Übergängen oder im überraschenden Sprung, ausdrücklich vermittelt oder ohne Umstände montiert – auch das eine Summe langjähriger Arbeitserfahrung. Fühmann hat sich redlich um objektiv erzählte, novellistisch geschlossene Geschichten bemüht und an Versionen für den Film gearbeitet. Er hat Gedichte geschrieben, von Trakl-Reminiszenzen nicht ganz frei, von der Poesie des bewunderten großen Bruders aber weit entfernt. Er hat als Nachdichter anspruchsvollster Lyrik sein sprachgestalterisches Vermögen gesteigert, hat sich als genauer, einfühlsamer und glänzender Interpret deutscher Dichtung entfalten gelernt, hat sich zum Autor und souveränen Sprecher theoretisch relevanter öffentlicher Reden qualifiziert. Und er hat im Rahmen eines fiktiven Tagebuchs vermocht, sich von allen bis dahin eingehaltenen Formen zu emanzipieren. Der Trakl-Essay ist nun die Aufhebung alles dessen, schon durch deutlich neues Denken über sich selbst und die Welt, aber dann auch durch das kunstvolle Miteinander und Ineinander von Erzählen und Reflektieren, von Dokumentieren und Erfinden, von Interpretieren des anderen und Befragen seiner selbst, von Bekennen und Herausfordern. Und obwohl sich das im Text realisierende Subjekt immer wieder der Kritik des Lesers anbietet, obwohl der Autor seine Brüche und Beschädigungen ausdrücklich vorweist, konstituiert er sich doch in seinem Werk als eine integre Gestalt mit einer überzeugenden Identität. Dies eben erweist das Buch endgültig als ein literarisches Kunstwerk hohen Ranges.

Seine starke Ausstrahlungskraft bestätigt sich durch die rasche, weitreichende positive Resonanz, die ihm zuteil wird. Mit seinem außerordentlichen Anspruch an den Leser kann das Werk zwar kein breites Publikum erreichen, aber Radiostationen und Presseorgane des deutschen Sprachraums reagieren schon binnen kurzem in beträchtlicher Zahl und zumeist mit sensiblem Respekt, teils mit Verwunderung, teils mit Bewunderung. Ralph Schock, der sich im Saarländischen Rundfunk nicht besonders verständig äußert, prophezeit eine heftige Diskussion in der DDR.[256] Die findet jedoch nicht statt; vielmehr erscheinen neben kleineren, entschieden positiven Besprechungen bald größere Würdigungen, allesamt freilich in spezielleren Publikationsorganen, während sich die SED-Zeitungen in vielsagendes Schweigen hüllen. Der Autor darf sich jedenfalls verstanden fühlen, und die beiden verschiedenartigen, aber ehrenvollen Preise aus der Bundesrepublik, die ihm zuerkannt werden, dürfen ihn zu Recht mit Stolz und Genugtuung erfüllen.

Eine ganz ungewöhnliche Würdigung und Verwendung seines Buches kann sein Autor nicht mehr erleben: In der Spielzeit 1987/88 bringt das Wiener Burgtheater den *Sturz des Engels,* als Monodrama von Manfred Weber adaptiert, von Manfred Karge inszeniert und gespielt, in der Hauptstadt Österreichs zur Aufführung. Die Premiere des erstaunlichen Unternehmens am 27. Februar 1988 im Akademietheater findet weit über die Landesgrenzen hinaus Beachtung und wird sogar zu einem Publikumserfolg. Das breite Echo in über zwanzig deutschsprachigen Zeitungen ist zwar nicht durchweg seriös, aber doch überwiegend freundlich, wenn nicht gar nachdrücklich positiv. Die »Badische Zeitung« weiß von einem »enthusiasmierten Publikum« zu berichten und meint abschließend: »Fürs Theater als solches mag damit kaum etwas gewonnen sein. Aber vielleicht wird nun wenigstens wieder mehr Trakl gelesen. Und Fühmann, der hierzulande noch immer zu Entdeckende, obendrein.«[257] Der Rezensent der »Frankfurter Allgemeinen Zeitung« findet, Franz Fühmann habe, »auf Trakls Beschwörung von Farbe, seine mythologischen und naturbeobachtenden Metaphern gestützt, zu einer bei aller Emotionalität disziplinierten, durch Sarkasmen gehärteten Sprache gefunden, die das Unerwartete möglich macht – nämlich theatralisch wirksam zu sein.«[258] Wirkung zeitigte die dramatische Adaption des Essays auch in Heinz Drewnioks Inszenierung für das Staatsschauspiel Dresden (Premiere am 3. Dezember 1989) mit dem überzeugenden Siegfried Worch als Franz Fühmann, und zwar nicht allein in der sächsischen Elbmetropole, sondern desgleichen in Leipzig (zur »Woche des Ein-Mann-Theaters«) sowie beim Gastspiel im Gostner Hoftheater Nürnberg. Manche Rezensenten heben als Fühmanns Botschaft den kathartischen Sinn und Wert seiner eindringlichen Auseinandersetzung mit faschistischer und stalinistischer Vergangenheit heraus. Sie bestätigen damit, daß der Trakl-Essay Bestand haben wird, solange Menschen im Nachsinnen über die schlimmsten europäischen Erfahrungen unseres Jahrhunderts Rat und Hilfe brauchen. Darüber sollte aber nicht der Blick für andere Schichten des Essays verlorengehen. Er ist, wenngleich in Prosa geschrieben, ein Hohelied auf den Zauber der Dichtung, dessen die Menschheit seit Urzeiten zu bedürfen scheint und dessen sie sich nicht entwöhnen sollte, solange sie noch irgend existieren kann. Und das Buch ist ein gefaßt klagendes Prosa-Lied von der Schicksalhaftigkeit menschlicher Existenz, durch seinen Mut zu schonungsloser Einsicht aber bei aller Trauer zugleich erhebend. Fühmann weiß: Trauer tröstet. Er zeigt Leben als Passion, nicht um es abzuwerten; der Leser möge, und sei es noch »*Vor Feuerschlünden*«, wirklich *sehen*, ehe sie ihn umfängt, »*die Nacht, in der keiner mehr wirken kann*« (VF 188).

Materialisierte Nöte und Bedrängnisse: »Saiäns-Fiktschen«

Während Franz Fühmann angestrengt an seinem Trakl-Essay arbeitet, ballen sich über den weitgehend rat- und schutzlosen Köpfen der Menschen – wie Max Steenbeck sagt – »strategische Gewitterwolken«[259] zusammen. Die Konfrontation der beiden »Atomgiganten«[260] und die bedrohlich wachsende Spannung zwischen ihnen wirken sich nunmehr gerade in Europa so stark aus, daß selbst in der DDR-Öffentlichkeit neben der klischierten politischen Agitation gegen die imperialistische Hockhrüstung sachkundige und aufklärende Aussagen über die Weltlage fällig werden. Der Atomphysiker Steenbeck macht mit neuartiger Offenheit und Deutlichkeit begreiflich, welche gefährlichen militärstrategischen Entwicklungen sich seit dem Ende der siebziger Jahre vollziehen. In dieser unruhevollen Zeit, deren tödlichen Gefahren sich dem sensiblen Autor mit Macht mitteilen, reist Fühmann verschiedentlich in westliche Länder. Das Trakl-Interesse führt ihn im Frühjahr 1978 ein weiteres Mal nach Österreich; daneben kommt es zu einer Reihe von Besuchen in der Bundesrepublik, im Frühjahr 1980 dank der praktischen Hilfe von Margarete Hannsmann (sie fährt ihn im Auto) sogar zu einer Reise durch die Schweiz mit Lesungen in Zürich und Biel. Visiten in Westberlin, wo er am 8. April 1978 den Kritikerpreis des »Verbandes deutscher Kritiker« entgegennimmt, sind relativ häufig; so berichtet er beispielsweise am 23. März 1980 seiner Mutter, er habe in Westberlin gerade drei Lesungen für Kinder gemacht. Hatte er die längste Zeit hindurch fast nur bei Aufenthalten in Ungarn von außen auf das Land schauen gelernt, dessen Bürger er ist, so ergeben sich jetzt immer reichere Möglichkeiten, sein DDR-Bild zu objektivieren und sein Wissen über die beiden Weltsysteme, deren vielfältige sinnliche Eindrücke zu prüfen und zu korrigieren. Fühmann ist, wie er selbst gelegentlich betont, als gestaltender Künstler in hohem Grade auf eigene, unvermittelte Wahrnehmung angewiesen, und deshalb bedeutet ihm das legitime »Grenzgängertum« viel. Wenn er sich auch dieses Privilegs nicht erfreuen kann und es mit wachsendem Unwillen gegenüber der restriktiven Praxis seines Landes nutzt, so vermag er doch auch nicht darauf zu verzichten. Das ostwestliche Reisen eröffnet seinem Schreiben ein neues Feld, für dessen Bestellung ihm bald viele Leser Dank wissen werden: Der Zyklus *Saiäns-Fiktschen*, erstmals 1982 (obschon mit der Jahreszahl 1981) und bereits im folgenden Kalenderjahr in 2. Auflage erschienen, findet bei Lesungen in der DDR, soweit sie dann noch stattfinden dürfen, eine lebhaft zustimmende Aufnahme; das von schöngefärbten Bildern seiner Welt allzu eng umstellte Publikum erlebt die grotesken Verfremdungen, die ihm der Erzähler bietet, trotz ihrer Bitterkeit und sarkastischen Zuspitzung als emotional und geistig befreiend, mithin letztlich auch als hilfreich.

Die meisten Texte des Bandes werden erst nach dem Abschluß des Buchs *Vor Feuerschlünden* geschrieben beziehungsweise fertiggestellt. Nur die Erzählung *Die Ohnmacht* entsteht, wie bereits erwähnt, schon 1975 während eines Sommerurlaubs an der Ostsee und wird dann auch umgehend veröffentlicht.[261] Die Idee des Zyklus und ein Konzept dafür gibt es zu diesem Zeitpunkt noch nicht. Die negative Utopie, die er entwirft, entwickelt sich schrittweise. *Die Ohnmacht* persifliert zwar schon bestimmte Erscheinungen aus dem politisierten Alltagsleben der (nicht bezeichneten) DDR, enthält aber keine Angaben über Ort und Zeit der Handlung. Von den drei Hauptfiguren werden nur zwei namentlich genannt: Janno und Pavlo. Die fiktive Prämisse, daß bereits zwei Atomkriege stattgefunden hätten, wird erst in der zweiten Geschichte angedeutet *(Der Haufen)*. Hier kommt auch als dritte Person Jirro in das Figurenensemble, das allerdings nur in dieser Erzählung als Trio agiert. Die starre Teilung des Menschheitsgebiets in zwei einander entgegengesetzte Systeme namens Uniterr und Libroterr, die aus den beiden Kriegen gefolgt sein sollen, wird von Fühmann erst in der dritten Geschichte eingeführt *(Das Denkmal)*.

Aber der Autor fühlt sich beim weiteren Ausspinnen seiner grotesken Visionen nicht verpflichtet, eine völlig stimmig integrierte Welt zu erzählen. Eine versehentliche Verwechslung der eigenen Figuren läßt er, nachdem er sie bemerkt hat, unkorrigiert stehen, und das bleibt im Grunde folgenlos; sie sind ihm wesentlich Mittel zum Demonstrationszweck, also bloße Typen und keine Charaktere. Die innere Einheit des Zyklus, dadurch nicht gefährdet, ergibt sich schon aus der einleitend benannten Absicht, »*Bedrängnisse und Nöte schreibend zu materialisieren, um ihnen besser begegnen zu können, Bedrängnisse und Nöte jener Art, die sich so schwer darstellen lassen, weil sie zwar der Realität entstammen, sie aber, die Realität, wohl maßlos überschreiten*« (SF 6, bereits im Original kursiv). Verständlicherweise versäumt Fühmann auch nicht zu betonen, daß es ihm keineswegs darum gehe, »*zu prophezeien*« (ebd.).

Das Motiv des Blicks in die Zukunft spielt nun allerdings gerade in der Erzählung *Die Ohnmacht* eine große Rolle, ohne dadurch irgend auf den nachfolgenden Zyklus vorzugreifen. Die Geschichte ist nach Fühmanns Auskunft *»in einer bösen Krise«*, (SF 5) entstanden. Wie der Titel vage vermuten läßt, geht es um die Frage der Willensfreiheit. Von seiner Prometheusfigur nimmt der Autor die Fähigkeit herüber, ein bestimmtes Stück weit in die Zukunft schauen zu können. Aber er behandelt dieses Vermögen nicht als eine besondere Qualität einer bestimmten Person, sondern bindet es an einen in SF-Manier erklärten Apparat. Dieser ermöglicht dem jeweiligen Benutzer, im voraus exakt zu sehen, was er selbst etliche Minuten später tun wird. Kern der Geschichte ist nun die an einem Probefall entwickelte, auch noch zum Gegenstand einer Wette gemachte Frage, ob es einem dazu fest Entschlossenen gelingen werde, das von ihm Vorausgesehene durch ein anderes Verhalten zu korrigieren. Das erzählte Exempel wird dadurch menschlich belangvoll gemacht, daß die Versuchsperson bei ihrer Zukunftsschau ein kleines Kind benachbarter Bekannter aus dem Fenster ihrer Hochhauswohnung stürzen sieht. Das angestrengte Bemühen, den tödlichen Sturz zu verhüten, einfallsreich und spannend erzählt, mißlingt jedoch. Lakonisch läßt Fühmann den Erfinder und Inhaber des Apparats bilanzieren: *»Was kommen muß, kommt!«* (SF 36)

An dieser Figur namens Pavlo ist das auffälligste, daß er unmäßig trinkt. Nun wurde in Fühmanns Erzählungen bereits des öfteren getrunken, schon im Erstling *Kameraden* zum Beispiel; aber noch nie zuvor hatte er einen ausgemachten Alkoholiker vorgestellt oder gar in die Reihe der Hauptfiguren gerückt. Seinen Pavlo aber holt er, ohne daß die Dramaturgie der eigentlichen Geschichte das erforderlich machte, in deren Verlauf immer mehr in den Vordergrund, bis er am Ende allein auf der Szene steht und lallt und volltrunken umfällt. Auffallend ist des weiteren, daß Fühmann für den Umgang mit der Figur ein spezielles Wort erfindet, wobei diese Sprachschöpfung einigermaßen verkrampft wirkt: Der betrunkene Pavlo wird als »verwalt« (SF 14) bezeichnet; das a bedürfte eines Längezeichens, denn das Wort soll »im Tran« bedeuten, und das wiederum soll an den als Tranlieferanten bekannten Meeressäuger Wal erinnern. Wer diese Assoziationen nicht selber zusammenbringt, dem hilft der Autor gegen Ende der drittletzten Erzählung auf die Sprünge, denn dort wird die Vorgeschichte des Trinkers Pavlo nachgereicht. Auffallen muß schließlich, daß Pavlo ein ausgeprägt oberdeutsches Sprachporträt mitbekommt – was ihn autornah und sympathisch macht; man erinnere sich nur, wie lustvoll Fühmann in seinem Ungarn-Tagebuch mit charakteristischen Vokabeln aus Kakanien oder mit der direkten Rede in der Anekdote vom Trabantfahrer in Wien umgeht (vgl. J 471). Zudem wird Pavlo als einer eingeführt, den die Obrigkeit »*abgekanzelt*« (SF 8) und mit Vorwürfen wie »*individualistische Spielereien, prognostischer Formalismus, elitäre Intellektualistik*« (SF 8 f.) bedrängt hat.

Wenn Fühmann in einer »*bösen Krise*« eine die Willensfreiheit anzweifelnde Erzählung mit einer deutlich autornahen Trinkerfigur schreibt, dann drängt sich dem Biographen die Vermutung auf, literarische Arbeit erwachse hier recht unmittelbar aus dem Ringen mit der Rückfälligkeit des Autors in den Alkoholmißbrauch. Genaueres verrät allenfalls das entsprechende Tagebuch, so es nach Ablauf der testamentarisch festgelegten Sperrfrist von zwanzig Jahren eingesehen werden kann. Einstweilen mutmaßend öffentlich darüber nachzudenken mag angefochten werden. Ich finde es durch Fühmann selbst legitimiert, der in seinem Trakl-Essay erklärt, man wolle vom Dichter entweder nichts oder alles wissen, Biographie dürfe alles, und das Werk sei vom Schöpfer nicht zu trennen (vgl. VF 159). Ein später (oder von vorerst stummen Zeitzeugen?) zu belegender Rückfall des Autors ins Trinken, die literarische Arbeit als Therapie dagegen, das Wiedergewinnen einer abstinenten Lebensweise, all das gehört jedenfalls unverzichtbar zu einem genauen Bild vom Menschen und Künstler Fühmann, das zu vervollkommnen bleibt.

Für die weiteren sechs Geschichten des Zyklus gilt eigentlich, was im Vorwort über alle gesagt wird: »*Sie sind [...] insgesamt Schlußpunkte, im Bereich gestockter Widersprüche*« (SF 7). Der hohe Abstraktionsgrad macht die Aussage unter den anfangs der achtziger Jahre gegebenen Bedingungen halbwegs unverfänglich; der Sache nach kollidiert sie freilich frontal mit jener Definition aus dem SED-Programm, die in diesen Jahren von Honecker und anderen unentwegt zitiert wird: »Die Gestaltung der entwickelten sozialistischen Gesellschaft ist ein historischer Prozeß tiefgreifender politischer, ökonomischer, sozialer und geistig-kultureller Wandlungen.«[262] Die fiktiven Zukunftsbilder Fühmanns, scheinbar in weiteste Ferne gerückt, verweisen mit zahllosen Details auf die Gegenwart als eine Welt, die bereits ganz im Zeichen »*gestockter Widersprüche*« steht. (Die Formel wird bezeichnenderweise von Wissenschaftlern dankbar aufgegriffen, weil sie ein notwendiges Problembewußtsein artikulieren hilft.) Wenn der Autor, der durchaus kein Freund der modischen Science-fiction ist, Attribute und Mittel dieser Gattung nutzt, um »*Bedrängnisse und Nöte schreibend zu materialisieren*« (SF 6), dann hat das ungleich mehr mit Camouflage zu tun, als man gelegentlich bei seinen Rückgriffen auf alte Mythen vermeinte. Allerdings will Fühmann weniger tarnen als vielmehr enthüllen, aber eben durch »*Verfremdung*« (SF 7) und auf eine Weise, die ihn gegen das Veto der Wächter über Abbildtreue sichert. Der Aufbau einer »SF-Spielwelt«[263] schafft ihm überhaupt willkommene Freiheiten: So ernst die Motive seines Schreibens sind, so unbefangen kann er dabei spielen. Ohne die sonst üblichen Rücksichten auf Wahrscheinlichkeit kann er konstruieren und »spinnen«. Der Band *Saiäns-Fiktschen* bietet – dieser Superlativ sei ausnahmsweise gestattet – die »erfundensten« Geschichten, die Fühmann jemals mit dem Blick auf erwachsene Leser geschrieben hat. Nüchtern betrachtet, sind es absurde Konstruktionen, die er hier mit reger Phantasie schafft und zu mehr oder minder üppigen Erzählungen ausbaut.

Da erweist, wie gesagt, der Apparat eines Trinkers, daß der Mensch nicht autonom zu handeln vermag *(Die Ohnmacht)*. Da will ein Physiker im Reiche Uniterr tatsächlich echte empirische Forschungsarbeit leisten, kommt dadurch schon mit seinem wohlmeinenden Freund in Konflikt, der ihn davor warnt, die Freiheit, *»das Notwendige (zu) sprengen, die Ausrichtung allen Denkens auf Vorhergewußtes, weil als heilsam für die Gesellschaft Bewährtes«* (SF 51), und wird dann von dem plötzlich eingreifenden Kontrolltruppführer als Schädling erkannt *(Der Haufen)*. Da erbaut man im Hochgebirge von Libroterr ein »Wunderwerk menschlicher Willenskraft« (SF 71), eine glänzend weiße, kubische und fensterlose Fabrik mit abwärtsgerichteten Schornsteinen, die zum Symbol letzten wissenschaftlich-technischen Fortschritts wird. Unter der Losung *»ES WERDE ORDNUNG! / ES WERDE REINHEIT! DIE WAHRE ÄRA DES ALLS BEGINNT!«* (SF 76) macht sie mit ihrem Umwandlungstriebwerk aus dem reinen Wasser des Gletscherquells *»eine graue, schleimige Brühe«*, *»frei von jeglicher Fremdbestimmung«* (SF 77), für den Menschen vollkommen ungenießbar und unbrauchbar (*Das Denkmal;* nach einem Motiv von Alfred Jarry). Gleich eingangs wird übrigens die absurde Fabrik als Denkmal *beider* Welten gekennzeichnet, obzwar sie im Reich Libroterr angesiedelt ist.

Da erzählt die nächste Geschichte von dem Uniterr-Wissenschaftler Jirro, der siebzig Wochen als Gast Libroterrs daran gewöhnt wird, die Inhalte der angebotenen schauerlichen, brutalen, obszönen Fernsehsendungen akustisch synchron auf der Straße zu empfangen, dann aber, als ihn vor der Heimreise plötzlich der Gedanke überfällt, er könne doch in Libroterr bleiben, von jenseits der Grenze eine vertraute Stimme mit stählernem Klang den kategorischen Satz sprechen hört, der ihm *»als das Ärgste des in dieser Straße Erfahrenen«* (SF 87) erscheint: *»KAMERAD UND SOLLTE ES JAHRE DAUERN WIR WERDEN SO LANG MIT DIR DISKUTIEREN BIS AUCH DU ÜBERZEUGT WORDEN BIST«* (SF 87 f.), und der beinahe verirrte Angesprochene packt schleunigst seine Sachen »*und ist bereit*« (SF 88) *(Die Straße der Perversionen).*

Da wird in der fünften, längsten und besonders hoffmannesk ausgestatteten Erzählung *(Das Duell)* in die Studienzeit Pavlos zurückgegriffen und das Ereignis geschildert, das ihn aus der Bahn wirft. Ein Zweikampf aus dem Jahre 1409 kann dank der Erfindung eines Zeitzeigekastens im Hörsaal den Historikern sichtbar gemacht und gefilmt werden. Das schafft die Möglichkeit, den bis dahin nur behaupteten, nicht bezeugten Ausgang des Duells zu beobachten; die sensationelle Vorführung wird jedoch frühzeitig abgebrochen, da sie mit ihren in jeder Hinsicht farbigen und authentischen Bildern der fest installierten Lehrmeinung zuwiderläuft. Ein anberaumter Meinungsstreit wird abgewürgt. Pavlo indessen bleibt in Tagträumen und Träumen andauernd mit den erlebten Geschichtsszenen beschäftigt. Über dem unversöhnlichen Widerspruch zwischen dem institutionalisierten Dogma und seiner eigenen Erlebniswirklichkeit wird er zum Trinker, der immer mehr absinkt; er »*trank Schnaps statt Wein und Fusel statt Schnaps, und so von Stufe zu Stufe sinkend, wertete er bald seine philosophischen Kenntnisse aus, geldbringende Dinge zu erfinden*« (SF 124).

Die vorletzte Geschichte beschreibt, wie der Studienbewerber Janno in Uniterr, obgleich als Schüler im Fach »*Staatsbewußtseinsertüchtigung*« (SF 127) stets der Beste, bei unbemerkt laufender Bewußtseinskontrolle gegen seinen Willen plötzlich wie »*ein Feind seines Vaterlandes, des fortgeschrittensten Teils der Erde*« (SF 146), denkt, sich zum Gefühl der Schuld und zur Selbstbezichtigung durchringen muß, um mit der Gnade des Vertrauens belohnt zu werden, daß es ihm gelingen werde, bei »*einer künftigen straffen Führung durch seine Kameraden Lehrer den inneren Feind restlos auszumerzen*« (SF 155); schließlich begreift er das als »*eine Erhebung des Bewußtseins auf die lichten Höhen wahrer Reinheit*« (SF 156) – und so heißt dieses Stück, anfangs »Gedankenlesen« betitelt, im Buch doppelsinnig *Bewußtseinserhebung.*

Während der Arbeit gedenkt Fühmann den Zyklus auf siebzehn Geschichten auszuweiten, läßt es dann aber bei sieben bewenden, und gerade mit der siebenten gelingt ihm ein gewichtiger Abschluß. *Pavlos Papierbuch* zeichnet sich durch größere Vielschichtigkeit und Tiefe, Dichte und Stringenz aus. Sie ist ein echter Fühmann, allein schon durch die originelle Würdigung des belletristischen Buchs als einer kostbaren Errungenschaft der Menschheit. Der Autor führt hier seinen Helden Pavlo als einen Leser dreier anspruchsvoller Texte vor. Es ist, als schriebe der Autor ein Gegenstück zu Anna Seghers' *Reisebegegnung,* die ein Treffen der drei Erzähler Hoffmann, Gogol und Kafka fingiert. Und Franz Kafka ist es, den Pavlo, mit Betroffenheit, zuerst liest. Fühmann läßt ihn in den Bann großer Kunst geraten, in starke Erregung, aber auch in die Schwierigkeiten jener Leser, die eine möglichst heile Welt sich bestätigt sehen und nicht verunsichert werden wollen. Von Kafkas *In der Strafkolonie* »erschlagen« (SF 166), wendet er sich der nächsten Erzählung zu, obschon sie, »*wie zum Hohn*« (SF 167), den Titel *Die Marter der Hoffnung* trägt. Sie stammt aus den *Contes cruels* (dt. *Grausame Geschichten*) des Grafen Villiers de l'Isle-Adam. Sie handelt von einem jüdischen Gefangenen der Inquisition, dem unmittelbar vor seiner Verbrennung die Flucht zu gelingen scheint, der sich aber plötzlich in den Armen seines Richters wiederfindet. Erneut in der Hoffnung auf einen glücklichen Ausgang getäuscht, liest Pavlo nun die dritte Geschichte »erwartungslos« (SF 171). Sie trägt den fast lächerlich harmlosen Titel *Der Nasenstüber,* zählt aber zum Bittersten, was Fühmann je geschrieben hat. An die beiden fremden Texte schließt sie sich insofern ganz eng an, als der Held die Nummer 441825 »*in einem der Konzentrationslager des zwanzigsten Jahrhunderts*« (ebd.) ist, das als »*eine Art Summe von Strafkolonie und Inquisitionskerker*« (ebd.) beschrieben wird. Der Lagerinsasse, genau gleichen Alters wie Fühmann, bleibt von Foltern und schwerer körperlicher Arbeit verschont, hat beinahe satt zu essen und eine Schlafpritsche für sich allein, so daß ihn seine

Mithäftlinge beneiden. Doch ihn peinigt seit dem 639. Morgen seines Lagerlebens ein übrigens stets unblutiger Nasenstüber, den der Scharführer ihm Tag für Tag versetzt, immer ein bestimmtes, aber nicht ausdrücklich benanntes Reagieren erwartend. Die sublime Folter wirkt nicht minder als eine andere: 22 (!) Tage später ist der Betroffene wahnsinnig und wird, wehrlos am Boden liegend, auf Befehl des Scharführers von dem Häftling 375 288 durch einen Schlag mit der Hacke getötet. Fühmann läßt seinen Leser Pavlo sich nun an einen Satz aus Kafkas Erzählung erinnern, der ihm zum Schlüssel wird: *»[...] es war armes, gedemütigtes Volk«* (SF 176). Danach kann der Erzähler seinen Text mit nur drei scharfen Pointen zum angemessen harten Ende bringen.

Das Entwerfen einer SF-artigen Spielwelt lag einem Autor wie Fühmann eigentlich nicht sehr nahe, und sie zog im großen und ganzen auch keine sonderliche Steigerung seiner künstlerischen Möglichkeiten nach sich; neben *Pavlos Papierbuch* zeichnen sich am ehesten die visionären Passagen in der Erzählung *Das Duell* durch poetischen Glanz aus, da leuchten die Potenzen des Traum-Erzählers auf. Aber immerhin kann der Autor in *Saiäns-Fiktschen* seiner Lust am – kritischen – Sprachspiel die Zügel schießen lassen, besonders auf dem Felde bissiger Anspielungen und Einmalbildungen, des Erfindens ironisch-satirischer Namen und Bezeichnungen. Schon in *Die Ohnmacht* gibt es eine »Jungmädchenwehr«; ihre Begleitmusik: der *»allbeliebte Marsch Nummer sieben: Unser Weg geht gradaus in das Morgen hinein, und das Morgen ist hell und schön!«* (SF 34) Für die nötige Ordnung sorgt dabei ein *»Kamerad Volksschützer«* (ebd.). Das Reich Uniterr versteht sich schon als die *»Wahrhaft Befreite Gesellschaft«*, das Fachorgan ihrer Philosophen heißt *»Kampfschrift für philosophische Gewißheit«* (SF 39), und als der *»Kamerad Anführer der Hauptstädtischen Kontrolltrupps«* (SF 54) das Institut besucht, ziehen dessen zahlreiche Mitarbeiter *»traktweise«* unter den Klängen des Marsches »Wir fröhlichen Philosophen« auf: »*Affirmatoren; Kausalitätler; Syllogisten, Kategoristen, Prädikandisten; Apodiktiker; Assertoriker; leichtfüßig die jungen Moralisten, im Gleichschritt die Ästhetiker mit den ihnen angegliederten Schwärmen der Hilfsdenkerinnen, [...] die Unter- und Oberdialektiker mit ihren ein und zwei Silberstreifen auf den Arbeitshelmen«* und zuletzt die dem Autor besonders sympathischen »*Haupt- und Stabsoptimisten*« (SF 55).

Mit schwärzlichem Humor persifliert und parodiert Fühmann das standardisierte Reden, das Schlagzeilen-Pathos der maßgeblichen DDR-Presse, die Mittel und Methoden des Steuerns und Regelns von Alltagsleben und Wissenschaftsbetrieb. Ein spezielles parodistisches Kabinettstückchen ist die Vorstellung des Statuts für den »*Wissenschaftlichen Disput (WISDIS)*« (vgl. SF 108 f.). Selbst diese aus der sprachlichen Oberfläche herausgelösten Beispiele lassen die Richtung der gesamten Polemik erkennen. Fühmann wendet sich gegen ein System gesellschaftlicher Normen und Einrichtungen, die den einzelnen zum bloßen Objekt entfremdeter Macht degradieren, Wissenschaft auf die bloße Bestätigung von Herrschaftsdienlichem festlegen, das Leben auf widersinnige Weise formalisieren, Technizismus an die Stelle einer lebendigen Kultur treten lassen.

Von all dem Ärger, Gram und Grimm, die sich in ihm als Bürger und Künstler der DDR angestaut haben und die in den zuvor entstandenen Arbeiten noch keinen hinreichenden Ausdruck finden konnten, läßt Fühmann in seinen Zyklus *Saiäns-Fiktschen* möglichst viel einfließen. Ins Spiel kommen dabei aber auch Anregungen aus solchen Standardwerken der Gattung SF wie George Orwells *1984*, Ray Bradburys *Fahrenheit 451* und *Die Sterntagebücher des Weltraumfahrers Ijon Tichy* von Stanislaw Lem. Orwells Zentralfigur Winston Smith, von Berufs wegen mit der Verfälschung der Vergangenheit beschäftigt, findet in Fühmanns Uniterr ebenso seine – freilich andersartigen – Entsprechungen wie die in *1984* amtierende Gedankenpolizei. Bradburys Held Guy Montag, bei einer Feuerwehr tätig, die Papierbücher zu verbrennen hat, entwendet heimlich etliche solcher Exemplare und liest darin; er ist also ein unverkennbarer Vorläufer des Pavlo in der abschließenden Erzählung. Dessen Name allerdings stammt offensichtlich aus einer anderen Quelle; er ist wohl als ukrainische Variante von Pawel zu lesen. Unter den handelnden Personen in Alexander Solschenizyns lange inkriminiertem Buch *Ein Tag im Leben des Iwan Denissowitsch* (dt. München 1970) befindet sich auch eine von der Masse der Lagerinsassen leicht abgehobene Figur namens Pawlo. Hatte Fühmann Mitte der siebziger Jahre Karl Corinos *»ketzerische Frage«* nach *»Parallelen zwischen dem Nationalsozialismus und der UdSSR unter Stalin«* nicht als ketzerisch gelten lassen (da im Begriff des Ketzers *»etwas sehr Positives steckt«*), sondern als *»dumm«* zurückgewiesen[264], so übt er nun als Autor von *Saiäns-Fiktschen* eine Zivilisations- und Strukturkritik, die ohne Zweifel bewußt die Unterschiede zwischen Faschismus und Realsozialismus verwischt.

Seine Geschichten entwerfen eine negative Utopie, in der sich die Ahnung und Befürchtung des Autors äußert, daß die von ihm seit Jahrzehnten erhoffte neue Gesellschaft mißraten ist und der Menschheit ebensowenig zu einer ihr gemäßen Zukunft verhelfen kann wie die im Bilde von Libroterr kritisch gespiegelte kapitalistische Ordnung. Schon der Trakl-Essay läßt klar erkennen, wie sich in der Auseinandersetzung Fühmanns mit dem stalinistischen Weltbild des Entweder-Oder die Frage nach dem denkbaren Dritten unabweisbar aufdrängt. *Saiäns-Fiktschen* bietet dafür keinen Raum; das Motiv immerhin taucht auch hier auf. In voller gedanklicher Klarheit exponiert Franz Fühmann seine Frage nach dem möglichen Dritten dann öffentlich als Redner der internationalen *»Berliner Begegnung zur Friedensförderung«* im Dezember 1981.

Dort zieht Fühmann ein genaues Fazit seiner künstlerischen Erkundungen von Uniterr und Libroterr, wenn er feststellt, daß die bestehenden *»Machtgebilde der Blöcke und Lager [...] die Menschheit nicht zuletzt dadurch zertren-*

nen, daß sie sich als einzig denkbares Modell einer künftigen
Menschheit betrachten« (EGA 511). Anstatt daß die eine
Seite die Zukunft im Untergang der anderen sucht, gelte es,
»die Zukunft als Synthese zweier Widerspruchspole, also als
ein Neues zu fassen« (ebd.); allein dann werde die Menschheit als Menschheit überleben können. Daß in seiner Vision
eines Dritten die Hoffnung auf eine von Grund auf humane
Ordnung, wie er sie früher als sicheres Ziel des sozialistischen Weges sah, erneuert und aufgehoben ist, läßt sich nicht
bezweifeln, wenngleich die mächtigen Sorgen und Ängste alles Hoffen unerhört erschweren. Doch hielte er das Hoffen
nicht noch immer für möglich, ließe sich dann begreifen, daß
er seine schriftstellerische Arbeit engagiert und allen Widrigkeiten zum Trotz intensiv fortsetzt?

Arbeit an Altem und Neuem:
»Simplicissimus«-Film und biblische Geschichten

Aus den USA zurückgekehrt, wo er mit seinem Film *Co-
ming out* auf drei Festivals äußerst erfolgreich war, berichtet Heiner Carow, daß er dort sein nächstes Projekt, eine
deutsch-deutsche Liebesgeschichte, plötzlich kaum noch er-
zählenswert fand und ihm statt dessen der *Simplicissimus*
nicht mehr aus dem Kopf ging: »Ich verstand, daß man unsere Geschichte [die der DDR und Deutschlands; d. Verf.]
eher mit so einem Stoff fassen kann. [...] Ich denke unentwegt darüber nach, wie ich diesen Film ins Leben bringe.«[265]
Gelänge ihm das, bedeutete es die Erfüllung eines großen alten
Filmtraums von Franz Fühmann.

Wie der Autor Anfang 1965 in einem bösen Brief an die
DEFA erinnert, hatte man Jahre zuvor diskutiert, ob er lieber einen Film nach Fouqués *Galgenmännlein,* nach Christian Reuters *Schelmuffsky* oder Grimmelshausens *Simplicius Simplicissimus* schreiben solle; er, Fühmann, habe damals
Schelmuffsky vorgeschlagen, die DEFA aber habe einen
ganz großen Stoff gewollt, und nun fehle das Geld dafür und

damit die Aussicht, daß die von ihm 1963/64 aufwendig betriebene Arbeit genutzt werde.[266] Als er das schreibt, ahnt er aber noch gar nicht, was man im Studio bereits weiß: Rolf Thiele will 1965 in der BRD den Grimmelshausen-Roman verfilmen. Erst als Fühmann in Sachen seines Barlach-Films nach Ratzeburg und Hamburg fährt, liest er in der BILD-Zeitung die schockierende Nachricht von dem geplanten neuen Rolf-Thiele-Film »Simplizissimus«.[267] Jene Wochen um die Jahreswende 1964/65 gehören wohl zu den für Fühmann schwersten in der langen Geschichte seines Grimmelshausen-Projekts.

Sie beginnt, wenn man nach den hinterlassenen Akten geht, im Jahre 1963 mit einer fast fünfzig Seiten umfassenden Bearbeitungskonzeption, die bereits im August vorliegt. Bemerkenswert ist jedoch, daß sich schon unter den ungedruckten Texten aus den frühen fünfziger Jahren ein auffallend konzises, in kräftigen Zweizeilern gehaltenes Gedicht mit dem Titel *Grimmelshausen* findet.[268] Fühmann bringt also eine enge Beziehung zu diesem bedeutenden Buch aus dem 17. Jahrhundert von weit her mit. Über die erheblichen Schwierigkeiten, die er als Filmautor dann doch damit hat, berichtet Ingrid Prignitz im Nachwort zu ihrer Ausgabe der Fühmannschen Filmarbeiten.[269] Nach hoffnungslosen anderthalb Jahrzehnten kommt durch Heiner Carow im Sommer 1980 der Anstoß zur Wiederaufnahme des Projekts. Ein spezieller Vertrag über die Nacharbeiten am Szenarium sieht dessen Fertigstellung bis 31. März 1981 vor. So schmerzlich der Bruch von 1965 für Fühmann auch war, er zeitigt nun erfreuliche Folgen. Alte Vorstellungen von thematischen Akzenten und ideellen Dominanten lösen sich im neuen Arbeitsgang zugunsten vorteilhafter Veränderungen auf. Reste soziologisch-didaktischer Intentionen werden abgestreift, das inzwischen erarbeitete, voll ausgereifte Welt- und Kunstverständnis Fühmanns bedingt, daß die Geschichte des Simplicius nun ohne langwierige Anstrengung zum großen Modell von »*Menschheits- und Menschenerfahrung*« (EGA 220) gedeiht.

Stofflich vom Trakl-Essay ebensoweit wie von den bald nachfolgenden Bibel-Erzählungen entfernt, bildet das Filmmanuskript, das in Carows Drehbuch eingeht, einen integrierenden Bestandteil des Spätwerks. Es beschreibt den beispiellos-beispielhaften Lebensweg eines Menschen durch die Welt des Dreißigjährigen Krieges. Die von Grimmelshausen erzählte Geschichte und die historische Realität werden mit großer Treue und Sorgfalt angenommen. Aber die ausufernde, weitläufige Romanhandlung wird nicht nur glücklich vereinfacht, sondern da und dort großartig ausgestattet oder ergänzt. Der Hexentanz aus dem XVII. Kapitel des 2. Buchs wird zur umfang- und bilderreichen, orgiastischen Blocksbergszene entfaltet, in der Eros und Sexus völlig freies Spiel haben. Und die Figur des Dr. Canard wird als Repräsentant einer Art Wissenschaft gedeutet, die massenhafte Zerstörung von Menschenleben mit kaltem Verstand kalkuliert und ausprobiert. Gelegentlich deutet der Szenarist sogar an, daß bestimmte Brutalitäten an die Praxis von SS-Schlägern oder Rangers erinnern mögen.

Aber vordergründiges Aktualisieren wird grundsätzlich ausgeschlossen. Der Dreißigjährige Krieg ist Material, an dem der Film demonstrieren kann und will, was Krieg bedeutet. Und der Romanheld, einmalig und unverwechselbar, bleibt das auch als Filmheld und wird doch auf seinem wechselvollen Wege vom unschuldigen, ahnungslosen Kind bis zum greisen, sterbenden Vater zu einer exemplarischen Figur. Es ist das Leben, was ihm da widerfährt zwischen Geburt und Tod, Verlockung und Bedrohung, Gunst und Ungunst, Liebe und Haß, Hoch und Niedrig, Macht und Ohnmacht, Verirrung und Einsicht, Torheit und Weisheit, Schein und Sein. So wird seine Geschichte zum Gleichnis. Dessen andauernde, gerade in den jüngsten Umbrüchen bestätigte Gültigkeit ist es offenbar, die dem Regisseur Heiner Carow diesen Film erneut zum dringlichen Anliegen macht und ihn sagen läßt: »Das wäre eine Geschichte, das wäre ein Film. Da ginge es nicht nur um den 30jährigen Krieg, sondern um eine Zeit, die immer noch existiert.«[270]

Wenn Franz Fühmann in der Folgezeit zwei Erzählungen mit Stoffen aus dem Alten Testament schreibt, dann hat das zwar aktuelle Anlässe, aber auch eine noch viel längere Vorgeschichte als seine Arbeit am *Simplicissimus*-Film. Die Bibel beeindruckt und beschäftigt ja bereits das Kind ungewöhnlich stark, und Geschichten aus dem Alten Testament für Kinder neu zu erzählen, das ist über viele Jahre hinweg ein Traum des Schriftstellers, den er erst ziemlich spät aufgibt. Von einer ersten Erzählung mit biblischem Sujet, der Geschichte *Erzvater und Satan* (1968), war schon zu berichten. Neue Anstöße zum Studium der Bibel ergeben sich nun sowohl aus dem Kalender der kulturgeschichtlichen Gedenktage wie aus brennenden Fragen der gegenwärtigen Innen- und Weltpolitik.

Für das bedeutsam Jubiläum Martin Luthers, dessen Geburtstag sich 1983 zum 500. Male jährt, bereitet der Leipziger Reclam-Verlag einen Faksimile-Neudruck der ersten Gesamtausgabe der Lutherschen *Biblia* vor und lädt Fühmann ein, für ein Beiheft zu der Edition einen von vier einführenden Essays zu schreiben. Diese reizvolle Aufgabe nimmt er an, wohl wissend, daß sich diesmal der Umfang seines Textes in dem vorgegebenen Rahmen halten muß und Überschreitungen wie beim Trakl-Nachwort ausgeschlossen sind. Der von Juni bis August 1982 ausgearbeitete Essay *Meine Bibel; Erfahrungen* gerät dann bei aller Konzentration freilich doch merklich länger als die Beiträge von Gerhard Brendler, Heinz Endermann und Konrad Kratzsch, läßt sich aber wahrhaftig nicht als weitschweifig oder ausladend kritisieren. Das Autobiographische, das die gut dreißig Seiten enthalten, ist – wie die Überschrift andeutet – integrierender, die ganze Konzeption tragender Bestandteil des kleinen Meisterwerks.

Was die aktuelle Politik betrifft, so hat sich Fühmann bereits durch seine Rede bei der »Berliner Begegnung« mit großer Klarheit und Entschiedenheit eingemischt, indem er sich zur grenzüberschreitenden Friedensbewegung bekannte, einer Kraft, die von unten gegen den Rüstungswahn der

Großmächte ankämpft und für eine Welt ohne Waffen eintritt. Entsprechende Worte aus der Bibel werden dabei zu politischen Losungen, denen die DDR-Führung zunächst mit massiven Repressionen entgegenwirken läßt. In dieser Lage fühlt sich Franz Fühmann persönlich gefordert, zumal der Schriftstellerverband seine friedenspolitischen Aktivitäten verstärkt und systematisch ausgestaltet. Acht Wochen nach der »Berliner Begegnung« bietet Fühmann dem Verbandspräsidenten, Hermann Kant, die Mitwirkung an einer Friedensmanifestation an. Was er in seinem Brief vom 9. Februar 1982 vorschlägt, geht allerdings – und sicher bewußt – über die von der politischen Führung gezogenen Grenzen weit hinaus; Fühmann will unter einer Schrifttafel mit der Forderung SCHWERTER ZU PFLUGSCHAREN/FRIEDEN SCHAFFEN OHNE WAFFEN auftreten, in einem Großbetrieb lesen und ein Forum zum Thema anberaumt wissen. Die Manifestation der Schriftsteller für den Frieden am 23. März 1982 in der Berliner Kongreßhalle findet daraufhin leider ohne ihn statt.

Das Manuskript für die Lesung aber wird zum Termin fertiggestellt; es ist die Erzählung *Der Mund des Propheten.* Eine Geschichte mit politischer Tendenz also? Allerdings endet sie mit einem unmißverständlichen Plädoyer für radikale Abrüstung. Die Heilsprophezeiung aus dem 4. Kapitel des Buchs Micha wird von ihm zu einer Vision umgewandelt, in der sich die entscheidende Alternative der Menschheit von heute spiegelt: Entweder *»fährt Feuer um das Erdrund, und sein Atem bläst alles Leben aus«* (Ohr 29), oder aber *»die Völker strömen den Berg hinan und bringen ihre Schwerter und Lanzen, und die an den Schmiedfeuern sitzen, schmieden die Schwerter zu Pflugscharen um und die Lanzen zu Winzermessern«* (Ohr 29).

Fühmann reduziert aber sein Erzählen nicht auf ein vordergründiges Agitieren; der friedenspolitische Bezug ist nur *ein* Element der komplexen Erzählung. Ihr eigentlicher thematischer Kern kündigt sich bereits in der Titelmetapher an: Es geht um Wahrheit und Wahrhaftigkeit, um mutiges und standhaftes Bekennen und notwendiges Einstehen für das als wahr Erkannte. Die Thematik des unveröffentlichten offenen Briefs an Klaus Höpcke schlägt mit Vehemenz durch. Darin eingeschlossen ist die Verurteilung der Lüge, die der Autor, politisch gezielt, in seiner Rede auf der »Berliner Begegnung« wie schon Immanuel Kant als den faulen Fleck in der menschlichen Natur (vgl. EGA 513) kennzeichnet.

Die Fabel nutzt vorrangig bekannte Motive aus dem 1. Buch der Könige. Der Herrscher des Nordreichs, Achab, ist von Machttrieb und Begehrlichkeit beherrscht, und seine Frau Jezebel stachelt ihn so wirksam an, daß das Unrecht seinen Lauf nimmt: Der König eignet sich wider Recht und Gesetz den Weinberg Naboths an. Fühmann deutet dabei das Mittel organisierter Verleumdung sorgfältig aus; was in der Bibel zwei ruchlose Männer besorgen, das wird bei ihm als Handlung der *falschen* Propheten denunziert, jener Spezialistengruppe, die nur dazu da ist, den Mächtigen bestätigend und rechtfertigend nach dem Munde zu reden. Ihnen setzt der Dichter die Gestalt des wahren Propheten entgegen, der das am zu Tode gesteinigten Naboth begangene Unrecht ungescheut verurteilt, dem Königspaar ein blutiges Ende voraussagt und sich keine Unwahrheit abpressen läßt. Er muß nicht nur den Hohn der falschen Propheten ertragen, nicht nur die Freiheitsberaubung und Lebensbedrohung durch den Herrscher des Nordreichs, sondern schließlich sogar den Tod durch dessen siegreichen Gegner; denn dem König des Südreichs, der Achab zu schlagen vermochte, mißfällt das, was er vom Propheten zu hören bekommt, ebensosehr wie zuvor seinem Feind. Der wahre Prophet stirbt also von der Hand desselben Henkers, der schon bei Achab Henker war; alle Werkzeuge sind jedem Mächtigen dienlich, der wahre Prophet hingegen keinem, und darum wird er von jedem bekämpft. Die Botschaft, die Fühmann seiner Erzählung abgewinnt, wird von seinem unbeugsamen Helden selbst ausgesprochen, den er sich dabei zum Glied einer unendlichen Kette erklären läßt:

»»*Das Wort wird bewahrt*«, sprach der Prophet, der immer nur *Einer* ist in den Vielen, weil er der Mund der Wahrheit ist.« (Ohr 29)

Wörtlich genommen, erscheint das wie die Umkehrung einer Erkenntnis aus dem Trakl-Essay, wo der Autor eingangs gesteht, er habe lange nicht begriffen, daß der Dichter auch ein Mensch ist und nicht nur ein Mund. Im Gegensatz dazu wird der Prophet hier schon fast als ein Über-Mensch verstanden und ganz als Mund genommen. Doch andererseits setzt Fühmann ein Gleichheitszeichen zwischen Künstler, Dichter und Propheten. »*Künstler ist, wer nicht anders kann*« (VF 175), hat er an E. T. A. Hoffmann erfahren und durch die Biographie Trakls bestätigt bekommen, und völlig analog schreibt er im Bibel-Essay: »*Prophet ist, wer nicht anders kann*« (Ohr 138), und das wiederholt er in kurzen Abständen noch zweimal. Was diese lakonische negative Definition meint, sagt Fühmann positiv; einmal mehr bibelnah und einmal ganz zeitnah: »*Prophet ist, wer es wagt, gegen den Strom zu schwimmen, sich mit dem Königshof anzulegen, mit der Priesterschaft, mit den Standeskollegen, mit den Wohlhabenden und einflußreichen, aber auch mit dem eigenen Volk.*« (Ohr 139) Und die anachronistische Einfügung, die immerhin durch den deutlichen Anklang an das vielzitierte Luther-Wort vor dem Wormser Reichstag legitimiert ist, lautet: »*Die da heute nicht anders können, ketten sich an Türen an, hinter denen Unrecht getan wird, oder an Säulen auf dem Markt, oder stellen sich als lebendigen Zaun auf, oder verweigern jede Nahrung, daß die Welt am Schwinden ihres Leibs sehe, wie das Recht ringsum in den Landen abnimmt, und sie geben ihr Leben daran.*« (Ohr 141) Durch die Bibel bestärktes Pathos des späten Fühmann, programmatische und provokative Ortsbestimmung, eher selbstkritisch als selbstherrlich vorgetragen.

Die Geschichten der Heiligen Schrift würden dem Menschen gerecht, findet der Autor, »*da sie ihn als Widerspruchswesen*« (Ohr 122) zeigen, und so mag es nicht allzusehr verwundern, wenn er neben jenem Essay gleich noch eine korrespondierende Erzählung schreibt. Denn da ist unter vielen anderen Stoffen einer, dessen reiche Widersprüchlichkeit Fühmann mit Macht anzieht; da sind Schicksale festgehalten, die zu psychologischer Entfaltung und überhöhender Ausgestaltung reizen. Der Essayist referiert die Fabel so: »*Ein Königssohn begehrt seine Schwester, erklärt, ohne ihren Leib nicht leben zu können, lockt die Sorgende durch eine List auf sein Lager, doch am Morgen schon ihrer überdrüssig, läßt er sie auf die Straße werfen, und ein Bruder, der sie rächt, geht als Aufrührer zugrund.*« (Ohr 121) Der pralle Satz konzentriert, wie der Bibel-Kenner ohne Mühe feststellen kann, Passagen aus den Kapiteln 13 und 18 des 2. Buchs Samuel. Stoff von dort hat sich vor Fühmann schon manch anderer geholt, zum Beispiel Rilke für sein Gedicht *Absaloms Abfall* und Stefan Heym für Episoden seines Romans *König David Bericht* (1972).[271]

Für Fühmann aber hat dieses Material einen besonders hohen Stellenwert; es läßt sich nur als Anti-Märchen erzählen, mit realistischer Härte, konfliktgeladen und ohne Happy-End, es bietet großartige Möglichkeiten, den »*Abgrund Mensch*« (Ohr 121) tief auszuloten. Sogar in der zitierten Verknappung wird schon spürbar, welchen Reichtum an Widersprüchen und Themen der Schriftsteller in der Geschichte von Tamar, Amnon und Absalom fassen kann: Da sind Geschwisterliebe und Inzest, Leidenschaft und List, Coitus und Überdruß, Entwürdigung der Frau, sozialer Absturz der Königstochter, Bruderfeindschaft und Rache, Gewalt und Gegengewalt; da sind, um generalisierend mit Sigmund Freud zu reden, Eros und Thanatos. Das durch die Arbeit am Trakl-Essay zu letzter Reife und Rücksichtslosigkeit gediehene Bestreben, den *ganzen* Menschen und den Menschen *ganz* zu zeigen, läßt sich hier – über bisher eingehaltene Grenzen hinaus – in neuer Weise verwirklichen.

Die Bibel dient dem Erzähler von *Amnon und Tamar* dabei nicht nur als Stoffquelle, sondern zugleich als Legitimation. Ihre Vorgaben nutzt er teils unverändert, teils in mehr oder minder weit gehenden Abwandlungen, und schließlich weiß er ihnen geschickt ganz Eigenes ein- beziehungsweise anzugliedern. Freilich lassen sich die drei Verfahrensweisen im Text selbst kaum voneinander trennen. Der Erzähler baut die Beziehung Tamars zu Absalom und Amnon als eine ganz ungewöhnlicbe Dreiecksgeschichte aus, betont aber zugleich von Anfang an das Modellhafte, auf das es ihm ankommt: »*Einst herrschte ein König; nennt ihn David. Sein jüngster Sohn heiße Absalom.*« (Ohr 31)

Der Leser erfährt dann, wie es durch Absaloms Drängen zu einem keuschen Liebesverhältnis zwischen ihm und Tamar kommt, das sich einzig darin erfüllt, daß die beiden jeden Morgen ihre Blicke auf die gleiche Tamariske richten. Der Baum, dichterisch als der Baum Tamars gedeutet, wird zum Dingsymbol erhoben, das eine integrierende Funktion erhält. Er ist zunächst nur die verabredete Stelle, an der sich die Augen der Liebenden unschuldig »*umarmen*« und »*küssen*« (ebd.). Eines Tages aber sieht Amnon in einem Moment zu dem Baum, da sich dort gerade die Blicke Absaloms und Tamars begegnen, und sogleich brechen der Haß gegen den Bruder und sein Begehren der Schwester auf. Am Ende findet der Bruderkampf auf dem Hügel statt, der die Tamariske trägt, und Absalom verfängt sich mit dem Helmbusch in ihrem Geäst, wodurch Amnon ihn töten kann. Der Dichter verschmilzt also die erfundene Tamariske mit der im 2. Buch Samuel, Kapitel 18, Vers 9, vorgegebenen Eiche. Der Baum verliert darüber etwas von seiner anfangs ausgeprägten märchenhaften Aura, ermöglicht jedoch noch den schönen Schlußsatz, der zugleich als ein versöhnliches wie als ein mahnendes Wort gelesen werden kann und jedenfalls die starke Sympathie des Autors für die unschuldige, mißbrauchte, gequälte, erniedrigte und beleidigte Frau bekräftigt: »*Die Tamariske grünt noch heute.*« (Ohr 43)

In dem grundverschiedenen Verhalten gegenüber Tamar kontrastiert Franz Fühmann zwei Arten der Liebe, die platonische (in der Bibel gar nicht vorgegeben) und die leidenschaftlich-sinnliche, ohne die eine moralisierend gegen die andere auszuspielen. Er zeigt allerdings, wie sich die zweite durchsetzt, und geht bei der erzählerischen Vorführung von Eros und Sexus diesmal weiter als irgendwann zuvor. Während die biblische Geschichte den Beischlaf Amnons mit Tamar nur als eine listig eingeleitete Vergewaltigung darstellt, widmet der moderne Psychologe der weiblichen Sinnlichkeit und dem Anspruch der Frau auf geschlechtliche Befriedigung sensible Aufmerksamkeit. Als Amnon die Schwester ein erstes Mal zum Coitus zu bewegen trachtet und dabei seine körperliche Erregung sichtbar wird, läßt Fühmann auch die Frau ihre Libido spüren, den Zudringlichen aber noch energisch zurückweisen. Erst als dieser mit Raffinesse vorgeht, kommt es zum Beischlaf, den nun beide gleichermaßen wollen und wiederholt in schöner Partnerschaft genießen. Doch als er am Morgen die von ihm Deflorierte gegen ihren Willen gebrauchen will, wird es beiden zum Verhängnis. Die gequälte Frau vermag ihr Wasser nicht zu halten, Amnon aber empört sich, sie pisse auf sein Glied, um ihm die Manneskraft zu rauben, und als sie lacht, spielt er sich als König auf, denunziert sie als eine Hexe, mißhandelt sie und wirft sie aus dem Hause. Nur ihr schauerliches Lachen bewahrt sie davor, von den Hunden zerrissen zu werden. Sie gerät unter das Gesinde Jonadabs, gedemütigt von ihm und selbst von denen, die einst unter ihr zu dienen hatten.

Ihr trauriges Geschick erfüllt sich aber erst dadurch, daß ihre Liebe zu Absalom, der sie rächen will, ihm den Tod bringt: Weil sie den Bruder während des Kampfes spontan anruft und dadurch ablenkt, fällt er von Amnons Hand. (Im Buch Samuel wird Absalom von Joab getötet, aber der Autor unterschlägt diese Figur; er nutzt alle Möglichkeiten, Konflikte zu verschärfen: anstatt gerechter Rache geschieht der Brudermord, das Unrecht siegt.) Die unglückliche Davidstochter, nach einer einzigen Liebesnacht nichts als ein Objekt anderer, ist Fühmanns ergreifendste irdische Frauengestalt. Erst in einigem Abstand folgen ihr Gestalten wie die der Alkestis oder der Sara Abrahams. Die ganz andersartige Baubo gehört in eine andere Reihe, und so bedeutsame wie

Gaia, Hera oder Kirke stammen eben aus dem Fundus der Unsterblichen. Immerhin bleibt festzuhalten, daß sich gerade in der letzten Schaffensphase das Vermögen Fühmanns ausprägt, das humane Potential des Weiblichen künstlerisch mehr und mehr zur Geltung zu bringen. Damit wird er zum Verbündeten jener Schriftstellerinnen wie Irmtraud Morgner, Christa Wolf und vieler anderer, die entschieden für die Menschenrechte der Frau eintreten.

Obwohl *Amnon und Tamar* als Dreiecksgeschichte zu lesen und die Frau als zentrale Gestalt zu sehen ist, widmet der Erzähler weiteren Figuren relativ viel Raum. Jonadab, nach dem Alten Testament ein Enkel Davids und Freund Amnons, wird vom Erzähler in den Leibarzt des Königs verwandelt, der sich als klug berechnendes Instrument seines gegenwärtigen wie seines künftigen Herrn erweist. An ihm zeigt Fühmann, wie hoffnungslose Liebe entartet: Da Jonadab weiß, daß er Tamar nicht für sich gewinnen kann, haßt er die, »nach der er brannte«, und sinnt »auf ihr Verderben« (Ohr 35). Er ermöglicht Amnon die Verführung Tamars und stachelt danach dessen hoffärtige Eitelkeit an.

Neben ihm wird auch König David herausgestellt, und zwar als ein Mächtiger, den die Sorge um seine Macht mit tiefem Mißtrauen und großer Kälte ausfüllt. Was das 1. Buch der Könige eingangs mitteilt (und Rilke im Gedicht *Abisag* auf seine Weise ausdeutet), das wird von Fühmann zugunsten erbitterter Herrschaftskritik drastisch potenziert: Davids Leibarzt läßt ganze Reihen von Jungfrauen aufbieten, um das erkaltende Fleisch des Königs zu wärmen, obgleich das der geltenden Sitte kraß widerspricht; Jonadab erklärt, *»des Königs Erhabenheit stehe über den Gesetzen, und also sei hier wohlgetan, was sonst durch Steine geahndet werde«* (Ohr 33). Der Autor kritisiert den Zynismus dieser Argumentation nicht ausdrücklich, aber er läßt Amnon sogar befürchten, daß auch Tamar unter die jungfräulichen Königsopfer genötigt werden könnte.

Zu den wichtigsten Motiven der Fühmannschen Erzählung gehört das des Todes, ausgeprägt entweder in Gestalt tatsächlicher Tötungen oder aber in der Form von Todeswünschen, die sich auffällig häufen. So wünscht Amnon seinem Vater den Tod. David wiederum traut Absalom zu, daß er der Thronfolge wegen dem älteren Amnon nach dem Leben trachtet. Als aber umgekehrt dieser Absalom getötet hat, fürchtet der König nun Amnons gewaltsamen Griff nach der Herrschaft und läßt ihn hinrichten. Tamar wünscht ihrem Verführer den Tod. David will sie beseitigt wissen und erteilt den Befehl, sie umzubringen. Unabhängig davon versucht die gedemütigte Königstochter, sich selbst das Leben zu nehmen, doch das mißlingt, und erst nach langem Sklavendasein findet sie ein natürliches Ende: »*Tamar starb eines ehrbaren Tods, und sie wurde ehrbar bestattet. Fünf Mägde klagten an ihrem Grab, das war die Ehrung, die einer gebührte, die allzeit fleißig und sauber gedient und ohne Mukken ihr Los getragen.*« (Ohr 43) Da sie vordem mißbraucht, mißhandelt, geschändet, beschimpft, geschlagen, entwürdigt und tödlich bedroht worden ist, scheint ihr bitteres Leben als niedere Magd fast wie eine Gnade, ihr braves Dienen wie die Erfüllung einer menschlichen Norm, der natürliche Tod und die Klage von ihresgleichen fast wie eine Auszeichnung.

Wie schon das letzte Zitat erkennen läßt, verzichtet der Erzähler Fühmann hier keineswegs auf hypotaktische Strukturen, aber dennoch fällt durchgängig ein erstaunlicher Lakonismus auf, wie man ihn bei diesem Autor kaum vermutet hätte. Verkürzte Sätze, elliptische Wendungen finden sich freilich schon früher, in Essays und vor allem in den jüngsten Geschichten mit antiken Stoffen. Doch hier prägt sich nun, unter dem sprachlichen Einfluß der deutschen Bibel, der Zug zum Lapidarstil noch stärker aus. Das ist um so auffälliger, als der Erzähler scheinbar teilnahmslos berichtet und völlig darauf verzichtet, sich kommentierend oder gar wertend einzumengen. Hatte Fühmann doch als Bewunderer solcher Epiker wie Thomas Mann oder Jean Paul lange Zeit ein Erzählen in vielschichtigen Perioden und langen, nicht selten weitschweifigen Sätzen kultiviert. Aber die

Gestalten aus dem Alten Testament wollen offenbar mit Strenge konturiert sein, und sie lassen sich auch aus moderner Sicht als exemplarisch erweisen, ohne daß dafür ein großer verbaler Aufwand getrieben werden müßte. Die lapidare Darstellungsweise im Buch der Bücher erzieht den auf keine Manier endgültig festgelegten Autor zu einem analogen Verfahren. So wird er um diese Erfahrung reicher: »*Ich fange jetzt an, Einiges zu begreifen: sich nicht kommentieren; etwas hinstellen und nicht zerreden, [...] so zurückhaltend wie möglich, allerdings in der Sache gnadenlos.*«[272]

Diese Gnadenlosigkeit, von der Franz Fühmann in seinen letzten Jahren des öfteren spricht, meint vor allem die möglichst uneingeschränkte Wahrnehmung und rücksichtslose Darstellung *aller* Seiten des Menschen und *jeglicher* Wahrheit über ihn, auch und gerade der ungeliebten, nicht erwünschten, gern geleugneten und verdrängten. Der Autor reagiert damit als Künstler hartnäckig auf die immer unerträglicher werdenden Beschönigungen und Verzerrungen der Wirklichkeit durch die Propaganda des SED-Staates, aber nicht aus vorsätzlicher politischer Opposition, sondern unter den Zwängen seiner mühsam und schmerzlich erworbenen Wirklichkeitserfahrung. In sein forschendes Nachdenken über den Menschen haben freilich auch Einsichten anderer wirksam eingegriffen, in besonderem Maße Entdeckungen und Gedanken von Sigmund Freud. Sein Einfluß wird gerade in den letzten Arbeiten Fühmanns stark spürbar, beileibe nicht bloß in *Amnon und Tamar*. Allerdings ist bemerkenswert, daß diese Erzählung nur wenige Monate nach dem Abschluß der langjährigen Bemühungen um eine allererste (!) DDR-Auswahl Freudscher Schriften stattfindet. Eben im Entstehungsjahr der Geschichte von den Davidskindern erscheint im Verlag Volk und Welt endlich die kleine Sammlung *Trauer und Melancholie,* als deren Herausgeber Franz Fühmann und Dietrich Simon zeichnen. Die beiden geben dem Büchlein auch ein gemeinsames Nachwort »Zu Sigmund Freud« in Gestalt von »Aufzeichnungen eines Gesprächs« mit. Darin bekennt sich Fühmann uneingeschränkt zu Freuds »*Hypothese des Todestriebes*«[273], dessen elementares Wirken er in den beiden letzten Bibel-Erzählungen besonders massiv veranschaulicht.

Dennoch sind die späten Werke Fühmanns keinesfalls Illustration von Erkenntnissen Sigmund Freuds. Allenfalls hat man Übereinstimmungen und Ähnlichkeiten im Denken über den Menschen und die Menschheit wahrzunehmen, die davon zeugen, wie anregend der Vater der Psychoanalyse auf ihn gewirkt hat, mit seinen tiefenpsychologischen Arbeiten wie auch als Kulturtheoretiker. Aufsätze wie *Zeitgemäßes über Krieg und Tod, Das Unbehagen in der Kultur* und *Warum Krieg?* sind für ihn jetzt selbstverständlich von aktuellstem Interesse. Fast als ein summarischer Kommentar zu solchen Werken wie *Hera und Zeus, Marsyas, Das Netz des Hephaistos, Simplicius Simplicissimus, Der Mund des Propheten, Das Ohr des Dionysios* und vielen anderen, von denen im ersten Kapitel die Rede war, lesen sich Sätze, die Freud wenige Jahre vor der Installation des Faschismus in Deutschland geschrieben hat: »Das gern verleugnete Stück Wirklichkeit ist, daß der Mensch nicht ein sanftes, liebebedürftiges Wesen ist, das sich höchstens, wenn angegriffen, auch zu verteidigen vermag, sondern daß er zu seinen Triebbegabungen auch einen mächtigen Anteil von Aggressionsneigung rechnen darf. Infolgedessen ist ihm der Nächste nicht nur möglicher Helfer und Sexualobjekt, sondern auch eine Versuchung, seine Aggression an ihm zu befriedigen, seine Arbeitskraft ohne Entschädigung auszunützen, ihn ohne seine Einwilligung sexuell zu gebrauchen, sich in den Besitz seiner Habe zu setzen, ihn zu demütigen, ihm Schmerzen zu bereiten, zu martern und zu töten.«[274] Übrigens dürfte der Aufstieg des Wortes Erfahrung zu einem Fühmannschen Hauptwort nicht zuletzt auf den Umstand zurückzuführen sein, daß Wort und Sache in den Schriften Freuds durchweg einen hohen Rang innehaben.

Allem blinden und verordneten Optimismus abgeneigt, versagt es Fühmann sich doch, die Hoffnung auf den Menschen und seine Zukunft völlig preiszugeben. Alles, was er ihm (und sich selbst) an bitteren und schmerzlichen Wahrheiten zumutet, ist Frucht redlichen Mühens um Menschlichkeit und hat damit eine futurische Dimension. Selbst das für unlebbar erkannte Leben wird von ihm noch als Aufgabe und Möglichkeit begriffen. Und das erschütternde Abschiedswort aus dem Testament, das nun auf seinem Grabstein in Märkisch Buchholz steht, setzt Zukunft voraus: »*Ich grüße alle jungen Kollegen, die sich als obersten Wert ihres Schreibens die Wahrheit erwählt haben.*«

Wieder und wieder:
Versuche der Selbstfindung
Der Essay als Weg

Den Essay habe er noch in den fünfziger Jahren auf weite Sicht anzusteuern begonnen, sagt Fühmann in seinem Gespräch mit Margarete Hannsmann und erklärt: »[...] ich fühlte, daß da das Medium sei, in dem ich vor allem zu mir selbst finden könnte.« (EGA 444) Datiert der Autor hier das Streben nach viel später Erreichtem möglichst weit zurück, vielleicht aus Freude an dem inzwischen gesicherten Gewinn? Wo lassen sich früheste Anfänge oder wenigstens Wurzeln seiner Essayistik entdecken? Im Poem *Die Fahrt nach Stalingrad* würde er sie wohl kaum gesucht wissen wollen. Unter den vielen publizistischen Veröffentlichungen des NDPD-Funktionärs wird sich nur äußerst wenig finden lassen. Bedeutsame Themen und vorgreifende Gedanken stecken immerhin, freilich nur keimhaft und abstrakt, in den oben erwähnten internen Arbeitspapieren von 1956/57, mit denen Fühmann die dogmatischen Spitzenfunktionäre seiner Partei zu kulturpolitischer Erneuerung inspirieren zu können hoffte.

Als eine erste, sowohl öffentliche wie kenntliche Annäherung an das Genre des Essays kann noch am ehesten die ausführliche Besprechung von Georg Maurers Zyklus *Die Elemente* gelten, obschon sie nichts anderes ist als der redliche Versuch, das Werk eines älteren Kollegen, respektvoll mitgehend, für ein möglichst großes Publikum interpretierend aufzuschließen. Aber Fühmann kann dabei eben viel von seiner Subjektivität ins Spiel bringen und zugleich manches für sein eigenes Weltverständnis gewinnen; denn Maurer fragt in ungemein weitgreifender Weise nach dem Menschen und seiner Welt. Mit diesem Zyklus bietet er gleichsam einen gegenständlich philosophierenden Essay in Versen. Indem der Interpret ihn intensiv nachvollzieht, stimmt er sich selbst auf eine Art literarischen Nachdenkens ein, die Anschaulichkeit mit gedanklicher Weite und Tiefe verbindet und den menschlichen Kosmos voll ins geistige Auge faßt, um ihn zeichenhaft zu deuten.

Schon in diesem Stadium gewinnt die Kategorie des Widerspruchs in Fühmanns Bild der Welt ihren zentralen Platz. Georg Maurer folgend und über die Grenzen bisheriger Arbeiten hinausgehend, schreibt er: »*Der Mensch ist beides, eine widerspruchsvolle Einheit: ein ohnmächtiges Partikel in der Natur als Einzelwesen, und, als Gemeinwesen, der Meisterer der verborgenen Gesetze, Herr der Natur und der Gesellschaft.*«[275] Gewiß, an diesem zeittypischen Weltbild der fünfziger Jahre machen sich gründliche Korrekturen zwingend erforderlich; aber nicht minder wichtig ist das, was bleibt und weiter durchdacht wird: die faszinierende Einsicht in die »*Einheit des Widerspruchs [...] zwischen dem Menschen als biologischem und als gesellschaftlichem Wesen*«[276]. Die Einheit dieses Widerspruchs hat und behält eine bindendherausfordernde Bedeutung für den Leser, den Denker, den Poetologen, den Schriftsteller, kurz: für den Essayisten Franz Fühmann.

Die unerschöpflichen Rätsel und Aporien menschlicher Doppelexistenz stimulieren unter anderem die intensive Aufnahme der Gedanken von Sigmund Freud und ihm benachbarter Gelehrter. Ihr Denken greift tief in das Verständnis des Menschen ein, das Fühmann gerade im Essay erarbeitet: reflektierend, modifizierend, radikalisierend. So wesentlich auch der wirkende Anteil der Tiefenpsychologie daran sein mag, so sehr verschmilzt er doch mit Fühmanns Verarbeitung eigener wachsender Lebens- und Kunsterfahrung. Deren ganze Fülle ist durchaus noch nicht überschaubar geworden, und sie wird selbst dann noch nicht freiliegen, wenn der Forschung die erhaltenen Briefe, Tage- und Traumbücher, seine Buch- und Kunstsammlungen sowie die Erinnerungen der wichtigen Zeitzeugen zur Verfügung stehen. Doch reiche Aufschlüsse gibt es immerhin schon, wenn man die exemplarischen Schübe untersucht, die sich in Gestalt ausgiebiger und eindringlicher Auseinandersetzungen etwa mit Barlach, Shakespeare, Hoffmann oder Trakl vollziehen. Eben die Essayistik spiegelt solche einander folgenden, überlagernden, durchdringenden Kapitel einer geistigen Biographie.

Sie bekunden Entfaltung, aber auch Wandel: Der da in den fünfziger Jahren als Maurer-Interpret vom Menschen meint, *»gerade die Ohnmacht zwingt ihn zur Allmacht«*, und mit völlig zweifelsfreier Zukunftsgewißheit die *»strahlende Größe des Menschengeschlechts«*[277] für gegeben hält, hat wenige Jahrzehnte später genügend Grund, sich bewußtzumachen, daß selbst die Bibel, weithin als Erbauungsbuch genommen, vor den Augen eines wachen Lesers den *»Abgrund Mensch«* tief aufklaffen läßt und ohne alle Schonung *»das Sensationelle der Seelen«* zeigt, *»das doch nichts als das Alltägliche«* (Ohr 121) ist – äußerster Realismus, unter Schmerzen gewonnen aus überkommener Menschheitserfahrung wie aus der persönlichen und nicht zuletzt aus der Erfahrung des gescheiterten Experiments Sozialismus.

Im ganzen und chronologisch genommen, ist Franz Fühmanns Essayistik die direkteste Dokumentation seiner geistigen Welt, ihres Wesens und Wandels. Besonders reiche Auskünfte gibt sie über sein Verstehen der Kunst, also auch des Menschen und seiner selbst. Sorgsam bedachte oder mühevoll erarbeitete Einsichten finden sich allenthalben, ohne sonderlich auffällig gemacht zu werden. Selbst Wichtigstes klingt manchmal nur in Stichworten an, die dann freilich als prägnante Haupt- und Leitmotive erkannt sein wollen. Und Fühmann, wenn er seine Überzeugungen und Einsichten auch entschieden oder gar leidenschaftlich vorträgt, hofft und vertraut ja auch immer auf einen aktiven Partner; stets zum Dialog bereit, stellt er sich keinen passiven Adressaten vor. Seinem Leser traut er das angemessene Begreifen dessen zu, was ihm als hoher Wert gilt: Wahrheit und Wahrhaftigkeit, Freiheit von Vorurteilen und Fähigkeit zur Toleranz, Entfaltung von Arbeitsvermögen, Verzicht auf alle Überhebung und Selbstgerechtigkeit, menschliche Solidarität und Antifaschismus, und nicht zuletzt – Würde. Der Essayist Fühmann bewährt sich nicht nur als überzeugender Künder der unersetlichen und unversiegbaren Kraft der Kunst, ihrer Fähigkeit, den ganzen Menschen zu erkunden und zu betreffen; er bewährt sich auch als humanistischer Philosoph. In seinem späten Essay zu Fotos geistig Behinderter heißt es lakonisch: »*Der Sinn des Menschen ist der Mensch.*«[278] Eine banale Feststellung, und eine tautologische obendrein? Nein, wer diesen schlichten Satz recht bedenkt, wird schließlich herausfinden, daß er ungeheure Einsichten und Ansprüche in sich zusammenzieht.

Sieht man Fühmanns Essayistik in ihrem spezifischen DDR-Kontext, dann tritt vor allem eine Qualität zutage, die sich in ihrem Reifen immer stärker ausgeprägt hat: der konstruktive Widerstand gegen alles, was die Entfaltungs- und Wirkungsbedingungen von Literatur und Kunst schmälert, was ihnen den arteigenen Zauber oder gar ihre Würde als menschliches Zeugnis nimmt. Auf Unverständnis und Fehleinschätzungen, auf borniert Kritik, ideologische Bevormundungen und praktische Restriktionen antwortet gerade der Essayist Fühmann mit Arbeiten, die direkte Polemik nicht scheuen, aber dabei nicht stehenbleiben, sondern überzeugende Gegenentwürfe sind, Alternatives nicht bloß postulieren, sondern leisten. Deshalb wählt er auch immer Themen und Gegenstände, die er konstruktiv angehen, Personen und Werke, die er zustimmend behandeln und womöglich bewundern kann.

Meint er in den frühen Jahren der DDR, dem Leser durch belehrendes Übermitteln seiner Erfahrungen als Aufklärer und Erzieher dienlich sein zu sollen, so begreift er doch bald, daß er – freilich auf neuen Stufen – sein Schreiben prinzipiell so betreiben muß, wie er es dereinst spontan betrieben hat: als ernstes kathartisches Spiel. Seine Essayistik weist aus, daß er den dominanten kulturpolitischen Funktionsvorstellungen, wie andere Schriftsteller und Künstler der DDR auch, mit einem Konzept der Kunst als Katharsis begegnet. Indes besteht Fühmanns Besonderheit darin, daß er dem Kunstwerk als einem ungemein tragfähigen Modell das Vermögen zuerkennt, individuelle Erfahrungen und Menschheitserfahrungen, wechselseitig sich spiegelnd, fruchtbar zusammenwirken zu lassen, Kunstgenuß, so meint und wünscht er, schafft darum dem einzelnen unersetzliche Möglichkeiten erhellender Selbstbegegnung und bestätigenden Gattungserlebens, also wertvolle Daseinshilfen. Im Kunstschaffen wie im Nachdenken darüber gelingt ihm eine erstaunliche Differenzierung des Kathartischen. Im großen poetologischen Essay *Das mythische Element in der Literatur* (1975) offenbart es sich eben völlig anders als etwa im Nachwort zu *Klein Zaches* (1978) oder in der Lesart des *Ignaz Denner* von E.T.A. Hoffmann (1979), wieder anders im Trakl-Buch oder im Bibel-Essay (1983), in den Mitteilungen über seine gemeinsamen Kunstbetrachtungen mit geistig Behinderten[279] oder in der Absicht, zugunsten neurotisch Erkrankter auszuprobieren, »*ob es eine bestimmte Erzähltherapie gibt, indem man eine spezielle Geschichte für einen einzelnen Fall mit therapeutischer Absicht schreibt*«[280].

Franz Fühmann, Autor um seiner selbst willen, ist auch immer Autor im Interesse anderer geblieben; aber welche Wandlungen und Sublimierungen werden da doch durchdacht und vorgenommen, vom trotzig-drastischen Bekenntnis als »*Dichter im Dienst*« der Gesellschaft bis zum herausfordernden Verweis auf das »*zutiefst Subversive der Dichtung*« (Ohr 133), von der pauschalen These »*Menschenhilfe ist ein Wesenszug der Literatur*« (EGA 75) bis zu dem kühnen, dialektischen Gedanken, »*die Befreiung vom Zwang des Ideals bringt ihre eigene Schönheit hervor*« (EGA 518)! Fühmanns essayistisches Werk ist außerordentlich reich, und der denkfreudige, kritisch mitarbeitende Leser wird es sogar unerschöpflich finden können, wenn er die Kraft und Ausdauer aufbringt, damit umzugehen.

Nach alledem versteht sich von selbst: Fühmanns Essays (die Reden und die gedruckten Gespräche mit wichtigen

Partnern als belangvolles Umfeld eingeschlossen) sind innerhalb seines Gesamtwerks ein Komplex von zentraler und zentrierender Bedeutung. Darin verschmilzt das Reagieren auf vorgefundene Theorien, Thesen und Gedanken mit ruheloser geistiger Suche und mit andauernder Reflexion gelebten Lebens, mit dem Durcharbeiten von Erfahrungen und Widersprüchen, wobei gerade in seinem Falle wieder und wieder sichtbar wird, wie unauflöslich das Aufnehmen von Fremdem und das Schaffen von Eigenem zu wechselseitigem Vorteil verbunden sein können. Auf ihre Weise zeigen das gewiß schon die Nach- und Neuerzählungen sowie die Verfilmungsvorlagen. Doch hier ist weit mehr gemeint. Ein Glücksfall, an dem sich das höchst sinnfällig zeigen läßt, mag an dieser Stelle in den Vordergrund gerückt werden. Man wird im Deutschen nicht viel Vergleichbares finden.

Es handelt sich um den Anhang zu Franz Fühmanns Funkessay über den großen tschechischen Dichter František Halas, um den anderthalb Druckbogen umfassenden Bericht über die nachdichterische Arbeit an dem bedeutenden Gedicht *Nikde* (dt. *Nirgends*). Er vermittelt einen einzigartigen Einblick in die Werkstatt eines Schwerarbeiters auf dem Felde der Dichtung. Und selbst jener Beklagenswerte, dem aller Sinn für Poesie versagt geblieben ist, kann mit einiger Geduld als Leser dieses Textes wenigstens in Grenzen erleben, mit welcher Hingabe und Leidenschaft, mit welcher Akribie und Phantasie, mit welchen Mitteln sich der deutsche Dichter in die poetische Welt des bewunderungswürdigen Halas hineinarbeitet, welche immense, unerhört produktive Arbeit er leistet, um ein schwieriges Gedicht aus einer schwierigen Sprache in das ganz andere Deutsch herüberzuholen, ohne dabei meßbare Verluste oder gar Beschädigungen zuzulassen. Hier offenbart sich beispielhaft, wie bei Fühmann die Kunst des Lesens und Schreibens, obwohl sie durchaus zweierlei sind, als einander fördernde Fähigkeiten untrennbar zusammenwirken.

Bei einer solchen seltenen Gelegenheit stellt sich mit unübertrefflicher Deutlichkeit die bewußt und angestrengt erarbeitete Sprachmächtigkeit und die unbegrenzte Wortliebe des wahren Poeten heraus. Selbstverständlich geschieht das nicht von ungefähr: Fühmanns eminent hoher Anspruch an sein poetisches Sprechen steigert sich aufs äußerste und sichtbarste eben da, wo er sich zum Mittler von weltliterarischen Leistungen anderer macht. Völlig verfehlt wäre es jedoch, die Anstrengungen des Nachdichters Fühmann, die ja (anders als die manch andrer) nicht vorrangig auf Broterwerb zielen, als einen sich selbst verleugnenden Dienst an fremder Dichtung zu verstehen. Sie sind nichts mehr und nichts weniger als ein Wirken dessen, der um des Eigenen willen des Fremden bedarf. Solche Nachdichtungen sind die Höchststufe des schöpferischen Lesens, wie es der Essayist Fühmann allenthalben vorführt. Sie sind das leistungsfördernde Prüffeld, auf dem Produktion und Rezeption, einander potenzierend, wunderbar eins werden.

Wurde die Hoffnung Fühmanns erfüllt, im Essay ein Medium zu gewinnen, in dem er sich vor allem selbst finden könnte? Die Frage ist uneingeschränkt mit Ja zu beantworten. Nicht nur die herausragenden Stücke, sondern alle Essays zusammen als ein in sich kohärenter Vorgang erweisen die vorzügliche Brauchbarkeit dieser Gattung für sein »Zu-sich-selber-Kommen«[281]. Der Essay wird sicherstes Mittel gründlicher Selbstbefragung und Selbsterforschung, sei es im Umgang mit der eigenen Biographie, sei es in der Arbeit an tiefschürfenden Entdeckungen in Leben und Schaffen anderer. Es ist schon durchaus symptomatisch, wenn ein zünftiger Leser Fühmannscher Essayistik findet: »Hoffmanns Dichtungen [...] dienen Fühmann auch als Medium der Selbsterforschung – aber eben dadurch erschließt er Sinnbezüge jener Dichtungen, die [...] in dieser Schärfe vorher nicht formuliert worden sind.«[282]

Im Essay vermag Franz Fühmann seine Subjektivität so reich und so souverän zu entfalten, wie er es seinerzeit nicht einmal im Gedicht vermocht hat. Vernachlässigt man die sachlich bedingten beträchtlichen Unterschiede seiner essayistischen Texte, dann lassen sich Verallgemeinerungen anstellen, die mehr oder minder weitreichende Gültigkeit besitzen. Der Essayist genießt den Vorzug, philosophischen Ambitionen und Herausforderungen folgen zu können, ohne auf die ihm als Künstler gemäße sinnlich-gegenständliche Denk- und Darbietungsweise verzichten zu müssen. Er kann als Mittler Propädeutik und Hermeneutik bieten, ohne sich doch in fachwissenschaftliche Schranken zwingen zu müssen. Der Essay gewährt dem Dichter Fühmann die Möglichkeit, seine Gabe des Kombinierens und Assoziierens restlos und elegant ins Spiel zu bringen, weil er sich die Regeln für dieses Spiel von Mal zu Mal selbst geben kann. Der Essay sichert ihm die Chance, Analyse und Synthese, behutsames Erwägen und entschiedenes Bekennen, forschendes Fragen und aphoristisches Zuspitzen, genaueste Untersuchung des Details und kühn generalisierendes Ausgreifen zwingend zu verbinden. Alles in allem: Mit dem Essay gewinnt Fühmann eine emanzipatorische Form, deren Nutzung die größtmögliche inhaltliche Offenheit und Weite mit strenger künstlerischer Geschlossenheit und Dichte übereinkommen läßt.

Nur zwei Proben aufs Exempel sollen zum Schluß noch eigens benannt werden. Da ist zum einen das ergreifende, erst postum erschienene Vorwort zu *Was für eine Insel in was für einem Meer* (1985). Ebenso schlicht wie kunstvoll spricht sich darin die zum irgend Menschenmöglichen gereifte und geläuterte Humanität des Autors aus. Durch das rückhaltlos solidarische Annehmen von Menschen, denen die selbstverständlichsten Konditionen des Menschen auf Lebenszeit versagt bleiben, bringt Fühmann zu einer seltenen Vollendung, was sich mit den schönen Worten aus Büchners *Lenz* so leicht fordern läßt: »Man versuche es einmal und senke sich in das Leben der Geringsten und gebe es wieder in den Zuckungen, den Andeutungen.«[283] Im Autor dieses Essays begegnet uns ein Mann, dessen praktische Moral tiefe Wurzeln geschlagen hat: in einer vor über zweitausend Jahren gestifteten Utopie, in der Sittenlehre Kants, in dem gut gedachten Entwurf einer Gesellschaft, darin die »Entfaltung

412

eines Jeden als Bedingung der Entfaltung Aller«[284] wirklich bestimmendes Gesetz wäre, doch nicht weniger in dem vielstimmigen Anruf, der Fühmann aus unzähligen künstlerischen Zeugnissen von Elend und Größe der menschlichen Kreatur zugekommen ist.

Und da bleibt zum anderen, endlich auf den Essay *Meine Bibel; Erfahrungen* (1983) zu weisen, der schon durch seinen Gegenstand reicher und weiter, aber ganz vom gleichen Geist geprägt ist. Gläubigen wie Ungläubigen öffnet der Autor hier die Augen für die in der Bibel erfaßten Welten und angelegten Wirkungen. Es ist vielleicht die dauerhafteste von allen Arbeiten Fühmanns für Erwachsene, eine schön gebaute Flucht mit vielen Türen – in das Buch der Bücher wie in das Reich seiner Persönlichkeit. Der Essay beglaubigt unwiderlegbar und auf tief anrührende Weise die schöne Möglichkeit eines vollkommenen Zusammenstimmens von geistiger Freiheit und bindendem Ethos, von hoher Kunst und tiefer Menschlichkeit.

Und für den bereiten Leser ist er – wie freilich andere seiner Werke auch – ein Ort der Begegnung mit einem verlorenen deutschen Sohn Böhmens, der sich in Deutschland nicht zu beheimaten vermochte, der ruhelos durch die Irrungen und Wirrungen dieses Jahrhunderts wie durch ein Fegefeuer ging und erst im Angesicht des Todes bei sich selbst ankam.

Zitatnachweise und Anmerkungen

Im Text werden Zitate aus Arbeiten Fühmanns vorwiegend unter Nutzung folgender Siglen mit nachgestellter Seitenzahl ausgewiesen:

A   Alkestis. Stück mit Musik in einem ersten Akt, einem zweiten Akt, zwei dritten Akten und einem Vorspiel. Rostock 1989

DdH   Die dampfenden Hälse der Pferde im Turm von Babel. Berlin 1978

E   Erzählungen 1955–1975. Rostock 1977

EGA   Essays, Gespräche, Aufsätze 1964–1981. Rostock 1983

FA   Fühmann-Archiv, Akademie der Künste Berlin

I   Irrfahrt und Heimkehr des Odysseus, Prometheus, Der Geliebte der Morgenröte und andere Erzählungen. Rostock 1980

IB   Im Berg. Texte und Dokumente aus dem Nachlaß. Rostock 1991

J   Das Judenauto, Kabelkran und Blauer Peter, Zweiundzwanzig Tage oder Die Hälfte des Lebens. Rostock 1979

KO   Kirke und Odysseus. Ein Ballett. Rostock 1984

NN   Die Nelke Nikos. Gedichte. Berlin 1953

Ohr   Das Ohr des Dionysios. Nachgelassene Erzählungen. Rostock 1985

RF   Reineke Fuchs, Märchen nach Shakespeare, Das Nibelungenlied, Märchen auf Bestellung. Rostock 1984

RM   Die Richtung der Märchen. Gedichte. Berlin 1962

Sch   Die Schatten. Ein Hörspiel. Rostock 1986

SF   Saiäns-Fiktschen. Erzählungen. 2. Aufl., Rostock 1983

SK   Schlipperdibix und klapperdibax. Zwei Kasperlstücke. Rostock 1985

SS   Simplicius Simplicissimus, Der Nibelunge Not u. a. Arbeiten für den Film. Rostock 1987

UP   Unter den PARANYAS. Traum-Erzählungen und -Notate. Rostock 1988

VF   Vor Feuerschlünden. Erfahrung mit Georg Trakls Gedicht. Anhang: Dichtungen und Briefe Georg Trakls. Hg. v. F. F. Rostock 1984

1   »Schreiben ist doch im Grunde die Erfahrung des Scheiterns.« Klaus Antes im Gespräch mit F. F. In: die horen (Berlin) 27 (1982) Ausgabe 128, S. 76.

2   Zu Fühmanns Begriff des Scheiterns vgl. neben dem Interview mit Klaus Antes (Nachweis 1) vor allem den Brief an Christel Berger, 28. 6. 1974, in: Franz Fühmann: Briefe 1950–1984. Hrsg. von Hans-Jürgen Schmitt. Rostock 1994, S. 140.

3   Sigmund Freud: Das Unbehagen in der Kultur. In: S. F.: Trauer und Melancholie. Hg. F. F./Dietrich Simon. Berlin 1982, S. 116.

4   Margarete Hannsmann: Annäherung. In: Zwischen Erzählen und Schweigen. Ein Buch des Erinnerns und Gedenkens. F. F. zum 65. Rostock 1987, S. 83.

5   Franz Fühmann: Photographien von geistig Behinderten [...]. In: F. F./Dieter Riemann: Was für eine Insel in was für einem Meer. Rostock 1985, S. 12.

6   Rainer Maria Rilke: Die Aufzeichnungen des Malte Laurids Brigge. In: R. M. R.: Sämtliche Werke. Bd. 6. Frankfurt a. M. 1966, S. 863.

7   Wieland Förster/Peter Liebers: Gespräch über F. F. In: Zwischen Erzählen und Schweigen (s. Nachweis 4), S. 67.

8   Franz Fühmann an Eberhard Sauermann, 2. 12. 1982.

9   Verwiesen sei auf die Gespräche mit Jacqueline Benker-Grenz und Margarete Hannsmann; vgl. EGA 416, 452, sowie: F. F. im Gespräch mit Wilfried F. Schoeller. In: Den Katzenartigen wollten wir verbrennen. Hamburg 1983, S. 352 f., 373–378.

11   Franz Fühmann an Manfred Steingans, 31. 5. 1984. Die Korrespondenz Fühmann–Steingans wurde vom Partner dem Fühmann-Archiv übergeben (FA S 3).

11 Franz Fühmann im Gespräch mit Wilfried F. Schoeller (s. Nachweis 9), S. 373.

12 Ebd., S. 374.

13 Ebd.

14 Vgl. Friedrich Nietzsche: Also sprach Zarathustra. In: F. N.: Werke in 3 Bdn. München 1977. Bd. 2, S. 557 f.

15 Friedrich Schiller: Damon und Pythias. In: Schillers Werke. Nationalausgabe. Bd. 2, Teil 1. Weimar 1983, S. 250.

16 Vgl. Gábor Hajnal: Ein Freund der Ungarn und ihrer Poesie. In: (s. Nachweis 4), S. 109.

17 Vgl. Sch 74 (Briefzitat im Nachwort von Ingrid Prignitz) sowie Ludvík Kundera: »Sláva azuru!« In: (s. Nachweis 4), S. 103.

18 Christa Wolf: Kassandra. Vier Vorlesungen / Eine Erzählung. Berlin / Weimar 1983, S. 275 ff.

19 Johann Wolfgang Goethe: Grenzen der Menschheit. In: Goethe: Poetische Werke. Berliner Ausgabe. Bd. 1. Berlin / Weimar 1965, S. 330.

20 Vgl. Margarete Hannsmann (s. Nachweis 4), S. 92.

21 Franz Fühmann: Von dem Machandelboom. Vervielfältigtes Typoskript des Rundfunks der DDR. Berlin 1987, Ursendung am 9. 7. 1988 über Radio DDR II, S. 5 (sechsmal), S. 7 (zweimal), S. 18 (dreimal), S. 22 (achtmal).

22 Ebd., S. 19 und 22; leicht variiert S. 6.

23 Ebd., S. 22.

24 Ebd., S. 23.

25 Franz Fühmann: Das blaue Licht. In: Neue deutsche Literatur (Berlin) 34 (1986), H. 9, S. 69.

26 Ebd., S. 73.

27 So heißt es im Märchentext der Brüder Grimm, aus dem Fühmann ein Zitat als Proömion seinem Gedicht voranstellt (vgl. RM 134).

28 Franz Fühmann: Rumpelstilzchen. Ein Hörspiel für Erwachsene. In: Höchste Zeit. Hörspiele. Berlin 1989, S. 111.

29 Ebd.

30 Ebd., S. 117.

31 Ebd.

32 Ebd., S. 118.

33 Ebd., S. 122.

34 Franz Fühmann (s. Nachweis 25), S. 65.

35 Siehe Franz Fühmann (Nachweis 28), S. 110. Das Personenverzeichnis vermerkt dort betont: »22. Kgl. Hatschierer«. Bei der Nennung der Personen im Spiel fehlt in dieser postumen Druckfassung (S. 126) die Ziffer 22, abweichend vom Original und von dem für die Funkinszenierung hergestellten Typoskript. Verständlich, daß dem Lektorat der komisch betonte Umgang Fühmanns mit der Zahl 22 hier nicht auffiel oder gar abwegig erschien.

36 Franz Fühmann (s. Nachweis 1), S. 75.

37 Vgl. Franz Fühmann: Mein Erstling. In: Sinn und Form (Berlin) 41 (1989), H. 2, S. 273.

38 Franz Fühmann (s. Nachweis 1), S. 75.

39 Eine einschlägige Passage findet sich in einem ungedruckten, durch Fühmanns Tod angeregten Essay von Klemens Renoldner, den ich einsehen konnte. Eine entsprechende Rückfrage beantwortete Renoldner am 3. 10. 1990 brieflich wie folgt: »Und die illegale Tätigkeit des Vaters, das glaube ich zu wissen, aus Gesprächen.«

40 Franz Fühmann (s. Nachweis 37), S. 274.

41 Klemens Renoldner an den Verfasser, 3. 10. 1990.

42 In brieflicher Form liegen mir Erinnerungen von Annl Sacher, dem einstigen Kindermädchen der Fühmanns, und Hedi Gottstein, der langjährigen Buchhalterin der Firma, vor sowie Informationen von Baumeister Wilhelm Preis und von Erich Feiks, der auch seinen Bruder Franz befragen konnte. Einschlägige Erinnerungen von Zeitzeugen haben jetzt Eingang in ein äußerst informatives Buch gefunden, das sich dem Interessenten als profundes und vielseitiges Quellenwerk empfiehlt: Die alte Heimat. Rochlitz im Riesengebirge. Von Hans Pichler unter Mitarbeit von Erich Feiks, Franz Finke, Franz Kaspert, Erich R. Krause und Wolfgang Kutschera. Hrsg. vom Heimatkreis Hohenelbe/Riesengebirge e. V. als 2. Band der Ortsbücher. 8952 Marktoberdorf 1991. Aussagen zur Person von Josef Rudolf Fühmann finden sich dort u. a. auf S. 730 f.

43 Franz Fühmann: Den Katzenartigen wollten wir verbrennen. In: trajekt 16. Rostock 1983, S. 8.

44 Franz Fühmann: Reisebilder. In: trajekt 5. Rostock 1972, S. 36 f.

45 Ebd., S. 33.

46 Ebd., S. 34 f.

47 Ebd., S. 35.

48 Franz Fühmann (s. Nachweis 1).

49 Geschichten einer gebrochenen Kinderwelt. Mit dem Autor Franz Fühmann sprach Peter Gugisch. In: Sonntag (Berlin) 25 (1971), Nr. 2, S. 11.

50 Ebd.

51 Josef Hermann Sauter: Interview mit Franz Fühmann. In: Weimarer Beiträge 17 (1971), H. 1, S. 41.

52 Franz Fühmann (s. Nachweis 37), S. 274.

53 Das genannte Friedensgedicht mit dem Titel »Industrie« schrieb Fühmann im Sommer 1936, also als Vierzehnjähriger. Der junge Autor gibt dynamische Bilder von gewaltiger maschineller und manueller Arbeit, um dann nach über zwei Dutzend Zeilen verblüffend zu schließen:

> Verrauscht die rasende Symphonie …
> Wir stehen in Andacht und denken:
> Wird sie der Menschheit nun schenken
> Glück – Friede – Harmonie? …
> Falsch geraten, – das harte Fronen –
> Galt wiederum nur – neuen KANONEN!
> (FA Nr. S 23)

54 Franz Fühmann (s. Nachweis 37), S. 273.

55 Franz Fühmann (s. Nachweis 1), S. 78.

56 Ebd., S. 75.

57 Josef Hermann Sauter (s. Nachweis 51), S. 44.

58 Franz Fühmann (s. Nachweis 43), S. 13.

59 Max Heimbucher: Die Orden und Kongregationen der katholischen Kirche. Paderborn 1934. Bd. 2, S. 149.

60 Franz Fühmann (s. Nachweis 43).

61 FA Nr. 201 (Handschrift ohne Paginierung; die im Text folgenden Zitate daraus bleiben daher ohne Seitennachweise).

62 Franz Fühmann (s. Nachweis 43), S. 16.

63 Ebd., S. 16 f.

64 Franz Fühmann, in: Jugendliches Trio. Gedichte junger Menschen. Hamburg 1942, S. 14.

65 Ebd., S. 11.

66 Ebd., S. 12.

67 Ebd.

68 Vgl. Franz Fühmann: Sein Solch-Betrachten war vonnöten.

In: Sinn und Form. 2. Sonderheft Johannes R. Becher. Berlin o. J., S. 354, sowie EGA 427, 434, 436 und VF 35.

69 Franz Fühmann (s. Nachweis 1).

70 Franz Fühmann: Bauerngebet. In: Das Reich (Berlin), 25. 6. 1944.

71 Franz Fühmann: Das Maß. In: Das Reich, 28. 1. 1945.

72 Ebd.

73 Vgl. Franz Fühmann (s. Nachweis 37), S. 275.

74 Ein Roman ist die Krönung für jeden Schriftsteller. Karl Corino interviewte F. F. In: Deutschland Archiv (Köln-Marienberg) 8 (1975), H. 3, S. 292.

75 Erich Vogt: Kunst als Aufgabe. In: Neues Deutschland (Berlin), 28. 10. 1948.

76 Franz Fühmann: Kunst als Aufgabe. In: Ebd., 27. 11. 1948.

77 Vgl. Franz Fühmann: Das Vermächtnis der »Weißen Rose«. In: Sinn und Form 35 (1983), H. 3, S. 514.

78 Franz Fühmann: Am Grab meines Vaters. FA Nr. 146, S. 7.

79 Franz Fühmann: Vortrag über Kinderliteratur (unausgearbeitete Notizen). FA Nr. 265, Blatt 1.

80 Vgl. Johannes R. Becher: Auf andere Art so große Hoffnung. Tagebuch 1950. In: J. R. B.: Ges. Werke. Bd. 12. Berlin / Weimar 1969, S. 126.

81 Vgl. Lothar von Balluseck. Dichter im Dienst. Der sozialistische Realismus in der deutschen Literatur. Wiesbaden 1956.

82 Stefan Doernberg: Kurze Geschichte der DDR. Berlin 1965, S. 211.

83 Franz Fühmann: Die Wiedergeburt unserer nationalen Kultur. Rede auf dem Vierten Parteitag der National-Demokratischen Partei Deutschlands. Berlin 1952, S. 5.

84 Vgl. ebd., S. 7 f.

85 Vgl. ebd., S. 21.

86 Franz Fühmann: Die Literatur der Kesselrings. Ein Pamphlet. Berlin 1954, S. 7.

87 Franz Fühmann: Stalin und die Literatur. In: Die Nation (Berlin) 1953, H. 4, S. 96.

88 Ebd., S. 101.

89 Vgl. Heinar Kipphardt: Nikos Belojannis. In: NDL 1 (1953), H. 3, S. 128.

90 Franz Fühmann: Komplex »Fahrt nach Stalingrad«/Delegationsreise SU Mai 1953. FA Nr. 11/1, S. 1.

91 Franz Fühmann: Arm in Arm vor dem Univermag. In: National-Zeitung (Berlin), 2. 7. 1953.

92 FA Nr. 64: Politische Gedichte 1950–53. Typoskript auf losem Blatt.

93 Georg Maurer: Die deutsche Lyrik der Gegenwart. In: IV. Deutscher Schriftstellerkongreß. Protokoll. Teil I. Berlin 1956, S. 147.

94 Ebd., S. 148.

95 Anna Seghers: Aufsätze, Ansprachen, Essays 1954–1979. Berlin/Weimar 1980, S. 55 f.

96 Vgl. Franz Fühmann (s. Nachweis 37), S. 277.

97 Sergej Lwow: Aus »In Freundessprache oder Zweiundzwanzig Briefe an Franz Fühmann«. In: (s. Nachweis 4), S. 32.

98 Vgl. Johannes R. Becher: Auf andere Art so große Hoffnung. Tagebuch 1950. Berlin 1951, S. 392 f. Die Notate stehen unter dem Datum des 5. August, so daß ihr Bezug auf Erich Weinert auch ohne Nennung des Namens unbezweifelbar ist: Am Vortag beging der Schwerkranke seinen 60. Geburtstag, der in der DDR-Presse selbstverständlich reiche Würdigungen des Jubilars gebracht hatte. – Fühmanns Nekrolog ist betitelt: Dichtung als Waffe für die nationale und soziale Befreiung. Erich Weinerts Vermächtnis an die jungen deutschen Dichter. In: National-Zeitung, 25. 4. 1953. – Noch am 22. 11. 1975 erinnert er sich in einem Brief an mich: »Wir standen damals (wir = debütierende Dichter, also Wiens, Deicke, Berger, Fühmann, auf der Strecke Gebliebene) im Bann Kubas und unter dem Banner Erich Weinerts (Kuba war damals ein großer Dichter und ein Pfundskerl) und waren empört über die Perfidie einer Eintragung zu Weinerts Geburtstag, die zur Folge hatte, daß dem todkranken Mann auf dem Sterbebette dieses Buch – nach dem er mehrfach fragte – vorenthalten und verleugnet werden mußte.« Für die späteren Auflagen hat Becher die maliziösen Bemerkungen über seinen Konkurrenten von dem verräterischen Datum weggerückt.

99 Franz Fühmann: Über Johannes Hörder hinaus, ehe es wieder zu spät ist! In: National-Zeitung, 23. 3. 1955.

100 Franz Fühmann (s. Nachweis 83), S. 28.

101 Franz Fühmann: Das ist der Mensch. In: NDL 4 (1956), H. 2, S. 135.

102 Franz Fühmann (s. Nachweis 83), S. 22.

103 Helmut Holtzhauer (1912–1973) war von 1951 bis 1954 Vorsitzender der Staatlichen Kommission für Kunstangelegenheiten, die mit dirigistischen Mitteln und mangelnder Kompetenz das künstlerische Leben der DDR zu steuern trachtete und bei den Kunstschaffenden dadurch schnell in Verruf kam.

104 Franz Fühmann (s. Nachweis 90), S. 3.

105 Franz Fühmann: Was soll eine künstlich entwickelte Diskussion? In: Sonntag 10 (1956), Nr. 38, S. 6; wiederholt in: National-Zeitung, 19. 9. 1956.

106 Franz Fühmann: Thesen zur Diskussion über Literatur und Kunst. Typoskript in den Akten des NDPD-Hauptausschusses, S. 5, 2, 3.

107 Ebd., S. 5.

108 Vgl. Johannes R. Becher: Bemühungen II. In: J. R. B.: Ges. Werke. Bd. 14. Berlin/Weimar 1972, S. 359.

109 Franz Fühmann (s. Nachweis 106), S. 7.

110 Ebd., S. 2.

111 Franz Fühmann: Prinzipielle Vorschläge unserer Partei mit führenden Vertretern anderer Parteien. Typoskript in den Akten des NDPD-Hauptausschusses, S. 4.

112 Ebd.

113 Hans Mayer: Ein Deutscher auf Widerruf. Bd. 2. Frankfurt a. M. 1984, S. 117.

114 Franz Fühmann: Gedanken über die Herausgabe einer »Bibliothek des 20. Jahrhunderts«. Typoskript aus den Akten des NDPD-Hauptausschusses, S. 1.

115 Ebd., S. 2. Hervorhebungen von Fühmann; sie bezeichnen die bis dahin bereits in der DDR verlegten Autoren.

116 Ebd., S. 4.

117 Ebd., S. 5.

118 Ausgerechnet Wolfgang Harich warf sich mit zweifelhafter Energie dem späten Versuch entgegen, in der DDR endlich eine öffentliche Auseinandersetzung mit dem Werk Nietzsches zu beginnen (vgl. Sinn und Form 39 [1987], H. 5, S. 1018 bis 1053). Daß die vom Reclam-Verlag Leipzig bereits verbindlich angekündigte Nietzsche-Auswahl (mit Nachwort von Friedrich Tomberg) unveröffentlicht blieb, ist in diesem Zusammenhang zu sehen.

119 Franz Fühmann (s. Nachweis 37), S. 276.

120 Franz Fühmann (s. Nachweis 9), S. 365.

121 Ebd.

122 Vgl. Franz Fühmann (s. Nachweis 1), S. 78.

123 Franz Fühmann: Vom Gestern geradeaus. In: Sonntag 13 (1959), Nr. 34, S. 1.

124 Vgl. Wieland Förster/Peter Liebers (s. Nachweis 7), S. 66.

125 Gábor Hajnal: Vierzehn- und einmal deutsche Geschichte. In: NDL 12 (1964), H. 4, S. 205.

126 Vgl. FA Nr. 14/1: Böhmen am Meer. »Sommer«- oder »Ostseegeschichten« in 3 Teilen. 2. Mappe.

127 FA Nr. 16: Heidi, S. 8.

128 Ebd., S. 34.

129 FA Nr. 88: Das Symbol. Novelle, S. 1.

130 FA Nr. 156: Kriegserzählungen. Im gemütlichen Quartier. Bilder aus dem Leben der Wehrmacht.

131 Vgl. FA Nr. 86–88 und Nr. 156 (s. Nachweis 130).

132 Kurt Batt an F. F., 2. 3. 1967.

133 Vgl. Josef Hermann Sauter (s. Nachweis 51).

134 Vgl. J 314, 327, 348; ferner 356, 357, 423, 468 und 477, bzw. Gottfried Benn: Probleme der Lyrik. Wiesbaden 1951, S. 35.

135 Franz Fühmann: Reineke Fuchs. Berlin 1964, S. 79.

136 Zit. nach: National-Zeitung, 15. 6. 1964.

137 Ebd., 16. 11. 1965.

138 Frankfurter Allgemeine Zeitung (Frankfurt a. M.), 22. 1. 1966.

139 Henryk Keisch: Bewahren und Neuformen. In: NDL 17 (1969), H. 6, S. 181.

140 Franz Fühmann an Kurt Batt, 21. 1. 1967. Akademie der Künste. Kurt-Batt-Archiv, 224.

141 Franz Fühmann (s. Nachweis 44), S. 33.

142 Ebd., S. 37.

143 Ebd., S. 34.

144 Ebd., S. 40.

145 Franz Fühmann an Günter Caspar, 11. 9. 1966.

146 Vgl. Hans Koch: Haltungen, Richtungen, Formen. In: Forum (Berlin) 1966, Nr. 15/16, S. 5–12 und 22–23 sowie die angefügte abschließende Stellungnahme der Redaktion auf S. 23.

147 Franz Fühmann an Günter Caspar, 1. 11. 1967 (Archiv des Aufbau-Verlages Berlin/Weimar).

148 FA Nr. 176: Fontane I. Neuruppin, S. 252.

149 Ebd., Fontane II. Wustrau, S. 6.

150 Ebd., S. 38.
151 Ebd., S. 71.
152 Ebd., S. 174.
153 Ebd., S. 175.
154 Vgl. 1. Buch Mose, Kapitel 22, Vers 10.
155 Franz Fühmann im Brief vom 12. 5. 1968, zit. von Ingrid Prignitz, in: Ohr 153.
156 FA Nr. 219: Der Hethiter Uria.
157 Franz Fühmann: Der Jongleur im Kino oder Die Insel der Träume. Rostock 1970, S. 4.
158 Franz Fühmann an Kurt Batt, 20. 1. 1970.
159 Kurt Batt an F. F., 12. 2. 1971.
160 Siehe Nachweis 49.
161 Wolfgang Werth: Ein Kind wird Nazi. In: Die Zeit (Hamburg), 9. 4. 1971.
162 Franz Fühmann an Kurt Batt, ohne Datum (Eingangsstempel des Verlags: 23. 2. 1971).
163 Vgl. Franz Fühmann: Die Gewitterblume. In: Sinn und Form 23 (1971), H. 3, S. 629–638.
164 Franz Fühmann (s. Nachweis 162).
165 Franz Fühmann (s. Nachweis 149), S. 77 f.
166 Kurt Batt an F. F., 12. 2. 1971.
167 Franz Fühmann (s. Nachweis 162).
168 Ebd.
169 Ebd.
170 Ebd.
171 Vgl. Hugo von Hofmannsthal: Grillparzers politisches Vermächtnis. In: H. v. H.: Blicke. Leipzig 1987, S. 212.
172 Franz Fühmann an Kurt Batt, 4. 7. 1974.
173 Franz Fühmann an Regina Hänsel, ohne Datum (etwa Sommer oder Frühherbst 1975).
174 Karl Corino (s. Nachweis 74), S. 294.
175 Franz Fühmann ebd.
176 Franz Fühmann an Kurt Batt, 9. 7. 1972.
177 Franz Fühmann reflektiert das prinzipiell und selbstkritisch, in: F. F.: Reineke Fuchs, Märchen nach Shakespeare, Das Nibelungenlied, Märchen auf Bestellung. Rostock 1984, S. 317 ff.
178 Hans Koch an Fred Rodrian. In: Was zählt, ist die Wahrheit. Briefe von Schriftstellern der DDR. Halle 1975, S. 106.
179 Ebd., S. 107.

180 Ebd., S. 111.

181 Franz Fühmann, in: Diskussion über das »Nibelungenlied« [...] In: Besprechungen zur Gegenwartsliteratur. Bd. 1. Kinder- und Jugendliteratur. Berlin 1983, S. 116.

182 Rolf Bräuer: Kriemhild. Die Spannung von Historizität und Aktualität in F. F.s Nibelungen-Adaption. In: Weimarer Beiträge 28 (1982), H. 1, S. 118.

183 Zit. nach dem Original (Archiv des Deutschen Fernsehfunks).

184 Franz Fühmann an Albrecht Börner, 10. 8. 1970.

185 Ebd.

186 Franz Fühmann an Kurt Batt, 29. 8. 1973.

187 Erich Honecker: Zu aktuellen Fragen bei der Verwirklichung der Beschlüsse unseres VIII. Parteitags. Aus dem Schlußwort auf der 4. Tagung des Zentralkomitees der SED. In: ND, 18. 12. 1971.

188 FA Nr. 195: Barlach-Briefausgabe. Gliederung eines Nachworts zu einer Auswahl aus Ernst Barlachs Briefen, S. 3.

189 Ebd.: Der Briefschreiber Ernst Barlach. Fragment eines Nachworts, S. 18.

190 Ebd., S. 21.

191 Ebd.: Exzerpte aus Ernst Barlachs Briefen.

192 Siehe Nachweis 51.

193 Vgl. Arno Schmidt: Eines Hähers »TUÊ!« und 1014 fallend. In: Das Tagebuch und der moderne Autor. Hg. Uwe Schultz. München 1965, S. 116.

194 Siehe Nachweis 134.

195 Karl Corino (s. Nachweis 74).

196 Franz Fühmann (s. Nachweis 51), S. 49.

197 Franz Fühmann: Urworte Deutsch. Rostock 1989, S. 35.

198 Ebd., S. 28.

199 Volker Braun: Hinze-Kunze-Roman. Halle-Leipzig 1985, S. 11.

200 Erich Loest: Bruder Franz. Paderborn/München/Wien/Zürich 1986, S. 45.

201 Hans-Georg Werner: Romantische Traditionen in epischen Werken der neueren DDR-Literatur. In: Zeitschrift für Germanistik (Leipzig) 1 (1980), S. 403.

202 Franz Fühmann an Kurt Batt, 8. 6. 1974.

203 Franz Fühmann an Richard Hacke, 26. 6. 1974.

204 Franz Fühmann an Kurt Batt, 1. 7. 1974.

205 Georg Trakl: Gedichte. Auswahl von F. F. Leipzig 1975.

206 Vgl. Manfred Hahn: F. F.: Zweiundzwanzig Tage oder Die Hälfte des Lebens. In: Weimarer Beiträge 20 (1974), H. 10, S. 154. Hahn bezieht sich dort auf ein Gespräch des Autors mit Lesern im Berliner »Haus des Lehrers« am 26. 3. 1974.

207 Archiv der Akademie der Künste zu Berlin, Nr. 899, S. 24.

208 Ebd., S. 23.

209 Franz Fühmann an die Akademie der Künste, Sektion Literatur und Sprachpflege, 27. 9. 1976.

210 In ursprünglicher Fassung Beitrag zur Arbeitstagung der Akademiesektion mit jungen Autoren am 2. 12. 1972; überarbeitet und erweitert in: F. F.: Erfahrungen und Widersprüche. Rostock 1975.

211 Vgl. Kurt Batt an F. F., 23. 4. 1964.

212 Kurt Batt an F. F., 19. 6. 1974.

213 Franz Fühmann an Kurt Batt, 28. 8. 1973.

214 Ebd.

215 Vgl. Franz Fühmann an Kurt Batt, 15. 12. 1974.

216 Simon erinnert sich: »Als ich im Herbst 1975 bei einer Schriftstellerberatung des Verlages in Berlin als der künftig neue Cheflektor vorgestellt wurde und manch einer vor dem Mann, der einige Jahre bei der Presse gearbeitet hatte, so seine Bedenken hatte, sagte er laut in die Runde, daß er mich kenne und genauso loyal und produktiv mit mir zusammenarbeiten wollte, wie er das mit meinem Vorgänger getan habe.« (s. Nachweis 4, S. 142 f.)

217 Lothar Lang: Bei Fühmann. In trajekt 5 (s. Nachweis 41), S. 92.

218 Ebd., S. 93.

219 Ebd.

220 Franz Fühmann an Kurt Batt, 1. 3. 1974.

221 Peter Demetz: Auf der Suche nach sich selber. Der schwere Weg F. F. s. In: Die Zeit, 17. 9. 1976.

222 Franz Fühmann an Richard Hacke, 12. 6. 1975.

223 Friedrich Nietzsche (s. Nachweis 14), S. 561. Fühmann zitiert das (fast) wörtlich in seinem Sarah-Kirsch-Essay (vgl. EGA 163), ohne den Verfasser zu nennen. In dem nachgelassenen Fragment »Verlorene Zeit« (FA Nr. 13/3) macht er das Wort zur Lieblingsmaxime einer ihm selbst eng verwandten Schriftstellerfigur, für die Nietzsche der »Lieblingsphilosoph« ist.

224 Vgl. Franz Fühmann (s. Nachweis 74), S. 294.

225 Franz Fühmann an Manfred Steingans, 28. 7. 1975.

226 Franz Fühmann an Roland Manske, 28. 6. 1976 (FA Nr. 344).

227 Gudrun Schulz: F. F.: »Die dampfenden Hälse der Pferde im Turm von Babel«. In: Beiträge zur Kinder- und Jugendliteratur 57. Berlin 1980, S. 55.

228 In: Sinn und Form 28 (1976), H. 6.

229 Ebd., S. 1260.

230 Ebd., S. 1261.

231 Franz Fühmann an Richard Hacke, 8. 10. 1977.

232 Klaus Höpcke: Lust an der Wahrheit. In: Die Weltbühne (Berlin), 1977, Nr. 37.

233 Franz Fühmann: Offener Brief an den Leiter der Hauptverwaltung Buchhandel und Verlage im Ministerium für Kultur Klaus Höpcke. In: Sinn und Form 42 (1990), H. 3, S. 460.

234 Ebd., S. 461.

235 Ebd., S. 462.

236 Ebd., S. 465.

237 Verstörung bis zur Resignation. Mit F. F. sprach Marlies Menge. In: Die Zeit, 12. 5. 1978.

238 Vgl. Klemens Renoldner: Ach Du Engel meines Vaterlandes! In: (s. Nachweis 4), S. 124 f.

239 Franz Fühmann an Manfred Steingans, 25. 3. 1978.

240 Franz Fühmann an Erich Honecker, 17. 5. 1979. In: Fühmann: Briefe 1950–1984 (wie Nachweis 2), S. 292–294.

241 Franz Fühmann an Konrad Wolf, 14. 3. 1980. Akademie der Künste zu Berlin. K.-W.-Archiv. Rep. 02, IIb.

242 FA Nr. 337: Rede zum Jahr 2000 (nicht paginiert). – Die von mir im Archiv vorgefundene Fassung bricht mit einem Komma hinter dem letzten Wort unvermittelt ab.

243 Franz Fühmann an Konrad Wolf, 15. 9. 1981.

244 Franz Fühmann an Konrad Wolf, 27. 12. 1981.

245 IB 307. Vgl. auch Nachweis 2.

246 Franz Fühmann (s. Nachweis 239).

247 Franz Fühmann an Maria Dessauer (Suhrkamp-Verlag), 6. 1. 1978.

248 Marianne Scharenberg: F. F.s »Der Geliebte der Morgenröte«. In: Weimarer Beiträge 33 (1987), H. 1, S. 29.

249 Friedrich Nietzsche: Fünf Vorreden zu fünf ungeschriebenen Büchern. Homers Wettkampf (s. Nachweis 14), Bd. 3, S. 295.

250 Franz Fühmann an Manfred Steingans, 28. 2. 1979.

251 Franz Fühmann an Margaretha Fühmann, 23. 8. 1979.

252 Vgl. Klemens Renoldner (s. Nachweis 238), S. 123.

253 Christa Wolf, in: (s. Nachweis 4), S. 72.

254 Stephan Hermlin: Nachwort. In: (s. Nachweis 205), S. 113.

255 Franz Fühmann im Protokoll der Rostocker Akademieta-gung vom 16. 3. 1981. Archiv der Akademie der Künste zu Berlin, Nr. 927, S. 45.

256 Vgl. Ralph Schock, Ms.-Kopie für Sendung am 25. 7. 1982. In: FA Nr. 330.

257 Dietmar Grieser: Schlag nach bei Georg Trakl. F. F.s »Sturz des Engels« als szenischer Monolog am Wiener Burgtheater. In: Badische Zeitung (Freiburg i. B.), 8. 3. 1988.

258 Andreas Razumovsky: Höhlen der Erinnerung. F. F.s Trakl-Essay als Gedankentheater. In: Frankfurter Allgemeine Zeitung, 2. 3. 1988.

259 Vgl. Max Steenbeck: Strategische Gewitterwolken. In: Sinn und Form 32 (1980), H. 4, S. 689 ff.

260 Ebd., S. 692.

261 Franz Fühmann: Die Ohnmacht. In: Sinn und Form 38 (1986), H. 1, S. 86–108.

262 Programm der Sozialistischen Einheitspartei Deutschlands. Berlin 1976, S. 19.

263 Die Science-fiction der DDR. Autoren und Werke. Ein Lexikon. Berlin 1988, S. 141.

264 Franz Fühmann, in: (s. Nachweis 71), S. 291.

265 In einem goldenen Cadillac. Zwischen San Francisco und Babelsberg. Interview mit Heiner Carow. In: Sonntag 45 (1990), Nr. 30, S. 5.

266 Franz Fühmann an Werner Beck und Anne Pfeuffer, 6. 1. 1965.

267 BILD (Hamburg), 16. 1. 1965.

268 FA Nr. 61: Unveröffentlichte Gedichtentwürfe. Ein Blatt, Maschinenschrift mit handschriftlichen Korrekturen.

269 Vgl. Ingrid Prignitz: F. F.s Arbeiten für den Film. In: SS 475 ff.

270 Siehe Nachweis 265.

271 Vgl. Stefan Heym: Der König David Bericht. Berlin 1972, Kapitel 20, 22 und 23 passim.

272 Franz Fühmann an Ingrid Prignitz, 1. 9. 1982; zit. nach: I. P.: Nachbemerkung. In: Ohr 153.

273 Franz Fühmann, in: Zu Sigmund Freud. Aufzeichnungen eines Gesprächs. In: S. F. (s. Nachweis 3), S. 220.

274 Sigmund Freud (s. Nachweis 3), S. 158.

275 Franz Fühmann (s. Nachweis 101), S. 132.

276 Ebd., S. 137.

277 Ebd., S. 132.

278 Franz Fühmann (s. Nachweis 5), S. 19.

279 Vgl. ebd., S. 142–145 und 148–150.

280 Franz Fühmann im Gespräch mit Wilfried F. Schoeller (s. Nachweis 9), S. 381.

281 Johannes R. Becher: Der Aufstand im Menschen. Berlin/Weimar 1983, S. 116.

282 Eberhard Mannack: F. F. als Interpret Hoffmannscher Erzählungen. In: Jahrbuch zur Literatur in der DDR 5. Dialektik des Anfangs. Bonn 1986, S. 141.

283 Georg Büchner: Werke und Briefe. Leipzig 1968, S. 99.

284 Franz Fühmann (s. Nachweis 5), S. 22.

Zeittafel

1922	Franz Fühmann wird am 15. Januar in Rochlitz an der Iser (Rokytnice nad Jizerou) geboren. Der Vater besitzt die Apotheke des Marktfleckens und betreibt eine kleine pharmazeutische Offizin
1923	14. Oktober: Geburt der Schwester Margarethe
1928	Eintritt in die Rochlitzer Volksschule
1929	Ferienreise der Familie nach Italien (Rimini, Venedig, San Marino)
1932	Aufnahme in das Jesuitenkonvikt in Kalksburg bei Wien
1935	Reise der Familie nach Salzburg und in die Bayerischen Alpen
1936	Die Familie besucht die Olympischen Spiele in Berlin und Hamburg. Abbruch des Klosterschulbesuchs, Wechsel ins Gymnasium Reichenberg (Liberec). Eintritt in den (Sudeten-) Deutschen Turnverein
1937	Eintritt in die Pennälerburschenschaft »Hercynia«
1938	Teilnahme am Deutschen Turn- und Sportfest in Breslau Besetzung der Sudetengebiete durch Hitlers Wehrmacht Eintritt in den Reichenberger Reiter-Sturm der SA
1939	Wechsel ans nahe Reform-Realgymnasium in Hohenelbe (Vrchlabí). Bei Ausbruch des Zweiten Weltkriegs freiwillige Meldung zum Wehrdienst, bleibt unberücksichtigt
1941	Reifeprüfung (Notabitur). Vorimmatrikulation für das Studium der Mathematik an der Prager Universität. Als Reicharbeitsdienst-Mann in Ostpreußen (Memelgebiet). Teilnahme am Überfall auf die Sowjetunion und am Vormarsch durchs Baltikum. Knüppeldammbau bei Pskow; Leistenbruch; Operation in Deutschland. Soldat im Luftnachrichten-Ersatzbataillon in Oppeln, Fernschreib-Kompanie

1942	Einsatz in Kiew, Poltawa, Charkow, Kriwoi Rog, Stalino, Dnjepropetrowsk. Erste Veröffentlichung: In der Reihe »Das Gedicht. Blätter für die Dichtung« (hrsg. von Heinrich Ellermann in Hamburg) erscheint als 5. Folge des 8. Jahrgangs das Heft »Jugendliches Trio« mit Gedichten von Alois Timmerfeld, Edith Tohde und Franz Fühmann
1943	Einsatz in Athen. Spezialausbildung als Code-Schreiber. Besuch der Fronthochschule; Übungsvortrag »Das ethische Leitbild des Germanentums«
1944	Unteroffiziersschule an der Nordküste des Peloponnes. Beförderung: Obergefreiter, Unteroffiziersanwärter. In der Wochenzeitung »Das Reich« (Nr. 26 v. 25. Juni) erscheinen – unter dem Übertitel »Stunde des Soldaten« – drei Gedichte. Rückzug vom Balkan; lange Fußmärsche. Mit schwerer Phlegmone wochenlange Fahrten im Lazarettzug; zu Weihnachten Einlieferung ins Lazarett Bad Warmbrunn
1945	Gedicht »Das Maß« in der Zeitschrift »Das Reich« (Nr. 4, 28. Januar). Überstürzte Räumung des Lazaretts, Irrfahrt durch Deutschland, Böhmen, Mähren, Rumänien. Sowjetische Kriegsgefangenschaft in Neftegorsk (Kaukasus). Tod des Vaters am 10. Juli
1946 ff.	Zentrale Antifaschule Noginsk bei Moskau. Nach erfolgreichem Abschluß Assistent, Lehrer, Lehrgruppenleiter in Noginsk, Rjasan und Ogre bei Riga
1948	Eine scharfe Polemik gegen den Artikel »Kunst als Aufgabe« in der Zeitung »Neues Deutschland« vom 28. Oktober wird in dem Blatt am 27. November groß abgedruckt; Mutter und Schwester, nach der Aussiedlung aus der Tschechoslowakei inwischen in Thüringen ansässig, erhalten dadurch Nachricht vom Überleben des wiederholt totgesagten Sohnes und Bruders
1949	Am 24. Dezember auf deutschem Boden Entlassung aus der sowjetischen Kriegsgefangenschaft (Entlassungslager 69, Frankfurt/Oder). Eintritt in die am 25. Mai 1948 in der DDR Nationaldemokratische Partei Deutschlands (NDPD)
1950	Tätigkeit in der NDPD-Zentrale, zunächst als persönlicher Referent von Vinzenz Müller, später als Leiter des

Arbeitsgebiets Kulturpolitik. Besuch bei Johannes R. Becher, Präsident des Kulturbunds zur demokratischen Erneuerung Deutschlands; erste Veröffentlichungen von Gedichten in den Kulturbund-Organen »Sonntag« (Wochenzeitung) und »Aufbau« (Monatsschrift), erste Begegnungen mit Bodo Uhse (Chefredakteur des »Aufbau«), und Max Schroeder (Cheflektor des Aufbau-Verlags, der dem Kulturbund gehört). Zu Pfingsten Deutschlandtreffen der Freien Deutschen Jugend. Erste Begegnung mit Kuba (Kurt Barthel) und Konstituierung der jüngsten literarischen Generation in der DDR (mit Paul Wiens, Günther Deicke, Uwe Berger, Dieter Noll u. a. m.) Im Oktober Heirat mit der aus Schlesien stammenden Parteifreundin Ursula Böhm (geb. am 12. Juni 1924). Bis 1958 andauernde rege publizistische Tätigkeit (Beiträge für die NDPD-Organe »National-Zeitung« und »Die Nation«)

1951   Erste Nachdichtungen. Bekanntschaft mit Louis Fürnberg

1952   Geburt der Tochter Barbara. Wahl in den Parteivorstand der NDPD. Rede auf dem 4. Parteitag: »Die Wiedergeburt unserer nationalen Kultur« – Mit Prof. Dr. Hans Mayer Teilnahme an einem gesamtdeutschen Gespräch in Südwestdeutschland

1953   Wahl in den Vorstand des Deutschen Schriftstellerverbands [der DDR] (DSV) und in den Präsidialrat des Kulturbunds. 30. April–2. Juni: Reise einer ersten DSV-Delegation durch die Sowjetunion, geleitet vom Verbandssekretär Kuba. Weitere Teilnehmer neben Fühmann: Hans Marchwitza, Paul Rilla, Peter Huchel, Max Zimmering, Jurij Brězan, Annemarie Reinhard, Paul Wiens. Stationen u. a.: Moskau, Leningrad, Stalingrad, Tiflis, Gori; begeisterte Reiseberichte für die »National-Zeitung«. »Die Nelke Nikos« (Gedichte); »Die Fahrt nach Stalingrad« (Poem)

1954   Reise mit einer Delegation der Nationalen Front der DDR in die Tschechoslowakei; Besuch von Lidice im Gedenken an den deutschen Massenmord und die Vernichtung des Ortes im Juni 1942. Teilnahme am Wartburgtreffen christlicher und marxistischer Kulturschaffender (7./8. August). Polemische Arbeiten über die westdeutsche Remilitarisierung, darunter »Die Literatur der Kesselrings«. – Bekanntschaft mit Ludvík Kundera. Unter dem Decknamen Salomon stellt sich Fühmann dem Ministerium für Staatssicherheit der DDR als GI (Geheimer Informant) zur Verfügung, bis er sich – hinsichtlich der von ihm erhofften positiven Wirkungsmöglichkeiten enttäuscht, aber ohne jemandem geschadet zu haben – im August 1959 von dieser Pflicht befreien läßt

1955   Reise nach Warschau. Goldene Medaille der Weltjugendfestspiele in Warschau für »Die Fahrt nach Stalingrad«. Vaterländischer Verdienstorden in Bronze. »Kameraden« (Novelle)

1956   Heinrich-Mann-Preis der Akademie der Künste der DDR für »Die Fahrt nach Stalingrad«. Teilnahme am Kongreß der tschechoslowakischen Schriftsteller. Fühmann unterbreitet dem Vorstand seiner Partei schriftlich »Gedanken über die Herausgabe einer ›Bibliothek des 20. Jahrhunderts‹«

1957   Am 7. März erfolgreiche Uraufführung des Films »Betrogen bis zum jüngsten Tag« (Buch: Kurt Bortfeldt) nach der Novelle »Kameraden«. »Aber die Schöpfung soll dauern« (Gedichte). Nationalpreis III. Klasse

1958   Rede auf dem V. Bundestag des Kulturbunds: »Die führende Rolle der Arbeiterklasse ist unsere ureigenste Sache«. Kurze Reise nach Rumänien. Konflikt mit der Parteispitze, Beendigung der hauptamtlichen Tätigkeit in der Zentrale der NDPD. – Erwerb des »Arbeitshäuschens« in Märkisch Buchholz, Beginn der Arbeit als freier Schriftsteller; Studien zur Tätigkeit der Volkspolizisten und der Bauern in den landwirtschaftlichen Produktionsgenossenschaften. »Kapitulation« (Novelle)

1959   Reise nach Hamburg; Reportage im »Sonntag«, 9. November. In Rostock Kontakte mit dem Hinstorff Verlag (Konrad Reich, Dr. Kurt Batt) und der Warnow-Werft. Reise nach Moskau zu Galina Ulanowa (Interview in der Wochenzeitung »Freie Welt« 28–31/1959). »Stürzende Schatten« (Novellen), »Vom Moritz, der kein Schmutzkind mehr sein wollte« (erstes Kinderbuch). Ruth Zechlin veröffentlicht ihre »Lidice-Kantate« nach dem Füh-

mann-Gedicht »Im Museum von Lidice« aus dem Band
»Aber die Schöpfung soll dauern«

1960   Längerer Arbeitsaufenthalt auf der Warnow-Werft Ro-
stock-Warnemünde. Trickfilm-Skizze »Reineke Fuchs«
(nicht umgesetzt). Beginn intensiver Nachdichtungsarbeit;
zunächst an Attila József. »Die Suche nach dem wunderbunten Vögelchen« (Kinderbuch, 1964 verfilmt)

1961   Lehrgang im PVC-Schweißen; Schweißerpaß. 16. April.
Wahl zum Mitglied der Akademie der Künste der DDR.
Szenarium für den Fernsehfilm »Der Schwur des Soldaten Pooley«. Offener Brief (Antwort) an Günter Grass
und Wolfdietrich Schnurre zur Berliner Mauer, Ungarnreise mit Vortrag über das gleiche Thema. Bekanntschaft
mit Gábor Hajnal. Veröffentlichungen: »Kabelkran und
Blauer Peter«, »Spuk«, »Galina Ulanowa« und »Die heute
vierzig sind« (Filmerzählung) als Bücher, »Strelch« zunächst nur in der Zeitschrift »Neue Deutsche Literatur«(Heft 9/1961)

1962   Bekanntschaft mit dem Barlach-Vertrauten Friedrich
Schult. Längerer Arbeitsaufenthalt in Güstrow. »Lustiges
Tier-ABC« (Kinderbuch), »Böhmen am Meer« (Novelle),
»Die Richtung der Märchen« (Gedichtsammlung nach
Versiegen der eigenen Lyrikproduktion), »Das Judenauto.
Vierzehn Tage aus zwei Jahrzehnten« (Novellettenzyklus)

1963   Studienaufenthalt auf der Großbaustelle des Chemiefa-
serkombinats Guben (Auseinandersetzung mit dem Stoff
ergibt das Fragment »Verlorene Zeit«). Arbeit für den
Film »Simplicius Simplicissimus« nach Grimmelshausen.
Herausgabe des Barlach-Bildbands »Das schlimme Jahr«
bei Hinstorff mit einleitender Erzählung, die später gesondert unter dem Titel »Barlach in Güstrow« erscheint.
Bekanntschaft mit Wieland Förster. Reise nach Wien,
Wiedersehen mit Kalksburg. Teilnahme an der COMES-
Tagung über den zeitgenössischen Roman in Leningrad
und Moskau zusammen mit Bruno Apitz, Hans Koch,
Erwin Strittmatter und Paul Wiens. »Der Schwur des Sol-
daten Pooley« wird auf dem Fernsehfilm-Festival in Alexandria mit dem »Goldenen Sonnenboot« (1. Preis) ausgezeichnet. Johannes-R.-Becher-Preis; Johannes-R.-Becher-
Medaille

1964	Kunstpreis des FDGB für »Böhmen am Meer«; Verdienstorden der ungarischen Volksrepublik in Silber. Ungarnreise auf den Spuren Attila Józsefs (Budapest, Balaton). Rede zum ersten Todestag von Bodo Uhse. Sehr freimütiger Brief an den Minister für Kultur, der Meinungsäußerungen der Künstler im Vorfeld der Zweiten Bitterfelder Konferenz zur Kulturpolitik angefordert hat. Christo Botew: »Der Balkan singt sein wildes Lied« (Nachdichtungen). »Die Glasträne« (große Anthologie tschechischer Poesie in deutschen Nachdichtungen, zusammen mit Ludvík Kundera). »Reineke Fuchs« (Nacherzählung). Im Norddeutschen Rundfunk liest Rolf Boysen die Erzählung »Das Judenauto«
1965	Reise nach Hamburg und Ratzeburg wegen des Films nach der Erzählung »Barlach in Güstrow«. Von Hans Werner Richter eingeladen, nimmt Fühmann mit Friedemann Berger, Stephan Hermlin, Bernd Jentzsch, Günter Kunert, Karl Mickel und Rolf Schneider an der 27. Tagung der Gruppe 47 teil (19.–21. November). Endre Ady: »Gedichte« (Nachdichtungen). Herausgabe: »Das Tierschiff« (Märchen aus aller Welt)
1966	Durch Austritt aus dem Vorstand des DSV distanziert sich Fühmann von dessen zustimmender Erklärung zum 11. Plenum des ZK der SED. Reise nach München im Zusammenhang mit der Arbeit an einem Film um die Geschwister Scholl und die »Weiße Rose« (»Jugend im Widerstreit«). Erste Besuchsreise in die alte Heimat; Empfang bewahrter Manuskripte, Tagebücher und des Hefts »Jugendliches Trio« (1942) mit den ersten gedruckten Gedichten. Übergabe des literarischen Archivs an die Akademie der Künste der DDR. Auszeichnung mit dem Orden »Kyrill und Metodi« für die Übersetzung schöngeistiger bulgarischer Literatur. »König Ödipus« (Sammlung von Kriegsnovellen und Erzählungen; nach der Titel-Novelle werden wiederholt Filme gedreht). »Androklus und der Löwe« (Kinderbuch)
1967	Erneute Reise in die Riesengebirgsheimat. – Aufwendige Recherchen und Studien in Neuruppin und Umgebung für das vertraglich gebundene Projekt »Auf den Spuren Fontanes« (abgebrochen). Rede zum 10. Todestag Louis

Fürnbergs. Miklós Radnóti: »Ansichtskarten« (Nachdichtungen)
1968 Reise nach Budapest und Szigliget. Eröffnung der Barlach-Ausstellung in Prag. Aufenthalte in der Landwirtschaftlichen Produktionsgenossenschaft Wustrau und im
Reglerwerk Teltow (Redaktion der Betriebschronik).
Barbara Fühmann verweigert in ihrer Schule die Zustimmung zum blutigen Einsatz der Truppen des Warschauer
Pakts gegen den Reformprozeß in der Tschechoslowakei;
sie wird relegiert, nach weiteren Protesten von der Staatssicherheit verhaftet und mißhandelt. Fühmann begibt
sich gegen Jahresende in die Psychiatrische Universitäts-
klinik Rostock zu einer Alkohol-Entziehungskur. »Das
hölzerne Pferd. Die Sage vom Untergang Trojas und von
den Irrfahrten des Odysseus. Nach Homer und anderen
Quellen neu erzählt«, »Shakespeare-Märchen« (vier Nacherzählungen für Kinder)
1969 Arbeit an einem mehrteiligen Fernsehfilm nach Goethes
»Wilhelm Meister« (abgebrochen). Reise nach Brünn
(Brno) in Sachen František Halas. Am 6. März liest Fühmann im Berliner Haus der tschechoslowakischen Kultur »František Halas in neuen deutschen Nachdichtungen«. Erzählungen aus der Kindheit entstehen. – Die
Absicht der Akademie der Künste, Fühmann für sein
Gesamtwerk zum Nationalpreis vorzuschlagen, wird aus
politischen Gründen von der NDPD-Führung und von
Kulturminister Abusch übereinstimmend abgelehnt
1970 Reise nach Budapest und Debrecen. Arbeit an einem (nicht
beendeten) Essay über Ernst Barlachs Briefe (Nachwort
zur Auswahl-Ausgabe im Hinstorff Verlag). Nacherzählung des Nibelungenlieds; im Herbst Beginn der Arbeit
am »Prometheus«-Roman. »Der Jongleur im Kino oder
Die Insel der Träume. Studien zur bürgerlichen Gesellschaft« (Zyklus autobiographischer Erzählungen). František Halas: »Der Hahn verscheucht die Finsternis« (Nachdichtungen). Herausgabe: Ernst Barlach: Das Wirkliche
und Wahrhaftige (Bildband). Barlach-Medaille
1971 24. März: Der Leiter des Aufbau-Verlags, Dr. Voigt, teilt
Fühmann mit, daß das Ministerium für Kultur ihm die
Sondergenehmigung Nr. 1999 »zum Bezug von Literatur

aus Westdeutschland und dem kapitalistischen Ausland«
erteilt. Im Herbst: Ungarnreise. »Das Nibelungenlied
neu erzählt« [In der Folge: »Der Nibelunge Not« (Filmszenarium; letzte Korrekturen daran: Juli 1984)]. Ernst-
Moritz-Arndt-Medaille

1972 Januar/Februar: Franz-Fühmann-Ausstellung in der Berliner Stadtbibliothek anläßlich des 50. Geburtstags. 28. April:
Laudatio für Georg Maurer zur postumen Verleihung
des F.-C.-Weiskopf-Preises. Im Sommer Abschluß der Arbeit an »Prometheus« und dem Ungarn-Tagebuch. 13. Oktober: Das Manuskript der »Urworte Deutsch« geht an
den Leiter des Hinstorff-Verlags. Ungarnreise. Lion-
Feuchtwanger-Preis der Akademie der Künste der DDR.
2. Dezember: Rede auf einer Arbeitstagung der Sektion
Literatur und Sprachpflege der Künste-Akademie mit
jungen Autoren. Mitgliedschaft in der NDPD endet durch
briefliche Bitte um Streichung zum 31. Dezember. Herausgabe: Ernst Barlach: Briefe

1973 25. Mai: Bauplan und 21 Texte für ein Buch mit Traum-
erzählungen (»Unter den Paranyas«) dem Hinstorff Verlag übergeben. 11. Juli: Auf dem Buchbasar in Rostock
beginnt die Bekanntschaft mit Margarete Hannsmann
und HAP (Helmut Andreas Paul) Grieshaber. Exzessi-
ves und intensives Studium E. T. A. Hoffmanns. 6. bis ca.
25. September: Aufenthalt in Südböhmen: Arbeit am Projekt »Libussa«. Das innovative Tagebuch »Zweiundzwanzig Tage oder Die Hälfte des Lebens« erscheint unmittelbar vor dem VII. Schriftstellerkongreß (14.–16. November). 15. November: Fühmann referiert in einer der
Arbeitsgruppen des Kongresses polemisch und fordernd
über ihr Thema »Literatur und Kritik«. Ungarnreise. Im
Magyár-PEN-Club in Budapest Erstlesung der kritischen
Erzählung »Drei nackte Männer« (Erstdruck: »Sinn und
Form« 4/1974)

1974 28. Februar: Große Gastvorlesung an der Berliner Hum-
boldt-Universität über »Das mythische Element in der
Literatur«. Überarbeitet und erweitert wird der Text
Hauptbestandteil der Essaysammlung »Erfahrungen und
Widersprüche«. 14. März: Beratung der Akademie-Sek-
tion Literatur und Sprachpflege zur Vorbereitung auf

eine Plenartagung mit der Akademie der Pädagogischen Wissenschaften. Fühmann erklärt, über den Deutschunterricht schreiben zu wollen, und wünscht deshalb die Erlaubnis zum Hospitieren. Er begrüßt die Schärfe eines von Dieter Noll eingebrachten Briefs über Mängel des Deutschunterrichts. April: Die »Neue deutsche Literatur« bringt die ironisch-kritische Erzählung »Bagatelle, rundum positiv« als Vorabdruck aus einer Anthologie zum 25. Jahrestag der DDR. Für die DEFA arbeitet Fühmann eine umfassende Studie über »Möglichkeiten einer filmischen Aneignung von Leben und Werk E. T. A. Hoffmanns« aus. Anfang Juni: Erste Einfahrt ins Kupferbergwerk (Thomas-Müntzer-Schacht Sangerhausen); am 3. Juni Ansichtskarte mit Bildern vom Kyffhäuser: »Liebe Regina Hänsel, ich habe das Thema meines Lebensrestes: Im Berg!« 4. Oktober: Nationalpreis II. Klasse. 16. Oktober: Erste Einfahrt ins Kalibergwerk Sondershausen. »Prometheus. Die Titanenschlacht.« (Roman). Milán Füst: »Herbstdüsternisse« (Nachdichtungen)

1975   Letzte Aprildekade – Anfang Mai: Erster Studienaufenthalt im Thomas-Müntzer-Schacht. 5. Mai: Fühmann spricht als Gast der Studentenkonferenz der Sektion Literatur- und Kunstwissenschaft anläßlich des 20. Jahrestages der Befreiung vom Faschismus in der Aula der Friedrich-Schiller-Universität über sein Grunderlebnis Auschwitz und liest abends ebenda aus seinem »Prometheus«. Während krisenhafter Juni/Juli-Wochen in Prerow (Rückfall in den Alkohol) entsteht u. a. die Erzählung »Die Ohnmacht« (Erstdruck in »Sinn und Form« 1/1976), das erste Stück des späteren Zyklus »Saiäns-Fiktschen«. Fühmann, Mitglied des Beirats der Zeitschrift, befördert das Manuskript von Volker Brauns höchst brisanter Erzählung »Unvollendete Geschichte« zum Druck in »Sinn und Form«, Heft 5/1975. »Erfahrungen und Widersprüche. Versuche über Literatur«. Georg Trakl, »Gedichte« (Auswahl: Franz Fühmann, Nachwort: Stephan Hermlin)

1976   21. Januar: In der Gedenkveranstaltung der Akademie der Künste aus Anlaß des 200. Geburtstags von Ernst Theodor Amadeus Hoffmann hält Fühmann die Festrede.

Druck des Vortrags: »Sinn und Form«, Heft 3/1976 Heft 5 der »Neuen deutschen Literatur« bringt Fühmanns Rundfunkvortrag zum 200. Geburtstag E.T.A. Hoffmanns, den Radio DDR II gesendet hat. 4. Juli: »Schieferbrechen und Schreiben« erscheint – als Gruß an »seine« Brigade im Thomas-Müntzer-Schacht zum Tag des Bergmanns im »Sonntag« 27/1976. Heft 11 der »Neuen deutschen Literatur«, dem Thema »Literatur und bildende Kunst« gewidmet, bringt einen Auszug aus dem Gespräch Franz Fühmanns und Luise Köpps mit Wieland Förster, das Radio DDR II im Januar gesendet hat: »Widerspruch als Kunstgestalt«. 17. November: Gegen den Beschluß der DDR-Führung, dem auf Tournee in der BRD befindlichen Liedermacher Wolf Biermann die Staatsbürgerschaft der DDR abzuerkennen und ihm damit die Wiedereinreise unmöglich zu machen, erheben namhafte Schriftsteller und Künstler Protest, unter ihnen neben Stephan Hermlin, Stefan Heym und Christa Wolf auch Franz Fühmann. 5. Dezember: Vorstellung des Dichters František Halas im Sender Stimme der DDR. 13. Dezember: Das Ministerium für Staassicherheit, Hauptabteilung XX, beschließt den operativen Maßnahmeplan »Filou« (= Deckname für Fühmann): »Fühmann ist wegen seines feindlichen Auftretens innerhalb kurzer Zeit unter IM-Kontrolle zu bringen. [...]«

1977 16. März: Während der Frühjahrsmesse liest Fühmann im Gohliser Schlößchen aus Georg Trakls Dichtungen. 16.–26. April: Reise nach Österreich zur Vorbereitung auf das Trakl-Projekt mit dem Reclam-Verlag Leipzig (erste DDR-Ausgabe sämtlicher Werke und Briefe); Stationen: Salzburg, St. Wolfgang sowie (mit Lesungen) Linz und Wien. Mai: »Salzburger Traum«. 1. Juni: Zum Tag des Kindes Lesung vor Kindern im »Theater im Palast«. 19. Oktober: Romantik-Konferenz der Humboldt-Universität Berlin in Frankfurt/Oder; Fühmann mit seinem Essay über »Klein Zaches« beteiligt (Druck in: Weimarer Beiträge 4/1978 und als Nachwort zur Separatausgabe im Insel-Verlag, Leipzig 1978). August: Vergebliche Anstrengungen, zu bewirken, daß man sich (vor allem an der Spitze des Schriftstellerverbands) darum bemüht, Sarah Kirsch von dem Entschluß zur Ausreise aus der DDR abzubringen. Oktober/November: Langwierige Arbeit an dem (in der DDR zu Lebzeiten nicht veröffentlichten) Offenen Brief an den Stellvertretenden Minister für Kultur Klaus Höpcke, provoziert durch dessen Aufsatz »Lust an der Wahrheit« in der »Weltbühne« Nr. 37/1977. »Erzählungen 1955–1975« (erster Band der Werksammlung im Hinstorff-Verlag Rostock). »Konstantin Biebl« (Nachdichtungen)

1978   8. April: Kritikerpreis 1977 des Verbands der deutschen Kritiker Berlin (West). Rede bei Entgegennahme: Toleranz – ein deutsches Fremdwort (Erstdruck: Die Zeit 16/1978). Mai: Lesereise durch Süddeutschland (Bamberg, Erlangen, Nürnberg, Regensburg, München). Anschließend erneut nach Salzburg; von dort auch nach Innsbruck (und Mühlau: an Georg Trakls Grab). Ende September/Anfang Oktober in Thüringen. 5. Oktober Buchpremiere »Die dampfenden Hälse der Pferde im Turm von Babel« in der Kinderbibliothek Suhl. Ungarnreise. Verdienstorden der Arbeit der Ungarischen Volksrepublik in Gold für Verdienste um die Verbreitung ungarischer Literatur und Kunst, vor allem für die Übertragung ungarischer Literatur ins Deutsche. 21. Dezember 1978: Der Norddeutsche Rundfunk sendet den Essay: »Vítezslav Nezval, der Poetist« (geschrieben im Mai 1978). »Die dampfenden Hälse der Pferde im Turm von Babel. Ein Spielbuch in Sachen Sprache/Ein Sachbuch der Sprachspiele/Ein Sprachbuch voll Spielsachen«. »Der Geliebte der Morgenröte« (Erzählungen). Gábor Hajnal: »Walpurgisnacht« (Nachdichtungen). »Gedichte und Nachdichtungen« (zweiter Band der Werksammlung)

1979   Das Nachwort zur Trakl-Ausgabe wächst sich in angestrengter zeitaufwendiger Arbeit zum eigenständigen Buch aus. 17. Mai: Brief an Erich Honecker; Kritik an jüngsten repressiven Maßnahmen und eindringliche Warnung, das Künstler-Dilemma zwischen politischer Disziplin und künstlerischer Pflicht zur Wahrhaftigkeit drohe u. U. tödlich zu wirken. 11. Juni: Brief an das Präsidium des Verbands mit der dringenden Bitte, den vom Berliner Bezirksverband mehrheitlich beschlossenen Ausschluß der Kollegen Kurt Bartsch, Adolf Endler, Stefan Heym,

Karl-Heinz Jakobs, Klaus Poche, Klaus Schlesinger, Rolf Schneider, Dieter Schubert und Joachim Seyppel nicht zu bestätigen; gegebenenfalls müsse er selbst seinen Ausschluß anheimstellen. 23. August: An die Mutter: »Mein neues Buch ist fertiggeworden […]« (= Manuskript des Essays »Vor Feuerschlünden. Erfahrung mit Georg Trakls Gedicht«; allerdings werden dann noch aufwendige Nacharbeiten fällig). September: Gast bei Grieshaber. Lesungen in Frankfurt/Main, Marbach, Tübingen, Stuttgart, München. Besuche in Bamberg, Bayreuth, Vierzehnheiligen. »Fräulein Veronika Paulmann oder Etwas über das Schauerliche bei E.T.A. Hoffmann« (vier Hoffmann-Essays). »Das Judenauto/Kabelkran und Blauer Peter/ Zweiundzwanzig Tage oder Die Hälfte des Lebens« (dritter Band der Werksammlung)

1980   Februar: Zu Besuch bei Grieshaber/Hannsmann. Fahrten u. a. zum Mummelsee, nach Reutlingen und Ulm. Der Süddeutsche Rundfunk sendet ein Gespräch zwischen Fühmann und Margarete Hannsmann (»Miteinander reden«; Druck im Essayband der Werksammlung). März: Lesungen für Kinder in Westberlin. Mai/Juni: Reise durch die BRD und die Schweiz mit Lesungen u. a. in Wolfsburg, Braunschweig, Hannover, Basel, Biel und Zürich. Nach fünfzehnjähriger Unterbrechung wird das Filmprojekt »Simplicius Simplicissimus« (nach Grimmelshausen) wieder – bis 1981 – betrieben. August: Essay »Praxis und Dialektik der Abwesenheit« in Sachen Wolfgang Hilbig; geschrieben, um für ihn Öffentlichkeit in der DDR durchzusetzen. »Irrfahrt und Heimkehr des Odysseus/Prometheus/Der Geliebte der Morgenröte und andere [mythologische] Erzählungen« (vierter Band der Werksammlung)

1981   Besuch bei Grieshaber/Hannsmann. »Fasnet« in Rottweil, Lesungen in Schorndorf und Schwäbisch Gmünd Gespräche mit Behinderten, in Ost (Fürstenwalde) und West (Stetten), über den »Totentanz« von Grieshaber (gestorben am 12. Mai 1981). 25. Juli: »Den Katzenartigen wollten wir verbrennen« (für Anthologie »Meine Schulzeit im Dritten Reich«) erscheint in der Frankfurter Allgemeinen Zeitung. Das Engagement für die Veröffentlichung einer Anthologie mit Arbeiten von dreißig bislang nicht gedruckten jungen Autoren (wesentlich von Uwe Kolbe und Sascha Anderson ausgewählt) bleibt erfolglos. September: Besuch bei Margarete Hannsmann. Fahrten; an den Rhein bis Köln. 15.–18. Oktober: Mit Margarete Hannsmann in Leipzig; Grieshaber-Ehrung. Fertigstellung des von HAP Grieshaber begonnenen Hefts »Engel der Behinderten« (Abschluß von dessen Reihe »Engel der Geschichte«). Anfang November: Gespräch Franz Fühmann – Dietrich Simon, erstellt als Nachwort zur mühsam erkämpften ersten Sigmund-Freud-Auswahl der DDR. (Etwa) 11.–23. Oktober: Aufenthalt in Ungarn. 13./14. Dezember: Aktive Teilnahme an der von Stephan Hermlin initiierten. »Berliner Begegnung zur Friedensförderung«. Druck des Beitrags im Protokoll (in der DDR nicht frei zugänglich) und im Essayband der Werksammlung, »SAIÄNS-FIKTSCHEN« (Erzählungen). Herausgabe: »Engel der Behinderten« mit HAP Grieshabers »Totentanz von Basel« und Texten von Franz Fühmann. »Reineke Fuchs / Märchen nach Shakespeare / Das Nibelungenlied / Märchen auf Bestellung« (fünfter Band der Werksammlung)

1982   15. Januar: Am 60. Geburtstag veranstaltet die Akademie der Künste eine »Gratulationscour«; als Sekretär der Sektion Dichtung und Sprachpflege lädt dazu Günther Rücker ein. Das Datum setzt Fühmann unter sein Märchen »Doris Zauberbein«, mit dem er das Verbleiben in der DDR poetisch begründet. »Der Mund des Propheten«. 9. Februar: Brief an Hermann Kant als Präsidenten des Schriftstellerverbands: Angebot zur Mitwirkung an einer Friedensdemonstration des Verbands, aber mit Bedingungen: unter einer Schrifttafel mit der Losung SCHWERTER ZU PFLUGSCHAREN / FRIEDEN SCHAFFEN OHNE WAFFEN sowie verbunden mit Lesung in einem Großbetrieb und einem Forum unter diesem Motto; das Angebot wird nicht angenommen. 22. Februar: Tod der Mutter (geb. am 3. September 1893). März: Reise nach Österreich und in die BRD (Lesungen in Stuttgart und Tübingen). Bei Hinstorff und Hoffmann & Campe erscheint zur gleichen Zeit, aber (aus rechtlichen Gründen) unter verschiedenen Titeln der Trakl-Essay jeweils als selbständiges Buch. [Die als Beigabe zur Trakl-Edition des Reclam-Verlags stark reduzierte Fassung war bereits zuvor herausgekommen: »Der Wahrheit nachsinnen – Viel Schmerz«. Gedanken zu Georg Trakls Gedicht. Leipzig 1981]. Juni: Preis der Bestenliste des Südwestfunk-Literaturmagazins für »Der Sturz des Engels«(=Hamburger Ausgabe des Trakl-Essays »Vor Feuerschlünden«). Juni-August: Essay »Meine Bibel« für Reprint der Luther-»Biblia« des Reclam-Verlags Leipzig (Druck im Luther-Jahr 1983). Juni/Juli. »Amnon und Tamar«. September: Mit M. Hannsmann im Wagen Besuche in Essen, Eutin, Bremen, Cuxhaven, Worpswede, Hamburg, z. T. mit Lesungen. Unterwegs Arbeit am Ballett »Kirke und Odysseus«. 19. Oktober: Öffentlich angekündigte Lesung in Jena wird durch simulierten Rohrbruch vereitelt. 20. Oktober: Lesung auf Einladung der Sektion Literatur- und Kunstwissenschaft der Universität Jena, ermöglicht gegen den Widerstand der lokalen Obrigkeiten durch Intervention Klaus Höpckes und lediglich als geschlossene Veranstaltung der Sektion durchführbar). 19. November: Roderich Menzel (geb. am 13. 4. 1907) erklärt in einem vierspaltigen Schimpfartikel der Süddeutschen Zeitung den »DDR-Starautor« Fühmann des Geschwister-Scholl-Preises für unwürdig. 22. November: Verleihung des Geschwister-Scholl-Preises im Rathaus von München. Die Dankrede erscheint in: »Sinn und Form« 3/1983. Dezember: Beginn der Ausarbeitung des Projekts »Im Berg« (»Bergwerk«). »Vor Feuerschlünden. Erfahrung mit Georg Trakls Gedicht« (Rostock); dasselbe unter dem Titel »Der Sturz des Engels« (Hamburg). Mihály Vörösmarty: »Wenn einst die Nacht sich erschöpft« (Nachdichtung). Herausgabe (mit Dietrich Simon): Sigmund Freud: »Trauer und Melancholie« (Essays)

1983   Weiterarbeit am »Bergwerk«-Projekt: 11. März: Stunde der Akademie: Lesung aus »Prometheus« vor körperbehinderten Schülern. Arbeit an Traum-Erzählungen. 28. April: Szenische Lesung von Akademie-Mitgliedern »Zum 10. Mai 1933«, Fühmann ist neben dreizehn anderen aktiv beteiligt; sein Beitrag erscheint in »Sinn und

Form« 5/1983. Mai: Reise nach Süd- und Südwestdeutschland (mit Lesungen) in Begleitung der Tochter.
1. Juni: Am 1. Tag des IX. Schriftstellerkongresses ist
Fühmann anwesend, um sein Plädoyer für Wolfgang Hilbig vorzutragen, kann sich aber mit dem Versprechen
Klaus Höpckes zurückziehen, daß der Reclam-Verlag
Leipzig eine Auswahl von Hilbig-Texten herausbringen
wird. »Das Ohr des Dionysios« (als Binnen-Erzählung
für das »Bergwerk«). 22. Juni: Vor der Akademie-Sektion
Literatur und Sprachpflege setzt sich Fühmann vehement
für Autoren wie Gert Neumann, Wolfgang Hilbig, Christa Moog und andere ein, beklagt das Fehlen der Publi-
kationsmöglichkeiten für sie und die Schikanen gegen sie;
er schlägt die Einrichtung einer Rechtsstelle an der Akademie der Künste vor; ohne Resonanz. 26. Juli: Einlieferung in die Charité: Ileus. Wiederholte Operationen.
»Alkestis« (Libretto), »Die Schatten« (Hörspiel). 23. Oktober: Entlassung aus der Charité. Ende Dezember erneute
Operation. »Essays /Gespräche / Aufsätze 1964–1981«
(sechster Band der Werksammlung)

1984   Fühmann schreibt Stücke für das Puppentheater, mytho-
logische Geschichten. (»Baubo«, »Nephele«) und die Erzählung »Die Glöckchen« (als Bestandteil des »Bergwerks«
gedacht, Fragment geblieben). April–Juni: Drei Hörspiele
für Erwachsene nach Märchen der Brüder Grimm. April:
Nach einem zwölftägigen Urlaub in Warnemünde muß
Fühmann wieder unverzüglich in die Charité aufgenommen werden. Mai: Der letzte Versuch einer Reise mit Lesungen führt u. a. nach Heidelberg, Butzbach, Frankfurt,
bringt herbe Enttäuschungen und endet dramatisch per
Flug und Transport mit Blaulicht vom Berliner Flughafen
zur Charité. »Das öde Haus« (Skizzen eines Filmszenariums nach der Erzählung E. T. A. Hoffmanns). Letzte
Operation Anfang Juli. 8. Juli: Tod in der Charité.
Wunschgemäß wird der Verstorbene in Märkisch Buchholz beigesetzt; an seinem Grabe spricht der Dichter
Uwe Kolbe, der von Fühmann entdeckt und umsichtig
gefördert worden war. »Kirke und Odysseus« (Ballett)

Bibliographie der Buchausgaben

(Auswahl)

Gedichte

Die Nelke Nikos (Berlin 1953); Die Fahrt nach Stalingrad (Berlin 1953); Aber die Schöpfung soll dauern (Berlin 1957); Die Richtung der Märchen (Berlin 1962); Urworte Deutsch. Ill. Alfred T. Mörstedt (Rostock 1989).

Nachdichtungen

Christo Botev: Der Balkan singt sein wildes Lied (Berlin/Weimar 1964); Miklós Radnóti: Ansichtskarten. Gedichte (Berlin 1967 [Nachw. F F.]); František Halas: Der Hahn verscheucht die Finsternis (Berlin 1970); Milán Füst: Herbstdüsternisse (Leipzig 1974); Attila József: Poesiealbum 90 (Berlin 1975); Vítezslav Nezval: Auf Trapezen (Leipzig 1978); Mihály Vörösmarty: Wenn einst die Nacht sich erschöpft (Berlin 1982); ders.: Csongor und Tünde. Ein romantisches Märchenspiel (Berlin 1985); Ágnes Nemes Nagy: Gedichte (Leipzig 1986).

Kinder- und Jugendbücher

Vom Moritz, der kein Schmutzkind mehr sein wollte. Ein Märchen. Ill. Inge Friebel (Berlin 1959); Die Suche nach dem wunderbunten Vögelchen. Ill. dies. (Berlin 1960); Lustiges Tier-ABC mit vergnüglichen Bildern von Erich Schmitt (Berlin 1962); Reineke Fuchs neu erzählt nach dem Niederdeutschen und nach Simrock. Ill. Werner Klemke (Berlin 1964); Das hölzerne Pferd. Die Sage vom Untergang Trojas und von den Irrfahrten des Odysseus. Ill. Eberhard und Elfriede Binder (Berlin 1968); Shakespeare-Märchen für Kinder erzählt. Ill. Bernhard Nast (Berlin 1968); Das Nibelungenlied neu erzählt. Ill. Eberhard und Elfriede Binder (Berlin 1971); Prometheus. Die Titanenschlacht. Ill. Nuria Quevedo (Ber-

445

lin 1974); Die dampfenden Hälse der Pferde im Turm von Babel. Ein Spielbuch in Sachen Sprache, ein Sachbuch der Sprachspiele, ein Sprachbuch voll Spielsachen. Ill. Egberth Herfurth (Berlin 1978); Märchen auf Bestellung. Ill. Alfred T. Mörstedt (Rostock 1991).

Epische und essayistische Prosa

Kameraden. Novelle (Berlin 1955); Stürzende Schatten. Novellen. Ill. Hans und Lea Grundig (Berlin 1959); Kabelkran und Blauer Peter. Ill. Armin Münch (Rostock 1961); Das Judenauto. Vierzehn Tage aus zwei Jahrzehnten (Berlin 1962); Böhmen am Meer. Ill. Armin Münch (Rostock 1962); König Ödipus. Ges. En. (Berlin/ Weimar 1966); Der Jongleur im Kino oder Die Insel der Träume. Ill. Harald Metzkes (Rostock 1970); Zweiundzwanzig Tage oder Die Hälfte des Lebens (Rostock 1973); Erfahrungen und Widersprüche. Versuche über Literatur (Rostock 1975); Der Geliebte der Morgenröte. En. Ill. Alfred T. Mörstedt (Rostock 1978) Bagatelle, rundum positiv. En. (Frankfurt a. M. 1978); Fräulein Veronika Paulmann aus der Pirnaer Vorstadt oder Etwas über das Schauerliche bei E. T. A. Hoffmann (Rostock 1979); Saiäns-Fiktschen. En. (Rostock 1981); Vor Feuerschlünden. Erfahrung mit Georg Trakls Gedicht (Rostock 1982); Den Katzenartigen wollten wir verbrennen. Ein Lesebuch (Hamburg 1983); Das Ohr des Dionysios. Nachgelassene En. (Rostock 1985); Dreizehn Träume. Ill. Nuria Quevedo (Leipzig 1985); Im Berg. Texte aus dem Nachlaß, herausgegeben von Ingrid Prignitz (Rostock 1981).

Texte für Film, Funk, Theater
(s. auch: Ges. W. in Einzelausgn.)

Zwei Freunde. Eine Filmerzählung (Berlin 1961); Kirke und Odysseus. Ein Ballett. Mit einem graphischen Zyklus von Wieland Förster (Rostock 1984); Schlipperdibix und klapperdibax. Zwei Kasperlstücke (Rostock 1985); Die Schatten. Ein Hörspiel. Ill. Clemens Gröszer (Rostock 1986); Alkestis. Stück mit Musik in einem ersten Akt, einem zweiten Akt, zwei dritten Akten und einem Vorspiel. Ill. Heiner Ulrich (Rostock 1989).

Herausgaben

Flucht in die Enttäuschung. Aus den Lebenserinnerungen des Deutschamerikaners Carl Schurz. Bearbeitet von F. F. (Berlin 1952); Die Glasträne. Tschechische Gedichte des 20. Jahrhunderts (Berlin 1964; zus. m. Ludvík Kundera); Das Tierschiff. Die schönsten Tiermärchen aus aller Welt gesammelt von F. F. Ill. Eva Johanna Rubin (Berlin 1965); Ernst Barlach: Das Wirkliche und Wahrhaftige. Briefe, Grafik, Plastik, Dokumente. Fotos Gisela Pätsch (Rostock 1970); Georg Trakl: Gedichte, Dramenfragmente, Briefe (Leipzig 1981); Margarete Hannsmann: Spuren. Ge. 1960/80 (Leipzig 1981); Sigmund Freud: Trauer und Melancholie (Berlin 1982, zus. m. Dietrich Simon).

Gesammelte Werke in Einzelausgaben

Erzählungen 1955–1975 (Rostock 1977); Gedichte und Nachdichtungen (Rostock 1978); Das Judenauto, Kabelkran und Blauer Peter, Zweiundzwanzig Tage oder Die Hälfte des Lebens (Rostock 1979); Irrfahrt und Heimkehr des Odysseus, Prometheus, Der Geliebte der Morgenröte u. a. En. (Rostock 1980); Reineke Fuchs, Märchen nach Shakespeare, Das Nibelungenlied, Märchen auf Bestellung (Rostock 1981); Essays, Gespräche, Aufsätze 1964–1981 (Rostock 1983); Vor Feuerschlünden. Erfahrung mit Georg Trakls Gedicht. Anhang: Dichtungen und Briefe Georg Trakls (Rostock 1984); Simplicius Simplicissimus, Der Nibelunge Not u. a. Arbeiten für den Film (Rostock 1987); Unter den PARANYAS. Traum-Erzählungen und -Notate (Rostock 1988).

Bibliographien

Ewald Birr/Hilde Weise/Karl Schöpke, in: Zwischen Erzählen und Schweigen. Ein Buch des Erinnerns und Gedenkens. Franz Fühmann zum 65. Rostock 1987, S. 163–227. – Uwe Wittstock, Franz Fühmann. München 1988, S. 94–103.

Kommentiertes Literaturverzeichnis

1. Quellenwerke

Franz Fühmann. Eine Biographie in Bildern, Dokumenten und Briefen. Herausgegeben von Barbara Heinze. Geleitwort von Sigrid Damm. Rostock 1998.

Die Herausgeberin, seit vielen Jahren Betreuerin des Franz-Fühmann-Archivs (Akademie der Künste Berlin, vordem Akademie der Künste der DDR) hat mit diesem umfangreichen großformatigen Buch dank umfassender, sicherer Quellenkenntnis und erfolgreicher Quellensuche ein unübertreffliches Standardwerk geschaffen. Es bietet in ungemein reichem Maße, was sein Titel verspricht, und hilft dem Nutzer mit zuverlässigen Anmerkungen. Im Anhang finden sich auch noch chronologische Verzeichnisse der Fühmannschen Publikationen von 1942 bis 1998 und vieler Veröffentlichungen über den Autor (rund 300 Titel) sowie ein systematisches Quellenverzeichnis.

Franz Fühmann: Briefe 1950–1984. Eine Auswahl. Herausgegeben von Hans-Jürgen Schmitt, Rostock 1994.

Diese Teilsammlung ist mit 245 Briefen an rund 100 Adressaten einstweilen die umfassendste Ausgabe von Fühmanns umfangreichem Briefwerk. Das Buch vermittelt entsprechend viele Kenntnisse und Einsichten, ist jedoch mit erheblichen Mängeln behaftet: Die Texte sind vielfach fehlerhaft und nicht restlos authentisch, die Auswahl ist einseitig, die Kommentierung willkürlich und z. T. unzuverlässig. (Vgl. meine Rezension in: GDR Bulletin [Edited by the Department of Germanic Languages and Literatures Washington University, St. Louis, Missouri], Vol. 21, No. 2, Fall 1994, p. 22–23.).

Das Nachwort des Herausgebers informiert vor allem über das Thema Fühmann und die Staatssicherheit der DDR. Der Dokumentenanhang umfaßt Proben aus den »Stasi«-Akten, einen wichtigen Brief Kurt Batts an Fühmann vom 12. Februar 1971 sowie zwei dem Verleger Kurt Reich zugeschickte satirisierende Impromptus, mit denen der Autor die kulturpolitischen und literaturtheoretischen Borniertheiten seines DDR-Umfelds verspottet. Dem äußerst aufschlußreichen Interview, das Fühmann wenige Wochen vor seinem Tode Hans-Jürgen Schmitt und Uwe Wittstock in Butzbach gegeben hat, folgt noch der »Abschlußbericht« der Staatssicherheit zum »Operativen Vorgang Filou« (= Fühmann) vom 24. April 1989.

CHRISTA WOLF/FRANZ FÜHMANN: MONSIEUR – WIR FINDEN UNS WIEDER. BRIEFE 1968–1984. Herausgegeben von Angela Drescher. Berlin 1995

Die Sammlung, die auch Postkarten (eine von Fühmann sehr gern und häufig genutzte Mitteilungsform), Einschlägiges von Gerhard Wolf sowie gelegentliche Anlagen (Briefe an Honecker, Hager, Hermann Kant, Henryk Keisch) einschließt, ist mit großer Sorgfalt ediert und zuverlässig kommentiert. Über die Textgestaltung wird genaue Rechenschaft gegeben. Gut ausgewählte Illustrationen ergänzen sehr zweckmäßig und aufschlußreich. Der Band enthält außerdem Christa Wolfs Nekrolog, ihre Rede zur Namensgebung der Franz-Fühmann-Schule in Jeserig, ein Nachwort von ihr sowie die Lebensdaten der beiden hauptsächlichen Korrespondenten.

MARGARETE HANNSMANN: PROTOKOLLE AUS DER DÄMMERUNG 1977–1984. Begegnungen und Briefwechsel zwischen Franz Fühmann, Margarete Hannsmann und HAP Grieshaber. Mit Anmerkungen von Brigitte Selbig. Rostock 2000.

Von seiner Tochter ermutigt und ermächtigt, erzählt die Autorin, was sie aus den Jahren ihrer sehr engen Dichterfreundschaft mit Fühmann weiß, gestützt auf den reichen Briefwechsel, der vollständig in den Text integriert ist. – Der »Schwester« Grete gegenüber äußert sich Fühmann mit dem größten Freimut. Seine Briefe sind daher denkbar genaue Protokolle seiner Befindlichkeiten; sie dokumentieren nicht zuletzt sein Leiden an den (kultur)politischen und gesundheitlichen Belastungen in den letzten Lebensjahren. Aber nicht zuletzt offenbart sich darin, spontan, inspiriert und spielfreudig die Dichternatur Fühmanns mit all ihren Ausdrucksmöglichkeiten für die unterschiedlichsten Gefühlslagen zwischen Begeisterung und Zorn, Derbheit und Zärtlichkeit. – Die Qualität der z. T. hilfreichen Anmerkungen ist dem Anspruch des – auch mit Illustrationen und den Lebensdaten versehenen – Buchs allerdings nicht durchweg angemessen.

Sekundärliteratur

(in minimaler Auswahl und chronologischer Folge)

SIGRID KOHLHOF: Franz Fühmann und E.T.A. Hoffmann. Romantikrezeption und Kulturkritik in der DDR. Frankfurt am Main – Bern – New York – Paris 1988
(= Europäische Hochschulschriften. Reihe I: Deutsche Sprache und Literatur. Bd. 1044).

IRMGARD WAGNER: Franz Fühmann. Nachdenken über Literatur. Heidelberg 1989
(= Reihe Siegen. Beiträge zur Literatur-, Sprach- und Medienwissenschaft. Band 86).

FRANZ FÜHMANN. Mit Beiträgen von Uwe Kolbe, Wulf Köpke, Hans Richter und Martin Straub. Literatur für Leser. Heft 2/1993.

HORST NALEWSKI: Franz Fühmann: Ein Versuch in Gedichten. In: Ursula Heukenkamp (Hrsg.): Unerwünschte Erfahrung. Kriegsliteratur und Zensur in der DDR. Berlin und Weimar 1990, S. 192–226 (Anmerkungen S. 336–340).
Nalewski sichtet den gesamten Weg des Lyrikers Fühmann. Nach den frühesten Veröffentlichungen (1942) behandelt er die Gedichtbände der fünfziger Jahre, dabei besonders die Voraussetzungen und Möglichkeiten der Fühmannschen Märchen-Rezeption und die Gründe für das Versiegen der lyrischen Produktion. Schließlich würdigt er relativ eingehend Umfang und Stellenwert der großen nachdichterischen Leistung.

SIGRID DAMM: »Am liebsten tät ich auf die Straße gehn und brüllen«. In: Sinn und Form 2/1993, S. 349–359.
Die Autorin äußert sich anläßlich der Nachlaßpublikation *Im Berg. Bericht eines Scheiterns* aus der Erfahrung ihres persönlichen Kontakts mit Franz Fühmann – vor allem über dessen schweres Ringen um das politisch hochbrisante *Bergwerk*-Projekt.

DENNIS TATE: Franz Fühmann. Innovation and Authenticity. A study of his prose-writing. Amsterdam 1995 (= Amsterdamer Publikationen zur Sprache und Literatur Band 117).
Der Verfasser, bereits in den achtziger Jahren durch die Veröf-

fentlichung kleinerer Arbeiten als ein ausgezeichneter Fühmann-
Kenner ausgewiesen, befähigte sich – besonders von Fühmanns
Tochter und der Archivarin Barbara Heinze nachhaltig unterstützt – durch sehr intensive, uneingeschränkte Materialstudien,
eine bestens fundierte Gesamtdarstellung von Leben und Werk
Franz Fühmanns vorzulegen. Obgleich er sich, wie der Untertitel
seines Buches zu verstehen gibt, auf die Entwicklung des Prosa-
Autors konzentriert, bleibt keines der Fühmannschen Arbeitsfel-
der unberücksichtigt, und auch das Umfeld hat Tate im Blick. – In
den fünf Kapiteln wird jeweils ein relativ geschlossener Lebens- und
Schaffensabschnitt (1922–1949, 1950–1958, 1958–1968, 1968–1976,
1977–1984) dargestellt. Der Schluß des Buches (The Struggle for
Recognition 1984–1994) gibt ein gutes Bild von Fühmanns Nachleben; er informiert über die fortführende Herausgebertätigkeit der
langjährigen Lektorin wie über die engagierten Äußerungen von
Dichtern und Schriftstellern, die dem Toten im Jahrzehnt nach seinem Ende auf vielfältige Weise Dank für Förderung und Anregung
abgestattet haben. – Der Anhang bietet eine genaue Liste der Prosa-
werke Fühmanns, eine differenzierte Bibliographie, die u. a. eigens
die Rezeption in der Bundesrepublik, Übertragungen ins Engli-
sche, nicht in der Werkausgabe enthaltene Arbeiten, für die Leinwand adaptierte Werke und schließlich Sekundärliteratur in sehr
großem Umfang nachweist. Der Index auf den letzten sieben Seiten
verzeichnet außer allen Personen auch Stichwörter wie authenticity oder Vergangenheitsbewältigung, Einrichtungen wie DEFA
oder Verlage und nicht zuletzt alle Stellen des Buches, an denen
Werke Fühmanns erörtert oder erwähnt sind.

Jürgen Krätzer: Die Stasi als Literaturarchiv: Die Wandlung des
Franz Fühmann vom »Salomon« zum »Filou«. In: Tobias Holitzer
(Hrsg.): Einblick in das Herrschaftswissen einer Diktatur – Chance
oder Fluch? Plädoyers gegen die öffentliche Verdrängung. Opla-
den 1996, S. 88–101.

Der Verfasser hat in den Akten der DDR-Staatssicherheit die
Franz Fühmann betreffenden »rund viertausend Seiten vorwiegend
mit philologischem Interesse und hermeneutischem Blick« (S. 89)
gesichtet und kann erstmals umfassend Auskunft über des Dichters
Verhältnis zum MfS geben. Fühmann wurde Mitte der fünfziger
Jahre von der Stasi als »Geheimer Informant« verpflichtet, unter
dem Decknamen »Salomon« über die interne Tätigkeit des NDPD-

Parteivorstands zu berichten, jedoch stellte er den Auftraggeber nicht zufrieden. Die zwei von ihm geschriebenen Berichte, die vorliegen, lassen erkennen, daß er sich eher für politisch Bedrängte engagierte, als jemand zu denunzieren. Hauptamtliche des Ministeriums beklagten nach ihrem Treffen wiederholt »das arrogante Auftreten und die Nichtverwertbarkeit der Informationen« (S. 94). Ein MfS-Mitarbeiter berichtete 1957 nach einem Treffen mit Fühmann, dieser lehne es ab, »in Zukunft mit dem MfS in ›organisierter‹ Verbindung zu bleiben« (S. 94); der Vorgang GI »Salomon« wurde am 11. 8. 1959 als perspektivlos abgeschlossen, und ein Aktenstück von 1968 hielt fest, daß der Dichter »bereits 1956 [...] seine offizielle Verbindung zum MfS abbrach« (S. 94). Inzwischen war Franz Fühmann längst zum Objekt der Observation geworden – Wie im Rahmen des »Operativen Vorgangs ›Filou‹« gegen den als »negativ« und »feindlich« abgestempelten Dichter in der Folgezeit vorgegangen wurde, teilt Krätzer zwar gedrängt, aber dennoch detailliert und sorgfältig belegt mit.

BRIGITTE KRÜGER/MARGRID BIRCKEN/HELMUT JOHN (Hrsg.): Jeder hat seinen Fühmann. Zugänge zu Poetologie und Werk Franz Fühmanns. Herkunft – Prägung – Habitus. Potsdamer literaturwissenschaftliche Studien und Konferenzberichte. Frankfurt am Main – Bern – New York – Paris 1998.

Der Band dokumentiert die an der Universität Potsdam vom 26. bis 28. Februar 1997 veranstaltete Tagung über Leben und Werk Franz Fühmanns. Er enthält außer den dort gehaltenen Vorträgen einige nachgereichte Arbeiten, insgesamt 21 Beiträge, u. a. vonPeter Beicken, Ursula Heukenkamp, Jürgen Krätzer, Hans Richter, Wilfried F. Schoeller, Uwe Schweikert und Dennis Tate.

UWE KOLBE: Renegatentermine. 30 Versuche, die eigene Erfahrung zu behaupten. Frankfurt am Main 1998.

Darin einschlägig: Rede an Franz Fühmanns Grab. – Meinem Lehrer Franz Fühmann. – Die Reise als Differenzierung. Chromatisches Tagebuch an Franz Fühmann.

ARNE BORN: Fühmanns Offener Brief vom November 1977. Ein Postulat und seine Unterdrückung. In: Berliner Hefte zur Geschichte des literarischen Lebens. Am Institut für deutsche Literatur der

Humboldt-Universität zu Berlin herausgegeben von Peter Wruck und Roland Berbig. 3. Jg. (2000), S. 81–115.

Der Beitrag dokumentiert, gestützt auf reiches, zum größten Teil erstmals veröffentlichtes Quellenmaterial, mit welchen Methoden und Mitteln – den Maßgaben Erich Honeckers gemäß – Fühmann vom Machtapparat der DDR hingehalten und daran gehindert wurde, seine sorgfältig begründete Meinung zum Thema Wahrheit, herausgefordert durch einen Aufsatz des Stellvertretenden Ministers für Kultur, Klaus Höpcke, der DDR-Öffentlichkeit kundzutun. Born versäumt übrigens nicht, »darauf hinzuweisen, daß die ›Aktennotizen‹, ›Gedächtnisprotokolle‹, ›Notizen‹, ›Informationen‹ von Kurt Löffler (Staatssekretär im Kulturministerium), Hans Bentzien (Stellvertretender Vorsitzender des Staatlichen Komitees für Fernsehen), Hans Jacobus (Chefredakteur des *Sonntag*), Klaus Höpcke und Kurt Hager über Diskussionen mit Franz Fühmann keine objektiven, wertfreien Gesprächsprotokolle sind« (S. 84).

Als Ergänzungen zu dem vorliegenden Buch sind von meinen eigenen Franz Fühmann betreffenden Aufsätzen vor allem die folgenden zu nennen:

Fühmanns Arbeiten für Kinder und Jugendliche. In: Hans Richter: Zwischen Böhmen und Utopia. Jena 2000, S. 347–358 (= JENAER STUDIEN Band 4).
    Die Zusammenschau der zahlreichen im Laufe eines Vierteljahrhunderts entstandenen Arbeiten für kleine und junge Leser verdeutlicht, daß sie ein wesentlicher Teil des Werks sind und sehr genau den geistig-künstlerischen Weg reflektieren, den Fühmann genommen hat. Erfaßt ist auch das Märchen *Doris Zauberbein* (abgeschlossen am 60. Geburtstag des Autors), mit dem er sein Ausharren in der DDR gleichnishaft begründet hat.

Baubo – ein charakteristisches Meisterstück Fühmanns. Ebd., S. 371–380.
    Die Interpretation der späten Erzählung zeigt als Beispielfall: Die Arbeit mit mythischem Material ermöglicht dem Autor, schreibend ein hochgradig gültiges, im besten Sinne aktuelles »Modell von Menschen- und Menschheitserfahrung« zu schaffen und dabei solche alten Schwierigkeiten wie die Darstellung von Obszönem zu meistern.

Verordneter Antifaschismus? Der Fall Franz Fühmann. Ebd., S. 381 bis 395.

Der Beitrag führt vor, wie entschieden und schöpferisch Fühmann die ihm in sowjetischer Kriegsgefangenschaft »verordnete« antifaschistische Haltung als DDR-Bürger bis an sein Ende beibehalten und kultiviert hat, wie wenig angebracht also ein pauschales Abwerten des »verordneten Antifaschismus« ist.

Franz Fühmann. Ein (un)verlorener Sohn Böhmens. In: Böhmen. Vielfalt und Einheit einer literarischen Provinz. Herausgegeben von Frank-Lothar Kroll. Berlin 2000, S. 127–150.

Die Studie geht der heiklen Frage nach, wie sich das Verhältnis Fühmanns zu seiner böhmischen Heimat, dem durch die Vertreibung der Sudetendeutschen bedingten Heimatverlust, zur Tschechoslowakei und zur tschechischen Literatur entwickelt und in seinen Arbeiten (vom Poem *Die Fahrt nach Stalingrad* bis zum Trakl-Essay und der autobiographischen Erzählung *Den Katzenartigen wollten wir verbrennen*) niedergeschlagen hat. Sie polemisiert (jedoch entsprechend dem verständlichen Wunsch des Herausgebers nicht ausdrücklich) mit dem im gleichen Band veröffentlichten Beitrag von Louis Ferdinand Helbig, der sich durch ungenügende Materialkenntnis, ideologisch vermittelte Vorurteile, Verkennungen und Fehldeutungen auszeichnet.

Franz Fühmann und sein *Simplicius Simplicissimus*. In: Geschichtserfahrung im Spiegel der Literatur. Festschrift für Jürgen Schröder zum 65. Geburtstag. Herausgegeben von Cornelia Blasberg und Franz-Josef Deiters. Tübingen 2000, S. 319–336.

Der Beitrag klärt unter Nutzung privater Archivalien den besonderen Charakter und Stellenwert, den das vom Autor und vom designierten Regisseur Heiner Carow mit besonderer Liebe beförderte Filmprojekt als ein – leider nicht filmisch umgesetztes – Hauptwerk Fühmanns besitzt.

Personenregister

Erfaßt wurden auch die Namen solcher Personen, die im Text nur durch Beruf, Amt oder Funktion bezeichnet sind, in Werktiteln und in den Angaben zu den Illustrationen enthaltene Namen sowie nicht ausdrücklich genannte Verfasser von Werken, die in Zitaten aus Fühmannschen Mitteilungen über seine Lektüre vorkommen

Werkverzeichnis

Das Register soll dem Leser den Umgang mit dem sehr vielgliedrigen Werk Franz Fühmanns erleichtern. Es erfaßt alle Textsorten außer Interviews, die zwar vielfach zitiert werden, aber nicht uneingeschränkt als Werke gelten können. Nachgewiesen sind jeweils alle Stellen des vorliegenden Buches, an denen eine Arbeit vorkommt, auch wenn deren Titel oder Überschrift nicht im Text genannt ist. Gelegentlich werden auch Seiten angegeben, auf denen lediglich gewichtige Zitate aus einem bestimmten Fühmann-Text stehen, wenn dieser besonders schwer zugänglich ist.

Die Titel von Zyklen und selbständig veröffentlichten Schriften sind unterstrichen, die von Gedichten kursiv gesetzt, die von Entwürfen, Vorarbeiten und Fragmenten sind eingeklammert ( ). Ergänzende Angaben stehen in eckigen Klammern [ ].

466

Abbildungsnachweis

Margarethe Hopf   1, 2, 3, 4, 5, 6, 7, 8, 9, 28
Barbara Richter-Fühmann   10, 11
Archiv des Aufbau-Verlags   12 (Foto: Hans Schreiber),
   16, 20 (Fotos: Klaus Morgenstern)
Bundesarchiv Koblenz   13 (Foto: Katscharowski)
Roger Melis   14, 25
Akademie der Künste   15, 17, 18, 19 (Fotos: Christian Kraushaar)
Klaus Draeger   21
Helfried Strauß   22, 23
Renate von Mangoldt   24
Dietmar Riechmann   26
Klemens Renoldner   27

Literarische Spaziergänge
mit Büchern und Autoren

Das Kundenmagazin der Aufbau Verlagsgruppe
Kostenlos in Ihrer Buchhandlung

| Aufbau-Verlag | Rütten & Loening | Aufbau Taschenbuch Verlag | Gustav Kiepenheuer | Der >Audio< Verlag |

Oder direkt: Aufbau-Verlag, Postfach 193, 10105 Berlin
e-Mail: marketing@aufbau-verlag.de
www.aufbau-verlag.de

Nicole Schaenzler

Klaus Mann

Eine Biographie

611 Seiten
Mit 19 Abbildungen
Band 1749
ISBN 3-7466-1749-9

Klaus Mann, 1906 als zweites Kind von Thomas und Katia
Mann geboren, stand dank seiner ungewöhnlichen schriftstellerischen Begabung schon früh im Rampenlicht. Doch hinter
dem eloquenten und selbstsicheren jungen Mann, als der er sich
in der Öffentlichkeit präsentierte, verbarg sich ein unsteter, von
tiefen Selbstzweifeln geplagter Charakter.

In dieser bislang umfangreichsten Klaus-Mann-Biographie
untersucht Nicole Schaenzler die Hintergründe eines Lebens,
das nie zum Glück finden konnte. Der Schatten des übermäch-
tigen Vaters und der frühe Ruhm begründeten die nervöse Un-
rast Klaus Manns, die ihn von Ort zu Ort, von Hotelzimmer zu
Hotelzimmer trieb. Seine Vorliebe für Grenzerfahrungen, seine
Todessehnsucht und seine Homosexualität machten ihn zum
tragischen, heimatlosen Außenseiter.

A*t*V
Aufbau Taschenbuch Verlag

Wilhelm von Sternburg

Lion Feuchtwanger

*Ein deutsches
Schriftstellerleben*

*566 Seiten
Band 1416
ISBN 3-7466-1416-3*

Dem Kenner wie den Massen die »natürliche klare Beziehung von
Leben und Historie« aufscheinen zu lassen, »das Vergangene ... für
die Gegenwart und die Zukunft fruchtbar zu machen« war Feuchtwangers nie aufgegebener Anspruch an ein Kunstwerk. Wilhelm
von Sternburg hat Leben und Schaffen des seit Mitte der zwanziger
Jahre weltberühmten Schriftstellers intensiv erkundet.

Er vergegenwärtigt Feuchtwangers Weg von der Kindheit in einem
großbürgerlichen jüdischen Elternhaus in München bis zu den lan-
gen Jahren des Exils in Kalifornien. Er betrachtet seine teils heftig
umstrittenen ästhetischen Standpunkte und politischen Urteile im
Spiegel der Epoche und untersucht die Feuchtwanger-Rezeption in
Ost und West bis in die Gegenwart. Er stellt neben den historischen
und zeitgenössischen Romanen, Erzählungen, Erlebnisberichten,
Skizzen und Essays seine heute weniger bekannten Dramen und
Theaterkritiken vor. Zitate aus unveröffentlichten Tagebüchern und
Briefen eröffnen überraschende Blicke ins Innere des von seiner Ar-
beit tief erfüllten Autors, der wenig über sein Privatleben preisgab.

A^tV
Aufbau Taschenbuch Verlag

Dorothea von Törne

Brigitte Reimann
Einfach wirklich leben
Eine Biographie

Originalausgabe

300 Seiten
Mit 23 Fotos
Band 1652
ISBN 3-7466-1652-2

Brigitte Reimann ist zur Symbolfigur eines unangepaßten, leidenschaftlichen Lebensstils geworden. Wie war sie wirklich? Was waren die treibenden Widersprüche dieses Lebens unter Hochspannung? Was steht nicht in den Tagebüchern und Briefen?

Die bekannte Publizistin und Herausgeberin Dorothea von Törne geht in ihrer anschaulichen und kenntnisreichen Biographie den wichtigsten Stationen dieses kurzen, unkonventionellen Lebens nach.

A*t*V
Aufbau Taschenbuch Verlag

Fritz H. Landshoff

Amsterdam,
Keizersgracht 333
Querido Verlag
Erinnerungen eines Verlegers
Mit Briefen und Dokumenten

559 Seiten
Band 1686
ISBN 3-7466-1686-7

Fritz Landshoff gehörte zu den herausragendsten Verleger-persönlichkeiten des 20. Jahrhunderts. 1927 bis 1933 Mitinhaber und Geschäftsinhaber des Gustav Kiepenheuer Verlages Potsdam/Berlin, gründete er im Frühjahr 1933 im Amsterdamer Querido Verlag eine Abteilung für deutschsprachige Literatur und bot verfolgten Autoren, wie Heinrich und Klaus Mann, Anna Seghers und Lion Feuchtwanger, eine verlegerische Heimat im Exil.

Landshoffs Erinnerungen atmen Zeitgeist, geben Auskunft über Erfolge und Niederlagen bei dem Bemühen, humanistischer antifaschistischer Literatur Geltung zu verschaffen, über beglückende Freundschaften und den aufreibenden Alltag im Exil. Ergänzt durch eine Auswahl aus dem Briefwechsel mit seinen Autoren sind sie »ein bewegendes und unersetzliches Dokument dieser Zeit«.

(Süddeutsche Zeitung)

A*t*V
Aufbau Taschenbuch Verlag

Peter Jacobs

Victor Klemperer
Im Kern ein deutsches
Gewächs
Eine Biographie

Originalausgabe

381 Seiten
Mit 32 Fotos
Band 1655
ISBN 3-7466-1655-7

Victor Klemperer: ein bizarres Schicksal und ein dramatisches
Leben. Erstmals bietet diese Biographie eine Gesamtschau auf
die Vita des Dresdner Professors, dessen Tagebücher über den
alltäglichen deutschen Holocaust zur literarischen Sensation
wurden. Die Lebensreportage folgt den Spuren des manischen
Tagebuchschreibers durch vier deutsche Geschichtsepochen.
Zugleich ist dieses Buch auch die Geschichte der Frauen neben
Klemperer: der einen, einer begabten Pianistin, die unendlich
viel Leid auf sich nahm, um sein Leben zu retten; der anderen,
einer jungen Germanistin, die dem Verwitweten im hohen Alter
den Lebensmut zu erhalten half und ihm, dem leidenschaftlichen Streiter für humanistische Ideale, den Blick schärfte für
die neuen Widersprüche seines Lebens.

A*t*V
Aufbau Taschenbuch Verlag

Günther Drommer

Erwin Strittmatter
Des Lebens Spiel
Eine Biographie

Originalausgabe

245 Seiten
Mit 30 Abbildungen
Band 1654
ISBN 3-7466-1654-9

In Strittmatter lebten der Alltagsmensch und der Dichter. Manches, an das sich Esau Matt im »Laden« erinnert, hat sich auch in des Autors Leben so zugetragen, vieles ist allenfalls ähnlich, nicht weniges hat so, wie es beschrieben ist, nie statt gefunden. In dieser kenntnisreichen, einfühlsamen Biographie wird den Berührungspunkten zwischen Strittmatters Leben und seinem Schreiben nachgegangen, den Spannungen zwischen beiden Polen und ihren Konflikten. Günther Drommer beschreibt viele bislang unbekannte Einzelheiten aus dem eindrucksvollen Jahrhundertleben des »Laden«-Autors, dessen Bücher in mehr als vierzig Sprachen übersetzt wurden und in ihren Auflagen nach Millionen zählen.

A*t*V
Aufbau Taschenbuch Verlag